ACCESO GRATIS ***a la Lectura en la Nube***

Para visualizar el libro electrónico en la nube de lectura envíe junto a su nombre y apellidos una fotografía del código de barras situado en la contraportada del libro y otra del ticket de compra a la dirección:

ebooktirant@tirant.com

En un máximo de 72 horas laborales le enviaremos el código de acceso con sus instrucciones.

EL PROMOTOR EN LA LEY DE ORDENACIÓN DE LA EDIFICACIÓN

MECANISMOS DE RESARCIMIENTO: LA INTERVENCIÓN PROVOCADA Y LA ACCIÓN DE REPETICIÓN

EL PROMOTOR EN LA LEY DE ORDENACIÓN DE LA EDIFICACIÓN

MECANISMOS DE RESARCIMIENTO: LA INTERVENCIÓN PROVOCADA Y LA ACCIÓN DE REPETICIÓN

ANA AÑÓN LARREY

tirant lo blanch
Valencia, 2025

En caso de erratas y actualizaciones, la Editorial Tirant lo Blanch publicará la pertinente corrección en la página web www.tirant.com.

La aceptación de la presente obra ha tenido en consideración la evaluación y calificación otorgada por los expertos componentes del tribunal calificador de la tesis doctoral en la que se basa, cumpliendo con el criterio correspondiente de los revisores externos y ofreciendo la calidad debida a la presente edición.

EDITA: TIRANT LO BLANCH
C/ Artes Gráficas, 14 - 46010 - Valencia
TELFS.: 96/361 00 48 - 50
FAX: 96/369 41 51
Email: tlb@tirant.com
www.tirant.com
Librería virtual: www.tirant.es
DEPÓSITO LEGAL: V-202-2025
ISBN: 978-84-1095-456-4

Si tiene alguna queja o sugerencia, envíenos un mail a: *atencioncliente@tirant.com*. En caso de no ser atendida su sugerencia, por favor, lea en *www.tirant.net/index.php/empresa/politicas-de-empresa* nuestro procedimiento de quejas.

Responsabilidad Social Corporativa: http://www.tirant.net/Docs/RSCTirant.pdf

A mis padres por lo que soy,
a mi marido y mis tres hijos por todo lo que me dan,
a Diana y a Mario por su apoyo en todo momento.
Gracias

Índice

Capítulo II
LA INTERVENCIÓN PROVOCADA EN LA LEY DE ORDENACIÓN DE LA EDIFICACIÓN

Capítulo III
LA ACCIÓN DE REPETICIÓN EN LA LEY DE ORDENACIÓN DE LA EDIFICACIÓN

ABREVIATURAS, SIGLAS Y ACRÓNIMOS

AAP	Auto Audiencia Provincial
AP	Audiencia Provincial
Art.	Artículo
Arts.	Artículos
ATS	Auto Tribunal Supremo
BOCG	Boletín Oficial de las Cortes Generales
BOE	Boletín Oficial del Estado
CC	Código Civil
CCAA	Comunidades Autónomas
CE	Constitución Española
CENDOJ	Centro de Documentación Judicial
CGPJ	Consejo General del Poder Judicial
CiU	Convergencia i Unió
Coord.	Coordinador
DA	Disposición adicional
DD	Disposición derogatoria
Dir.	Director
DOCE	Diario Oficial de la Comunidad Europea
DOGV	Diari Oficial de la Generalitat Valenciana
DT	Disposición transitoria
ECCE	Entidades de control de calidad de la edificación
Etc.	Etcétera
FD	Fundamento de derecho
FJ	Fundamento jurídico
LAJ	Letrado de la Administración de Justicia
LEC	Ley de Enjuiciamiento Civil
LO	Ley Orgánica
LOE	Ley de Ordenación de la Edificación
LPH	Ley de Propiedad Horizontal
NBE	Normas Básicas de la Edificación
NTE	Normas Tecnológicas de la Edificación
Núm.	Número
OCT	Organismos de control técnico

Op.	Obra
Op. cit.	Obra citada
Pág.	Página
Págs.	Páginas
RD	Real Decreto
RDGRN	Resolución Dirección General de Registros y del Notariado
Rec.	Recurso
RJ	Repertorio de jurisprudencia Aranzadi
SA	Sociedad Anónima
SAP	Sentencia de la Audiencia Provincial
SJM	Sentencia Juzgado Mercantil
Ss.	Siguientes
STS	Sentencia del Tribunal Supremo
SSTS	Sentencias del Tribunal Supremo
STC	Sentencia del Tribunal Constitucional
TRLDCU	Texto Refundido de la Ley General para la Defensa de los Consumidores y Usuarios
Vid.	Véase
VVAA.	Varios autores

INTRODUCCIÓN

El sector de la edificación en nuestro país, tradicionalmente ligado a la producción de nuevos edificios, ha sido uno de los principales sectores económicos, marcando una época de importante crecimiento que se ha visto alterada por las diferentes "crisis del ladrillo".

En esa época de máximo crecimiento económico, la llamada burbuja inmobiliaria en España, se hizo necesaria una profusa regulación legal del régimen de la edificación en nuestro sistema[1], pues eran muchos los litigios en reclamación de los vicios o defectos constructivos, tanto en los elementos comunes del edificio como en los elementos privativos del mismo, lo que dio lugar a la aprobación de la Ley 38/1999, de 5 de noviembre, de Ordenación de la Edificación[2] (en adelante, LOE).

Desde la publicación de la LOE, no han sido pocos los problemas que su aplicación práctica viene generando, en concreto, respecto del régimen de responsabilidad de los diferentes agentes que intervienen en la construcción: cómo se concreta la responsabilidad de cada uno de los intervinientes; cuándo es posible individualizar la responsabilidad por los vicios constructivos o cuándo debe ser solidaria por concurrencia de culpas sin posibilidad de precisar el grado de intervención; qué tipos de defectos son atribuibles a cada uno de los técnicos o profesionales que intervienen en la edificación, etc.

---

1 El sector inmobiliario es uno de los sectores económicos que tiende a un nivel de regulación significativamente alto, como ya señalaba entonces BERMÚDEZ PRIETO, J. M., "La L.O.E. (Ley de Ordenación de la Edificación) y sus consecuencias en el mercado", *Revista del Sector Inmobiliario*, núm. 21, 2001, págs. 83-85. Para algunos autores fue a raíz de la Ley 12/1986, de 1 de abril, por la que se regulan las atribuciones de los Arquitectos Técnicos e Ingenieros Técnicos (BOE núm. 79, de 2 de abril de 1986), cuando los sucesivos gobiernos fueron asumiendo la necesidad de una Ley de Ordenación de la Edificación que fijara las atribuciones de cada uno y el régimen de garantías. GONZÁLEZ CARRASCO, M. C, en *Comentarios a la Ley de Ordenación de la Edificación*, CARRASCO PERERA, A., CORDERO LOBATO, E., y GONZÁLEZ CARRASCO, M. C, Aranzadi, 2011, pág. 27.

2 BOE núm. 266, de 6 de noviembre de 1999.

Antes de la aprobación de la LOE, los adquirentes de viviendas disponían de diferentes mecanismos para reclamar al promotor, tanto por la vía de la responsabilidad contractual, en caso de que los vicios o defectos del inmueble adquirido supusieran un incumplimiento de las condiciones contractuales pactadas, como por la vía de la existencia de vicios o defectos ruinógenos del art. 1591 del Real Decreto de 24 de julio de 1889 por el que se publica el Código Civil[3] (en lo sucesivo, CC), además de la acción extracontractual y de las acciones de defensa de consumidores y usuarios. Sin embargo, no disponían de mecanismos eficientes para dirigirse frente a los demás agentes que intervienen en la edificación (arquitecto, proyectista, arquitecto técnico, constructor...), más allá de la responsabilidad extracontractual, cuyos plazos de reclamación eran claramente insuficientes, y la vía de los vicios ruinógenos del art. 1591 CC[4], que ha dado lugar a numerosas discusiones doctrinales sobre el tipo de responsabilidad que regula y su insuficiencia para resolver la problemática de los vicios constructivos. Esta situación procesal tiene una solución diferente antes y después de la entrada en vigor de la LOE[5].

Tras casi veinticinco años de vigencia de la LOE podemos afirmar, a la vista de la jurisprudencia desarrollada por nuestros tribunales, que los objetivos principales de la ley se cumplen, al menos en cuanto a una importante mejora técnica de los edificios[6], una mayor responsabilidad de los agentes y mayores garantías para los usuarios. Sin embargo, subsisten otros problemas interpretativos que han ido surgiendo con la aplicación práctica de la norma, como es la intervención provocada de terceros en el proceso contenida en la DA 7.ª

---

3 BOE núm. 206, de 25 de julio de 1889.

4 La insuficiencia del art. 1591 CC para atender los requerimientos de calidad del proceso constructivo que demandan los adquirentes es lo que en realidad movió al legislador a dar luz a la LOE, según afirma GONZÁLEZ CARRASCO, *Comentarios...*, *op. cit.*, pág. 29.

5 CABREJAS GUIJARRO, M. M., "Llamada en garantía, vicios ruinógenos", *CEFLegal: Revista Práctica de Derecho,* núm. 34, 2003, págs. 133-134.

6 La LOE también ha influido en el nuevo Código Técnico de la Edificación y los respectivos Documentos Básicos, en especial, en cuanto a los requisitos relativos a la seguridad (cimentación y estructuras) y habitabilidad de los edificios, como manifiesta ESTRUCH ESTRUCH, J., *Las responsabilidades en la construcción: regímenes jurídicos y jurisprudencia,* Civitas, Madrid, 2011, págs. 31-41

LOE y la acción de repetición del art. 18.2 LOE, que son aquí objeto de estudio.

En el Capítulo I analizaremos la figura del promotor, las clases de promotor, su responsabilidad en el proceso edificatorio frente a los adquirentes de los inmuebles y los mecanismos de resarcimiento de que dispone para contrarrestar esa responsabilidad como garante incondicional frente a los propietarios y sucesivos adquirentes de los inmuebles, respecto de los demás agentes de la edificación (art. 17.3 LOE), cuando, en la mayoría de las ocasiones, los vicios resultarán imputables a otro agente de la edificación y no al promotor.

Estos mecanismos son: la llamada en garantía o intervención provocada que regula la DA 7.ª LOE y el art. 14 de la Ley 1/2000, de 7 de enero, de Enjuiciamiento Civil[7] (sucesivamente, LEC) y la acción de repetición contra los agentes presuntamente responsables que regula el art. 18.2 LOE, los cuales han generado una importante controversia en los tribunales sobre su concreta aplicación práctica que es objeto de estudio en nuestro trabajo.

En el Capítulo II se analizará profundamente la primera de estas acciones: la intervención provocada, mecanismo procesal que permite a quien resulte demandado por ejercitarse contra él acciones de responsabilidad basadas en su intervención en la edificación, solicitar la llamada al proceso para que se notifique a otros agentes que también hayan intervenido en el proceso de edificación (arquitecto, arquitecto técnico, proyectista, director de la obra, constructor...), a fin de que la sentencia que se dicte les sea "*oponible y ejecutable*" (DA 7.ª LOE).

Sobre esta figura procesal no existe doctrina o jurisprudencia pacífica sobre qué función cumple en el pleito el llamado "interviniente" en estos supuestos de intervención provocada: ¿Es un simple interviniente o puede ser parte procesal si el actor amplía su demanda frente al mismo?; ¿qué significado tiene que la sentencia que se dicte será "*oponible y ejecutable*" (DA 7.ª LOE)?; ¿cuándo se imponen costas por esta llamada en garantía y a quién se imponen?; ¿cuándo se considera que la llamada en garantía se hizo injustificadamente?, etc. Aunque algunas de estas cuestiones ya han sido resueltas por la

---

7 BOE núm. 7, de 8 de enero de 2000.

doctrina y por el Tribunal Supremo, subsisten muchas dudas sobre su concreta aplicación práctica en la conjugación de la llamada en garantía de la DA 7.ª LOE con la intervención provocada contenida en la LEC (art. 14.2), que examinaremos en el mismo.

En el Capítulo III analizaremos todas las cuestiones que genera la responsabilidad de los agentes de la edificación y la acción de repetición, tratando de dar solución a los problemas que su aplicación plantea en la práctica.

Así, la LOE regula la posibilidad de que el agente de la edificación que ha satisfecho las responsabilidades por vicios constructivos pueda instar la acción de repetición contra los demás agentes que han intervenido en la construcción, o a los aseguradores contra ellos, en el plazo de dos años desde la firmeza de la resolución judicial que condene al responsable a indemnizar los daños, o a partir de la fecha en la que se hubiera procedido a la indemnización de forma extrajudicial (art. 18.2 LOE). Sin embargo, nuevamente este mecanismo que podría utilizarse por el promotor para resarcirse de su responsabilidad solidaria frente a los adquirentes, repitiendo contra los demás agentes, genera múltiples dudas en la aplicación práctica de esta acción de regreso o repetición: ¿La sentencia que se dicte tiene que pronunciarse expresamente sobre las concretas responsabilidades para poder repetir contra terceros?; ¿cómo afecta la cosa juzgada del proceso anterior?; ¿es aplicable la acción del art. 18.2 para repetir en el plazo de dos años a supuestos anteriores a la LOE?; ¿cuáles son los requisitos de procedibilidad para su ejercicio?; ¿cómo computa el plazo de prescripción?; ¿es posible repetir frente a uno de los agentes que ha resultado previamente absuelto?

En definitiva, el objetivo fundamental de esta obra es el examen de la figura del promotor junto con los mecanismos o soluciones que ofrece la LOE a éste para dirigirse frente al resto de agentes que pudieran ser responsables en la edificación, a la vista de su responsabilidad solidaria frente a los adquirentes. Ello, por una parte, para abordar los problemas que se siguen generando con respecto a su aplicación práctica; y, por otra parte, para proponer soluciones de actuación para la defensa y resarcimiento de la responsabilidad del promotor en la edificación, por lo que al final de cada capítulo se formula una propuesta de *lege ferenda* para intentar resolver los problemas referidos.

Capítulo I

EL PAPEL DEL PROMOTOR EN LA EDIFICACIÓN

I. EL PROMOTOR INMOBILIARIO

El promotor es contra quien se dirigen la mayoría de las demandas por defectos constructivos por resultar responsable solidario con los demás agentes intervinientes ante los posibles adquirentes de los daños materiales en el edificio ocasionados por vicios o defectos de construcción.

Hasta la LOE no existía en nuestro sistema legal una norma única sobre la materia que regulase los diferentes agentes que intervienen en la edificación, sus funciones, obligaciones y garantías respecto de los adquirentes de viviendas, por lo que en este sentido la norma supone un gran avance en la materia.

Existían, sin embargo, normas autonómicas anteriores a la publicación de la LOE sobre ordenación y calidad en la edificación que tratan de definir la figura del promotor, como la Ley Valenciana de ordenación y fomento de la calidad en la edificación o la Ley sobre medidas de calidad de la edificación de la Comunidad de Madrid[8]. En la actualidad también son ejemplos de ello, la Ley para la calidad en la edificación de Murcia o los Decretos de Cataluña y País Vasco, entre otros[9], sin perjuicio de las diferentes normativas autonómicas sobre vivienda y urbanismo.

---

8 Ley 3/2004, de 30 de junio, de Ordenación y Fomento de la Calidad de la Edificación de la Comunidad Valenciana (BOE núm. 174, de 20 de julio de 2004).

9 Ley 8/2005, de 14 de diciembre, para la calidad en la edificación en la Región de Murcia (BOE núm. 133, de 5 de junio de 2006); Decreto 21/2006, de 14 de febrero, por el que se regula la adopción de criterios ambientales y de ecoeficiencia en los edificios (DOGV núm. 4574, de 17 de febrero de 2006); Decreto 209/2014, de 28 de octubre, por el que se regula el control de calidad en la construcción (BOPV País Vasco 19 de noviembre de 2014).

1. Concepto de promotor

El promotor es uno de los principales agentes que regula la LOE, al cual dedica el primero de los artículos dentro del Capítulo III "Agentes de la edificación"[10].

El promotor del edificio es quien toma la iniciativa de promover la construcción de las viviendas. La LOE lo define en su Exposición de Motivos como la persona física o jurídica que asume la iniciativa de todo el proceso y la que se obliga a garantizar los daños materiales que el edificio pueda sufrir, disponiendo el art. 9.1 LOE: "*Será considerado promotor cualquier persona, física o jurídica, pública o privada, que, individual o colectivamente, decide, impulsa, programa y financia, con recursos propios o ajenos, las obras de edificación para sí o para su posterior enajenación, entrega o cesión a terceros bajo cualquier título*". Dicha definición ha sido acertada para una parte de la doctrina[11], pero no para otra[12] que consideran que ha dejado sin diferenciar las responsabilidades de los desiguales tipos de promotores que seguidamente desarrollamos.

---

10 Como ya reconocía RUIZ JIMÉNEZ, J., "El promotor como garante en el proceso constructivo", *Revista Crítica de Derecho Inmobiliario*, núm. 82, 2006, pág. 1224, el promotor es el primer implicado, pues es quien toma la decisión de llevar a cabo la construcción. Y para BLANCO MARTÍN, M.P., *La responsabilidad solidaria de los agentes de la edificación. Sus efectos en la prescripción, la intervención provocada y el derecho de repetición*, Pilar Blanco Martín, 2020, pág. 152, la LOE ha tratado más bien de establecer una jerarquía de responsabilidades —en cuya cabeza se sitúa al promotor— en favor del perjudicado por el daño.

11 Así, para GONZÁLEZ TAUSZ, R., "El nuevo régimen jurídico del promotor inmobiliario tras la Ley de Ordenación de la edificación", *Revista Crítica de Derecho Inmobiliario*, núm. 76, 2000, pág. 1694, la definición es brillante porque no acentúa la caracterización del promotor en la cualidad personal del sujeto, ni en la finalidad de su actividad, sino en su grado de participación en el proceso edificatorio; y ZUMAQUERO GIL, L., *Estudios sobre Derecho de la Edificación*, CAÑIZARES LASO, A. (coord.), Civitas, 2010, pág. 418, reconoce que no es hasta la promulgación de la LOE cuando disponemos de un concepto legal de promotor de aplicación general.

12 Para CORDERO LOBATO, E., *Comentarios... op. cit.*, pág. 201; así como para GARCÍA DE LEONARDO, M.T, *La figura del Promotor en la Ley de Ordenación de la Edificación*, Aranzadi, 2002, pág. 49, el art. 9.1 LOE es una norma de escasa calidad técnica

Antes de dicha definición contenida en la LOE, la condición de promotor ha sido controvertida y la doctrina y jurisprudencia han ido evolucionando en la concreción de esta figura.

1.1. El promotor como agente económico

La jurisprudencia viene admitiendo la incorporación del promotor al proceso constructivo desde la STS de 11 de octubre de 1974[13], pionera en la definición de la figura, que declara que en él se reúne generalmente en la misma persona el carácter de propietario del terreno, constructor y propietario de la edificación. Figura que ha venido tradicionalmente caracterizada por dos notas fundamentales: ser el beneficiario económico del negocio constructivo y elegir y contratar al constructor y a los técnicos.

Sin embargo, el Código Civil no definía la figura del promotor y únicamente se refería al supuesto del contratista de un edificio que se arruinara por vicios de la construcción, respondiendo éste "*de los daños y perjuicios si la ruina tuviere lugar dentro de diez años, contados desde que concluyó la construcción*" (art. 1591 CC). Han sido la doctrina y jurisprudencia quienes han venido equiparando la figura del promotor al contratista siempre que la obra se realizase y encaminase a la venta a terceros[14].

---

13 Como declara la STS 1279/2007 de 13 de diciembre [*Tol 1235321*] la jurisprudencia viene admitiendo la incorporación del promotor al proceso constructivo desde la STS de 11 de octubre de 1974 y declara que en él se reúne generalmente en la misma persona el carácter de propietario del terreno, constructor y propietario de la edificación. En este sentido, reconoce RUIZ JIMÉNEZ, J., "El promotor como garante...", *op. cit.*, pág. 1223, que en dicha sentencia se ponen de manifiesto cuestiones esenciales que serán la base del posterior texto legal. Por una parte, se da entrada en el proceso constructivo a alguien que no es constructor, quien será generalmente propietario del terreno, y, por otra parte, se equipara su responsabilidad a la del contratista. También GÓMEZ PERALS, M., *Responsabilidad del promotor por daños en la edificación*, Dykinson, 2004, pág. 24; y PÉREZ-CABALLERO ABAD, P., *La responsabilidad por hecho ajeno en la Ley de Ordenación de la Edificación*, Tirant lo Blanch, 2020, pág. 90, reconocen que esta sentencia es el germen de la primera definición de promotor.

14 Como señala VARGAS BENJUMEA, I., "La responsabilidad del promotor en el proceso de edificación", *Revista Mensual de Actualidad para Profesionales*, núm. 76, 2007, pág. 5, la jurisprudencia emanada del art. 1591 CC equipara el promotor al contratista, incluso cuando hubiese contratado con una empresa o conjunto

Los elementos esenciales para otorgar la condición de promotor según la jurisprudencia quedaban configurados en los siguientes: i) que la obra se realice en su beneficio; ii) que se encamine al tráfico de la venta a terceros; iii) que los terceros adquirentes hayan confiado en su prestigio comercial; o iv) que haya sido el promotor quien eligió y contrató con el contratista y los técnicos. A lo que se añadía que los derechos de los adquirentes de las viviendas no deben decaer por no haber contratado con los constructores o no haber puesto reparos en el momento de la recepción, pues el promotor realiza las obras en su propio beneficio y con destino al tráfico, mediante la venta a terceros; y los adquirentes confían en su prestigio profesional, por ello, no deben ser defraudados[15].

Se justifica esta conceptuación con el argumento de que adoptar un criterio contrario a la configuración del promotor como responsable supondría desamparar a los futuros compradores de pisos, frente a la mayor o menor solvencia del resto de los intervinientes en la construcción (SSTS de 28 de enero de 1994, 6 de mayo de 2004 o 24 de mayo de 2007)[16].

Es decir, la jurisprudencia sentada en aplicación del art. 1591 CC partía de la caracterización del promotor como beneficiario económico del negocio constructivo: promotor como agente económico. Son ejemplos de ello, la STS de 19 de noviembre de 1997[17] que califica como promotor a quien organizó como empresario la construcción, estableció el programa de realización y contrató a los encargados de realizar su plan; la STS de 21 de junio de 1999[18] que señala que el promotor, como sujeto o agente de la edificación, es aquella persona física o jurídica que ordena, programa y busca los medios financieros para realizar una determinada construcción; o las STS de

---

de empresas la ejecución material de la obra. También CORDERO LOBATO, E., *Comentarios... op. cit.*, pág. 198, señala que tradicionalmente se asimilaba la figura del promotor al contratista, fundada básicamente en el común fin de lucro.

15 Como señala, entre otras, la SAP de Cantabria 419/2011, de 21 septiembre [*Tol 2702671*].

16 STS de 28 enero de 1994 [*Tol 1664796*], 389/2004 de 6 mayo [*Tol 411096*]; o 610/2007 de 24 mayo [*Tol 1081759*].

17 STS 1018/1997 de 19 noviembre [*Tol 5114676*].

18 STS 552/1999 de 21 junio [*Tol 5120922*].

21 de octubre de 1998[19] que indican que es promotor el que por su cuenta y en su beneficio encarga la realización de la obra a tercero; también la STS de 30 de diciembre de 1998[20], entre otras muchas, sobre la razón finalística de desplegar la actividad constructiva para obtener un beneficio económico; y la STS de 13 de mayo de 2002[21] que dice que es el promotor quien elige y contrata a los técnicos y constructores, lo que determina su inclusión en el art. 1591 CC.

1.2. El promotor no necesita ser constructor

Como decimos, antes de la LOE la figura del promotor se equiparaba al contratista o constructor, para incluirlo en el ámbito de responsabilidad del art. 1591 CC[22]. Los criterios de asimilación para equiparar a promotor y constructor han sido variados[23]: el beneficio industrial o común fin de lucro[24], el control que como el constructor ejerce sobre la obra[25], la garantía que para los adquirentes representa la interposición de su imagen comercial[26], la culpa *in eligendo* de

---

19 STS 949/1998 de 21 octubre [*Tol 5157235*].

20 STS 1263/1998 de 30 diciembre [*Tol 5119762*].

21 STS 451/2002 de 13 mayo [*Tol 4975586*].

22 Así las STS de 13 de junio de 1984 [*Tol 1737722*] o 11 de febrero de 1985 [*Tol 1735936*] dicen que en la expresión contratista se comprende al promotor-constructor, cualidad que ostenta quien por su cuenta y en su beneficio encarga la realización de una obra a un tercero.

23 Como recoge la SAP de Islas Baleares 156/2005 de 19 abril [*Tol 653822*].

24 En la STS de 6 marzo de 1990 [*Tol 1730625*] se alude al promotor-constructor: "*Ostenta tal cualidad el que por su cuenta y en su beneficio, encarga la realización de la obra a un tercero con la intención de destinar las viviendas y locales construidos al tráfico con terceros compradores para obtener beneficio económico*" (FD 1°). En el mismo sentido sobre la obra realizada en beneficio del promotor se pronuncian las SSTS 1286/2007 de 14 diciembre [*Tol 1256812*] y 208/2005 de 31 marzo [*Tol 619475*].

25 Entre otras, SSTS 219/1996 de 21 marzo [*Tol 1659433*] y 1074/1998 de 20 noviembre [*Tol 5157140*].

26 En la STS 219/1996 de 21 marzo [*Tol 1659433*] se establece que el promotor tiene una eficaz intervención en todo el hacer edificativo, desde la contratación de los terrenos y adquisición de materiales —lo que supone su control—, como por la procura de llevar a cabo una obra sin deficiencias y presentar el mercado un producto correcto, al tratarse de un bien tan trascendental como es el que representan las viviendas en cuanto hogar y morada de las personas humanas. También se alude a esta responsabilidad del promotor en las Sentencias

los profesionales actuantes[27], la aprobación de los presupuestos o el beneficio económico obtenido[28].

Esta equiparación del promotor al constructor ha llevado en algunos casos a negar la responsabilidad del promotor que no sea constructor. Por ello, la jurisprudencia reiteradamente se ha visto obligada a proclamar que el hecho de que la promotora no sea constructora no le priva de la legitimación pasiva en el ejercicio de la responsabilidad decenal del art. 1591 CC, pues en la expresión "contratista" se comprende al promotor-constructor, cualidad que ostenta quien por su cuenta y en su beneficio encarga la realización de la obra a un tercero[29].

El propósito de esta orientación jurisprudencial, como decimos, residía en amparar a la parte contractual más débil, pues es el promotor quien realiza las obras en su propio beneficio y los adquirentes confían en su prestigio profesional.

1.3. El promotor no precisa ánimo de lucro

Con la entrada en vigor de la LOE la intencionalidad lucrativa como característica del promotor, a efectos de su responsabilidad como agente de la construcción, debe entenderse abandonada[30].

---

27 SSTS de 8 de octubre de 1990 [*Tol 1729459*], 8 de junio de 1992 [*Tol 1661685*], 28 de enero de 1994 [*Tol 1664796*] y núm. 451/2002, de 13 de mayo [*Tol 4975586*].

28 STS 1279/2007 de 13 diciembre [*Tol 1235321*].

29 Entre otras, SSTS de 13 de junio de 1984 [*Tol 1737722*], 11 de febrero de 1985 [*Tol 1735936*], 170/2000 de 21 de febrero [*Tol 4927330*], 904/2001 de 3 de octubre [*Tol 4974784*] y 271/2006 de 16 de marzo [*Tol 866952*]. También la jurisprudencia menor como la SAP de Málaga 268/2003 de 7 mayo [*Tol 1187088*] rechaza que el promotor no ostente legitimación pasiva por no ser constructor; la SAP de Zaragoza 238/2008 de 28 abril [*Tol 1450106*] que señala la responsabilidad del promotor aunque se dé la figura del constructor diferenciado, pues la responsabilidad del promotor es autónoma respecto de la de los diferentes agentes del proceso constructivo; o la SAP de Valencia 162/2009 de 25 marzo [*Tol 1522643*] que declara su responsabilidad aunque el promotor- vendedor no hubiera asumido tareas de constructor.

30 Entre otras, SSTS 1279/2007 de 13 diciembre [*Tol 1235321*], 274/2009 de 27 abril [*Tol 1956892*] o 602/2013 de 21 octubre [*Tol 4264420*].

La LOE amplía el concepto de promotor con respecto al definido por la jurisprudencia sentada en aplicación del art. 1591 CC, pues define esta figura incluyendo en el concepto a "*cualquier persona física o jurídica, pública o privada, que individual o colectivamente, decide, impulsa, programa y financia, con recursos propios o ajenos, las obras de edificación para sí o para su posterior enajenación, entrega o concesión a terceros bajo cualquier título*" (art. 9 LOE). Además, el art. 17.4 de la LOE extiende la responsabilidad del promotor a las personas físicas o jurídicas que a tenor del contrato o de su intervención decisoria en la promoción, actúan como tales promotores bajo la forma de promotor o gestor de cooperativas o comunidades de propietarios u otras figuras análogas.

A partir de dicha definición se han incluido en la figura del promotor muchas entidades que antes no tenían tal consideración, por faltar la nota del ánimo de lucro, como las cooperativas de viviendas o los gestores inmobiliarios, que ahora la LOE menciona expresamente en el art. 17.4 LOE, al englobar en el concepto promotor a entidades tales como: la mutualidad de previsión social que promueve la construcción de viviendas para sus socios[31]; la sociedad gestora de comunidad de propietarios de viviendas en construcción[32], las comunidades de propietarios, etc.

Asimismo, se incluyen las personas físicas o jurídicas privadas, pero también las entidades que tienen carácter "público", aunque actúen sin ánimo de lucro[33]. En tal caso, entidades públicas de con-

---

31 La Mutualidad de Previsión Social que promueve la construcción de viviendas para sus socios sin ánimo de lucro, no sería equiparable al promotor con los criterios determinantes de la inclusión de promotor en el círculo de las personas a que se extiende la responsabilidad del art. 1591 CC, pero sí con la LOE donde el ánimo de lucro no es exigible como característica del promotor. Como señala la STS 1279/2007 de 13 diciembre [*Tol 1235321*].

32 SAP de Cantabria 419/2011 de 21 septiembre [*Tol 2702671*].

33 Como reconoce la STS 602/2013 de 21 octubre [*Tol 4264420*, estas cuestiones han quedado ya resueltas con la LOE, en donde tanto la exigencia de la intencionalidad lucrativa, como característica de la intervención del promotor, como la naturaleza de su condición, ya pública o privada, resultan abandonadas como criterios de determinación de su responsabilidad como agente de la construcción. Asimismo, para la Comunidad de Castilla y León, declara la condición de promotor, aun sin ánimo de lucro, al subrogarse en las obligaciones que correspondían al Instituto para la Promoción Pública de la Vivienda, la STS 639/2001 de 22 junio [*Tol 4974539*].

formidad con lo dispuesto en el art. 1.3 LOE, cuando actúen como promotores sujetos a la legislación de contratos de las Administraciones públicas, no están obligadas a la suscripción de las garantías obligatorias.

También están incluidos aquellos promotores que actúen "colectivamente", lo que incluye las comunidades de bienes y sociedades civiles, incluso a la sociedad civil irregular[34]. En el caso de la comunidad civil de promotores, pese a la carencia de personalidad jurídica (art. 392 y ss. CC) responderán todos los promotores partícipes del negocio constructivo, aunque sólo uno de ellos realizase la actividad de edificación para aportar la misma al mercado inmobiliario. Pues como señala el Alto Tribunal, con la LOE la figura del promotor no tiene que corresponder necesariamente a una persona individualizada o a una persona jurídica, pues el art. 9 LOE resuelve el problema de la figura del promotor, al reconocer la categoría legal y definir el mismo como cualquier persona, física o jurídica, pública o privada, que "*individual o colectivamente...*". Por lo que, ninguna normativa legal impide que puedan actuar en el proceso constructivo los que resultan copropietarios del solar al asumir las actividades de una propia comunidad civil promotora (STS de 31 de enero de 2003)[35].

---

34 Como señala la SAP de Salamanca 384/2006 de 18 septiembre [*Tol 1035051*], la existencia de la sociedad no queda desvirtuada por el hecho de que la misma se haya constituido prescindiendo de formalidades escritas, pues nada obsta a su existencia por simple acuerdo verbal entre los interesados.

35 La STS 53/2003 de 31 enero [*Tol 4927609*], con cita de otras de la misma Sala, 1092/1994 de 2 de diciembre [*Tol 1656693*], se refiere a la comunidad constructora-promotora como la simplemente promotora que obliga solidariamente a sus integrantes cuando se dan los supuestos fácticos del art. 1591 CC. Y la STS 924/1999 de 10 de noviembre [*Tol 5120644*], alude al promotor (individual o plural) que viene a hacer suyos los trabajos ajenos y su obligación de entrega a terceros que, de darse vicios constructivos, determina que la edificación ha sido efectuada en forma irregular o defectuosa y no se le libera de su obligación de responder en cuanto a la correcta ejecución de la obra llevada a cabo, aunque no resulte el ejecutor material de las misma.

2. *Clases de promotor*

Como señala la doctrina el problema de la figura del promotor es que se trata de una realidad muy heterogénea[36], por lo que conviene diferenciar el promotor profesional, que es aquel que se dedica al mercado inmobiliario y tiene un interés propio en el desarrollo de esta actividad, de aquellas otras figuras que la actual LOE engloba bajo una misma definición de "promotor".

2.1. El promotor profesional

En concreto, el promotor profesional será aquel que, actuando o no como constructor, tiene por objeto o actividad profesional la labor consistente en la adquisición de solar para financiar las obras de edificación para su posterior enajenación a terceros. El promotor podrá ser individual o colectivo, persona física o jurídica, entidad pública o privada, pero generalmente el promotor profesional será una sociedad que se dedique a la actividad empresarial de promoción de viviendas, por lo que reunirá tanto el requisito exigido tradicionalmente del ánimo de lucro como el requisito de la profesionalidad. Requisitos ambos que no son exigibles para el tipo de promotor que la Ley configura dentro de una misma definición (art. 9 LOE).

Tal como señala PÉREZ-CABALLERO[37] la supresión del requisito de la profesionalidad en la definición de promotor que contiene la LOE no resulta fortuita, dado que en los borradores previos durante la tramitación parlamentaria se incluía de manera expresa la referencia al "ejercicio de una actividad empresarial y profesional"[38], lo cual no cuajó en la definición final que recoge el art. 9 LOE.

En palabras del Tribunal Supremo (STS de 11 de abril de 2012)[39] el promotor, como tal, no solo construye, promociona y se beneficia de la obra que otros construyen por su encargo, y responde por cual-

---

36 GARCÍA DE LEONARDO, M.T, *La figura del Promotor…op. cit.*, pág. 16.

37 PÉREZ-CABALLERO ABAD, P., *La responsabilidad por hecho ajeno…op. cit.*, págs. 101-102.

38 Artículo 15 del Anteproyecto de LOE de 1996 (BOCG de 9 de enero de 1996, núm. 146-1-V legislatura-, Serie A, proyectos de ley).

39 STS 241/2012 de 11 abril [*Tol 2517976*].

quiera de los defectos a que se refiere la norma, al margen de los que pudieran derivar del contrato, pues como vendedor está ligado a los adquirentes por los correspondientes contratos y como tal asume el deber de entregar las cosas en condiciones de utilidad, es decir, exentas de vicios constructivos que frustren su utilidad y uso (SSTS de 2 de diciembre de 1994, 30 de diciembre de 1998, 13 de octubre de 1999 y 11 de diciembre de 2003)[40], señalando la STS de 27 de septiembre de 2004[41] que el promotor tiene una eficaz y decisiva intervención en el proceso edificativo, intervención que es continuada y parte desde la adquisición del solar y cumplimiento de trámites administrativos y urbanísticos para la edificación hasta llegar a presentar en el mercado un producto que debe ser correcto (STS de 21 de marzo de 1996)[42].

Como notas determinantes en la jurisprudencia, corresponderá al promotor profesional la titularidad o el derecho sobre el solar a edificar, la facultad decisoria sobre la selección de los profesionales intervinientes en la obra, la elección de la dirección facultativa y del constructor, el otorgamiento de la declaración de obra nueva y división horizontal, la financiación de la edificación subrogándose los posteriores compradores en el "préstamo-promotor", la firma de los contratos de reserva, documento privado de compraventa y posteriores escrituras públicas, etc. Por tanto, normalmente el promotor profesional será quien dirija el proceso desde la adquisición del solar hasta la posterior transmisión de los inmuebles.

Evidentemente, no es lo mismo una sociedad que desarrolle la actividad empresarial como promotor inmobiliario para la venta a terceros, que una entidad sin ánimo de lucro que promueve la construcción para sus propios miembros, como puede ser una comunidad de propietarios, cooperativa de viviendas o una persona que se convierte en autopromotor para construir una vivienda para uso propio. Sin embargo, en este sentido el art. 17.4 LOE extiende la responsabilidad del promotor profesional como responsable primero a otras

---

40 SSTS 1092/199, de 2 diciembre [*Tol 1665499*], 1263/199, de 30 diciembre [*Tol 5119762*], 846/199, de 13 octubre [*Tol 5120477*] y 1181/200, de 11 diciembre [*Tol 4972917*].

41 STS 904/2004 de 27 septiembre [*Tol 509287*].

42 STS 219/1996 de 21 marzo [*Tol 1659433*].

figuras que no tendrían la consideración de promotor profesional, estableciendo que "*la responsabilidad del promotor que se establece en esta Ley se extenderá a las personas físicas o jurídicas que, a tenor del contrato o de su intervención decisoria en la promoción, actúen como tales promotores bajo la forma de promotor o gestor de cooperativas o de comunidades de propietarios u otras figuras análogas*".

Por tanto, el concepto de promotor en la LOE se amplía a todas las personas físicas o jurídicas que, a tenor del contrato o de su intervención decisoria en la promoción, actúen como tales promotores bajo la forma de promotor o gestor de cooperativas o de comunidades de propietarios u otras figuras análogas, tal como dispone el art. 17.4 LOE, ahora bajo una única forma de responsabilidad[43], con pequeños matices, lo cual ha sido criticado por la doctrina, pues no puede equipararse la figura del promotor-constructor profesional con el autopromotor a efectos de responsabilidad.

Ahora bien, en algunos casos la jurisprudencia diferencia, en orden a la responsabilidad que debe exigirse a los intervinientes en la construcción, entre los promotores, a aquellos que no teniendo un interés lucrativo no ostentan la condición de profesionales de la construcción, ya que, no teniendo la cualificación necesaria ni dedicándose profesionalmente a la actividad relacionada con la construcción, no se le puede exigir que conozca la conveniencia de realizar u omitir determinadas actuaciones, salvo que hubieran actuado en contra de las indicaciones de la dirección facultativa. En tales casos, promotores no profesionales, se relaja la responsabilidad por culpa *in eligendo* o se suprime la cuota de responsabilidad derivada de cambios o modificaciones del proyecto o partidas que desconocen por carecer de conocimientos técnicos que les permitan valorar las consecuencias, sin ser advertidos de ello[44].

---

43 Para MARTÍNEZ ESCRIBANO, C., *Responsabilidades y garantías de los agentes de la edificación,* Lex-Nova, 2007, pág. 179 esta amplitud de los términos en que se define al promotor es reflejo de la preocupación de los poderes públicos por la calidad de los edificios.

44 Como bien resume la SAP de Valencia 266/2020 de 18 mayo [*Tol 7991971*], con cita de numerosa jurisprudencia en la materia.

2.2. Las comunidades de propietarios

Sin perjuicio de la figura del promotor profesional, pueden existir y la Ley así lo contempla, agrupaciones de miembros para promover la edificación de inmuebles, a veces sin que exista siquiera ánimo de lucro en la venta a un tercero de dichos inmuebles, pues lo que se busca es la obtención de un piso, local o garaje a través de fórmulas como la comunidad de propietarios o las cooperativas de viviendas.

En concreto, la comunidad de propietarios es a veces la fórmula utilizada para varios miembros que adquieren una parcela y deciden edificar para realizar la posterior escritura de declaración de obra nueva y división horizontal, asignando a sus comuneros las viviendas o locales edificados en proporción a sus cuotas.

Como ya señalaba la STS de 6 de junio de 1989[45] una situación cada vez más frecuente es la existencia de una comunidad constructora-promotora integrada por más o menos miembros, con la finalidad de adquirir terrenos en los cuales construir uno o más edificios para su distribución horizontal en pisos y locales. Comunidades éstas a las que, en defecto de otra normativa, les son en principio aplicables los arts. 392 y ss. CC y concluida esta primera fase, al convertirse en comunidades en régimen de propiedad horizontal, vienen sujetas a las reglas de la misma.

Las diferencias con el promotor profesional son significativas pues en este caso no hay una forma societaria dedicada a una actividad mercantil amparada en la responsabilidad de su capital social, sino que detrás de una comunidad de propietarios que carece de personalidad jurídica responderían sus miembros, salvo que exista un gestor responsable de dicha comunidad. Lógicamente, lo habitual será —como decimos— que exista este gestor, sean una o varias personas, pero no podemos obviar que si no existe un gestor con facultades decisorias (art. 17.4 LOE), la responsabilidad recaerá directamente sobre cada uno de estos comuneros con carácter personal.

Así, la comunidad no es un ente que pueda por sí actuar como lo haría una sociedad mercantil o una asociación, sino que constituye un paso intermedio entre la mera comunidad de bienes y éstas (STS

---

[45] STS de 5 junio de 1989 [*Tol 1732492*].

de 5 de julio de 1996)[46]. Por tanto, con carácter general se puede decir que, las deudas asumidas por la comunidad, lo son también de sus respectivos copropietarios, pero solo a través de aquélla y en tanto sean copartícipes de la comunidad.

De la redacción del art. 22 de la Ley 9/1960, de 21 de julio, sobre Propiedad Horizontal[47] (en adelante LPH) y de la doctrina y jurisprudencia que lo interpreta, se deduce que, si la comunidad no responde por sus deudas, de forma subsidiaria, la deuda de la comunidad podrá ser reclamada a los distintos copropietarios integrantes de la referida comunidad, siempre que concurran ciertos requisitos, como son: que no existan fondos y créditos a favor de la comunidad o que "todos" sean insuficientes para atender el total de la deuda; que dicho propietario haya sido parte en el correspondiente proceso, a fin de que éstos sean condenados subsidiariamente; y que, se requiera de pago al propietario respectivo por la cuota que le corresponda en el importe insatisfecho[48].

En definitiva, lo que trata de evitar la LOE es el fraude en aquellos casos en que realmente hay un gestor que constituye una comunidad civil o comunidad de propietarios para lucrarse con la venta de inmuebles, siendo este quien tiene todas las facultades decisorias para elegir a la dirección facultativa, a la constructora, etc., y los comuneros simplemente se adhieren a esa comunidad, en ocasiones otorgando incluso poderes irrevocables a este gestor. En tales casos realmente el gestor estará actuando como un promotor con plenas facultades, aunque trate de enmascararse como un simple mandatario, tal como señala la doctrina[49].

---

46 STS 547/1996, de 5 julio [*Tol 1551776*].

47 BOE núm. 176, de 23 de julio de 1960.

48 Aunque en este sentido, la STC 184/2005 de 4 de julio [*Tol 673547*], ha relativizado este requisito.

49 ESTRUCH ESTRUCH, J., *Las responsabilidades en la construcción...op. cit.*, págs. 620-623; o PÉREZ-CABALLERO ABAD, P., *La responsabilidad por hecho ajeno...*, *op. cit.*, pág. 97.

2.3. Las cooperativas de viviendas

Como hemos expuesto, la figura del promotor ha ido evolucionando hasta un concepto más extensivo que no depende del ánimo de lucro, abandonando la consideración de promotor como agente económico. Por ello, la LOE equipara el promotor también al gestor de cooperativas u otras análogas que aparecen cada vez con mayor frecuencia en la gestión económica de la edificación, como señala en su Exposición de Motivos.

Con anterioridad, bajo la vigencia del art. 1591 CC, la caracterización del promotor en función de una actividad encaminada al tráfico inmobiliario mediante la incorporación al mercado y venta a terceros había llevado a los tribunales a rechazar la responsabilidad de las cooperativas de viviendas, por no ostentar la condición de promotor al aparecer su actividad como exenta de ánimo de lucro y realizada en beneficio exclusivo de sus socios con el fin de proporcionar vivienda a sus asociados, reduciendo en su beneficio los costes de la edificación[50]. De manera que consideraba la jurisprudencia, como norma general, que carecen las cooperativas de legitimación pasiva frente a sus socios (SSTS de 6 de marzo de 1990, 24 de septiembre de 1991, 8 de junio de 1992, 13 de diciembre de 2007 y 27 de abril de 2009)[51].

Esta situación cambia en la actualidad, dado que la LOE no exige el ánimo de lucro para la condición de promotor y extiende expresamente dicha responsabilidad a las cooperativas de viviendas en el art. 17.4 LOE. No obstante, al igual que en el caso anterior de las comunidades de propietarios, habrá que determinar en cada caso si la responsabilidad por la consideración de promotor se extiende a la cooperativa en sí misma o existe un gestor o, en su caso, promotor encubierto, con facultades decisorias que responderá por la gestión realizada. Si existe un gestor que es quien adopta las decisiones relevantes del proceso constructivo será éste quien responda, pero a falta

50 Como señala la STS 1279/2007 de 13 de diciembre [*Tol 1235321*].

51 Por todas, SSTS de 6 marzo de 1990 [*Tol 1730625*], 24 septiembre de 1991 [*Tol 1728710*], 8 junio de 1992 [*Tol 1661769*], 1279/2007 de 13 diciembre [*Tol 1235321*] o 274/2009 de 27 abril [*Tol 1956892*].

de este gestor la condición de promotor recaerá sobre la cooperativa[52].

2.4. El promotor encubierto o gestor inmobiliario

En otras ocasiones el promotor no se constituye como cooperativa de viviendas o comunidad, sino que actúa como simple gestor o mediador en la venta de viviendas, tratando de negar sus responsabilidades como promotor de cara a los adquirentes de las futuras viviendas; lo que comúnmente se conoce como promotor encubierto.

Como señala el Tribunal Supremo (SSTS de 16 de diciembre de 2005 y 31 de marzo de 2005)[53], no es infrecuente que una entidad ejerza toda la iniciativa, impulso, dirección y financiación del proceso constructivo, empleando para ello los recursos de los futuros adquirentes y la financiación que se solicita a nombre de éstos, mientras aparenta ser mera gestora o mandataria de los integrantes de una comunidad de bienes, creada por la propia gestora, o de una cooperativa también controlada por ella. Esta entidad es en realidad quien asume las funciones del promotor y obtiene los beneficios esperados por éste, pero sin asumir las responsabilidades que los arts. 1591 y 17 LOE atribuyen al promotor, haciendo pasar a los compradores de las viviendas por autopromotores, pese a que quien realmente controla las obras de edificación para su entrega a terceros por cualquier título y obtiene la ganancia correspondiente es la gestora.

---

52 En este sentido se pronuncia la doctrina: CORDERO LOBATO, E., *Comentarios... op. cit.*, pág. 204, que señala que, si no existe un consejo rector la condición de promotor, y por consiguiente la responsabilidad, recae sobre la cooperativa, pero si existe un consejo rector con poderes suficientes para adoptar decisiones fundamentales del proceso edificatorio es indudable su condición de promotor; GÓMEZ PERALS, M., *Responsabilidad del promotor...op.cit.*, pág. 56 al indicar que a falta de gestor o si su poder no incluye tales facultades decisorias, la condición de promotor recaerá sobre la propia cooperativa; y REY MUÑOZ, F.J., *La responsabilidad legal y contractual por defectos constructivos*, tesis doctoral, Universidad de Córdoba, 2019, pág. 50.

53 De existir, la figura del promotor encubierto es un fraude de ley (art. 6.4 CC) como señalan las SSTS 1196/2004 de 16 de diciembre [*Tol 528640*] o 208/2005 de 31 marzo [*Tol 619475*].

El análisis de la doctrina jurisprudencial en torno a la figura del promotor encubierto o promotor de comunidades o cooperativas que actúa bajo capa de una gestora, desvela que nuestro Tribunal Supremo ha ido apreciando su existencia en base a la concurrencia de una serie de datos, a saber: que fuera la gestora quien ostentase la titularidad o una opción de compra sobre el solar en que iba a levantarse la edificación; que fuera ella quien eligiese y contratase a la constructora o a los técnicos; que el proyecto estuviera ya redactado previamente a la constitución de la comunidad o de la cooperativa; que aquella fuera quien buscase, programase y decidiera la financiación; que seleccionase a los comuneros y les cobrase para poder inscribirse como tales; que declarase la obra nueva o confeccionase los estatutos; que percibiere unos emolumentos reveladores de un lucro no proporcionado en relación a los teóricos servicios de gestión que debía limitarse a prestar; que ostentase el control del plan y plazos constructivos; que se reservase la facultad de dar de baja al socio que no abonase las cuotas o derramas y la facultad de sustituirlo por otro; el carácter irrevocable del contrato de gestión estableciéndose una penalización en caso contrario, etc. (SSTS de 25 de febrero de 2004, 16 de diciembre 2005, 27 de abril de 2009 o 5 de mayo de 2015)[54].

No obstante, dicha extensión de la responsabilidad del promotor no se da de manera automática en todos los casos pues, por ejemplo, no concurre la condición de promotor en quien únicamente asesora a la cooperativa, como señala, en otras ocasiones, la jurisprudencia (STS de 5 de mayo de 2015[55]. En este sentido, la SAP de Valladolid

---

54 Entre otras las SSTS 98/2004 de 25 de febrero [*Tol 350731*], 1196/2004 de 16 de diciembre [*Tol 528640*], 274/2009 de 27 de abril [*Tol 1956892*] o 251/2015 de 5 de mayo [*Tol 4952413*].

55 Como señala la STS 251/2015 de 5 mayo [*Tol 4952413*]: "*El llamado "promotor de comunidades" es definido como aquella persona física o jurídica, pública o privada, que facilita a sus asociados la edificación de todo tipo de viviendas; de ordinario, es un profesional de la gestión inmobiliaria, que ostenta el dominio o una opción de compra sobre un determinado terreno y ofrece y gestiona la construcción en comunidad de todo o parte del suelo edificable, esperando encontrar asociados o comuneros que cooperen; pertenece, pues, al espacio de la gestión y asume y organiza la edificación por cuenta de la comunidad, como un apoderado en posesión de poder irrevocable, que en principio exige que se le otorgue (STS de 25 de febrero de 1985); condiciones que no se dan en la entidad hoy recurrente*" (FD 2º).

de 9 de enero de 2018[56] declara que cuando la gestora asume las funciones del promotor y obtiene los beneficios esperados por este, pero sin asumir las responsabilidades del promotor, haciendo pasar a los compradores de las viviendas por autopromotores, se trata de un fraude de ley ante el cual debe operar lo dispuesto en el art. 6.4 CC, es decir la aplicación de la norma que con ello se ha tratado de eludir, que no es otra que el régimen de responsabilidades y garantías que se previenen en relación al promotor. Sin embargo, en el caso concreto concluye que no existen datos que permitan deducir que nos hallemos ante una promoción encubierta que desembocare en verdaderos contratos de compraventa de las viviendas y no ante un genuino proceso cooperativo en el que los socios cooperativistas se constituyen en verdaderos autopromotores. Por el contrario, la SAP de Madrid de 13 de febrero de 2014[57] sí considera promotor encubierto a la gestora que ha tenido una participación decisiva en la financiación, organización y dirección de la actividad promotora, valorando para ello los requisitos contenidos en los arts. 1 y 2 del Real Decreto 2028/1995, de 22 de diciembre, por el que se establece las condiciones de acceso a la financiación cualificada estatal de viviendas de protección oficial promovidas por cooperativas de viviendas y comunidades de propietarios al amparo de los Planes Estatales de Vivienda[58].

En definitiva, habrá que analizar caso por caso si se dan los datos acreditados que permiten formar convicción razonable y bastante de que la gestora tuvo el efectivo control de la construcción y que su posición no fue la de mera gestora de la cooperativa, si no la de

---

56 En estos casos, como indica la SAP de Valladolid 3/2018 de 9 enero [*Tol 6522444*], en realidad, los cooperativistas (designados como promotores directos en la escritura de constitución del régimen de propiedad horizontal y adjudicación) son simples compradores a través de un cauce jurídico indirecto, siendo su único interés el obtener una vivienda de las características ofertadas por el precio estipulado, dentro del cual se incluyen los honorarios o ganancias percibidas por la gestora-promotora.

57 SAP de Madrid 1474/2014 de 13 febrero [*Tol 7441722*].

58 Real Decreto 2028/1995, de 22 de diciembre, por el que se establece las condiciones de acceso a la financiación cualificada estatal de viviendas de protección oficial promovidas por cooperativas de viviendas y comunidades de propietarios al amparo de los Planes Estatales de Vivienda (BOE núm. 14, de 16 de enero de 1996).

auténtica promotora al amparo de la pantalla que le dispensaba la cooperativa como promotora formal o aparente.

2.5. El autopromotor

El autopromotor se define en la jurisprudencia como aquella persona que, además de promotor, es propietario de la obra (SAP de Barcelona de 15 diciembre de 2017, AP de Soria de 8 de septiembre de 2017 o AP de Islas Baleares de 14 de junio de 2017)[59].

Es evidente que, aunque la LOE ya no requiere el elemento del ánimo de lucro para la condición de promotor, generalmente el objetivo del promotor va a ser "promover" la edificación con la finalidad posterior de transmitir las viviendas y obtener un beneficio evidente de la venta. Sin embargo, el autopromotor utilizará la edificación para su uso personal o familiar.

Aunque la doctrina ha criticado que el régimen de responsabilidad sea único para el promotor, sin diferenciar entre los diversos supuestos[60], existen diferencias en ambos tipos de promotores, pues se ha llegado a reconocer en la jurisprudencia que el régimen jurídico difiere en algunos aspectos (como señala la SAP de Barcelona de 15 de diciembre de 2017)[61]:

i) En primer lugar, no será exigible la contratación del seguro decenal para el autopromotor individual de una única vivienda unifamiliar para uso propio, ya que el art. 105 de la Ley 53/2002, de 20 de

59 Como lo define la SAP de Barcelona 832/2017 de 15 diciembre [*Tol 6550898*], SAP de Soria 117/2017 de 8 de septiembre [*Tol 6373093*] o SAP de Islas Baleares 182/2017 de 14 de junio [*Tol 6207652*].

60 Como señalan MARTÍNEZ ESCRIBANO, C., *Responsabilidades y garantías…, op. cit.*, pág. 189, o CORDERO LOBATO, E., *Comentarios… op. cit.*, pág. 201, quien adquiere la propiedad de un solar y contrata la ejecución de una vivienda unifamiliar, careciendo de carácter empresarial, debe recibir un tratamiento distinto al que se da al empresario inmobiliario, especialmente en materia de responsabilidad y garantías.

61 Diferencias que reconoce la SAP de Barcelona 832/2017 de 15 diciembre [*Tol 6550898*].

diciembre de 2002, de Medidas Fiscales, Administrativas y del Orden Social[62] modifica la DA 2.ª LOE para suprimir esta exigencia.

La jurisprudencia ha considerado que la exoneración del seguro decenal, exige un doble requisito: subjetivo y objetivo. Desde el punto de vista subjetivo, ha de tratarse de un "autopromotor individual", descartando interpretaciones excesivamente rigoristas, de manera que permita incluir no sólo al autopromotor persona física, sino también a las personas jurídicas[63]. Desde el punto de vista objetivo, la reforma exige acreditar que se trata no sólo de vivienda, cuyo concepto se determina por el uso a que se destine, sino que es unifamiliar y para uso propio, esto es, se refiere a quien construye una vivienda para usarla él mismo y sin tener la intención de transmitirla en un primer

---

62 BOE núm. 313, de 31 de diciembre de 2002. La citada Ley modifica la DA 2.ª LOE sobre la obligatoriedad de las garantías por daños materiales ocasionados por vicios y defectos en la construcción, haciendo constar que: "*No obstante, esta garantía no será exigible en el supuesto del autopromotor individual de una única vivienda unifamiliar para uso propio. Sin embargo, en el caso de producirse la transmisión «inter vivos» dentro del plazo previsto en el párrafo a) del artículo 17.1, el autopromotor, salvo pacto en contrario, quedará obligado a la contratación de la garantía a que se refiere el apartado anterior por el tiempo que reste para completar los diez años. A estos efectos, no se autorizarán ni inscribirán en el Registro de la Propiedad escrituras públicas de transmisión «inter vivos» sin que se acredite y testimonie la constitución de la referida garantía, salvo que el autopromotor, que deberá acreditar haber utilizado la vivienda, fuese expresamente exonerado por el adquirente de la constitución de la misma*".

63 La SAP de Barcelona 471/2009 de 22 junio [*Tol 1604359*] reconoce que la DA 2.ª LOE no distingue entre persona física y jurídica, únicamente habla de "autopromotor individual", por lo que se duda cómo debe interpretarse el término "individual", si en sentido puramente numérico, de tal forma que las sociedades si bien son personas jurídicas, son una sola entidad, es decir son individuales; o por el contrario, como ocurre en otros textos legislativos, el concepto se refiere a la consideración de la persona física o individual, incluirían todas las formas societarias y demás personas jurídicas. Para concluir lo siguiente: "*No debe llegarse a interpretaciones rigoristas, de manera que cuando la Ley se refiere a él, deben hallarse comprendidas en dicha noción tanto las personas físicas como las jurídicas. Consecuentemente, aparece como particular no profesional que programa y contrata con los profesionales con el fin de edificar para su propia utilidad y disfrute*" (FD 2°).
En el mismo sentido, RDGRN de 9 de julio de 2003; y GONZÁLEZ TAUSZ, R., "El nuevo régimen jurídico del promotor ...", *op. cit.*, pág. 4, para el cual la autopromoción puede realizarse individual o colectivamente.

momento, siendo indiferente que se trate de primera o segunda vivienda, y aunque se trate de una residencia meramente temporal[64].

ii) En segundo lugar, encontramos diferencias en la jurisprudencia para los supuestos en que el dueño de la obra no es un profesional de la construcción y aquellos casos en que es un promotor inmobiliario dedicado profesionalmente a ello, a los que la doctrina jurisprudencial aplica la teoría del riesgo, para hacerles responder por culpa *in eligendo* de los daños causados como un profesional más del proceso constructivo. En el caso del autopromotor, declara la jurisprudencia que el dueño de la obra, por lo general se ve obligado a confiar en los profesionales de la construcción que ha podido encontrar, con mayor o menor fortuna, y desde luego con absoluta ignorancia de su grado de preparación profesional, teniendo que conformarse con la formal homologación de éstos, ante su absoluta falta de conocimientos al respecto, no pudiendo imputársele la responsabilidad por no haber realizado determinado estudio o ejecutado partida alguna, pues en los técnicos está la posibilidad de renunciar a la ejecución sin esas garantías (SAP de Valencia de 18 mayo de 2020 con cita de las AP Barcelona de 9 de mayo de 2014 y 15 de diciembre de 2017 o AP de Alicante de 5 de noviembre de 2016)[65].

---

64 La resolución de la DGRN de 5 de abril de 2005 entiende por el concepto de "vivienda destinada a uso propio" toda aquella que tienda a este uso por parte del autopromotor, siendo indiferente que se trate de primera o segunda vivienda, y aunque se trate de una residencia meramente temporal. Es necesario que manifiesten los titulares tal circunstancia, sin que pueda pretenderse que tal declaración se supla por las deducciones o interpretaciones del Registrador al calificar.

65 Como señala la SAP de Valencia 266/2020 de 18 mayo [*Tol 7991971*], con cita de la SAP de Barcelona 207/2014 de 9 de mayo [*Tol 4389215*] y 832/2017 de 15 de diciembre [*Tol 6550898*], y SAP de Alicante 408/2015 de 5 de noviembre [*Tol 5585501*]: "*Cuando nos encontramos ante autopromotores y/o constructores profanos en la materia, no les es imputable cuota de responsabilidad alguna derivada de la modificación del proyecto o por añadir, cambiar o suprimir determinadas medidas o partidas a su instancia, puesto que en definitiva no disponen de conocimientos técnicos que les permitan valorar las consecuencias, debiendo ser advertidos de ellas, concluyendo dicha sentencia que solo serán corresponsables en los supuestos en que ordenen, como propietarios y promotores, la supresión o ejecución de partidas que afecten a la adecuada terminación del inmueble y hubiesen sido previamente advertidos de las consecuencias negativas de dicha supresión*" (FD 1º).

iii) Y, en tercer lugar, la diversidad de tipos de promotor inmobiliario podrán conducir a diferencias en punto a las acciones ejercitables ante la existencia de daños producidos por vicios o defectos constructivos en las viviendas o edificios promovidos por los mismos, ya que el promotor profesional, normalmente, no conserva la propiedad de lo construido por su encargo sino que lo ordinario es que venda cuanto antes el edificio o las unidades privativas en que se hubiere dividido éste pues, precisamente, su negocio consiste en la transmisión de lo construido.

Así pues, si bien en muchos casos se ha dudado de la legitimación activa del promotor para el ejercicio de las acciones de la LOE contra otros agentes de la edificación cuando se hubieran transmitido la totalidad de las unidades en que se dividió horizontalmente el edificio, por no ser ya propietario (como exige la LOE), no cabe duda de la legitimación del autopromotor, pues en tal caso la LOE —como propietario (art. 17.1 LOE)— le concede legitimación activa para el ejercicio de las acciones que contempla contra los diversos agentes de la edificación para la reparación de los daños materiales ocasionados en el edificio o en la vivienda por los vicios o defectos constructivos, siempre que dichos daños se hubieran manifestado dentro de los respectivos plazos de garantía establecidos en el art. 17 LOE (SAP de Barcelona de 15 diciembre de 2017 o AP de Zaragoza de 24 mayo de 2017)[66].

Ello no impide que el autopromotor pueda también ejercitar, además de las acciones que contempla la LOE, las acciones derivadas de la responsabilidad contractual contra los agentes que hubieran podido incurrir en responsabilidad al construir defectuosamente el edificio o vivienda encargada por el comitente y vulnerar, en este sentido, sus obligaciones contractuales. Así, el comitente podrá dirigirse contra los agentes de la edificación que contrataron con él y le produjeron daños debido al incumplimiento o cumplimiento defectuoso de dichos contratos a través del ejercicio de las acciones que con carácter general regulan en nuestro ordenamiento jurídico las

---

66 Entre otras, las SAP de Barcelona 832/2017 de 15 diciembre [*Tol 6550898*] o SAP de Zaragoza 180/2017 de 24 mayo [*Tol 6199781*].

responsabilidades contractuales (arts. 1101, 1091, 1258, 1106, 1107, 1124 y concordantes CC).

3. Obligaciones del promotor

El art. 9.2 LOE establece entre las obligaciones del promotor:

a) Ostentar sobre el solar la titularidad de un derecho que le faculte para construir en él.

Obsérvese que no se habla de propiedad, sino de "*titularidad de un derecho*", pues no se equipara ya al promotor con el propietario del terreno[67], pudiendo ostentar cualquier otro derecho que le faculte para construir en él, como pudiera ser una opción de compra aun no ejecutada, un derecho real de superficie o el caso del arrendatario financiero[68]. De hecho, como reconoce la doctrina, bastaría con un simple apoderamiento concedido por el dueño del suelo, pues no pierde la condición de promotor por el hecho de no ostentar ninguna titularidad sobre el solar que le faculte para construir si cumple los presupuestos para ser considerado promotor[69].

b) Facilitar la documentación e información previa necesaria para la redacción del proyecto, así como autorizar al director de obra las posteriores modificaciones del mismo.

El Proyecto es una parte muy importante de la edificación y el promotor debe decidir a quien confía el mismo, debiendo configurarse este contrato como una obligación de resultado, pues se trata de que el proyecto sea capaz de lograr tanto la licencia de obras urbanística, como el informe favorable del órgano de control técnico, como que cumpla el resto de requisitos exigibles (el estudio de seguridad y sa-

---

67 Lo que ocurría en un primer momento en la jurisprudencia al identificar al promotor con el dueño de la obra, como refiere VARGAS BENJUMEA, I., "La responsabilidad del promotor...", *op. cit.*, págs. 5-7.

68 STS 790/2013 de 27 diciembre [*Tol 4124341*]. También lo reconoce así MILÁ RAFAEL, R., "Cinco cuestiones sobre el régimen de responsabilidad por vicios constructivos de la ley de ordenación de la edificación decididas por el Tribunal Supremo en el bienio 2013-2105", *Revista CESCO De Derecho De Consumo*, núm. 16, 2015, págs. 110-118.

69 Así lo indica CORDERO LOBATO, E., *Comentarios... op. cit.*, pág. 208.

lud, el proyecto de infraestructuras comunes de telecomunicaciones, proyecto detallado de instalaciones, etc.)[70].

c) Gestionar y obtener las preceptivas licencias y autorizaciones administrativas, así como suscribir el acta de recepción de la obra.

Como reconoce la Exposición de Motivos, la LOE regula el acto de recepción de obra en el art. 6, dada la importancia que tiene en relación con el inicio de los plazos de responsabilidad y de prescripción establecidos en la Ley, entendiendo por tal "*el acto por el cual el constructor, una vez concluida ésta, hace entrega de la misma al promotor y es aceptada por éste. Podrá realizarse con o sin reservas y deberá abarcar la totalidad de la obra o fases completas y terminadas de la misma, cuando así se acuerde por las partes*". No obstante, el promotor podrá rechazar la recepción de la obra por considerar que la misma no está terminada o que no se adecua a las condiciones contractuales. Rechazo que deberá ser motivado por escrito en el acta, en la que se fijará el nuevo plazo para efectuar la recepción.

d) Suscribir los seguros previstos en el art. 19 LOE[71].

e) Entregar al adquirente, en su caso, la documentación de obra ejecutada, o cualquier otro documento exigible por las Administraciones competentes.

Para el análisis de la obligación de entregar la "*documentación de obra ejecutada*" habrá que atender también a la normativa de cada una de las CCAA pues, por ejemplo, para el Libro del Edificio no es exigible en todos los casos su inscripción registral con la declaración de obra nueva ni su entrega a los adquirentes[72].

---

70 MARTÍ FERRER, M., "La Ley de Ordenación de la Edificación: El punto de vista del promotor", *Revista de Derecho Urbanístico y Medio Ambiente*, núm. 34, 2000, págs. 67-98.

71 Como afirma GONZÁLEZ TAUSZ, R., "El nuevo régimen jurídico del promotor...", *op. cit.*, pág. 17, la LOE ha acertado con el seguro de daños escogido para garantizar las responsabilidades edificatorias, no así con las alternativas del seguro de caución o del seguro de daños anual por la posibilidad de retención en metálico.

72 Si lo prevé, por ejemplo, el ar. 16 de la Ley 8/2004, de 10 de octubre, de la vivienda de la Comunidad Valenciana (BOE núm. 281, de 22 de noviembre de 2004).

Resulta curioso que cuando la LOE se refiere a otros agentes de la edificación establece entre sus obligaciones estar en posesión de la titulación académica y profesional habilitante de arquitecto, arquitecto técnico, ingeniero o ingeniero técnico, según corresponda, y cumplir las condiciones exigibles para el ejercicio de la profesión, en el caso del proyectista (art. 10.2.a)); del director de obra (art. 12.3.a)); del director de ejecución de la obra (art. 13.2.a)); o tener la titulación o capacitación profesional que habilita para el cumplimiento de las condiciones exigibles, en el caso del constructor (art. 11.2.b)). Sin embargo, no se establece para el promotor, entre sus obligaciones, la obligación de acreditar su cualificación profesional para actuar como tal, sin perjuicio de las garantías que deba suscribir al efecto, lo que puede dar lugar a problemas de solvencia posterior o intrusismo profesional.

Las obligaciones que enumera la LOE no son desde luego un elenco cerrado y taxativo, pues alude principalmente a obligaciones de gestión y tramitación[73], pero el promotor también va a resultar responsable por la ejecución material de la obra, puesto que éste responde también por lo mal ejecutado por otros agentes de la edificación, dado que se trataría de una "obligación de resultado" del buen hacer constructivo de cara a los adquirentes de inmuebles[74], no de medios, pues se obliga a la entrega de un inmueble concreto y determinado en sus características, calidades y especificaciones

---

73 Tal como reconoce RUIZ JIMÉNEZ, J., "El promotor como garante...", *op. cit.*, pág. 1225.

74 SSTS 529/2020 de 15 octubre [*Tol 8142381*] y 170/2000 de 21 febrero [*Tol 4927330*].

También en este sentido lo declara ESTRUCH ESTRUCH, J., *Las responsabilidades en la construcción... op. cit.*, págs. 620-623, al afirmar que el contratista incumpliría el contrato si no entregara al comitente el resultado previamente programado en el plazo establecido en contrato; GONZÁLEZ TAUSZ, R., "El nuevo régimen jurídico del promotor ...", *op. cit.*, pág. 23, afirmando que "el promotor debe satisfacer el interés del comprador mediante la entrega de la edificación, esto es, la obtención de un resultado"; y VARGAS BENJUMEA, I., "La responsabilidad del promotor...", *op. cit.*, págs. 3-40, al afirmar que del contrato de obra resulta una obligación de resultado, que no se agota con la ejecución de la obra, sino que la misma ha de reunir las cualidades prometidas y no adolecer de vicios o defectos que eliminen o disminuyan el valor o la utilidad prevista.

contenidas tanto en la publicidad ofertada como en los documentos contractuales.

Por tanto, todo ello, sin perjuicio de sus obligaciones contractuales de entrega de lo pactado según contrato que pudieran dar lugar a responsabilidad por *aliud pro alio* o entrega de cosa distinta a lo estipulado.

II. LA RESPONSABILIDAD DEL PROMOTOR EN LA EDIFICACIÓN

El proceso constructivo es un proceso complejo, donde el promotor establece diferentes relaciones internas para alcanzar el fin pretendido: la derivada del contrato de obra concertado con el constructor; la derivada del encargo de proyecto, ejecución o supervisión de la obra con el proyectista o con los técnicos encargados de la dirección de la obra; la derivada del contrato concertado con las entidades y los laboratorios de control de calidad de la edificación; la derivada de la suscripción de contratos de seguro que le impone el art. 9.2. d) LOE con el contenido que establece el art. 19 LOE; y la derivada de la suscripción del contrato de compraventa con los sucesivos adquirentes, lo que le legitima tanto para el ejercicio de las acciones derivadas de los contratos suscritos como para la llamada de otros agentes al proceso como intervinientes al amparo de la DA 7.ª LOE, que más adelante analizaremos.

1. La responsabilidad contenida en el artículo 1591 del Código Civil

Como hemos anticipado, antes de la LOE el Código Civil ni siquiera definía la figura del promotor y al hablar de la responsabilidad en la edificación aludía al contratista y al arquitecto (art. 1591 CC). Ello llevó a la doctrina y jurisprudencia a equiparar al promotor con el contratista, si bien en un principio en base al fin económico lucrativo contenido en el negocio de la construcción y, posteriormente, desligado de ese "ánimo de lucro".

La responsabilidad del promotor que fue desarrollando la jurisprudencia al amparo del art. 1591 CC es la que posteriormente se ha incorporado a la norma de edificación, pero como afirma el Tribunal

Supremo, la LOE dota al sector de la construcción de una configuración legal específica y no ha venido a superponer al régimen anterior de responsabilidad por ruina del art. 1591 CC, el previsto en el art. 17 LOE para los llamados agentes de la edificación, sino a sustituirlo, sin perjuicio de la subsistencia de las acciones de responsabilidad civil contractual. Más adelante aclara que esta responsabilidad contractual tiene su justificación al amparo de los arts. 1101 y concordantes CC[75]. Ello ha dado lugar a un largo debate en las diferentes Audiencias Provinciales sobre la subsistencia o derogación del art. 1591 CC y la responsabilidad por ruina que el mismo regula con la aprobación de la LOE.

La LOE establece en su DD 1.ª que "*quedan derogadas todas las disposiciones de igual o inferior rango que se opongan a los dispuesto en esta Ley*", lo que ha llevado a la doctrina y jurisprudencia a plantearse si ello implica o no la derogación del régimen de responsabilidad por ruina contenido en el art. 1591 CC.

Para algunas Audiencias es evidente que el art. 1591 CC sigue vigente para aquellas edificaciones anteriores a la LOE (SAP de Almería de 5 de diciembre de 2018)[76]; para otras, el precepto sigue vigente porque no se produjo una derogación expresa por la LOE (SAP de Ávila de 20 de diciembre de 2013)[77]; en otros casos se afirma su vigencia porque la LOE no es una ley que regule el contrato de obra (SAP de Madrid de 19 de octubre de 2018)[78]; y para un amplio sector

---

75 Entre otras, SSTS 554/2013 de 4 octubre [*Tol 4000247*], 790/2013 de 27 diciembre [*Tol 4124341*] y 403/2016 de 15 junio [*Tol 5756227*]. Lo que es evidente es que ambos regímenes subsistirán, al menos para las construcciones anteriores a la LOE, cuya licencia fuera solicitada con anterioridad al día 5 de mayo de 2000, como señala SEIJAS QUINTANA, J.A., "Responsabilidad civil. Construcción y proceso", Artículo Monográfico abril 2015, publicado en *La intervención provocada en procesos sobre vicios de la construcción,* Sepín (SP/DOCT/19053).

76 La SAP de Almería 588/2017 de 5 diciembre [*Tol 6798833*] declara que en aquellos supuestos que es de aplicación el art. 1591 CC, el adquirente sí tendría acción por ambos cauces frente al resto de agentes del proceso constructivo.

77 En este sentido, la SAP de Ávila 248/2012 de 20 diciembre [*Tol 3009096*] mantiene la no derogación por la LOE del art. 1591 CC al no existir una derogación expresa del mismo.

78 Para la SAP de Madrid 417/2017 de 19 octubre [*Tol 6463790*] dicha ley no es una ley que regule el contrato de obra, ni el contrato de edificación en todos sus extremos y requisitos, sino una ley cuyo contenido atendiendo a esa finali-

jurisprudencial, la LOE declara la compatibilidad con las acciones contractuales y el art. 1591 CC se ubica claramente en este terreno (SAP de Toledo de 20 de septiembre de 2016)[79]. En este último sentido, se ha pronunciado también gran parte de la doctrina sobre la subsistencia del art. 1591 CC en cuanto regula una responsabilidad derivada del contrato de obra[80].

En otros casos se ha dicho que el citado art. 1591 CC sigue en vigor no sólo formalmente, sino también materialmente, aunque su ámbito de aplicación se haya visto reducido drásticamente a aquellas edificaciones de nueva planta de escasa entidad constructiva y sencillez técnica que no tengan, en ningún caso, carácter residencial o público y se desarrollen en una sola planta al encontrarse expresamente excluidas del ámbito de aplicación de la LOE (art. 2.2.a)[81]. También se ha dicho que debe entenderse vigente el art. 1591 en relación con los daños corporales y daños morales al amparo de la expresión da-

---

dad que recoge la Exposición de Motivos es establecer las exigencias técnicas y administrativas del proceso de construcción, la responsabilidad de los distintos agentes que intervienen en el contrato de edificación y las correspondientes garantías.

79 Como señala la SAP de Toledo 494/2016 de 20 septiembre [*Tol 5861819*] "*ALMAGRO NOSETE que siempre se ha decantado por la vigencia de dicho precepto añade un nuevo argumento en pro de la tesis de la subsistencia pues en relación con la naturaleza contractual o extracontractual de la responsabilidad derivada del mismo, la LOE se inclina por su configuración como obligación legal extracontractual al dejar fuera del art. 17 la responsabilidad contractual, cuando lo cierto es que el último párrafo del art. 1591 se ubica claramente en el terreno de ésta última*".

80 CORDERO LOBATO, E. en *Comentarios... op. cit.*, págs. 344-346; REY MUÑOZ, F.J., *La responsabilidad legal y contractual... op. cit.*, págs. 58-67, el autor en su tesis analiza las diferentes teorías sobre derogación tácita del art. 1591 CC, vigencia actual limitada o compatibilidad de ambos regímenes, para concluir que el art. 1591 CC continua vigente de manera limitada en el ámbito contractual para la exigencia de responsabilidad entre las partes del contrato de obra; en el mismo sentido se pronuncia; SEIJAS QUINTANA, J.A., "Responsabilidad civil...", *op. cit.*, pág. 6; e YZQUIERDO TOLSADA, M., "Ley de Ordenación de la Edificación y artículo 1591 del Código Civil. Breve análisis comparativo de regímenes", Artículo Monográfico junio 2007, Sepín, pág. 8 (SP/DOCT/3385).

81 Así, el AAP de Castellón 418/2006 de 5 septiembre [*Tol 6036046*] y Sentencias núm. 239/2007, de 21 mayo [*Tol 1176806*], núm. 272/2009, de 27 julio [*Tol 6881470*] y núm. 591/2019, de 25 noviembre [*Tol 7954337*].

ños y perjuicios, ya que el art. 17 de la ley especial limita la extensión de la responsabilidad a los daños materiales[82].

Para otras Audiencias, sin embargo, la LOE deroga claramente el art. 1591 CC pues se trata de regímenes incompatibles (SAP de Barcelona de 18 de febrero de 2009, AP Salamanca de 5 de marzo de 2015 o AP Vizcaya de 7 de febrero de 2018)[83].

De hecho, la SAP de Madrid de 22 de noviembre de 2007[84] va mucho más allá y rechaza una acción basada exclusivamente en art. 1591 CC a una edificación proyectada y construida con fecha posterior al año 2000 en que comienza la vigencia de la LOE, y ello por defectos constructivos encuadrables en el art. 17.1.b) de dicha Ley. Y concluye que a partir de la entrada en vigor de la LOE y por lo que se refiere a edificaciones construidas a partir de dicha fecha deben interponerse las acciones conforme a la nueva regulación, lo que conlleva la desestimación de la demanda donde solo se citaba el art. 1591 CC por tratarse de una acción derogada, no pudiendo aplicarse el principio *iura novit curia* por el tipo de acción ejercitada. Afirma la citada resolución que "la nueva regulación se hace en una Ley posterior y además especial que tiene la pretensión de regular globalmente el proceso de la construcción y las responsabilidades que puedan surgir siendo el objeto fundamental de la nueva Ley regular en sus aspectos esenciales el proceso de edificación, estableciendo las obligaciones y responsabilidades de los agentes que intervienen en el proceso, en relación con los conceptos y funciones que ha definido previamente en el art. 6 y ss. de la Ley. Pues bien, ambas acciones o ambos conceptos de ruina aparecen descritos en la nueva legislación si bien de una manera más estricta en cuanto a plazo para su ejercicio. A ello se añade que la responsabilidad consagrada en la nueva legislación es una responsabilidad legal concepto que también había venido predicándose de la regulación del art. 1591 que según abundante línea jurisprudencial se venía manteniendo que las responsabilidades con-

---

82 ALMAGRO NOSETE, J., "Algunas cuestiones procesales", en *Derecho de la Edificación*, GARCÍA VARELA, R. (coord.), Bosch, 2006, págs. 503-516.

83 SAP de Barcelona 88/2009 de 18 febrero [*Tol 1582254*], SAP de Salamanca 65/2015 de 5 marzo [*Tol 4801509*] y SAP de Vizcaya 62/2018 de 7 febrero [*Tol 6654224*].

84 SAP de Madrid 27/2007 de 22 noviembre [*Tol 7583556*].

templadas en dicho artículo eran independientes y se desenvuelven la margen de todo vínculo contractual, aunque sin estorbar las de este origen, que pueden coexistir con las aquí exigidas (SSTS de 5 de abril de 2001 y 8 de noviembre de 2002)[85]. Y en fin si se considera que el art. 1591 se encuentra vigente, es lo cierto que no tiene ningún sentido la regulación hecha por la Ley en torno a las responsabilidades de los agentes constructivos, cabalmente la que regula la antes denominada ruina funcional por defectos de habitabilidad de las viviendas, pues no tiene ningún sentido exigir una responsabilidad trienal cuando por aplicación de la preceptiva del art. 1591 en la interpretación amplia propiciada por la jurisprudencia podría exigirse dicha responsabilidad en un plazo decenal a la aparición de los defectos con lo que ninguna eficacia tendría la nueva regulación".

En definitiva, parece evidente que el art. 1591 CC no está expresamente derogado pero que, en cualquier caso, procede la aplicación de la LOE siempre que ésta resulte de aplicación en virtud del principio de especialidad, careciendo de sentido que los tribunales se remitan a una norma anterior en cuanto al contenido de la responsabilidad derivada de la edificación y en cuanto a los especiales plazos de prescripción contenidos en la una ley específica.

2. *La responsabilidad del promotor en la Ley de Ordenación de la Edificación*

La responsabilidad civil derivada de la edificación será exigible en forma personal e individualizada, tanto por actos u omisiones propios, como por actos u omisiones de personas por las que, con arreglo a esta Ley, se deba responder, tal como dispone el art. 17.2 LOE. No obstante, cuando no pudiera individualizarse la causa de los daños materiales o quedase debidamente probada la concurrencia de culpas sin que pudiera precisarse el grado de intervención de cada agente en el daño producido, la responsabilidad se exigirá solidariamente, como establece el art. 17.3 párrafo 1ª LOE (SSTS

85 SSTS 343/2001 de 5 abril [*Tol 4974367*] y 1022/2002 de 8 noviembre [*Tol 4974974*].

de 16 de enero de 2014 y 20 de mayo de 2015)[86]. Pese a ello, la responsabilidad del promotor se constituye, en todo caso, con carácter solidario respecto al resto de agentes de la edificación como señala el art. 17.3 párrafo 2ª: "*En todo caso, el promotor responderá solidariamente con los demás agentes intervinientes ante los posibles adquirentes de los daños materiales en el edificio ocasionados por vicios o defectos de construcción*".

De dicha definición se deducen las siguientes características:

2.1. Responsabilidad solidaria

En primer lugar, la responsabilidad del promotor es una responsabilidad solidaria con los demás agentes intervinientes ante los posibles adquirentes de los inmuebles[87].

Esta responsabilidad solidaria ya quedó clara en el debate del Proyecto de Ley ante el Congreso, donde se afirma por el Grupo Parlamentario Catalán (CiU), que es precisamente quien introduce la DA 7.ª, que la responsabilidad del promotor es solidaria, lo que justifica la posibilidad de solicitar la llamada de un tercero al proceso —citamos literalmente—: "*La enmienda incorporada en el Senado que introduce un cierto equilibrio con ese gran pero complejo debate que se produjo sobre si la responsabilidad del promotor era solidaria o mancomunada, que resolvemos dando un paso en el sentido de mantener el carácter solidario de la responsabilidad, pero estableciendo la obligación de que, en el caso de una demanda por acciones de responsabilidad, en la contestación el demandado puede plantear la necesidad de que la misma se notifique a otros intervinientes en el proceso*

86 Por todas, STS 765/2014 de 20 de mayo [*Tol 5175621*], que recoge la Sentencia del Pleno 761/2014 de 16 de enero [*Tol 4720057*].

87 SEPÍN DERECHO INMOBILIARIO, "Dice el art. 17.3 LOE que el promotor responderá solidariamente con los demás agentes intervinientes ante posibles adquirentes de los daños materiales en el edificio ocasionados por vicios o defectos de construcción. ¿Ello supone que en la reclamación que formulan los adquirentes de pisos responde siempre el promotor, al margen de que la responsabilidad pueda imputarse a los demás agentes, o responde solo en la relación de contrato?", Encuesta Jurídica septiembre 2009, Sepín (SP/DOCT/4192). Todos los encuestados coinciden en que el promotor responde solidariamente con el resto de agentes.

de la construcción por si se entiende que en el futuro deberán asumir alguna responsabilidad"[88].

En el resto de los casos, la responsabilidad de las personas que intervienen en el proceso constructivo por vicios y defectos de la construcción sería, como regla general, individualizada, personal y privativa, en armonía con la culpa propia de cada uno de ellos en el cumplimiento de la respectiva función específica que desarrollan en el edificio, o lo que es igual, determinada en función de la distinta actividad de cada uno de los agentes en el resultado final de la obra, desde el momento en que existen reglamentariamente impuestas las atribuciones y cometidos de los técnicos que intervienen en el mismo. Cada uno asume el cumplimiento de sus funciones y, en determinadas ocasiones, las ajenas, y solo cuando aquella no puede ser concretada individualmente procede la condena solidaria, por su carácter de sanción y de ventaja para el perjudicado por la posibilidad de dirigirse contra el deudor más solvente entre los responsables del daño, tal y como estableció reiterada jurisprudencia (SSTS de 22 de marzo de 1997, 21 de mayo de 1999 o 17 de julio 2006)[89].

2.2. Responsabilidad como garante incondicional

En segundo lugar, la responsabilidad del promotor es una responsabilidad "*en todo caso*", esto es, como garante incondicional[90].

---

88 Cortes Generales. Diario de Sesiones del Congreso de los Diputados. Pleno y Diputación Permanente. Año 1999. VI Legislatura. Número 266. Sesión Plenaria número 256. 21 de octubre de 1999. Orden del día: Enmiendas del Senado. Proyecto de Ley de ordenación de la edificación. «BOCG. Congreso de los Diputados», serie A, número 163-1, de 15 de marzo de 1999 (Número de expediente: 121/000163).

89 SSTS 234/1997 de 22 marzo [*Tol 5114486*], 441/1999 de 21 mayo [*Tol 5120929*] y de 17 julio 2006 [*Tol 979463*].

90 GONZÁLEZ TAUSZ, R., "El nuevo régimen jurídico del promotor...", *op. cit.*, págs. 24-25, analiza con acertado criterio la Sesión del Pleno del Senado de 29 de septiembre de 1999 (Diario de Sesiones, núm. 140, pág. 6662) para concluir que "*la tramitación parlamentaria del Proyecto evidenció que las palabras `en todo caso´ estaban destinadas a dar una mayor garantía al adquirente", precisamente en el debate sobre la enmienda referida a la DA 7.ª LOE que permitía la llamada de otros intervinientes al proceso por la responsabilidad solidaria del promotor*"; YZQUIERDO TOLSADA, M., "Ley de Ordenación de la Edificación...", *op. cit.*, pág. 2.

El promotor responderá solidariamente con todos ellos como "garante incondicional", aun cuando estén perfectamente delimitadas las responsabilidades y la causa de los daños sea imputable a otro de los agentes del proceso constructivo (SSTS de 24 de mayo y 29 de noviembre de 2007, 13 de marzo de 2008, 19 de julio de 2010 y 11 de abril de 2012)[91].

El fundamento de esta responsabilidad solidaria, como garante incondicional, se establece en muchos casos en la falta de diligencia de la promotora a la hora de elegir a los profesionales de la ejecución o por culpa *in vigilando* a la hora de ejecutar las obras (SSTS de 20 noviembre de 1998 y 12 de marzo de 1999)[92]; en que su responsabilidad contractual nace del incumplimiento contractual al no reunir las viviendas las condiciones de aptitud para la finalidad a las que estaban destinadas (SSTS de 12 febrero de 2000 y 24 de enero de 2001)[93]; y en el hecho de que, si bien efectivamente no lleva a cabo por sí actos de edificación, es decir, que no materializó el proceso constructivo, sí lo idea, lo controla, administra y dirige a fin de incorporar al mercado la obra hecha (STS de 13 mayo de 2002 o SAP de Valencia de 23 de enero de 2014)[94].

Para CORDERO LOBATO[95] el fundamento de esta responsabilidad no puede estar en la responsabilidad por hecho ajeno, pues

---

91 Como resume la SAP de Madrid 205/2015 de 13 julio [*Tol 5417980*], con citas de las SSTS 610/2007 de 24 mayo [*Tol 1081759*], 1280/2007 de 29 noviembre [*Tol 1213873*], 242/2008 de 13 marzo [*Tol 1353332*], 517/2010 de 19 julio [*Tol 1946599*], y 241/2012 de 11 abril [*Tol 2517976*]. En estos casos, se afirma que el promotor responde aun cuando estén perfectamente delimitadas las responsabilidades y la causa de los daños sea imputable a otro de los agentes del proceso constructivo, pues otra interpretación no resulta de esas palabras, "en todo caso", que señala la norma con la que se pretende unir a responsables contractuales con extracontractuales o legales y con la que se establece la irrenunciabilidad de la misma.

92 Como señalan las SSTS 1074/1998 de 20 noviembre [*Tol 5157140*] y 12 de marzo de 1999 [*Tol 5153472*], el promotor viene a hacer suyos los trabajos ajenos, realizados por personas a las que ha elegido y confiado, y los enajena a los adquirentes de los pisos.

93 SSTS 97/2000 de 12 febrero [*Tol 4927255*] y 22/2001 de 24 enero [*Tol 1775594*].

94 Como señala la STS 451/2002 de 13 mayo [*Tol 4975586*] y reitera la SAP de Valencia 21/2014 de 23 enero [*Tol 4294004*].

95 CORDERO LOBATO, E., *Comentarios... op. cit.*, pág. 203.

difícilmente puede hablarse de *culpa in eligendo* cuando se contrata con profesionales que reúnen la titulación exigible, como tampoco puede ser el lucro económico un criterio de imputación de responsabilidad, lo que le lleva a concluir que "el criterio de imputación de responsabilidad al promotor es la intervención decisoria en la edificación como profesional del mercado inmobiliario". De hecho, la naturaleza de esta responsabilidad, tanto desde el punto de vista del art. 1591 CC como de la LOE, ha sido muy discutida, dando lugar a diversas teorías desde el punto de vista contractual, extracontractual, como responsabilidad legal o incluso como responsabilidad de naturaleza civil especial[96].

Estos criterios, reiterados en la jurisprudencia, han sido incorporados a la LOE en la que el promotor figura como uno más de los agentes que la misma refiere, y si no fuera por la declaración inicial contenida en el art. 17, relativo a que "*las personas físicas o jurídicas que intervienen en el proceso de edificación responderán frente a los propietarios y adquirentes de los edificios...*", se podría decir que la ley constituye al promotor en responsable exclusivo de los defectos constructivos, o lo que es igual, en garante de la calidad del producto final elaborado, como reconoce el Tribunal Supremo (SSTS de 24 de mayo de 2007, 29 de noviembre de 2007 y 11 de octubre de 2013)[97]. Queda claro, por tanto, que con base al principio de compatibilidad de estas acciones la responsabilidad del promotor derivada del incumplimiento o cumplimiento defectuoso no resulta excluida. Responsabilidad que

---

96 Así, como analiza REY MUÑOZ, F.J., *La responsabilidad legal y contractual... op. cit.*, págs. 55-57 tanto doctrinal como jurisprudencialmente se han vertido diversas opiniones sobre el carácter contractual, extracontractual o legal de la responsabilidad regulada tanto en el art. 1591 como en el art. 17 LOE. También VARGAS BENJUMEA, I., "La responsabilidad del promotor...", *op. cit.*, págs. 11-14, citando a GÓMEZ DE LA ESCALERA, C.R., *La responsabilidad civil de los promotores, constructores y técnicos por los defectos de construcción (estudio del artículo 1591 del Código Civil y su problemática actual)*, Bosch, 1990. El autor resume las diferentes teorías sostenidas en la doctrina sobre la naturaleza de la responsabilidad derivada del art. 1591 CC, y posteriormente del art. 17 LOE, para concluir más acertada la teoría legalista, pues lo importante es que tiene un régimen legal específico y que puede concurrir con supuestos de responsabilidad contractual y extracontractual.

97 SSTS 610/2007 de 24 mayo [*Tol 1081759*], 1268/2007 de 29 noviembre [*Tol 1213891*] y 565/2012 de 11 octubre [*Tol 3011312*].

viene articulada tanto desde el orden contractual de la relación de la compraventa efectuada, como de la responsabilidad *ex lege* que sitúa al promotor como responsable último y solidario de los defectos constructivos o de la calidad e idoneidad del producto final realizado (STS de 11 de octubre de 2012)[98].

Sin embargo, la posición de garante incondicional afecta al promotor en la esfera interna frente a los adquirentes de los inmuebles, pero no en la esfera externa frente a los demás agentes de la edificación que no podrán exigir dicha responsabilidad como garante incondicional al promotor y, en cambio éste sí podrá accionar contra los demás agentes para exigir los costes abonados frente al responsable del daño en una eventual acción de repetición, que también es objeto de estudio en la segunda parte de este trabajo[99].

2.3. Responsabilidad *ex lege*

En tercer lugar, se trata de una responsabilidad propia que viene impuesta *ex lege*[100].

Así, de la LOE se deduce que, a diferencia de lo que ocurre con el resto de los partícipes en el proceso edificativo, la solidaridad de la responsabilidad impuesta al promotor es propia, no impropia, en cuanto que viene establecida en la Ley y no es una mera consecuencia de la insuficiencia probatoria constatada en el proceso, que es como la jurisprudencia ha venido entendiendo la solidaridad impropia. Con anterioridad, la jurisprudencia ha dicho, con relación a este último tipo de solidaridad que la solidaridad la crea la sentencia

---

98 STS 565/2012 de 11 octubre [*Tol 3011312*].

99 Como señala CORDERO LOBATO, E., *Comentarios... op. cit.*, págs. 318-319.

100 SEPÍN DERECHO INMOBILIARIO, "Dice el art. 17.3 LOE que el promotor responderá solidariamente...", *op. cit.*, Encuesta Jurídica septiembre 2009, Sepín (SP/DOCT/4192). Como afirma Baena Ruiz, Eduardo, presidente de la Audiencia Provincial de Córdoba, respecto de su naturaleza, "*la doctrina planteó el debate sobre si nos encontrábamos en presencia de una responsabilidad de carácter contractual o, por contra, extracontractual. La respuesta jurisprudencial fue que la responsabilidad que nace del art. 1.591 CC es una responsabilidad que nace "ex lege" (SSTS de 22 de abril; 17 de mayo y 25 de noviembre de 1988; de 9 de junio de 1989 y, especialmente, de 14 de noviembre de 1984)*".

(STS de 28 de abril de 1998)[101], que la sentencia es condición necesaria para el establecimiento de tal solidaridad, rebasando el ámbito meramente declarativo (STS de 12 de diciembre de 1998)[102] o, sencillamente, que nos hallamos ante una solidaridad procesal. Esta clase de solidaridad es predicable de los agentes edificativos cuando no puede probarse la causa de las deficiencias ni individualizarse su responsabilidad. Pero, insistimos, todo ello no ocurre con la solidaridad del promotor proclamada en el párrafo 2ª del art. 17.3 LOE, que es establecida por la Ley y que no depende del resultado del proceso, es previa a éste y no *ex post iudicium* (STS de 20 de mayo de 2015, entre otras)[103].

2.4. Responsabilidad que tiende a la objetivización

En cuarto lugar, se trata de una responsabilidad, al igual que en el resto de agentes que intervienen en la edificación, que tiende a la objetivación de la culpa.

Así, como tiene declarado la jurisprudencia la responsabilidad en la edificación tiende a su objetivización e inversión de la carga probatoria, en el sentido de que, una vez probados los defectos por el demandante, incumbe a los demandados demostrar su falta de responsabilidad en su producción[104]. En algunos casos llegándose a declarar como una responsabilidad cuasi objetiva de los agentes de la edificación (SAP de Barcelona de 24 de marzo de 2022)[105] o por culpa objetiva en el caso de la promotora al haber edificado sin la debida diligencia en lo que a su cometido compete, que es el buen

---

101 STS 395/1998 de 28 abril [*Tol 5119956*].

102 STS 1147/1998 de 12 diciembre [*Tol 5119707*].

103 Sobre la responsabilidad *ex lege* se pronuncia la STS 765/2014 de 20 mayo [*Tol 5175621*] o en la jurisprudencia menor SAP de Cáceres 314/2013 de 20 noviembre [*Tol 4032480*].

104 En este sentido, sobre la objetivización de la responsabilidad se pronuncian las SSTS 967/1998 de 19 octubre [*Tol 5157057*], 563/1999 de 25 junio [*Tol 5121040*], 1050/2001 de 5 noviembre [*Tol 4974852*] y 870/2004 de 22 julio [*Tol 514252*]. También la jurisprudencia menor, entre otras, SAP de Madrid 408/2007 de 19 junio [*Tol 7420038*], SAP de Pontevedra 654/2010 de 30 diciembre [*Tol 2068947*] o SAP de Valencia 160/2014 de 14 mayo [*Tol 4463853*].

105 SAP de Barcelona 182/2022 de 24 marzo [*Tol 8988575*].

construir, sin perjuicio de las reclamaciones que éste tenga contra aquellos a quienes contrató para la realización de la obra.

A pesar de que la doctrina se refiere a la responsabilidad objetiva del promotor[106], no se puede afirmar sin más que se trate de una responsabilidad objetiva o por riesgo, pues, aunque el Tribunal Supremo hablara de una "cierta objetivización" de esta responsabilidad (SSTS de 29 de mayo y 27 de junio de 1997)[107], la culpa como fundamento de esta responsabilidad ha sido mantenida con carácter general en la doctrina científica y en la jurisprudencia, y en este sentido se opone a la responsabilidad objetiva o por riesgo. Así se refiere en la STS de 29 de mayo de 1997, en la que se afirma rotundamente que el art. 1591 CC establece una responsabilidad basada en el contrato de obra, que se fundamenta en su incumplimiento y presume la culpabilidad, y en el mismo sentido se ha pronunciado el Tribunal Supremo en todos los casos en que rechaza la exención de responsabilidad por caso fortuito del art. 1105 CC, argumentando cumplidamente sobre un comportamiento negligente en el demandado (SSTS de 10 de junio de 1986, 4 de marzo de 1988 y 12 de junio de 1989)[108].

---

106 Según BLANCO MARTÍN, M.P., *La responsabilidad solidaria... op. cit.*, pág. 152, la responsabilidad solidaria del promotor es una responsabilidad objetiva puesto que solo puede exonerarse de ella cuando ningún agente de la edificación resulte responsable del daño, lo que sucederá únicamente en los supuestos de ruptura del nexo causal (fuerza mayor, caso fortuito, inexistencia de defectos, culpa exclusiva del actor...); para GONZÁLEZ TAUSZ, R., "El nuevo régimen jurídico del promotor...", *op. cit.*, pág. 8, no es necesario analizar si existió o no culpa en la actuación del promotor, bastando con acreditar la contravención de lo pactado. Aunque posteriormente reconoce que "*no es una responsabilidad sin culpa absoluta, puesto que podrá exonerarse por las causas previstas en el art. 17.8 LOE*"; y para RIVAS VELASCO, M.J., "Intervención provocada de la Ley de Ordenación de la Edificación", *Aranzadi Doctrinal*, núm. 7, 2016, pág. 62, se produce la responsabilidad objetiva del promotor e inversión de la carga de la prueba, salvo caso fortuito o fuerza mayor, aunque reconoce que se trata de una tendencia objetivadora, por lo que en realidad no estaríamos ante una responsabilidad objetiva sin más, con independencia de la culpa.

107 STS 456/1997 de 29 de mayo [*Tol 5122842*] y 627/1994 de 27 de junio [*Tol 1665134*].

108 Como ocurrió en los casos resueltos por las STS de 10 de junio de 1986 [*Tol 1735344*], 4 de marzo de 1988 [*Tol 1732887*] y 12 de junio de 1989 [*Tol 1730847*]. Si bien en algunos casos se ha criticado la exoneración de responsabilidad de los agentes de la construcción por vicios del suelo previsibles incluso ante un incumplimiento de la normativa administrativa técnica que rige en materia cons-

Continúa afirmando dicha resolución que este diseño es seguido por la LOE, pues pese a la contundente declaración que se contiene en el art. 17.1 LOE sobre la responsabilidad por daños materiales de las personas físicas o jurídicas que intervienen en el proceso de la edificación, el perfil culpable de esta responsabilidad es desvelado por el art. 17.8 LOE conforme al cual: "*Las responsabilidades por daños no serán exigibles a los agentes que intervengan en el proceso de la edificación, si se prueba que aquellos fueron ocasionados por caso fortuito, fuerza mayor, acto de tercero o por el propio perjudicado por el daño*". Criterio que nos parece acertado, pero que no comparten aquellos autores que afirman que la LOE ha superado el principio de culpabilidad para establecer sin más una responsabilidad objetiva[109].

3. *La responsabilidad contractual del promotor*

El promotor, además es vendedor, y como tal viene obligado en virtud del contrato a la entrega de la cosa en condiciones de servir para el uso que se la destina, conforme al mismo. Por ello, al margen de la responsabilidad por defectos constructivos (art. 1591 CC o art. 17 LOE), corresponde a la promotora responder por el incumplimiento de sus obligaciones, que, como vendedora, le corresponden[110].

---

tructiva, como es el caso de la STS 161/2003 de 21 de febrero [*Tol 4927725*], dónde se realiza una interpretación extensiva del alcance de la fuerza mayor y caso fortuito para GARCÍA MUÑOZ, O., "Exoneración de responsabilidad de los agentes de la construcción por vicios del suelo previsibles. Comentario a la STS, 1ª, 21.2.2003", *Indret: Revista para el Análisis del Derecho*, núm. 3, 2022 (Acceso: 15/08/2022, disponible en https://indret.com/exoneracion-de-responsabilidad-de-los-agentes-de-la-construccion-por-vicios-del-suelo-previsibles/).

109 BLANCO MARTÍN, M.P., *La responsabilidad solidaria... op. cit.*, pág. 152; CARRASCO PERERA, A., y otros, *Comentarios... op. cit.*, págs. 336-337; GONZÁLEZ TAUSZ, R., "El nuevo régimen jurídico del promotor ...", *op. cit.*, pág. 8; REY MUÑOZ, F.J., *La responsabilidad legal.... op. cit.*, pág. 228; y VARGAS BENJUMEA, I., "La responsabilidad del promotor ...", *op. cit.*, pág. 16.

110 Como señala REY MUÑOZ, F.J., *La responsabilidad contractual por defectos de la edificación*, Aranzadi, 2019, pág. 161-164, el promotor podrá ser demandado por razón de los distintos contratos suscritos con los propietarios de las edificaciones, singularmente por incumplimiento del contrato de compraventa, debido a la entrega de un edificio con defectos constructivos.

En este sentido, dispone el art. 17.1 LOE que responde el promotor de los siguientes daños materiales ocasionados en el edificio, dentro de los plazos indicados, "*sin perjuicio de sus responsabilidades contractuales*", por lo que se mantienen las acciones derivadas del contrato de compraventa (a las que se remite el 17.9 LOE), por incumplimiento de la obligación de entrega (*aliud pro alio*), o saneamiento por vicios ocultos (arts. 1484 y ss. CC), junto con las derivadas del contrato de obra, por incumplimiento del mismo (art. 17.1 LOE y 1591 CC), que tiene el comitente o dueño frente al constructor.

La jurisprudencia, en consecuencia, impone al promotor-vendedor de las viviendas la obligación de entregar lo construido en condiciones de servir a su finalidad, ya que, la responsabilidad del promotor viene derivada de los contratos de compraventa por los que transmitió los inmuebles y responde por el incumplimiento de sus obligaciones que como vendedora le corresponden (como señalan las SSTS de 7 de noviembre de 2005, 16 de mayo de 2006 y 22 de diciembre de 2006)[111].

De hecho, la mayoría de las demandas por vicios constructivos acumulan diversas acciones, bien sea por responsabilidad civil derivada de la edificación (art. 1592 CC o 17 LOE), bien sea por responsabilidad contractual debido a la existencia de defectos (art. 1101 y 1124 CC), pero también a la merma de calidades de la cosa entregada, a los incumplimientos derivados de la oferta contractual, al incumplimiento de la normativa técnica, a la desviación respecto a lo proyectado, etc., por lo que, para que prospere la acción por incumplimiento contractual es suficiente la existencia de dichas mermas y deficiencias de calidad, cualquiera que sea su entidad, es decir, con independencia de que los defectos o patologías sean graves o no, pero siempre que tenga algún tipo de relevancia, ya que de lo contrario no cabe hablar de defectuoso cumplimiento de la prestación, pues la gravedad o inhabilidad del objeto en su caso podría justificar otro tipo de acciones como la basada en la doctrina *aliud pro alio* (arts. 1101 y 1166 CC) o las acciones edilicias (arts. 1484 y ss. CC).

---

111 SSTS 871/2005 de 7 de noviembre [*Tol 765840*], 446/2006 de 16 de mayo [*Tol 952816*] y 1301/2006 de 22 de diciembre [*Tol 1026961*].

Por tanto, no cabe confundir vicios constructivos ruinógenos con incumplimientos contractuales de la promotora para con los compradores (STS 18 de diciembre de 2018 y el reciente Auto de 15 de marzo de 2023)[112]. Pueden existir casos de incumplimiento contractual en la edificación que no estén limitados a defectos constructivos como, por ejemplo, el retraso en la entrega de las viviendas (STS de 10 de septiembre de 2014)[113], la merma de superficies (STS de 26 de junio de 2008)[114], o el incumplimiento de ciertas características técnicas o estéticas que no correspondan a lo pactado en el contrato de obra[115].

Asimismo, responderá como vendedor por el saneamiento por vicios ocultos de los arts. 1484 y ss. CC. Tal como establece el art. 17.9 LOE: "*Las responsabilidades a que se refiere este artículo se entienden sin perjuicio de las que alcanzan al vendedor de los edificios o partes edificadas frente al comprador conforme al contrato de compraventa suscrito entre ellos, a*

---

112 STS 710/2018 de 18 diciembre [*Tol 6976670*] y Auto de 15 marzo 2023 [*Tol 9469867*].

113 Como señala la STS 290/2014 de 10 septiembre [*Tol 4529251*], tal como tiene declarado esta Sala, el mero retraso, por sí solo, no resulta determinante de la resolución del contrato (STS 465/2013 de 15 de julio de 2013, [*Tol 4074491*]) y cuando ésta se produce, o se declara, el alcance indemnizatorio que pueda derivarse debe ser convenientemente separado y diferenciado del efecto restitutorio, con la consiguiente prueba y cuantificación del mismo (STS 275/2013 de 30 de abril [*Tol 4053198*]).

114 En palabras de la STS 654/2008 de 26 junio [*Tol 1353329*], no se puede incurrir en el error de apreciar vicios constructivos ruinógenos lo que son incumplimientos contractuales de la promotora para con los compradores, teniendo en cuenta que los contratos de compraventa de las viviendas son concertados entre ésta y los adquirentes, quienes integran, a su vez, la comunidad de propietarios actora.

115 Para REY MUÑOZ, F.J., "El principio de relatividad de los contratos y la tutela de los segundos adquirentes: A propósito de la STS de 22 de junio de 2022", *Actualidad Civil*, núm. 12, 2022 (LA LEY 11420/2022), edición digital, pág. 10, en el ámbito de la responsabilidad contractual, el concepto de defecto constructivo se ensancha, de modo que no sólo se podrá reclamar por aquellos defectos amparados por la LOE, sino en cualquier supuesto en el que el edificio presente anomalías constructivas que no sean objeto de la ley especial, como cuando no cumpla las características técnicas, cualitativas, morfológicas, de localización, espaciales, estéticas, funcionales o de calidad que se pactaron en el contrato de compraventa o de obra, principalmente. De este modo, todo defecto constructivo ex LOE constituirá un incumplimiento contractual, aunque no a la inversa.

los artículos 1.484 y siguientes del Código Civil y demás legislación aplicable a la compraventa".

4. La compatibilidad de acciones

Como hemos afirmado, el promotor mantiene una doble responsabilidad frente al comprador del inmueble porque, por una parte, es un encargado de la construcción del edificio que ha vendido sobre plano y, en consecuencia, será responsable de los defectos o vicios de la construcción que presente el inmueble, y, por otra parte, el promotor actúa como vendedor del inmueble. La compatibilidad entre ambas acciones es un hecho reconocido en la doctrina, en la jurisprudencia y, ahora, en la propia ley (LOE).

La jurisprudencia anterior a la LOE ya reconocía que al margen de la responsabilidad decenal del art. 1591 CC, podía darse la responsabilidad por incumplimiento contractual, cuya acción estaba sometida al plazo prescriptivo de cinco años (antes quince) del art. 1964 CC y que afecta exclusivamente al vendedor, siendo compatible con la responsabilidad establecida en el art. 1591 CC, por referirse a que la cosa enajenada debe ser apta para la finalidad para la que es adquirida (SSTS de 21 de marzo de 1996, 2 de octubre de 2003, 8 de marzo de 201121 de octubre de 2011, 2 de febrero de 2012, 15 de junio de 2016 y 18 de diciembre 2018, entre otras)[116].

Como afirmaba el Tribunal Supremo (STS de 2 de marzo de 2012) la responsabilidad de quienes intervienen en el proceso constructivo que impone el art. 1591 CC es compatible con el ejercicio de acciones contractuales cuando, entre demandante y demandados, media contrato, de tal forma que la "garantía decenal" no impide al comitente dirigirse contra quienes con él contrataron, a fin de exigir

---

116 SSTS 219/1996 de 21 de marzo [*Tol 1659433*], 896/2003 de 2 octubre [*Tol 314152*], 134/2011 de 8 de marzo [*Tol 2063333*], 696/2011 de 21 octubre [*Tol 2387665*], 130/2012 de 2 marzo [*Tol 2480965*], 403/2016 de 15 junio [*Tol 5756227*] y 710/2018 de 18 diciembre [*Tol 6976670*], entre otras muchas. En palabras de REY MUÑOZ, F.J., *La responsabilidad contractual...*, *op. cit.*, pág. 191, la responsabilidad del promotor es la clave de bóveda sobre la que descansa el régimen de la LOE y responde con arreglo a un triple criterio: por hecho propio, por hecho ajeno y por hecho desconocido

el exacto y fiel cumplimiento de lo estipulado, tanto si los vicios o defectos de la construcción alcanzan tal envergadura que pueden ser incluidos en el concepto de ruina, como si suponen deficiencias que conllevan un cumplimiento defectuoso, como de forma expresa se autoriza a partir de la entrada en vigor de la LOE, admitiendo de forma expresa, la coexistencia de la responsabilidad derivada del contrato o contratos que vinculan a las partes y la que impone la Ley especial (SSTS de 2 de octubre de 2002, 28 de febrero de 2011 y 27 de diciembre de 2014)[117].

Pero ahora la norma sobre edificación lo establece expresamente al aludir a la responsabilidad derivada de la edificación "*sin perjuicio de sus responsabilidades contractuales*" (art. 17.1 LOE), y al establecer que "*las responsabilidades a que se refiere este artículo se entienden sin perjuicio de las que alcanzan al vendedor de los edificios o partes edificadas frente al comprador conforme al contrato de compraventa suscrito entre ellos, a los artículos 1.484 y siguientes del Código Civil y demás legislación aplicable a la compraventa*" (art. 17.9 LOE). También en el art. 18 LOE al establecer el plazo de prescripción de las acciones para exigir la responsabilidad prevista en el artículo anterior por daños materiales dimanantes de los vicios o defectos, afirma "*sin perjuicio de las acciones que puedan subsistir para exigir responsabilidades por incumplimiento contractual*".

Como señala la SAP de Alicante de 15 de marzo de 2012[118], esta remisión del art. 17.9 LOE, introduce como norma lo que la jurisprudencia ya había establecido sobre la compatibilidad de acciones basadas en el contrato de obra y las derivadas del contrato de compraventa. Surge así, en relación con el promotor, un doble ámbito de responsabilidad: por razón del contrato de obra y consecuente responsabilidad de los agentes del proceso de edificación (art. 1591 CC, antes de la LOE, y las normas especiales de ésta después de su entrada en vigor), y por razón del contrato de compraventa por incumplimiento de la obligación de entrega de la cosa vendida (SAP de Guipúzcoa de 17 noviembre de 2008, AP de Barcelona de 31 mayo de

117 SSTS 896/2002 de 2 de octubre [*Tol 314152*], 119/2011 de 28 de febrero [*Tol 2054430*], y 790/2013 de 27 de diciembre [*Tol 4124341*].

118 SAP de Alicante 117/2012 de 15 marzo [*Tol 2569122*].

2007 y 17 de diciembre de 2015, AP de Valencia de 27 junio de 2007 y 2 de mayo 2014)[119].

5. *Mecanismos de resarcimiento del promotor en la Ley de Ordenación de la Edificación*

El promotor es el principal beneficiado de los mecanismos de resarcimiento que seguidamente analizamos, para compensar esta responsabilidad solidaria, pues contra éste se van a dirigir la mayoría de las acciones por vicios o defectos constructivos dado su doble carácter: como garante incondicional y como vendedor.

i) Por una parte, la DA 7.ª LOE permite al promotor que resulta demandado la llamada al proceso de otros agentes de la edificación que pudieran resultar responsables de los daños que se le reclaman, a fin de depurar todas las responsabilidades derivadas de la edificación en mismo proceso, sin perjuicio del análisis de las dificultades que trataremos de resolver. Remisión al Capítulo II.

ii) Por otra parte, el art. 18.2 LOE permite al promotor que hubiere satisfecho las responsabilidades frente a los adquirentes dirigirse contra los demás agentes de la edificación para repetir las responsabilidades satisfechas pues el promotor se constituye como garante incondicional en la esfera interna, frente a los adquirentes de inmuebles, pero no en la esfera externa, frente a otros agentes de la edificación responsables, pudiendo repetir contra los mismos. Remisión al Capítulo III.

---

119 También la jurisprudencia menor de los tribunales: SAP de Guipúzcoa de 17 noviembre 2008 [*Tol 1479995*], SAP de Barcelona de 31 mayo 2007 [*Tol 1023415*] y 17 diciembre 2015 [*Tol 5710302*], o SAP de Valencia 381/2007, de 27 junio [*Tol 1218558*] y 133/2014, de 2 mayo [*Tol 4523171*].

Capítulo II

LA INTERVENCIÓN PROVOCADA EN LA LEY DE ORDENACIÓN DE LA EDIFICACIÓN

I. LA PARTES EN LA LEY DE ORDENACIÓN DE LA EDIFICACIÓN

La protección del tercero como titular de una situación jurídica que puede verse afectada en el proceso estaría amparada dentro del derecho a la tutela judicial efectiva reconocido en el art. 24 de la Constitución Española (en adelante CE)[120]. Precisamente esta tutela al tercero se garantiza por dos instituciones jurídicas que son las que vamos a analizar en los siguientes capítulos: la posibilidad de intervención del tercero en el proceso; y la eficacia de la cosa juzgada a través de la acción de repetición.

Precisamente uno de los puntos más conflictivos de la LOE ha sido la DA 7.ª LOE, que introduce con carácter novedoso la figura de la intervención provocada y que analizamos en este capítulo, pero previo a dicho análisis procederemos a examinar cuales con las partes que intervienen en el proceso de edificación y que pueden ser llamadas como terceros al proceso al amparo de la DA 7.ª LOE.

1. Legitimación activa en los procesos de edificación

La LOE supone la superación del principio de relatividad de los contratos, no solo en cuanto a la admisión de la intervención provocada antes incluso de su regulación en la LEC, sino también en cuanto a la parte activa de las reclamaciones por vicios constructivos, al permitir que demanden a los agentes de la edificación "*los propietarios y los terceros adquirentes de los edificios o parte de los mismos*" (art. 17.1 LOE). Es decir, el demandante no tiene por qué haber tenido relación contractual con el agente de la edificación demandado. Po-

---

[120] Constitución Española. BOE núm. 311, de 29 de diciembre de 1978.

drá ser parte demandante el propietario que adquiere el inmueble frente al arquitecto redactor del proyecto como parte demandada, a pesar de no haber suscrito contrato alguno con el mismo, pues quien contrata con el arquitecto redactor será normalmente el promotor del edificio; pero también podrá ser parte demandante el tercer adquirente posterior de un inmueble que ni siquiera haya tenido relación contractual con el promotor-vendedor del edificio[121].

Así pues, las acciones de responsabilidad del art. 17 LOE podrán ejercitarlas los propietarios o terceros adquirentes (SSTS de 14 de marzo de 2018)[122], por lo que un agente de la edificación solo podrá dirigirse contra otro en virtud de las relaciones contractuales o extracontractuales mantenidas entre los mismos. Sin embargo, un agente de la edificación sí podrá ejercitar las acciones de repetición contra quien considere responsable de los daños que previamente hubiera satisfecho a los propietarios, motivo por el cual también se le permite accionar la llamada por intervención provocada a otros agentes de la edificación que pudieran verse afectados por el proceso en una ulterior acción de repetición al amparo de la DA 7.ª LOE.

Seguidamente vamos a referirnos a la legitimación para solicitar la intervención provocada, pero conviene detenernos brevemente en la legitimación para iniciar los procesos por vicios o defectos de la construcción, esto es, quién se sitúa en la parte activa o demandante en los procesos de la edificación y quién en la parte demandada de dicho proceso, que será la legitimada para solicitar la intervención provocada de la DA 7.ª LOE.

---

121 SOLER PASCUAL, L.A., "Cuestiones prácticas de pluralidad de partes en procesos relacionados con la Ley de Ordenación de la Edificación", *Práctica de Tribunales: Revista de Derecho Procesal Civil y Mercantil*, núm. 113, 2015 (LA LEY 1505/2015), edición digital, pág. 2. En palabras del autor, la LOE supone una verdadera conquista que tuvo que vencer el concepto de relatividad de los contratos, y del art. 1591 CC que regulaba la responsabilidad en el marco del contrato de obra que, en principio, impedía conceder legitimación al tercer adquirente ajeno a la relación contractual original entre el vendedor y el constructor.

122 Entre otras, la STS 141/2018 de 14 marzo [*Tol 6548108*] rechaza que el contratista pueda accionar contra el proyectista al amparo de las acciones de la LOE (art. 17.1), sin perjuicio de las acciones contractuales o extracontractuales que correspondan.

1.1. Propietarios y terceros adquirentes

Normalmente serán los propietarios quienes inicien el proceso de reclamación por vicios o defectos constructivos en sus viviendas contra cualquiera de los agentes que intervienen en la edificación, en la mayoría de los casos frente al promotor por ser este responsable directo. Pero la LOE no se refiere tan solo al propietario original que adquiere el inmueble de nueva construcción del promotor, sino que, como hemos dicho, también alude a los "*terceros adquirentes de los edificios o partes de los mismos*" que podrán reclamar siempre que estemos dentro de los plazos de garantía que establece el art. 17 LOE por daños materiales (STS de 18 de abril de 2013)[123].

Por tanto, son los propietarios originarios o posteriores del edificio, o de alguna de las unidades privativas en que se divide horizontalmente éste, los que vienen legitimados para interponer las acciones previstas en la Ley, pues la legitimación se concede con independencia que el tercer adquirente se haya relacionado contractualmente con los diversos agentes de la edificación; de modo que, como hemos dicho con anterioridad, la LOE a estos efectos viene a establecer una excepción al principio de relatividad de los contratos (art. 1257 CC) que resulta plenamente justificada conforme a la función tuitiva perseguida.

Esta ampliación de la legitimación activa a los adquirentes o subadquirentes también ha sido justificada, tanto por la doctrina académica como por la jurisprudencia, ya desde antes de la LOE con la interpretación derivada del art. 1591 CC, especialmente por el cauce de la sucesión en los derechos y acciones derivada de la transmisión adquisitiva (entre otras, SAP de Murcia de 20 de junio de 2016)[124].

---

[123] Señala la STS 597/2013 de 18 octubre [*Tol 4259328*]: "*No cabe duda acerca del alcance de la asimilación que el precepto efectúa respecto de los terceros adquirentes que resulta delimitada, conceptualmente, dentro de la necesaria condición de propietarios actuales de la unidad o elemento en que se trate, resaltándose que la legitimación se concede con independencia que el tercer adquirente se haya relacionado contractualmente con los diversos agentes de la edificación; de modo que la Ley, a estos efectos, viene a establecer una excepción al principio de relatividad de los contratos (art. 1257 CC) que resulta plenamente justificada conforme a la función tuitiva perseguida*" (FD 2º).

[124] Como declara la SAP de Murcia 250/2016 de 20 junio [*Tol 5800250*], con cita de las SSTS de 9 de junio de 1989 [*Tol 1730758*] y de 10 de febrero de 2004 [*Tol*

1.2. Comunidades de propietarios

Las comunidades de propietarios, a través de representación legal conferida a la figura de su presidente, dada la carencia de personalidad jurídica de las mismas (art. 13 LPH), también están legitimadas para demandar por los daños causados tanto a los elementos comunes como a los privativos del inmueble. No obstante, no es así en todos los elementos privativos del inmueble, pues debe tratarse de defectos constructivos, y no lo es, por ejemplo, la reclamación por menor superficie de una vivienda que, como dice la SAP de Valladolid de 22 de octubre de 2012[125], constituye un incumplimiento del que no deriva ningún derecho para la comunidad de propietarios, ni afecta al edificio en su conjunto.

En este sentido, la jurisprudencia del Tribunal Supremo ha extendido las facultades del presidente no solo a la reclamación sobre los elementos comunes del edificio, sino también a la defensa de los intereses afectantes a los elementos privativos del inmueble, cuando los propietarios le autoricen. Sin embargo, no se requiere una autorización expresa, llegando a afirmar los tribunales que dicha autorización se presume salvo que, en su caso, pudiera existir una oposición expresa o formal, para que, en su nombre no pudiese proyectarse la defensa de esos intereses asumidos por el presidente[126].

Así pues, como resume la STS de 18 de julio de 2007[127], en línea con la jurisprudencia contenida en la anterior STS de 8 de julio

---

345081]. En igual sentido, ESTRUCH ESTRUCH, J., *Las responsabilidades en la construcción ...op. cit.*, págs. 331-338, con numerosas citas de la jurisprudencia del Tribunal Supremo anterior a la LOE, que reconocen la legitimación activa de los adquirentes y subadquirentes de las unidades privativas en que se divide el edificio.

125 La SAP de Valladolid 378/2012 de 22 octubre [*Tol 2691170*], establece: *"La reclamación por la menor superficie de una vivienda no puede considerarse un defecto constructivo sino un incumplimiento contractual del promotor respecto del titular de dicho inmueble y no puede reconocerse legitimación a la Comunidad de Propietarios para reclamar las consecuencias del incumplimiento de un contrato en que no fue parte y del que no ha surgido ningún derecho para la actora ni afecta al edificio en su conjunto"* (FD 1º).

126 SSTS de 20 abril 1991 [*Tol 1728880*], 880/2007 de 18 julio [*Tol 1123888*], 358/2008 de 30 abril [*Tol 1370055*], 129/2011 de 16 marzo [*Tol 2124808*], 278/2013 de 23 abril [*Tol 3706724*], entre otras.

127 STS 880/2007 de 18 julio [*Tol 1123888*].

de 2003[128], las comunidades de propietarios, con la representación conferida legalmente a los respectivos presidentes, gozan de legitimación para demandar la reparación de los daños causados tanto a los elementos comunes como a los privativos del inmueble —STS de 26 de noviembre de 1990[129]—, y no puede hacerse por los extraños discriminación en punto a si los distintos elementos objetivos son de titularidad dominical privada o común, pues tal cuestión queda reservada a la relación interna entre los integrantes subjetivos de esa comunidad —STS de 24 de septiembre de 1991[130]—, sin perjuicio, por ello, de las obligaciones del presidente de responder de su gestión —SSTS de 15 de enero y 9 de marzo de 1988[131]—, pero cuya voluntad vale como voluntad de la comunidad frente al exterior —STS de 20 de abril de 1991[132]—. Existe, por tanto, en la jurisprudencia la presunción de que el presidente está autorizado mientras no se acredite lo contrario, sin que haya razón alguna para reducir tal autorización a los "vicios y defectos de construcción", *stricto sensu* considerados, por afectar también al interés de la comunidad a los incumplimientos contractuales afectantes a viviendas en particular, salvo en los supuestos expresamente excluidos en la Ley o que exista una oposición expresa y formal (SSTS de 18 de julio de 2007, 16 de junio de 2017 y 21 de marzo de 2019)[133].

No obstante, aunque la jurisprudencia no evidencia una postura unívoca sobre la necesidad de autorización de la Junta para ejercitar acciones judiciales en beneficio de la comunidad, y aunque pudiera ser éste un defecto subsanable *a posteriori*, es conveniente y aconsejable dadas las dudas suscitadas que, siendo posible, se adopten siempre los acuerdos en Junta que amparen todas las actuaciones que emprenda la comunidad[134].

---

128 STS 679/2003 de 8 julio [*Tol 4924616*].

129 STS de 26 de noviembre de 1990 [*Tol 1730013*].

130 STS de 24 de septiembre de 1991 [*Tol 1727609*].

131 SSTS de 15 enero de 1988 [*Tol 1732743*] y 9 de marzo de 1988 [*Tol 1732748*].

132 STS de 20 abril de 1991 [*Tol 1726990*].

133 STS 880/2007 de 18 julio [*Tol 1123888*], 383/2017 de 16 de junio [*Tol 6185732*] y 176/2019 de 21 de marzo [*Tol 7140996*], entre otras.

134 Como matiza REY MUÑOZ, F.J., *La responsabilidad legal y contractual …op. cit.*, págs. 146-155.

1.3. El promotor del edificio

Como ya hemos adelantado, el promotor del edificio es quien toma la iniciativa de promover la construcción de las viviendas, y la LOE lo define en su Exposición de Motivos como la persona física o jurídica que asume la iniciativa de todo el proceso y a la que se obliga a garantizar los daños materiales que el edificio pueda sufrir.

La legitimación activa para reclamar los defectos contenidos en el art. 17 LOE se atribuye, como hemos dicho, a los propietarios y los terceros adquirentes de los edificios o parte de los mismos, frente a las personas físicas o jurídicas que intervienen en el proceso de la edificación por los daños materiales ocasionados en el mismo dentro de los plazos establecidos. No obstante, la jurisprudencia ha admitido la legitimación activa del promotor para reclamar frente a otros agentes de la edificación, no sin cierta controversia.

Dicha polémica se planteaba ya en la STS de 9 de junio de 1989[135], en relación con el art. 1591 CC, propiciada por la existencia de un voto particular, poniendo en cuestión el interés legítimo de la promotora tras la venta de la totalidad de los pisos y demás elementos de una edificación. Ello es ratificado por la posterior STS de 10 de febrero de 2004[136], que rechaza la legitimación activa del promotor para accionar contra otros agentes de la edificación al amparo del art. 1591 CC en aquellos supuestos en que consideraba que había desaparecido su interés tras la venta de los inmuebles, al perder su condición de perjudicada y haber adquirido el de posible responsable, cuando

[135] STS de 9 junio de 1989 [*Tol 1730758*].

[136] Considera la STS 84/2004 de 10 febrero [*Tol 345081*], que la legitimación procesal del perjudicado (iniciada durante la ejecución de la obra y hasta la venta de ésta, en favor del promotor) produce, a partir de las ventas, una situación de sustitución procesal que impide ocupar el mismo espacio a partes contrapuestas (vendedor-promotor y comprador), por cuanto a la situación de una sucede la de la otra, y no se pueden solapar por cuanto se excluyen en el tiempo en que así se actúe. Asimismo, en resoluciones anteriores, el Tribunal Supremo afirmaba que pasan al comprador las acciones que asisten al comitente en el contrato de obras para combatir la ejecución defectuosa y entre ellas, las del art. 1101 en relación con el art. 1591 CC, de donde deriva la responsabilidad solidaria de unos y otros, caso de no poderse individualizar la trascendencia personal de cada uno de ellos en los defectos detectados.

además no había justificado haber realizado pago alguno de las obras de reparación ni había acreditado perjuicio alguno para ella.

Sin embargo, en sentencias posteriores el Tribunal Supremo considera que el promotor sí está legitimado activamente, aunque hubiera vendido la totalidad de la obra, pues las sentencias anteriores, según las cuales "*pasan al comprador las acciones que asisten al comitente en el contrato de obra para combatir la ejecución defectuosa y entre ellas las del art. 1101 en relación con el art. 1591 CC*", no es que nieguen la legitimación activa de la promotora, sino que la reconoce también a favor de los compradores. Considera así que la legitimación de los propietarios adquirida por subrogación junto con el piso no elimina la legitimación de los promotores que contrataron con los constructores y técnicos y conservan acción para exigir el correcto cumplimiento del contrato con base en el vínculo nacido precisamente del mismo (STS de 7 de noviembre de 2005)[137].

Ello posteriormente se ha matizado para afirmar que dicha legitimación activa del promotor se ostenta siempre que continúe siendo propietario de inmuebles[138], cuando se trate de adelantar a las posibles reclamaciones de los compradores por haber sido requerido extrajudicialmente o cuando haya reparado las deficiencias constructivas, pero no cuando ya ha sido demandado por los compradores, pues en tal caso lo que se pretende es una condena de futuro al abono de ciertas cantidades no generadas, al estar sometidas a litigios en tramitación o ni siquiera entablados (STS de 20 de diciembre de 2007)[139].

---

137 Afirma la STS 871/2005 de 7 noviembre [Tol 76584] que el hecho de que "*los promotores no asuman frente a los propietarios de los pisos el ejercicio de las acciones para reparar lo mal hecho puede generar que sean ellos mismos demandados y condenados con el constructor y los técnicos, pero no se impone que deban siempre figurar en los litigios como demandados» (STS de 8 de junio de 1992 y, en igual sentido, SSTS 27 de abril de 1995 y 3 de julio de 2000)*" (FD 3º).

138 En este sentido, señala ESTRUCH ESTRUCH, J., "Las responsabilidades de los agentes de la edificación en la LOE", en *Derecho de daños*, CLEMENTE MEORO, M. (dir.) y COBAS COBIELLA, M.E. (dir.), Tirant lo Blanch, 2021, pág. 973, que el promotor conservará la legitimidad para reclamar los daños materiales mientras no haya transmitido la propiedad de todos los pisos o locales.

139 STS 1345/2007, de 20 diciembre [*Tol 1229939*]. Como afirma COLINA GAREA, R., "Comentarios a la Sentencia de 20 de diciembre de 2007", *Cuadernos Civitas de Jurisprudencia Civil*, núm. 77, 2008, págs. 996-997, constituye una idea general-

En la jurisprudencia del Tribunal Supremo se considera legitimado activamente al promotor frente al contratista y técnicos intervinientes en el proceso constructivo, no sólo para el caso de que continúe siendo propietario de la edificación, sino también cuando los posteriores adquirentes le hubieran reclamado, de forma fehaciente, la reparación de los daños sobrevenidos a la construcción (SSTS de 28 de febrero de 2011 o 13 de diciembre de 2018)[140]. Así, como señala la STS de 16 de enero de 2008[141], al margen de la compatibilidad de las acciones de responsabilidad por incumplimiento contractual y la de vicios ruinógenos, la verdadera *ratio decidendi* no es la falta de legitimación del promotor para accionar contra el constructor por vicios ruinógenos en supuestos de existencia de ulteriores propietarios adquirentes, sino la prueba de haber sufrido el actor quebranto patrimonial alguno a consecuencia de las deficiencias que denuncia. Así pues, parece afirmar que el promotor estará activamente legitimado para ejercitar las acciones de la LOE contra otros agentes de la edificación siempre que acredite la existencia de un quebranto patrimonial, sobre todo en aquellos casos en que continúe siendo propietario, que haya sido requerido extrajudicialmente o que haya procedido a la reparación de las deficiencias.

Tampoco es pacífica esta cuestión en la jurisprudencia menor, que se pronuncia en algunos casos negando la legitimación activa al promotor que ha vendido los inmuebles cuando no ha realizado las reparaciones ni indemnizado los vicios constructivos (SAP de Granada de 22 de noviembre de 2013 y AP de Asturias de 5 de marzo de 2014)[142] y, sin embargo, en otros admite dicha legitimación in-

mente admitida que el promotor tiene acción para dirigirse contra los agentes de la edificación por la vía del art. 1591 CC, pese a haberse desprendido ya de la propiedad de lo construido. Cuestión distinta es que aquel pueda mantener dicha legitimación activa una vez que hubiese sido previamente demandado por los adquirentes con base a la aplicación del mismo precepto.

140 STS 119/2011 de 28 febrero [*Tol 2054430*] y 705/2018 de 13 diciembre [*Tol 6958042*].

141 STS 12/2008 de 16 enero [*Tol 1235317*].

142 En este sentido, negando la legitimación activa del promotor —no propietario— para el ejercicio de acciones de la LOE, se pronuncia la SAP de Granada 397/2013 de 22 noviembre [*Tol 4391244*], al considerar que el promotor, no propietario, solo ostenta las acciones contractuales, pues las dudas que pudieran existir quedan desvirtuadas en la LOE al referirse al "*propietario y terceros ad-*

cluso después de haber vendido la totalidad de los inmuebles (SAP de Pontevedra de 20 de septiembre de 2007, AP de Cáceres de 30 de noviembre de 2010, AP de Granada de 22 de noviembre de 2013 o AP de Almería de 5 de diciembre de 2017)[143]. No cabe duda en aquellos casos en que el promotor continúa siendo propietario, como es el caso de la SAP de Barcelona de 15 de diciembre de 2017[144], que reconoce la compatibilidad de acciones, tanto contractuales como derivadas de la LOE, para el autopromotor que continúa siendo único propietario del inmueble, como hemos referido al hablar del autopromotor en el Capítulo I.

Estos problemas que plantea la existencia de una doble legitimación (activa y pasiva) del promotor para el ejercicio de las acciones previstas en el art. 1591 CC son analizadas por ESTRUCH ESTRUCH[145] matizando que, con la regulación anterior a la LOE, en aquellos casos en que se consideraba legitimado activamente al promotor para dirigirse contra otros agentes de la edificación, aun no siendo ya propietario, lo que no se puede permitir, desde luego, es que el promotor perjudique los derechos ni las posibilidades procesales de los compradores. Por ello, como señala el autor, deberían adoptarse ciertas precauciones para evitar estos perjuicios. Así, únicamente podrá el promotor pedir la reparación *in natura* de los defectos constructivos y no la indemnización económica (SSTS de 20

quirentes" como legitimados activos; y la SAP de Asturias 70/2014 de 5 marzo [*Tol 4146440*], al señalar: "*Esta restricción del círculo de legitimados para la exigencia de la responsabilidad entraña la exclusión del promotor que ha enajenado la totalidad de la edificación, ya que por muy amplia que sea la interpretación de los términos «propietarios» y «terceros adquirentes», desbordaría el tenor literal de la norma la concesión de legitimación activa para reclamar la responsabilidad legal en ella prevista al promotor en quien no concurra asimismo la condición de propietario, al menos, de parte de lo edificado*" (FD 4º).

143 Por el contrario, admiten esta legitimación activa del promotor, incluso tras la venta de los inmuebles, las SAP de Pontevedra 347/2007 de 20 septiembre [*Tol 7351220*]; SAP de Cáceres 482/2010 de 30 noviembre [*Tol 2034201*]; SAP de Granada 397/2013 de 22 noviembre [*Tol 4391244*] o SAP de Almería 589/2017 de 5 diciembre [*Tol 6798834*].

144 SAP de Barcelona 832/2017 de 15 diciembre [*Tol 6550898*].

145 ESTRUCH ESTRUCH, J., "SENTENCIA de 28 de febrero de 2011. Legitimación activa *ex* artículo 1591 CC del promotor frente al contratista y técnicos intervinientes en el proceso constructivo cuando el promotor ya ha transmitido a terceros la totalidad de la edificación", *Cuadernos Civitas de jurisprudencia civil*, 2012, págs. 309-326.

de diciembre de 2004, 13 de julio de 2005 y 29 de mayo de 2008)[146], salvo que ya hubiere abonado cantidades dinerarias; podrán intervenir en dicho juicio, que inicie el promotor, los adquirentes de inmuebles, de conformidad con el art. 13 LEC por ostentar interés directo y legítimo; o la sentencia que se dicte en juicio iniciado por el promotor no podrá tener efectos de cosa juzgada en perjuicio de los compradores.

A nuestro juicio esta última cuestión es discutible, pues no podrá condenarse a los demás agentes de la edificación a una doble indemnización por los mismos defectos si ya han sido reclamados por el promotor, pudiendo plantearse la excepción de litispendencia o prejudicialidad estando ambos pleitos vigentes o, en su caso, la existencia de cosa juzgada si ya hay sentencia firme, aunque no se dé la identidad total de partes. En caso de pendencia de ambos procesos con solicitud de reclamación de daños derivados de la edificación —el iniciado por el promotor y el posterior por los propietarios—, la excepción de litispendencia con archivo del segundo proceso debe limitarse a supuestos donde los juicios afectados son absolutamente idénticos y aplicarse la prejudicialidad civil con suspensión del segundo proceso hasta la resolución del primero cuando existan tan solo elementos conexos (STS de 24 de enero de 1978)[147].

No obstante, aunque la cuestión no es pacífica en la jurisprudencia, la mayoría de la doctrina considera que con la regulación actual de la LOE el promotor no estará activamente legitimado para el ejercicio de acciones derivadas de la norma si no continúa siendo propie-

---

146 SSTS 1240/2004 de 20 de diciembre [*Tol 645272*], 601/2005 de 13 de julio [*Tol 697624*] o 430/2008 de 29 de mayo [*Tol 133599*].

147 STS de 24 enero de 1978 [*Tol 2186333*]. En este sentido, BAQUERO SORIANO, A., "Excepción de litispendencia y cuestión prejudicial civil en la ley 1/2000", *Revista de Derecho Procesal*, 2002, pág. 104; REYNAL QUEROL, N., "La extensión a terceros de la cosa juzgada positiva de la resolución prejudicial civil", *InDret Revista para el Analisis del Derecho*, núm. 2, 2022, págs. 301-318; SALAS CARCELLER, A., "La litispendencia y sus relaciones con la cosa juzgada", *Revista General de Derecho*, 1997, pág. 81. Asimismo, se pronuncia MONTESINOS GARCÍA, A., "Sentencia de 26 de septiembre de 2008: Alcance de la litispendencia. Cosa juzgada del laudo arbitral", *Cuadernos Civitas de jurisprudencia civil*, 2009, págs. 655-676, al afirmar: "La excepción de litispendencia, al menos desde la entrada en vigor de la nueva LEC, debe limitarse a aquellos casos en donde los procesos afectados son idénticos, es decir, concurren las tres repetidas identidades".

tario del edificio o partes del mismo, dado que el tenor literal del art. 17 LOE establece que las personas físicas o jurídicas que intervienen en el proceso de la edificación "*responderán frente a los propietarios y los terceros adquirentes de los edificios o parte de los mismos*", dejando evidente la condición de propietario para la reclamación por daños materiales ocasionados en el edificio (entre otras, SAP de Granada de 22 de noviembre de 2013)[148].

Todo ello, sin perjuicio de las acciones contractuales que conserva el promotor frente a los diversos partícipes en la edificación para exigir el cumplimiento de sus obligaciones derivadas del contrato de obra, pues en tales casos el Tribunal Supremo ha declarado que sí está legitimado para ejercitar las acciones contractuales encaminadas a exigir el cumplimiento de las obligaciones profesionales asumidas por los distintos agentes de la construcción intervinientes y, en consecuencia, a obtener su correlativa condena judicial con independencia de que no haya tenido que afrontar las obras de reparación de los defectos ni, en consecuencia, haya sufrido quebranto patrimonial (STS de 17 de abril de 2024)[149]. Por lo que sería esta la vía más adecuada para iniciar la reclamación por parte de la promotora frente a otros agentes de la edificación responsables de los daños con arreglo a su *lex artis*.

---

148 De manera tajante lo declara la SAP de Granada 397/2013, de 22 noviembre [*Tol 4391244*], al afirmar que "*a partir de la LOE la situación ha cambiado en parte pues los legitimados activamente para exigir tal responsabilidad son los propietarios y terceros adquirentes, y los legitimados pasivamente son las personas físicas o jurídicas que intervienen en el proceso de la edificación, entre las cuales se encuentra el promotor, que, de acuerdo con el Art. 27, 3 de la LOE, respondería "en todo caso" solidariamente con los demás agentes intervinientes. En cualquier caso, el citado artículo 17, 1 deja a salvo las responsabilidades contractuales que pueda haber entre las partes*" (FD 1º). En este sentido CARRASCO PERERA, A., y otros, *Comentarios ...op. cit.*, págs. 312-314; ESTRUCH ESTRUCH, J., "SENTENCIA de 28 de febrero de 2011...", *op. cit.*, págs. 309-326, señala que frente a la omisión del art. 1591 CC, el art. 17 LOE contempla de modo expreso la legitimación activa de los "propietarios y terceros adquirentes" para el ejercicio de las acciones que regula; y REY MUÑOZ, F.J., *La responsabilidad legal y contractual ...op. cit.*, pág. 162-184.

149 STS 512/2024 de 17 abril [*Tol 9981532*].

1.4. Las cooperativas de viviendas

Como señala la Exposición de Motivos de la LOE, a la figura del promotor se equipara también las de gestor de cooperativas o de comunidades de propietarios, u otras análogas que aparecen cada vez con mayor frecuencia en la gestión económica de la edificación.

Por ende, lo expuesto anteriormente para el promotor sería igualmente aplicable a las cooperativas de viviendas que, si bien pueden ser demandadas en su condición de promotor de la edificación, también pueden estar legitimadas activamente para el ejercicio de las acciones de la LOE, en los términos expresados para el promotor.

La solución sería la misma que anteriormente hemos expuesto para el promotor, puesto que la cooperativa ostenta una situación o asume una posición de defensa de intereses de sus miembros o cooperativistas que le capacita para ejercitar cualquier acción en defensa de los intereses concertados con los miembros a quien representa, para exigir la responsabilidad por vicios constructivos y defectos de la obra en interés de los socios cooperativistas, tanto por la vía de la LOE como la del incumplimiento contractual de los arts. 1101 y siguientes del CC[150].

1.5. El arrendatario financiero

La naturaleza del contrato de arrendamiento financiero ha sido, en palabras del Tribunal Supremo, considerada como de arrendamiento especial (SSTS de 10 de abril de 1981)[151], al igual que lo viene haciendo un importante sector de la doctrina que, como tal, permite un uso y disfrute de la cosa objeto del contrato (SAP de Tarragona de 22 de febrero de 2011)[152].

Como señala la jurisprudencia, la legitimación activa para el ejercicio de las acciones de responsabilidad previstas en la LOE corresponde al propietario o dueño de la obra, que ordinariamente coincidirá con el propietario del inmueble, pero que en ocasiones puede corresponder con quien goza de facultades para promover la

---

150 Tal como reconoce, entre otras, la STS 103/2013, de 28 febrero [*Tol 3239241*].

151 STS de 10 abril 1981 [*Tol 1739585*].

152 SAP de Tarragona 76/2011 de 22 febrero [*Tol 2178529*].

edificación y usar o explotar lo construido durante un tiempo significativo, con vocación además de llegar a adquirir la propiedad del inmueble, como es el caso del arrendatario financiero, tal como señala el Tribunal Supremo. Así pues, el arrendatario financiero que tuviera derecho de opción a comprar el bien al término del plazo podría ejercitar las acciones de responsabilidad de la LOE, siempre con los mismos requisitos antes expresados para el promotor (SSTS de 27 de diciembre de 2013 y SAP de Granada de 13 de junio de 2012)[153].

1.6. ¿Los titulares de derechos reales o posesorios?

No gozan de legitimación activa para instar las acciones de la LOE los titulares de derechos posesorios, tales como el arrendatario o el precarista, ni tampoco los titulares de derechos reales, como sería el caso del derecho de servidumbre o del usufructuario, pues en tales casos no ostentan la titularidad sobre el inmueble y, por tanto, no tienen la consideración de propietarios ni terceros adquirentes. No olvidemos que los derechos reales recaen necesariamente sobre cosa ajena y, por tanto, es el titular del inmueble quien ostenta la legitimación para reclamar por daños materiales en la edificación.

Los motivos que ofrece la jurisprudencia son: i) En primer lugar, porque el fundamento tuitivo que justifica la asimilación señalada por la norma, conforme a la *ratio* de la ordenación y protección dispensada, confluye en la condición de propietarios que, necesariamente, acompaña y distingue a los adquirentes de derecho real; ii) En segundo lugar, porque la norma expresamente cierra o fija el ámbito de la legitimación resultante, conforme al principio de seguridad jurídica; y iii) Por último, porque la naturaleza del derecho real, como derecho real autónomo sobre cosa ajena, no puede con-

---

153 STS 790/2013 de 27 diciembre [*Tol 4124341*]. En el mismo sentido, la SAP de Granada 271/2008, de 13 junio [*Tol 7193959*] para un supuesto de arrendamiento financiero en que ésta se subrogaba en los derechos de la compradora frente al vendedor de cuantas acciones y derechos le correspondían en materia tanto de saneamiento como de responsabilidad por vicios constructivos. También lo reconoce así MILÁ RAFAEL, R., "Cinco cuestiones...", *op. cit.*, págs. 110-118.

fundirse o asimilarse al derecho de propiedad, ni a la adquisición resultante con este título (STS de 18 de octubre de 2013)[154].

1.7. ¿Las aseguradoras?

La Ley 50/1980, de Contrato de Seguro (LCS), permite al asegurador, una vez pagada la indemnización, ejercitar los derechos y las acciones que por razón del siniestro correspondieran al asegurado frente a las personas responsables del mismo, hasta el límite de la indemnización (art. 43). Se trata de una acción de recobro con la finalidad de garantizar la indemnidad de quien ha pagado por el responsable del daño.

Por tanto, como señala la SAP de Alicante de 24 de enero de 2019[155], si la aseguradora satisface los daños en virtud de la póliza de seguro obligatorio decenal de daños (art. 19.1.c) LOE), se subroga, una vez abonada la indemnización a su asegurado en las acciones que correspondían a los propietarios de las viviendas contra los agentes de la edificación responsables de los llamados cubiertos por la referida póliza, pero no puede ejercitar las acciones que corresponden al promotor porque el seguro no es un seguro de responsabilidad por daños causados en la edificación imputables al promotor, sino que es un seguro de daños en el que el asegurado, una vez enajenadas todas las viviendas por el promotor, pasa a ser la comunidad y los propietarios que la integran.

2. Legitimación pasiva en los procesos de edificación

Las acciones de la LOE irán dirigidas contra los agentes que intervienen en el proceso de edificación que resulten responsables de los daños ocasionados de conformidad con el art. 17.1 LOE.

Sabemos que la responsabilidad por vicios en la edificación es en principio personal e individual, siempre que sea posible la individualización de la causa del daño, salvo en el caso del promotor que res-

---

154 En este sentido, lo niega la STS 597/2013 de 18 octubre [*Tol 4259328*] respecto de los titulares de un derecho de servidumbre. Y lo recoge también la doctrina, entre otros, MILÁ RAFAEL, R., "Cinco cuestiones ...", *op. cit.*, pág. 117.

155 SAP de Alicante 66/2019 de 24 enero [*Tol 7228147*].

ponde solidariamente con los demás agentes intervinientes frente a los adquirentes por vicios o defectos de construcción, sin perjuicio de la posibilidad de repetir contra los agentes responsables. Sin embargo, en los casos en que no sea posible individualizar la causa del daño o que exista concurrencia de culpas sin posibilidad de establecer la proporción o el grado de responsabilidad de cada uno de ellos, responden todos de manera solidaria (art. 17 LOE), pudiendo igualmente dirigir acción de repetición posterior para discernir responsabilidades.

En el caso del promotor, que responde solidariamente con los demás agentes ante los compradores o posibles adquirentes, estamos ante un supuesto de solidaridad propia establecida *ex lege* (art. 17.3 párrafo 2ª LOE), al igual que en el caso de que el proyecto haya sido contratado conjuntamente con más de un proyectista, que responden solidariamente (art. 17.5 LOE), o cuando la dirección de obra se contrate de manera conjunta a más de un técnico, los mismos responderán solidariamente sin perjuicio de la distribución que entre ellos corresponda. Sin embargo, en los casos en que se declare la solidaridad en sentencia porque exista imposibilidad de individualizar cuotas de responsabilidad o sea imposible determinar el grado de participación de cada uno, estaremos ante un supuesto de solidaridad impropia.

En ambos casos, tanto de responsabilidad propia como impropia, existiría la posibilidad de repetir contra los terceros responsables, motivo por el cual la figura de la "intervención provocada" permite llamar al pleito a aquellos agentes que a su vez el demandado considere responsables. Sin perjuicio de que, como luego diremos, su eficacia ha quedado desdibujada por las interpretaciones doctrinales y jurisprudenciales que restringen el alcance de la posición procesal del tercer interviniente.

2.1. Legitimados para solicitar la intervención provocada de la disposición adicional 7.ª de la Ley de Ordenación de la Edificación

La legitimación pasiva para ser objeto del "llamamiento" al proceso de conformidad con la DA 7.ª LOE se concede a "*otros agentes que también hayan tenido intervención en el referido proceso*".

Evidentemente, será la parte demandada (el agente de la edificación) quién formule la solicitud de intervención provocada al amparo de la DA 7.ªLOE o, en palabras de la LOE, "*quien resulte demandado por ejercitarse contra él acciones de responsabilidad basadas en las obligaciones resultantes de su intervención en el proceso de la edificación previstas en la presente Ley*", siendo aplicable a dicha solicitud de intervención del tercero por remisión el procedimiento regulado en el art. 14.2 LEC.

Así pues, son dos los requisitos para que resulte activamente legitimado la parte para la llamada intervención provocada derivada de la LOE: i) que sea demandado; y ii) que sea agente de la edificación.

Respecto al primer requisito, que sea demandado, es evidente que el demandante no necesita un mecanismo procesal de "llamada al proceso", pues podrá dirigir la demanda contra quien considere que resulta responsable de los daños causados en la edificación, contra todos, contra algunos de ellos o únicamente respecto del promotor, quien resulta responsable solidario al amparo del art. 17.3 LOE, lo que sucederá en la mayoría de los casos. El demandante también tiene la posibilidad de ampliar la demanda para dirigirlas contra nuevos demandados antes de la contestación (art. 401 LEC), pero nada impide que pueda ampliarse una vez contestada ésta a raíz de las manifestaciones efectuadas por los propios demandados, siempre que no exista oposición por parte de estos mediante la alegación de preclusión de alegaciones (art. 401 LEC) o prohibición de cambio de demandada, *mutatio libelli* (art. 412 LEC).

Por tanto, la legitimación activa la tiene el demandado y, como hemos dicho, durante mucho tiempo ha sido el promotor quien habitualmente resultaba demandado y solicitaba la intervención provocada de otros agentes de la edificación, generalmente constructor, arquitecto superior y/o arquitecto técnico, sea como proyectistas sea como directores de obra o de ejecución. Sin embargo, a raíz de la crisis económica del 2008 se precipitan muchos concursos de grandes empresas promotoras como Martinsa Fadesa (2008), Habitat (2008), Sacresa (2010), Reyal Urbis (2013)[156]. Esta situación suponía tanto la imposibilidad de localización del promotor en muchos casos como,

---

156 https://www.elconfidencial.com/empresas/2015-11-26/los-diez-mayores-concursos-de-acreedores-de-la-historia_1106850/ (Acceso: 19/08/2022)

en caso de rebeldía, la imposibilidad de satisfacer posibles responsabilidades por insolvencia, por lo que cambia la legitimación pasiva en las demandas contra los agentes de la edificación, dirigiéndose éstas directamente frente a la constructora, arquitecto o aparejador, entre otros, pues la situación concursada de la promotora impedía además dirigir demanda contra la promotora en el mismo proceso de defectos constructivos, pese a la responsabilidad solidaria de la misma, al tener que acudir al trámite del incidente dentro del concurso, por ser la acción competencia del Juzgado de lo Mercantil[157] —*ex* art. 8.1ª de la Ley Concursal[158] en relación con el art. 86 ter 1.1° de la Ley Orgánica del Poder Judicial (LOPJ)[159]—, lo que, en el mejor de los casos, implicaba un reconocimiento del crédito en el concurso, pero no una garantía de cobro.

En relación al segundo requisito, debe tratarse pues de un agente de la edificación, esto es, los que pueden resultar demandados por ejercitarse contra ellos acciones de responsabilidad basadas en su intervención en la edificación son aquellos agentes que regula la propia norma, lo cual procedemos a analizar desde el punto de vista objetivo y subjetivo.

---

https://www.europapress.es/economia/noticia-cinco-mayores-concursos-acreedores-espana-20151130092054.html (Acceso: 19/08/2022).

157 RIVAS VELASCO, M.J., "Intervención provocada ...", *op. cit.*, págs. 57-74. En el mismo sentido, el AAP de Madrid 55/2018 de 18 mayo [*Tol 6735790*] declara la competencia del Juzgado de lo Mercantil en una acción de responsabilidad por defectos de construcción de un inmueble contra la promotora vendedora en concurso de acreedores: "*Al juez del concurso le incumbe, con carácter general (a salvo específicas excepciones —capacidad, filiación matrimonio o menores), la competencia para el conocimiento de las acciones civiles dirigidas contra el patrimonio del concursado y que pueden conllevar una incidencia trascendente sobre él (artículo 8.1° de la Ley Concursal en relación con el artículo 86 ter, n° 1, de la LOPJ). Se trata de una previsión legal de considerable amplitud que responde a la conveniencia de que sea el juez del concurso el que decida sobre aquellas demandas que pudieran acabar determinando una influencia sobre el activo o sobre el pasivo concursal*".

158 *Ex* art. 8. 1° de la Ley 22/2003, de 9 de julio, Concursal (BOE núm.164, de 10 de julio de 2003). En la actualidad art. 52.1.1ª del Real Decreto Legislativo 1/2020, de 5 de mayo, por el que se aprueba el Texto Refundido de la Ley Concursal.

159 Ley Orgánica 6/1985, de 1 de julio, del Poder Judicial. BOE núm. 157, de 2 de julio de 1985.

2.1.1. Desde un punto de vista objetivo

Desde el punto de vista objetivo, agentes que intervienen en la edificación entendiendo por edificación la acción y el resultado de construir un edificio con las características antes expresadas en el ámbito de aplicación de la LOE.

A diferencia de la intervención voluntaria, que es concebida por la ley en términos generales, a favor de toda aquella persona que ostente un interés en las resultas de un pleito ya instaurado, en este caso, el art. 14.2 LEC sólo lo admite en los supuestos legalmente previstos (cuando "*la ley permita*"), estaremos ante un supuesto de *números clausus.* Así pues, para solicitar la intervención provocada es necesario que esté previsto en norma sustantiva, y si se solicita al amparo de la DA 7.ª LOE es presupuesto ineludible que estemos ante un supuesto donde resulte de aplicación la norma sobre edificación.

Por tanto, no será de aplicación cuando no entre en el concepto de edificación de la LOE, cuando se ejerciten tan solo acciones contractuales, ni tampoco para proyectos donde se hubiera solicitado la correspondiente licencia de edificación antes de su entrada en vigor, esto es, 6 de mayo de 2000.

2.1.2. Desde un punto de vista subjetivo

Desde el punto de vista subjetivo son agentes de la edificación todas las personas, "*físicas o jurídicas*", que intervienen en el proceso de la edificación (art. 8 y 17 LOE). Como indica SOLER PASCUAL[160] es una fórmula abierta y claramente distinta a la contenida en el art. 1591 CC, que alude explícitamente al arquitecto y contratista, y no menciona a otros agentes.

La LOE menciona en los arts. 9 a 16 al promotor, proyectista, constructor, director de obra, director de la ejecución de la obra, entidades y los laboratorios de control de calidad de la edificación, suministradores de productos, y propietarios y los usuarios. Sin embargo, cuando el art. 17 LOE regula la "*responsabilidad civil de los agentes que intervienen en el proceso de edificación*" únicamente menciona al

160 SOLER PASCUAL, L.A., "Cuestiones prácticas...", *op. cit.*, pág. 6.

promotor (en cualquiera de sus formas como gestor de cooperativas o de comunidades de propietarios u otras figuras análogas), al constructor, al proyectista, al director de obra y al director de ejecución de la obra.

No menciona el art. 17 LOE a las entidades y los laboratorios de control de calidad de la edificación, suministradores de productos, ni a los propietarios y los usuarios, lo que ha llevado a la doctrina a plantearse si únicamente pueden ser responsables los agentes de la edificación incluidos en el citado precepto (art. 17 LOE) y, por tanto, los únicos legitimados para instar la llamada por intervención provocada de otros agentes al proceso, o por el contrario, lo son todos los referidos en los arts. 9 a 16 LOE.

En éste sentido, CORDERO LOBATO[161] refiere tres teorías sobre la delimitación de los legitimados pasivos en las acciones del art. 17 LOE: que el número de responsables queda reducido en la forma que prevé el art. 17 LOE; que el número de legitimados queda contenido en los arts. 8 y ss. LOE; y, la tesis que mantienen los autores, consistente en entender que todos los partícipes en el proceso de edificación son legitimados pasivos en la acción de responsabilidad del art. 17 LOE, aunque reconoce que la LOE no ha procedido a una ordenación de todos estos profesionales pues faltan los subcontratistas y otros profesionales a los que los proyectistas pueden encargar cálculos, estudios, dictámenes o informes.

Ya adelantamos que a nuestro juicio no puede limitarse la legitimación para solicitar la intervención provocada al amparo de la DA 7.ª LOE de otros agentes de la edificación no mencionados expresamente en el art. 17, pues la LOE regula un elenco más amplio en los arts. 9 a 16 LOE y, además, recoge expresamente que *"las personas físicas o jurídicas que intervienen en el proceso de la edificación responderán frente a los propietarios y los terceros adquirentes de los edificios"*. Sin embargo, con la normativa actual tampoco cabe extender dicha legitimación

---

161 CARRASCO PERERA, A. y otros, *Comentarios... op. cit.*, págs. 315-317, se refiere a tres teorías sobre la delimitación de los legitimados pasivos en las acciones del art. 17 LOE.

a otras figuras no contenidas en la LOE como tiene reconocido una parte de la doctrina, tal como seguidamente analizamos[162].

2.2. Agentes de la edificación

Veamos en el estudio de cada una de las siguientes figuras su legitimación como agente de la edificación, contenido en la LOE y, por consiguiente, su legitimación para solicitar o instar la intervención provocada de la DA 7.ª LOE:

2.2.1. Promotor

Tal como referíamos en el Capítulo I el promotor responde solidariamente con los demás agentes de la edificación frente a los adquirentes de los inmuebles, y es una responsabilidad solidaria impuesta por ley, cuasi objetiva por hecho ajeno y, en todo caso, como garante incondicional (SSTS de 24 de mayo y 29 de noviembre de 2007, y 11 de octubre de 2012)[163].

Incluso algún autor se ha planteado si realmente se permite al promotor la llamada de otro agente de la edificación al proceso al amparo de la DA 7.ª LOE, dado que la ley impone su responsabilidad "en todo caso" con los demás agentes y, por tanto, si el demandante

---

162 SEPÍN DERECHO INMOBILIARIO. "A través de la Disposición Adicional Séptima de la Ley de Ordenación de la Edificación, ¿puede un demandado llamar al proceso a agentes distintos de los que la Ley menciona?", Encuesta Jurídica marzo 2009, en *La intervención provocada en procesos sobre vicios de la construcción*, Sepín (SP/DOCT/3985). La doctrina ofrece una respuesta negativa en relación a la posibilidad de llamar por intervención provocada al subcontratista o a un geólogo, por no estar considerados como agentes de la edificación en la LOE (Arsuaga Cortázar, José, magistrado-juez Decano del Juzgado de 1.ª Instancia n.º 1 de Santander; Berjano Arenado, Francisco, magistrado del Juzgado de 1.ª Instancia n.º 11 de Sevilla; Magro Servet, Vicente, presidente de la Audiencia Provincial de Alicante; y, Merino Gutiérrez, Arturo, magistrado-juez del Juzgado de 1.ª Instancia n.º 8 de Oviedo).

163 SSTS 610/2007 de 24 mayo [*Tol 1081759*], 1268/2007 de 29 noviembre [*Tol 1213891*], y 565/2012 de 11 octubre [*Tol 3011312*]. En el mismo sentido se pronuncia SEIJAS QUINTANA, J.A., "La responsabilidad en la LOE: criterios de imputación", *Estudios de Derecho Judicial*, (Ejemplar dedicado a: Estudio sobre la nueva Ley de Ordenación de la Edificación / Rafael Fernández Valverde (dir.), José Díez Delgado (dir.)), núm. 27, 2000 págs. 128.

decide actuar solo contra el mismo habría que decidir si realmente está justificada la responsabilidad del tercero en el daño[164]. Lo cual no podemos compartir, pues precisamente el principal beneficiado por la llamada contenida en la DA 7.ª LOE es el promotor, como mecanismo de resarcimiento de esa garantía incondicional frente a los adquirentes cuando, en realidad, los defectos serán generalmente imputables a otros agentes que intervienen materialmente en el proceso constructivo. Lo que sí compartimos es que deba justificarse la llamada del tercero en la contestación a la demanda por la cual se solicita la intervención provocada, para lo cual proponemos la reforma de *lege ferende* que más adelante detallamos.

Tal como hemos adelantado, antes de la LOE la jurisprudencia venía negando la condición de promotor a determinadas entidades sin ánimo de lucro, no siendo posible exigirles responsabilidad por vicios ruinógenos *ex* art. 1591 CC, al considerarles simples promotores-mediadores. Sin embargo, la LOE deja clara que la responsabilidad existe como promotor por la venta de las viviendas con independencia del ánimo de lucro (SAP de Cantabria de 21 de septiembre de 2012 o SAP de Barcelona de 2 de febrero de 2010)[165].

Por ello, tanto el promotor, como aquellas figuras asimiladas a la condición de promotor, tendrán legitimación como agente de la edificación de la LOE y podrán ser demandadas, lo que ocurrirá en la mayoría de los casos, y tendrán legitimación para solicitar o instar

---

164 RIVAS VELASCO, M.J., "Intervención provocada...", *op. cit.*, pág. 64. Señala el autor que, si el demandante decide demandar solo al promotor, la llamada de otros agentes, no sólo no va a beneficiar al actor, sino que le puede perjudicar al complicar y dilatar el proceso, por lo que habría que justificar suficientemente el motivo de la llamada.

165 Como señala la jurisprudencia, con la entrada en vigor de la LOE la intencionalidad lucrativa como característica del promotor a efectos de su responsabilidad como agente de la construcción debe entenderse abandonada. La LOE amplía el concepto de promotor con respecto al definido por la jurisprudencia sentada en aplicación del art. 1591 CC, pues define esta figura el art. 9 de la LOE incluyendo en el concepto a cualquier persona física o jurídica, pública o privada, que individual o colectivamente, decide, impulsa, programa y financia, con recursos propios o ajenos, las obras de edificación para sí o para su posterior enajenación, entrega o concesión a terceros bajo cualquier título (SAP de Cantabria 419/2011 de 21 septiembre [*Tol 2702671*] o SAP de Barcelona 58/2010 de 2 febrero [*Tol 1838095*], entre otras).

la intervención provocada de la DA 7.ª LOE de otros agentes de la edificación a los que consideren responsables finales de los daños reclamados.

2.2.2. *Proyectista*

El proyectista es "*el agente que, por encargo del promotor y con sujeción a la normativa técnica y urbanística correspondiente, redacta el proyecto*" (art. 10.1 LOE), siendo su función principal redactar el proyecto con sujeción a la normativa vigente y a lo que se haya establecido en el contrato y entregarlo, con los visados que en su caso fueran preceptivos, aunque la Ley permite que otras personas complementen el proyecto o redacten parte del mismo que lo complementen, de forma coordinada con el autor. En tales casos, habrá que distinguir: si el proyecto ha sido contratado conjuntamente con más de un proyectista, responderán solidariamente (art. 17.5 LOE); pero si el autor ha subcontratado partes del mismo con otros profesionales (cálculo, estudios, dictámenes o informes) responderá directamente por hecho ajeno (art. 17.5 párrafo 2ª), tal como señala, entre otras, la STS de 10 de junio de 2011[166].

Son obligaciones del proyectista de conformidad con el art. 10.2 LOE:

a) Estar en posesión de la titulación académica y profesional habilitante de arquitecto, arquitecto técnico, ingeniero o ingeniero técnico, según corresponda, y cumplir las condiciones exigibles para el ejercicio de la profesión.

El proyectista puede ser persona física o jurídica, siempre que esté en posesión de la titulación académica y profesional habilitante según corresponda al tipo de edificio a construir. En caso de personas jurídicas, deberá ésta designar al técnico redactor del proyecto que tenga la titulación profesional habilitante.

---

[166] Como recoge la STS 431/2011 de 10 junio [*Tol 2151420*], al establecer los supuestos en que los agentes responden por la actividad de otras personas: "*Caso del proyectista respecto de los errores de cálculo, o de los estudios o dictámenes que encarga a otros*" (FD 2º).

b) Redactar el proyecto con sujeción a la normativa vigente y a lo que se haya establecido en el contrato y entregarlo, con los visados que en su caso fueran preceptivos.

Para IÑIGO FUSTER[167] podemos diferenciar dos planos en la obligación asumida por el proyectista: el plano formal, referido al contenido y formalidades del proyecto, y el plano referente al fin o causa última del proyecto que permite calificar el contrato como un arrendamiento de obra con obligación de resultado.

c) Acordar, en su caso, con el promotor la contratación de colaboraciones parciales.

El Tribunal Supremo ha considerado que la responsabilidad del proyectista viene establecida *ex lege* pero resulta válida la cláusula contractual limitativa de la indemnización derivada de la responsabilidad civil por defectos o errores en el proyecto, en un supuesto donde la Audiencia había considerado contraria a ley dicha cláusula limitativa (STS de 1 de junio de 2020)[168].

El proyectista es considerado sin duda agente de la edificación, por lo que podrá llamar a otros agentes de la edificación que considere responsables y también ser llamado como tercero por intervención provocada al amparo de la DA 7.ª LOE. De hecho, la llamada del proyectista es bastante habitual por parte del promotor u otros agentes cuando los vicios reclamados tengan relación con el proyecto elaborado. Asimismo, el proyectista también podrá ser directamente demandado por los terceros adquirentes del inmueble, pues la LOE introduce los derechos y obligaciones del proyectista permitiendo también que los adquirentes de inmuebles puedan dirigirse directamente contra el mismo, lo cual resultaba difícil con la responsabilidad decenal del art. 1591 CC, que únicamente se refería al arquitecto director de la obra.

---

167 IÑIGO FUSTER, A., *La responsabilidad civil del arquitecto e ingeniero proyectistas en la edificación*, Bosch, 2007, págs. 48-50.

168 STS 228/2020 de 1 junio [*Tol 7966060*].

2.2.3. Constructor

El constructor es "*el agente que asume, contractualmente ante el promotor, el compromiso de ejecutar con medios humanos y materiales, propios o ajenos, las obras o parte de las mismas con sujeción al proyecto y al contrato*" (art. 11.1 LOE).

Son obligaciones del constructor (art. 11.2 LOE):

a) Ejecutar la obra con sujeción al proyecto, a la legislación aplicable y a las instrucciones del director de obra y del director de la ejecución de la obra, a fin de alcanzar la calidad exigida en el proyecto (SAP de Santa Cruz de Tenerife de 2 de marzo de 2012 o AP de Alicante de 16 de febrero de 2018)[169].

b) Tener la titulación o capacitación profesional que habilita para el cumplimiento de las condiciones exigibles para actuar como constructor (SAP de Zaragoza de 5 de enero de 2017)[170].

c) Designar al jefe de obra que asumirá la representación técnica del constructor en la obra y que por su titulación o experiencia deberá tener la capacitación adecuada de acuerdo con las características y la complejidad de la obra (SAP de Pontevedra de 13 de julio de 2017)[171].

d) Asignar a la obra los medios humanos y materiales que su importancia requiera.

e) Formalizar las subcontrataciones de determinadas partes o instalaciones de la obra dentro de los límites establecidos en el contrato.

f) Firmar el acta de replanteo o de comienzo y el acta de recepción de la obra (SAP de Pontevedra de 12 de enero de 2017)[172].

---

169 Así, SAP de Santa Cruz de Tenerife 106/2012 de 2 marzo [*Tol 2557807*] y SAP de Alicante 68/2018 de 16 febrero [*Tol 6676044*], que condena al constructor por iniciar la obra sin recabar la información a la que venía obligado sobre la existencia de licencia necesaria para la obra, lo que se considera infracción de un deber profesional de naturaleza legal.

170 SAP de Zaragoza 10/2017 de 5 enero [*Tol 5946665*].

171 SAP de Pontevedra 360/2017 de 13 julio [*Tol 6378858*].

172 Como señala la SAP de Pontevedra 13/2017, de 12 enero [*Tol 5947695*] la recepción de la obra total o parcial será determinante para el cobro.

g) Facilitar al director de obra los datos necesarios para la elaboración de la documentación de la obra ejecutada.

h) Suscribir las garantías previstas en el art. 19 LOE, esto es, las referidas al mismo como tomador: el seguro de daños materiales, seguro de caución o garantía financiera, para garantizar, durante un año, el resarcimiento de los daños materiales por vicios o defectos de ejecución que afecten a elementos de terminación o acabado de las obras, que podrá ser sustituido por la retención por el promotor de un cinco por ciento del importe de la ejecución material de la obra (art. 19.1. a) y 19.2.a) LOE); o sustituir al promotor como tomador en los casos de los seguros del art. 19.1. b) y c).

El constructor responderá de los daños materiales por vicios o defectos de ejecución que afecten a elementos de terminación o acabado de las obras dentro del plazo de un año (art. 17.1 LOE). Pero el constructor responderá también por hecho ajeno cuando tenga atribuida la designación y el control de otros intervinientes en la edificación.

En primer lugar, responderá de los defectos ocasionados por las personas físicas y jurídicas que de él dependan (jefe de obra y empleados), tal como dispone el art. 17.6 LOE: *"El constructor responderá directamente de los daños materiales causados en el edificio por vicios o defectos derivados de la impericia, falta de capacidad profesional o técnica, negligencia o incumplimiento de las obligaciones atribuidas al jefe de obra y demás personas físicas o jurídicas que de él dependan"*.

En segundo lugar, responderá de lo realizado por el subcontratista por él designado, como establece el art. 17.6 párrafo 2ª LOE: "*Cuando el constructor subcontrate con otras personas físicas o jurídicas la ejecución de determinadas partes o instalaciones de la obra, será directamente responsable de los daños materiales por vicios o defectos de su ejecución, sin perjuicio de la repetición a que hubiere lugar*".

Y, en tercer lugar, responderá por las deficiencias de los productos de construcciones adquiridos o aceptados por él, como dispone el art. 17.6 LOE párrafo 3ª; "*sin perjuicio de la repetición a que hubiere lugar*".

El constructor conforme a reiterada doctrina del Tribunal Supremo es un perito en la materia que debe actuar conforme a su *lex artis*, por lo que no podrá escudarse en que se limita a ejecutar los trabajos encomendados (STS de 20 de noviembre de 2007, entre otras)[173].

La legitimación pasiva del constructor tampoco es discutida, tanto por dirigirse la demanda directamente contra el mismo como demandado, como por solicitar otros agentes de la edificación su intervención provocada al amparo de la DA 7.ª LOE. En los casos en que el constructor actúe también como promotor asumirá las responsabilidades tanto contractuales como legales que le correspondan, incluso en aquellos casos en que se trate de ocultar la figura de constructor-promotor mediante otras figuras societarias, donde la jurisprudencia ha aplicado la doctrina de levantamiento del velo ante la confusión y apariencia generada en perjuicio de los compradores (SAP de Madrid de 31 de marzo de 2015)[174].

2.2.4. Director de obra

El director de obra es "*el agente que, formando parte de la dirección facultativa, dirige el desarrollo de la obra en los aspectos técnicos, estéticos, urbanísticos y medioambientales, de conformidad con el proyecto que la define, la licencia de edificación y demás autorizaciones preceptivas y las condiciones del contrato, con el objeto de asegurar su adecuación al fin propuesto*" (art. 12.1 LOE). También podrán dirigir las obras de los proyectos parciales otros técnicos, bajo la coordinación del director de obra. Y responderá también por hecho ajeno cuando acepte la dirección de una obra cuyo proyecto no haya elaborado él mismo, asumiendo las responsabilidades derivadas de las omisiones, deficiencias o imperfecciones del proyecto, sin perjuicio de la repetición que pudiere co-

---

173 Entre otras, STS 1255/2007 de 20 noviembre [*Tol 1213832*] y Auto de 26 abril 2017 [*Tol 6072770*].

174 Como señala la SAP de Madrid 92/2015 de 31 marzo [*Tol 5002403*], las partes demandadas tienen la doble calidad de promotor-constructor existiendo confusión en las mismas que les debe hacer responder solidariamente, no solo en atención y respecto a las acciones de responsabilidad derivadas de la LOE, sino igualmente de las acciones derivadas de las responsabilidades contractuales con los consumidores/compradores. Tal responsabilidad alcanza igualmente conforme el contenido del art. 17.3 LOE a las acciones que de la referida ley derivan.

rresponderle frente al proyectista conforme al art. 17.7 LOE párrafo 2ª (STS de 10 de junio de 2011)[175].

Al igual que el proyectista, el director de la obra también podrá ser persona física o jurídica, siempre que esté en posesión de la titulación académica y profesional habilitante de arquitecto, arquitecto técnico, ingeniero o ingeniero técnico, según corresponda al tipo de edificio a construir (art. 12.3.a) LOE), y cumplir las condiciones exigibles para el ejercicio de la profesión. En caso de personas jurídicas, deberá ésta designar al técnico director de obra que tenga la titulación profesional habilitante.

Son obligaciones del director de la obra, además de poseer las titulaciones necesarias, las siguientes (art. 12.3 LOE):

a) Verificar el replanteo y la adecuación de la cimentación y de la estructura proyectadas a las características geotécnicas del terreno.

b) Resolver las contingencias que se produzcan en la obra y consignar en el Libro de Órdenes y Asistencias las instrucciones precisas para la correcta interpretación del proyecto.

c) Elaborar, a requerimiento del promotor o con su conformidad, eventuales modificaciones del proyecto, que vengan exigidas por la marcha de la obra siempre que las mismas se adapten a las disposiciones normativas contempladas y observadas en la redacción del proyecto.

d) Suscribir el acta de replanteo o de comienzo de obra y el certificado final de obra, así como conformar las certificaciones parciales y la liquidación final de las unidades de obra ejecutadas, con los visados que en su caso fueran preceptivos.

e) Elaborar y suscribir la documentación de la obra ejecutada para entregarla al promotor, con los visados que en su caso fueran preceptivos.

f) Las relacionadas en el art. 13, en aquellos casos en los que el director de la obra y el director de la ejecución de la obra sea el mis-

---

175 Como recoge la antes citada STS 431/2011, de 10 junio [*Tol 2151420*], al establecer los supuestos en que los agentes responden por la actividad de otras personas, "*caso del director de la obra, por omisiones o deficiencias del proyecto*" (FD 2º).

mo profesional, si fuera ésta la opción elegida, de conformidad con lo previsto en el apartado 2.a) del art. 13.

La jurisprudencia atribuye importantes funciones al director de obra, tales como la dirección de las operaciones, garantizando la realización ajustada a la *lex artis*, la superior vigilancia de la ejecución de la obra para verificar su adecuación al proyecto y en todo caso respecto de deficiencias que afecten a elementos básicos de la configuración del edificio y/o que sean fácilmente perceptibles.

El director de la obra dirige el desarrollo de la obra en los aspectos técnicos, estéticos, urbanísticos y medioambientales, de conformidad con el proyecto que la define, la licencia de edificación y demás autorizaciones preceptivas y las condiciones de contrato, con el objeto de asegurar su adecuación al fin propuesto, también resuelve las contingencias que se produzcan en la obra, consignando en el libro de Ordenes y Asistencias las instrucciones precisas (STS de 6 de abril de 2011)[176]. Además, en tanto experto en materiales y construcción, asume el control directo de la obra, de los materiales y de las mezclas a utilizar, así como la misión de impartir instrucciones al constructor para solventar los problemas que se presenten en la ejecución (STS de 14 de noviembre de 2023)[177].

La llamada del director de obra por parte del promotor u otros agentes es habitual cuando los vicios reclamados tengan relación con vicios de la dirección o, en palabras del Tribunal Supremo, "*cuando no se vigila que lo construido sea traducción fáctica de lo proyectado; y los defectos obedecen a una falta de control sobre la obra, y su origen se debe a una negligencia en la labor profesional*" (STS de 18 de octubre de 1996)[178]; "*en su función de director de la obra le incumbe inspeccionar y controlar si la ejecución de la misma se ajusta o no al proyecto por él confeccionado y, caso contrario, dar las ordenes correctoras de la labor constructiva*" (STS de 24 de febrero de 1997)[179]; "*responde por culpa in vigilando de las deficiencias fácilmente perceptibles*" (STS de 29 de diciembre de 1998)[180]; y "*le incumbe*

176 STS 240/2011 de 6 abril [*Tol 2093333*].
177 STS 1574/2023 de 14 noviembre [*Tol 9777600*].
178 STS de 18 octubre de 1996 [*Tol 1658679*].
179 STS 119/1997 de 24 febrero [*Tol 5114449*].
180 STS 1221/1998 de 29 diciembre [*Tol 5119768*].

la general y total dirección de la obra y la supervisión de cuanta actividad se desarrolle en la misma" (STS de 19 de octubre de 1998)[181].

El director de obra, como agente de la edificación, podrá como demandado introducir a otros agentes al proceso por intervención provocada al amparo de la DA 7.ª LOE, así como ser él mismo llamado como tercero por otros agentes.

2.2.5. *Director de la ejecución de la obra*

El director de ejecución de la obra es "*el agente que, formando parte de la dirección facultativa, asume la función técnica de dirigir la ejecución material de la obra y de controlar cualitativa y cuantitativamente la construcción y la calidad de lo edificado*" (art. 13.1 LOE). Deberá contar igualmente con la titulación académica y profesional habilitante y cumplir las condiciones exigibles para el ejercicio de la profesión y, en caso de personas jurídicas, designar al técnico director de la ejecución de la obra que tenga la titulación, en función también del tipo de construcción a realizar (art. 13.2.a) LOE).

Como destaca el Tribunal Supremo, el arquitecto técnico, cuando actúa como director de la ejecución material de la obra, es el agente al que compete dirigir dicha ejecución material, controlando y supervisando, entre otros aspectos, los materiales que se utilizan y su correcta colocación en obra (STS de 17 de junio de 2021)[182].

Entre las obligaciones del director de ejecución de la obra se encuentran (art. 13.2 LOE):

a) Verificar la recepción en obra de los productos de construcción, ordenando la realización de ensayos y pruebas precisas.

b) Dirigir la ejecución material de la obra comprobando los replanteos, los materiales, la correcta ejecución y disposición de los elementos constructivos y de las instalaciones, de acuerdo con el proyecto y con las instrucciones del director de obra.

c) Consignar en el Libro de Órdenes y Asistencias las instrucciones precisas.

---

181 STS 967/1998 de 19 octubre [*Tol 5157057*] y 480/2006 de 24 mayo [*Tol 952769*].

182 STS 409/2021 de 17 junio [*Tol 8481102*].

d) Suscribir el acta de replanteo o de comienzo de obra y el certificado final de obra, así como elaborar y suscribir las certificaciones parciales y la liquidación final de las unidades de obra ejecutadas.

e) Colaborar con los restantes agentes en la elaboración de la documentación de la obra ejecutada, aportando los resultados del control realizado.

El director de ejecución de la obra tiene atribuida de modo fundamental, aunque no exclusivo, la inspección de los materiales empleados, proporciones y mezclas, con la debida asiduidad y actuación directa, así como la correcta ejecución de las actividades constructivas. Es así que la ejecución material de la obra y el control cualitativo y cuantitativo de lo construido, y su calidad, correrá a cargo del director de la ejecución de la obra, cuyas funciones, si bien parecen ser de límites imprecisos con las del director de obra, pues comparte con él la de certificar y liquidar las unidades de obra ejecutadas, quedan claramente diferenciadas si se repara en que lo que se le atribuye es el control directo e inmediato de la ejecución material de la obra, para lo cual deberá comprobar la calidad de los materiales, cuya recepción en obra deberá verificar, así como su correcta disposición (STS de 17 de junio de 2021)[183]. Se trata, por tanto, de un agente que deberá intervenir a pie de obra y que debe hacerse responsable de aquellos vicios que excedan de los meros defectos de acabado.

Como señala el Tribunal Supremo, el director de ejecución desempeña sus funciones de un modo propio, de acuerdo a su autonomía profesional operativa, de forma que no es un mero realizador de lo proyectado, ni tampoco un simple ejecutor de lo ordenado por el arquitecto director de la obra, de suerte que, aunque realice sus funciones siguiendo las órdenes de este no se le eximirá de sus propias responsabilidades en el proceso constructivo (SSTS de 13 de febrero de 1984, 27 de junio de 2002 y 27 de abril de 2009)[184]. En esta línea, el art. 17.7 LOE también lo hace responsable de la veracidad y

183 STS 409/2021 de 17 junio [*Tol 8481102*].

184 SSTS de 13 febrero 1984 [*Tol 1737990*], 671/2002 de 27 junio [*Tol 4975769*], 274/2009 de 27 abril [*Tol 1956892*] y 444/2013 de 5 julio [*Tol 4102074*].

exactitud de lo manifestado en el certificado final de la obra (STS de 15 de abril de 2016)[185].

En general es constante la jurisprudencia que le declara responsable por la "*omisión de la vigilancia debida*" (entre otras, SSTS de 6 de mayo de 2004 y 10 de junio de 2005)[186]; debiendo cumplir con las buenas prácticas de la construcción, y siendo responsable cuando el defecto o vicio constructivo es una imperfección en la ejecución material que, por su magnitud, no puede eludir su responsabilidad siendo esta una cuestión de carácter sustantivo-normativo (STS de 24 de mayo de 2007)[187].

Al igual que en los anteriores, no se plantean dudas sobre su condición como agente de la edificación, por lo que podrá como demandado introducir a otros agentes al proceso o ser él mismo llamado como tercero por otros agentes al amparo de la DA 7.ª LOE. La llamada del arquitecto técnico o director de ejecución de la obra por parte del promotor u otros agentes es habitual cuando los vicios reclamados tengan relación con la obligación de controlar y supervisar la correcta ejecución de los materiales en obra[188].

2.2.6. *Entidades y laboratorios de control de calidad de la edificación*

La LOE diferencia entre las entidades de control de calidad de la edificación (en adelante, ECCE) y los laboratorios de ensayos para el control de calidad de la edificación (art. 14 LOE).

Los primeros se definen como aquellas entidades capacitadas para prestar asistencia técnica en la verificación de la calidad del proyecto, de los materiales y de la ejecución de la obra y sus instalaciones de acuerdo con el proyecto y la normativa aplicable. Mientras que los laboratorios de ensayos para el control de calidad de la edificación

---

185 SSTS 205/2021 de 15 abril [*Tol 8410147*] o 586/2016 de 3 octubre [*Tol 5843497*].

186 Así, las SSTS 380/2004 de 6 mayo [*Tol 420565*] y 448/2005 de 10 junio [*Tol 697681*].

187 STS 617/2007 de 24 de mayo [*Tol 1079731*].

188 GONZÁLEZ BARRIOS, I., "Alcance de la intervención provocada de un agente constructivo por un demandado inicial. Responsabilidad del arquitecto técnico por falta de supervisión en la ejecución de la obra: STS 17/06/2021", *Revista de responsabilidad civil, circulación y seguro*, núm.1, 2022, págs. 39-40.

son los capacitados para prestar asistencia técnica, mediante la realización de ensayos o pruebas de servicio de los materiales, sistemas o instalaciones de una obra de edificación.

En ambos casos, la acreditación de su capacidad para el ejercicio en todo el territorio español se realizará con la presentación de una declaración responsable en la que se declare que estos cumplen con los requisitos técnicos exigidos reglamentariamente ante los organismos competentes de la Comunidad Autónoma correspondiente.

Son obligaciones de las entidades y de los laboratorios de control de calidad (art. 14.3 LOE):

a) Prestar asistencia técnica y entregar los resultados de su actividad al agente autor del encargo y, en todo caso, al responsable técnico de la recepción y aceptación de los resultados de la asistencia, ya sea el director de la ejecución de las obras, o el agente que corresponda en las fases del proyecto, la ejecución de las obras y la vida útil del edificio.

b) Justificar que tienen implantado un sistema de gestión de la calidad que define los procedimientos y métodos de ensayo o inspección que utiliza en su actividad y que cuentan con capacidad, personal, medios y equipos adecuados.

a) ¿Pueden ser llamados al amparo de la disposición adicional 7.ª de la Ley de Ordenación de la Edificación?

La incógnita es si estas entidades pueden ser llamados al pleito por intervención provocada al amparo de la DA 7.ª LOE. Dichas dudas surgen, como hemos anticipado, porque no se mencionan de manera específica en el art. 17 LOE como agentes responsables: únicamente se menciona al constructor, promotor, proyectista, director de obra y director de ejecución de la obra. Sin embargo, sí aparecen mencionados en el art. 14 LOE y dicho precepto se engloba en el Capítulo III de la LOE bajo el epígrafe “agentes de la edificación”. Es decir, la Ley contempla a estas entidades como agentes que participan en la edificación y, por tanto, nada impide que puedan ser llamados como terceros al ser agentes que también han intervenido en el proceso según permite la DA 7.ª LOE.

La SAP de Girona de 10 de mayo de 2011[189] considera a las entidades de control de calidad como una empresa cualificada y acreditada que presta asistencia técnica y cuya función consiste en la verificación de la calidad del proyecto, los materiales y la ejecución de la obra y sus instalaciones. Asimismo, considera que se califican como un agente accesorio al proceso de edificación, pues su intervención no es preceptiva, sino que depende de que otro agente principal demande sus servicios. El control de la calidad que la entidad realiza se inicia antes del comienzo de la construcción, examinando el proyecto y continúa con el examen de la edificación, por lo que emitirán informes periódicos, realizando una labor análoga a la de los auditores. Los informes realizados se entregarán al agente autor del encargo y al director de la ejecución. Y continúa afirmando la citada Sentencia que la LOE impone a estas entidades dos obligaciones que configuran su estatuto jurídico: a) justificar capacidad suficiente y solvencia técnica para realizar los trabajos encomendados; y, b) prestar asistencia técnica y entregar sus informes, tanto a quien los ha contratado, como al director técnico de la obra.

La ley no establece sanción específica para el caso de que la entidad de control incumpla alguna de estas obligaciones, por lo que para la determinación de su responsabilidad habrá que estar al régimen general de responsabilidad por daños derivados de su actividad, pero sin perder de vista su condición de agente auxiliar, no principal.

Así resulta del art. 17 LOE que, en sede de responsabilidad, no se refiere a estas entidades. Ello supone que, aunque pueden ser directamente demandadas, no se aplica el específico régimen probatorio de la LOE en cuanto a presunción de culpabilidad, por lo que el éxito de la acción requerirá la prueba por el reclamante de que los daños provienen de un error imputable a la entidad de control.

---

189 SAP 208/2011 de 10 mayo [*Tol 2456808*].

b) ¿Puede el propietario dirigir su demanda directamente contra las entidades y los laboratorios de control de calidad de la edificación?

Si dichas entidades son consideradas agentes de la edificación nada impediría *a priori* que el propietario pudiera dirigir su demanda contra las mismas en caso de considerarlas responsables de los defectos existentes en el edificio.

Esto será más habitual en el caso del propietario-promotor que conocerá de primera mano la intervención que dichas entidades han tenido en el proceso de edificación, pero menos usual en el caso de terceros adquirentes de inmuebles que desconocen los contratos suscritos por el promotor, la asistencia técnica realizada en materia de calidad o los ensayos realizados en la obra, que, además, podrán dirigirse contra el promotor como responsable solidario o garante incondicional u otros agentes cuya responsabilidad solidaria pueda ser más fácilmente declarada (constructor, arquitecto o aparejador). Por lo que es más normal que sean llamados por intervención provocada al amparo de la DA 7.ª LOE que demandados directamente por los adquirentes de inmuebles.

c) ¿Son lo mismo las entidades de control de calidad en la edificación que los organismos de control técnicos?

Una dificultad añadida es diferenciar las ECCE, reguladas en la LOE, de los organismos de control técnico (OCT), que la Ley no menciona, pues como reconoce MAESO CABALLERO[190] es difícil la diferenciación de estas figuras sobre todo para una persona no

190 MAESO CABALLERO, J., "Las entidades de control de calidad en la edificación y los organismos de control técnico, intervención provocada de los últimos en los procedimientos judiciales", *Revista de responsabilidad civil, circulación y seguros*, núm. 3, 2006, págs. 16-19. Para el autor estos organismos de control técnico cumplen una importante función para las Compañías Aseguradoras a fin de conocer los riegos en el momento de la contratación de las pólizas de seguros del art. 19 LOE, pero no intervienen en la edificación como lo hacen los agentes enumerados en ella, "reciben los documentos a estudiar y verificar de los agentes, no están autorizados a realizar ningún ensayo y sus informes no son utilizados para un control de calidad de lo construido sino para que una compañía aseguradora de las garantías exigidas por la ley al promotor y conozca

experta en el proceso constructivo, como son los órganos jurisdiccionales, lo que determina las dudas que pueden surgir para admitir su llamada al proceso como terceros intervinientes.

Así, mientras las ECCE se mencionan expresamente y tienen una serie de obligaciones legales recogidas en el art. 14.3 LOE[191], los OCT tienen las obligaciones que deriven de la relación contractual con el promotor o con la Compañía aseguradora con la finalidad de suscribir las pólizas de seguros requeridas, pero no se mencionan en el referido precepto como agentes de la edificación, pese a la confusión que se genera en la práctica sobre estas figuras.

Lógicamente no será el actor como adquirente del inmueble o edificio quien demande a los OCT, porque resultará más sencillo para éste demandar al promotor como garante incondicional, al arquitecto, aparejador o constructor, en caso de concurso del promotor, por encontrar su responsabilidad en el art. 17 LOE. Pero sí ocurre en muchos casos que son otros agentes de la edificación quienes solicitan la llamada de los OCT por intervención provocada, si consideran que los informes realizados por éstos pueden afectar al objeto de litigio.

Lo que parece evidente es que si estos Organismos están fuera del art. 14 LOE es porque la ley no los considera agentes de la edificación y, por tanto, no podrán ser llamados a pleito por carecer de cobertura legal para ello sobre la base de la DA 7.ª LOE.

En el supuesto referido de la SAP de Girona de 10 de mayo de 2011[192] la sentencia diferencia ambas figuras y concluye que la apelante no tiene la condición de agente de la edificación pues no se trata de una ECCE comprendida en el art. 14 LOE, sino de un OCT, figura distinta y estrechamente vinculada a la implantación del siste-

---

los riesgos que va a asegurar y las posibles consecuencias económicas que se pueden derivar de ellos".

191 El art. 14.3 LOE, como hemos visto, recoge las obligaciones de las entidades y de los laboratorios de control de calidad.

192 La SAP de Girona 208/2011 de 10 mayo [*Tol 2456808*], concluye que los OCT, "*no son por lo tanto agentes de la edificación, ni tan siquiera auxiliares en el sentido establecido en el art. 14 de la LOE, por lo que ninguna responsabilidad les será exigible respecto de los defectos de la edificación, más allá de la responsabilidad contractual en que pudieran incurrir en relación con la función que se acaba de describir*" (FD 2º).

ma legal de seguro obligatorio. La sentencia afirma que la intervención de estas entidades viene impuesta por las aseguradoras hasta el punto de condicionar la contratación de la póliza y entrada en vigor de la cobertura a los informes de las entidades de control técnico por ellas designadas. Ello supone que, aun no existiendo una obligación legal, los OCT intervienen siempre, pues sólo con su intervención se asegura el promotor la posibilidad de contratar el seguro decenal obligatorio. Aunque su denominación puede llevar a error su función no es realizar el control de calidad de la edificación, sino la de evaluar el riesgo que asume la aseguradora, realizando una auditoría técnica en beneficio y utilidad de ésta. El control técnico que efectúan irá dirigido, no tanto a verificar la calidad del proyecto y de la edificación (que es función propia de los agentes técnicos), sino más bien a definir los riesgos de la póliza contratada.

En el mismo sentido, la reciente SAP de Málaga de 25 de julio de 2019[193] considera que los OCT no pueden ser considerados agentes de la edificación, ni tan siquiera auxiliar en el sentido establecido en el art. 14 LOE, pues mientras las ECCE son a los efectos de la LOE agentes de la edificación reguladas en el art. 14, los OCT no tienen la condición de agentes y, por tanto, su regulación no se encuentra en la LOE si no como la doctrina y jurisprudencia han venido estableciendo de forma constante, sus funciones se rigen por lo establecido en los contratos formalizados con los promotores o con las compañías aseguradoras de los daños materiales a los que van destinados los informes que elaboran.

En definitiva, la LOE contempla a las ECCE y los laboratorios de control de calidad de la edificación como agentes que participan en la edificación (art. 14 LOE), por lo que podrán ser demandados o llamados como terceros por otros agentes al amparo de la DA 7.ª

193 SAP de Málaga 472/2019 de 25 julio [*Tol 7898018*]. En el mismo sentido la SAP de Madrid 188/2020 de 11 junio [*Tol 8043804*], rechaza la legitimación pasiva de una entidad cuyo cometido era evaluar los riesgos que tenían que ser objeto de cobertura por medio del seguro de responsabilidad decenal (función propia de los OCT), y reconoce que tal cometido no encaja dentro de la definición que realiza el art. 14 LOE del desempeño que incumbe a las ECCE, por lo que no puede ser considerada como agente de la edificación.

LOE, no así los OCT, que tienen una función diferente y no están contempladas en la Ley como agentes de la edificación.

2.2.7. Suministradores de productos

La LOE considera suministradores de productos a los fabricantes, almacenistas, importadores o vendedores de productos de construcción. Y por producto de construcción a aquel que se fabrica para su incorporación permanente en una obra incluyendo materiales, elementos semielaborados, componentes y obras o parte de las mismas, tanto terminadas como en proceso de ejecución (art. 15 LOE).

Son obligaciones del suministrador (art. 15.3 LOE):

a) Realizar las entregas de los productos de acuerdo con las especificaciones del pedido, respondiendo de su origen, identidad y calidad, así como del cumplimiento de las exigencias que, en su caso, establezca la normativa técnica aplicable.

b) Facilitar, cuando proceda, las instrucciones de uso y mantenimiento de los productos suministrados, así como las garantías de calidad correspondientes, para su inclusión en la documentación de la obra ejecutada.

En cuanto a la legitimación pasiva del suministrador de productos, pese a las objeciones por no estar incluido en el art. 17 LOE, a nuestro juicio está claro que podrá ser llamado como tercero al proceso por otro agente al amparo de la DA 7.ª LOE al tratarse de un agente de la edificación, y también que podrán dirigirse acciones de repetición contra el mismo por estos otros agentes al amparo del art. 18 LOE.

Resulta significativa la SAP de Baleares de 4 de abril de 2012[194] al señalar la inclusión entre los agentes responsables a los suministradores de productos (también a las referidas ECCE y laboratorios de con-

---

194 Destaca la SAP de Islas Baleares 171/2012 de 4 abril [*Tol 2524951*] que, tratándose de materiales defectuosos, es difícil determinar la responsabilidad de los técnicos que intervienen como dirección de obra: "*No es posible, en definitiva, atribuirles sin más los vicios de un proceso de fabricación ni de elección en el que no intervienen directamente, ni pueden revisar posteriormente, salvo de una forma simplemente visual, por tratarse de piezas o materiales sujetos a controles durante su fabricación*" (FD 2º).

trol de calidad), aclarando una de las cuestiones más controvertidas hasta la fecha: la utilización en la obra de materiales prefabricados, homologados o autorizados administrativamente, determinantes de deficiencias en la edificación. La responsabilidad personal e individualizada de la LOE debería conllevar que estas entidades sean las verdaderas responsables cuando los problemas surjan por un defectuoso material sometido a su control (SAP de Burgos de 5 de febrero de 2016 y AP de Zaragoza de 3 de junio de 2019)[195]. Pues, según afirma: "*No resultaba lógico que se pueda imputar a los directores de la ejecución, o a quienes proyectaron su ejecución con materiales que a la postre determinaron el daño, los vicios de un proceso de fabricación en el que no han intervenido directamente*".

Cierto es que en muchos casos resulta imposible para los directores de ejecución llevar a cabo ese análisis de los materiales, por lo que no serían imputables a la Dirección Facultativa los vicios de los materiales derivados de un incorrecto proceso de fabricación en el que no intervienen directamente, ni pueden revisar posteriormente, salvo de una forma simplemente visual, por tratarse de piezas o materiales sujetos a controles durante su fabricación.

a) ¿Pueden ser llamados al amparo de la disposición adicional 7.ª de la Ley de Ordenación de la Edificación?

El Tribunal Supremo permite dirigir la acción de repetición de otros agentes frente a los suministradores y fabricantes de productos defectuosos instalados en la obra para, en su caso, recuperar la misma cantidad abonada al perjudicado (STS de 18 de febrero de

---

195 Es el caso de la SAP de Burgos 54/2016 de 5 febrero [*Tol 5649372*], que declara la culpa exclusiva del suministrador cuando suministra un producto que no se ha sometido al preceptivo control de calidad o que lo hace con un ensayo que puede no corresponderse con el producto puesto en obra, pues en ambos casos no está en condiciones de garantizar la calidad del producto, como le exige hacerlo el art. 15 LOE; o SAP de Zaragoza 206/2019 de 3 junio [*Tol 7455885*], que establece la responsabilidad exclusiva del suministrador al amparo del art. 15.3 LOE, cuando la información proporcionada por el fabricante es falsa, no pudiéndose establecer ninguna responsabilidad solidaria al poderse discernir el grado de responsabilidad, en el presente caso al proporcionar la proveedora un producto con defectos de diseño y con información.

2016)[196], por lo que nada impide que puedan ser llamados al proceso en virtud de la intervención provocada si se considera que pudieran ser afectados en el proceso. Y ello a pesar que en algunos casos, la jurisprudencia menor ha rechazado la llamada al proceso del suministrador de productos por otro agente de la edificación por confundir su condición de agente de la edificación con la del subcontratista, a los que no menciona en la LOE como agente de la edificación (SAP de Burgos de 10 de mayo de 2012)[197].

Por tanto, como agente de la edificación reconocido por la LOE (art. 15), podrán ser llamados al proceso por otros agentes en virtud de la intervención provocada que permite la DA 7.ª LOE[198]. Ello ocurrirá con frecuencia en el caso del constructor que es responsable directo de los daños materiales causados en el edificio por las deficiencias de los productos de construcción adquiridos u aceptados por él, sin perjuicio del derecho de repetición, por lo que será habitual tanto que solicite su llamada al proceso como que dirija acción de repetición contra los suministradores de productos cuando los productos incumplan las especificaciones de pedido, origen, identidad y calidad; cuando incumplan la normativa técnica aplicable; y cuando no faciliten las instrucciones de uso y mantenimiento de los productos suministrados o las garantías de calidad correspondientes (entre otras, SAP de Madrid de 13 septiembre de 2006, AP de A Coruña de

---

196 STS 77/2016 de 18 febrero [*Tol 5650704*].

197 La SAP de Burgos 204/2012 de 10 mayo [*Tol 2580054*], rechaza declarar la nulidad con retracción de actuaciones en un supuesto donde el Juzgado negó la llamada por intervención provocada del suministrador de productos al considerar que se trataba de un subcontratista, y que la LOE solo permite llamar a otros "agentes de la edificación", entre los que no estaría el subcontratista. La Audiencia, aunque rechaza la nulidad no niega que pueda ser llamado al proceso como interviniente, pero sigue confundiendo su condición con la del subcontratista.

198 RIVAS VELASCO, M.J., "Intervención provocada ...", *op. cit.*, págs. 57-74, diferencia a los suministradores de los subcontratistas, pues los primeros son considerados agentes de la edificación, pese a entender que, igual que éstos el contratista que los contrató ha de responder de su actuación, citando para ello la Sentencia STS 510/2014 de 19 enero [*Tol 4776883*]. Señala además que, aunque la norma ha pretendido facilitar al demandante la satisfacción de su crédito, un llamamiento multitudinario puede provocar lo contrario a lo pretendido, esto es, generar confusión en el propio proceso por lo que "debería valorarse especialmente esta llamada y únicamente otorgarse si se aprecia indicios de que su intervención estuvo en el origen del daño".

15 mayo de 2019, AP de Burgos de 15 enero de 2020 o AP de Valencia 8 de junio de 2021)[199].

b) ¿Puede el propietario dirigir su demanda directamente contra los suministradores de productos?

Más complejo si cabe es si puede el propietario dueño del edificio dirigirse directamente contra el suministrador al amparo de la LOE, es decir, si puede este ser demandado por acción directa y, por tanto, si como demandado podría a su vez solicitar la llamada de otros agentes al proceso.

En este caso, además, la responsabilidad del fabricante por productos defectuosos cuando el comprador o adquirente final es un consumidor viene regulada en el Libro Tercero del TRLGDCU, que incorpora la regulación contenida en la derogada Ley 22/1994, de 6 de julio, de responsabilidad civil por los daños causados por productos defectuosos[200], cuyo objeto fue incorporar al derecho español la Directiva del Consejo de 25 de julio de 1985, nº 85/374/CEE[201].

El problema viene dado porque el art. 17 LOE establece que las personas físicas o jurídicas que intervienen en el proceso de la edificación "*responderán frente a los propietarios y los terceros adquirentes de los edificios o parte de los mismos*", pero no menciona aquí a todos los agentes de la edificación comprendidos en el art. 9 a 16 LOE, sino únicamente al promotor, constructor, proyectista, director de obra y el director de la ejecución. No menciona a las entidades y los laboratorios de control de calidad de la edificación, ni a los suministradores

---

199 Sobre la legitimación pasiva de los suministradores de productos para ser traídos al proceso al amparo de la DA 7.ª LOE en su condición de agentes de la edificación se pronuncian, entre otras, las SAP de Madrid 532/2006 de 13 septiembre [*Tol 1027502*]; SAP de A Coruña 190/2019 de 15 mayo [*Tol 7340899*]; SAP de Burgos 11/2020 de 15 enero [*Tol 7678491*]; o la más reciente SAP de Valencia 268/2021 de 8 junio [*Tol 8602666*].

200 Ley 22/1994, de 6 de julio, de responsabilidad civil por los daños causados por productos defectuosos (BOE núm. 161, de 7 de julio de 1994).

201 Directiva del Consejo, de 25 de julio de 1985, relativa a la aproximación de las disposiciones legales, reglamentarias y administrativas de los Estados miembros en materia de responsabilidad por los daños causados por productos defectuosos (DOCE núm. 210, de 7 de agosto de 1985).

de productos, y ello ha llevado a una parte de la jurisprudencia a afirmar que dicho precepto limita la acción directa del dueño de la obra frente a los mismos.

No cabe duda que la LOE en su art. 15 atribuye al suministrador la condición de agente de la edificación, si bien en su art. 17 no le atribuye de modo unívoco acción contra el mismo al dueño de la obra. Como decimos, esto ha conllevado que en algunas resoluciones se haya negado que los propietarios o terceros adquirentes de los edificios o parte de los mismos, que conforme al art. 17.1 LOE tienen la legitimación activa para ejercitar las acciones de responsabilidad contra los agentes de la construcción, puedan dirigir acción directa contra el suministrador de los productos, de forma que deben dirigirse contra el promotor (art. 17.3 LOE) o constructor en el caso de daños materiales por vicios o defectos de construcción (art. 17.6 LOE); y, éstos últimos, tendrán derecho de repetición contra el suministrador de los materiales, en virtud del propio contrato de suministro o compraventa y de acuerdo con lo previsto en el art. 17.6 párrafo 3ª LOE (SAP de Murcia de 18 de noviembre de 2008 y AP Barcelona de 3 de febrero de 2015)[202].

De hecho, existen resoluciones recientes de la SAP de Navarra de 18 de noviembre de 2020[203] y de la AP de Zaragoza de 23 de septiembre de 2021[204] negando la legitimación pasiva del fabricante o suministrador de productos cuando la acción la ejercita el dueño de la obra, pues consideran que la LOE no permite mantener la existencia de acción directa del propietario contra el fabricante como agente de la edificación. Entendiendo que, con el régimen de la LOE, todos los intervinientes en el proceso edificatorio pueden ser responsables, pero no todos pueden ser sujetos pasivos de las acciones de responsabilidad *ex lege* de propietarios o subadquirentes con quienes carecen de vínculos contractuales. Así, aunque reconocen su condición de agente de la edificación, afirman que no todo agente de la edifica-

202 En este sentido se pronuncia la SAP de Murcia 268/2008 de 18 noviembre [*Tol 1634090*], en un supuesto en que se ejercitaba la acción de repetición frente al fabricante y suministrador del suelo por vicio de los materiales; así como la posterior SAP de Barcelona 29/2015 de 3 febrero [*Tol 4836943*].

203 SAP de Navarra 846/2020 de 18 noviembre [*Tol 8385627*].

204 SAP de Zaragoza 1064/2021 de 23 septiembre [*Tol 8761944*].

ción está legitimado pasivamente para obtener la responsabilidad de su mal actuar a través de la acción directa por parte del dueño de la obra, pues la consideración de legitimado pasivamente a través de la acción directa no es inherente a la de agente de la edificación.

Para negar dicha legitimación se basa la SAP de Zaragoza de 23 de septiembre de 2021 en los pronunciamientos del Tribunal Supremo que niegan al subcontratista la condición de agente de la edificación, aplicando similares argumentos.

No obstante, ya adelantamos que no compartimos dicha postura, pues el Tribunal Supremo se refiere, en todo caso, al subcontratista y no al suministrador de productos que sí es considerado agente de la edificación en al art. 15 LOE, por lo que habrá que diferenciar en cada caso la condición con que actúa el mismo. Buena prueba de ello es que, en otros casos la jurisprudencia sí ha reconocido la posibilidad al adquirente del inmueble de dirigirse directamente frente al responsable de los materiales suministrados causantes del daño, sin que se haya planteado problema alguno de legitimación (por ejemplo, SAP de León de 26 de octubre de 2012 o AP de Granada de 16 de julio de 2013)[205], como también ocurre en el caso de las entidades y los laboratorios de control de calidad de la edificación antes mencionadas.

Destaca en este punto la SAP de Murcia de 10 de noviembre de 2011[206], en un supuesto en que la comunidad de propietarios demandaba, entre otros, al fabricante y suministrador de los paneles de fachada que habían sido defectuosos por ser incapaces de resistir los agentes atmosféricos manteniendo su aspecto y estado original. La sentencia condenaba al suministrador demandado por acción di-

---

205 En este sentido la SAP de León 445/2012 de 26 octubre [*Tol 2690532*] reconoce legitimación al dueño de la obra para reclamar al promotor que ha de responder conjunta y solidariamente con el suministrador del producto defectuoso al amparo del art. 15 LOE. Y la SAP de Granada 349/2012 de 16 julio [*Tol 3021343*] reconoce legitimación al propietario para pedir la reparación de su edificio por la obra indebidamente ejecutada, por deficiencias del material suministrado y del sistema de colocación de los paneles pétreos en una determinada obra al amparo del art. 15 LOE, aunque en el caso discutido se niega que el contratista demandante haya sufrido daño alguno por haberse cedido ya la obra al dueño del edificio.

206 SAP de Murcia 520/2011 de 10 noviembre [*Tol 2291491*].

recta y absolvía a la Dirección Facultativa llamada por intervención provocada al estimar que no consta acreditado que arquitecto y aparejador conociesen la defectuosa fabricación de tal producto: "*Unos materiales pueden no ser idóneos y, sin embargo, admitirse por el director de la obra y por el otro técnico, pues si se han fabricado mal y ello no se aprecia a simple vista difícilmente podrán rechazarlos*". La citada resolución reconoce la legitimación del dueño de la obra (la comunidad de propietarios) para dirigirse frente al suministrador y fabricante de dichos paneles al amparo del art. 15 LOE, alegando: "*El art. 17 de la LOE en modo alguno contiene un elenco cerrado, a modo de numerus clausus, de responsables del proceso constructivo, cuando de su texto y de las normas que lo circundan se desprende con nitidez que cualquier interviniente en tal cometido (agentes de la construcción) ha de responder ante los dueños del edificio de los incumplimientos contractuales, o incluso de los no pactados, que produzcan una ruina, aun funcional, al propio edificio*".

En conclusión, no consideramos acertada la posición doctrinal que niega al suministrador de productos legitimación para ser demandado en un proceso de defectos constructivos, pues ello supondría negar su condición de agente de la edificación, siendo que es precisamente la Ley (LOE), y no el contrato, la que atribuye a estos agentes la responsabilidad frente al adquirente de la obra que no contrató con ellos su intervención, al igual que sucede con otros agentes con quienes el dueño de la obra no ha mantenido relaciones contractuales (constructor, proyectista, director de la obra, etc.). Precisamente la responsabilidad establecida en la LOE más que contractual es de naturaleza extracontractual o legal, establecida en favor de quien sufre un daño concreto material causado al edificio por los defectos y vicios que se enumeran en su art. 17 LOE, precepto que en modo alguno limita la responsabilidad de los agentes de la edificación reconocidos en los arts. 9 a 16 de la LOE.

2.2.8. *Propietarios y los usuarios*

La LOE también menciona entre los agentes de la edificación del Capítulo III a los propietarios y usuarios (art. 16 LOE), aunque es evidente que éstos no participan en el proceso de la construcción si no en un momento posterior, con la edificación terminada.

Así pues, aunque parezca absurdo mencionar como posibles responsables en los vicios de la edificación a los "propietarios y usuarios", pues normalmente éstos ocuparan la posición de demandantes al haber recibido un inmueble con defectos constructivos, son muchas las sentencias que declaran la responsabilidad exclusiva por falta de mantenimiento del propietario (STS de 29 de enero de 1999)[207] o al menos la concurrencia de culpas por falta de mantenimiento o cuidado tanto del edificio como de sus instalaciones (SAP de Alicante de 9 septiembre de 2016)[208]. Por tanto, no es cuestión baladí que el art. 16 LOE destaque entre las obligaciones de los propietarios conservar en buen estado la edificación mediante un adecuado uso y mantenimiento, así como es obligación de los usuarios, sean o no propietarios (léase arrendatario, usufructuario, precarista, superficiario, etc.), llevar a cabo una utilización adecuada de los edificios o de parte de los mismos de conformidad con las instrucciones de uso y mantenimiento contenidas en la documentación de la obra ejecutada. Asimismo, es obligación de los propietarios recibir, conservar y transmitir la documentación de la obra ejecutada y los seguros y garantías con que ésta cuente.

---

207 La STS 38/1999, de 29 enero [*Tol 5120173*], ya declaraba la responsabilidad exclusiva del propietario ante unas filtraciones en chalé y humedades producidas a través de sus ventanas de madera por la falta de mantenimiento anual que su propietario no había realizado, por lo cual es imputable al mismo la producción de los desperfectos. En el mismo sentido la SAP de Valencia 320/2010 de 30 junio [*Tol 1958786*], reconocía también la responsabilidad exclusiva por vicios constructivos de la comunidad de propietarios demandante ante la existencia de manchas de humedad y podredumbre en las fachadas, vallas, muretes y antepechos del edificio, que no son consecuencia de un vicio constructivo, sino resultado de una deficiente labor de mantenimiento imputable a la parte demandante. También la SAP de Tarragona de 3 enero 2000 [*Tol 255112*], sobre falta de mantenimiento y conservación de unas viviendas en un edificio próximo al mar.

Para YZQUIERDO TOLSADA, M., "Ley de Ordenación de la Edificación…", *op. cit.*, pág. 3, su obligación se limita al buen uso y conservación del edificio, pudiendo ser responsables del daño causado a terceros por el defectuoso mantenimiento, pero será un supuesto de responsabilidad extracontractual.

208 Ciertamente en otros casos no se declara la responsabilidad exclusiva del propietario por la falta de mantenimiento, pero sí la concurrencia de culpas estableciendo el porcentaje a descontar de dichos daños. Es el caso de la SAP de Alicante 341/2016, de 9 septiembre [*Tol 5866786*], que considera al actor corresponsable en un 50 por 100 por la falta de mantenimiento.

El promotor normalmente entregará los estatutos y normas de régimen interno que serán de aplicación a la comunidad de propietarios, pero también los documentos técnicos como el Libro del Edificio, que contiene las instrucciones de uso y mantenimiento del edificio y sus instalaciones de conformidad con la normativa que le sea de aplicación (art. 7 LOE). Es responsabilidad de los propietarios seguir estas instrucciones para una adecuada conservación del edificio y conservar tanto el seguro decenal, para cubrir los daños materiales que estén causados por vicios o defectos y que comprometan la resistencia y la estabilidad del edificio, como las pólizas de seguro contra incendios y las garantías de todos los aparatos, máquinas y equipamientos del edificio. El incumplimiento de tales obligaciones puede determinar igualmente su responsabilidad o corresponsabilidad por los vicios de la edificación.

Por tanto, no se trata de que las demandas por vicios constructivos se dirijan contra los propietarios y usuarios, lo que no tiene sentido práctico, pero sí que esta responsabilidad de los propietarios por inadecuado uso o mantenimiento puede conllevar una exclusión, minoración o moderación respecto de la responsabilidad reclamada a los agentes que sí intervienen en la edificación (promotor, proyectista, director de obra, director de ejecución, etc.)[209].

2.2.9. *¿Subcontratistas?*

Existen otras figuras que la LOE menciona de manera indirecta como el subcontratista, que es aquella persona física o jurídica que asume contractualmente ante el contratista, empresario principal, el compromiso de realizar determinadas partes o instalaciones de la obra, con sujeción al proyecto por el que se rige su ejecución según la definición contenida en el art. 3. f) de la Ley 32/2006, de 18 de

---

209 Los propietarios difícilmente podrán haber originado los vicios o defectos constructivos, como mucho habrán podido incumplir las obligaciones de mantenimiento o conservación del edificio establecidas en el Libro del edificio como señala ESTRUCH ESTRUCH, J., "Las responsabilidades de los agentes de la edificación…", *op. cit.*, pág. 973.

octubre reguladora de la subcontratación en el sector de la construcción[210].

Sin embargo, la LOE no regula esta figura dentro de los agentes de la edificación contenidos en el Capítulo IIII (arts. 9 a 16), lo cual ya fue criticado por el Grupo parlamentario socialista al Proyecto de Ley al afirmar que "*una regulación del sector de la edificación, no puede omitir la regulación, la limitación y el control de la subcontratación, cosa que no hace el Proyecto y por lo que es igualmente rechazable*"[211].

Sobre esta figura también han existido discrepancias en nuestros tribunales sobre si podría encuadrarse en la llamada de la DA 7.ª LOE a los subcontratistas pues, aunque tal previsión viene referida a los agentes de la edificación relacionados en los arts. 8 a 16 del Capítulo III, entre los que no estaría el subcontratista, en algún caso se ha permitido su intervención voluntaria entendiendo que, como señala la SAP de Barcelona de 3 de diciembre de 2009[212], han comparecido por su propio interés, para asegurar efectos indirectos o reflejos del fallo y eludir, en su caso, una acción de repetición.

Así pues, sobre la posibilidad de llamar al subcontratista como tercero al amparo de la LOE han existido también posiciones divergentes: algunas resoluciones de Audiencias Provinciales lo habían admitido (AAP de Granada de 18 de octubre de 2010, SAP de Las

---

210 Ley 32/2006, de 18 de octubre, reguladora de la subcontratación en el Sector de la Construcción (BOE núm. 250, de 19 de octubre de 2006). Como señala ECHEVARRÍA SUMMERS, F.M., en "La responsabilidad del subcontratista en la LOE", FUENTES-LOJO RIUS, A., SALAS CARCELLER, A., MAGRO SERVET, y otros, *Actualidad Civil*, núm. 9, 2023 (LA LEY 9162/2023), edición digital, pág. 6, el legislador pudo haber aprovechado la Ley 32/2006, de 18 de octubre, reguladora de la subcontratación para haber regulado las obligaciones profesionales de los subcontratistas, en línea similar a las del constructor, configurando un sistema de responsabilidad solidaria entre ellos y modificando, en su caso la LOE. Sin embargo, la citada norma se limitó a configurar los presupuestos necesarios que deben reunir las empresas para poder ser subcontratistas, así como los niveles de subcontratación permitidas y las condiciones requeridas al constructor o contratista para que pueda proceder a subcontratar.

211 BOCG. Senado. VI Legislatura. Serie II: Proyectos de Ley. 21 de septiembre de 1999. Número 148 (c) (Congreso de los Diputados, Serie A, Número 163, Número de expediente 121/000163). Proyectos de Ley 61/000148 de Ordenación de la Edificación. Propuestas de veto.

212 SAP de Barcelona 799/2009 de 3 diciembre [*Tol 1794093*].

Palmas de 21 de febrero de 2011, AP Burgos de 10 de mayo de 2012 y AP Albacete de 23 de septiembre de 2013)[213], por considerar que la falta expresa de mención en la LOE a los subcontratistas no impide necesariamente su llamada al amparo de la DA 7.ª LOE, debiendo valorarse de forma concreta la procedencia de hacer la llamada en función de su posible intervención y responsabilidad en los defectos reclamados, pues la finalidad de esta intervención provocada es la de evitar ulteriores acciones de regreso por parte del inicialmente demandado contra esos terceros y, por tanto, justificando esta ampliación por analogía en un principio de economía procesal para evitar posteriores litigios. Aunque la mayoría de resoluciones han negado esa posibilidad acogiéndose a la literalidad de la ley que no menciona al subcontratista entre los agentes de la edificación y al art. 17.6 párrafo 2ª LOE, que establece que será el constructor quien responda directamente de los daños materiales por vicios o defectos de su ejecución por causa de los subcontratistas, sin perjuicio de las acciones de repetición a que hubiere lugar[214]. En otros casos se rechaza más claramente la responsabilidad como agente de la edificación por tratarse de simples contratos auxiliares, por ejemplo, de la empresa instaladora y con labores de mantenimiento de la grúa (SAP de Pontevedra de 31 de enero de 2008)[215].

---

213 El AAP de Granada 134/2010 de 18 octubre [*Tol 3549286*], y las SAP de Las Palmas 75/2011 de 21 febrero [*Tol 2167184*]; SAP de Burgos 204/2012, de 10 mayo [*Tol 2580054*]; SAP de Albacete 142/2013 de 23 septiembre [*Tol 3961185*], SAP de Barcelona 162/2014 de 8 abril [*Tol 4318649*]; o SAP de Ciudad Real 199/2015 de 15 julio [*Tol 5220929*].

214 MILÁ RAFAEL, R., "Cinco cuestiones…", *op. cit.*, pág. 114, con cita de la STS 510/2014 de 19 enero [*Tol 4776883*]; y LÓPEZ-DÁVILA AGÜEROS, F., "La intervención provocada en los procesos sobre vicios constructivos regulada en la D.A. 7 LOE", Sepín, 2022 (Acceso: 12/05/2022, disponible en https://blog.sepin.es/2022/01/intervencion-provocada-procesos-vicios-constructivos/). En este mismo sentido se pronuncian las SAP de Burgos 204/2012 de 10 mayo [*Tol 2580054*]; SAP de Cádiz 12/2012 de 11 enero [*Tol 2463558*]; o SAP de Vizcaya 89/2014, de 29 abril [*Tol 4423975*], entre otras.

215 Sobre estos últimos, señala la SAP de Pontevedra 74/2008 de 31 de enero [*Tol 7032327*]: "*La sentencia del Tribunal Supremo de 23 de noviembre de 2003 habla de contratos auxiliares, pero no integrados en el proceso de construcción ni pueden tener la consideración de subcontratos*" (FD 2°) por lo que se declara la falta de legitimación pasiva para su llamada por intervención provocada.

El Tribunal Supremo (entre otras, SSTS de 3 de julio de 2008, 27 de marzo de 2015, 14 de marzo y 9 de octubre de 2018)[216], ha considerado que esta incorporación de terceros al proceso está prevista en la DA 7.ª LOE para los agentes mencionados en la Ley, entre los que no se encuentra el subcontratista cuya responsabilidad queda absorbida por la figura del contratista. Estas últimas sentencias dejan claro que los agentes de la edificación vienen enumerados en los arts. 9 a 16 LOE, que no mencionan al subcontratista, y que "dicha omisión no es involuntaria" dado que fue objeto de debate parlamentario durante la tramitación del proyecto de ley.

El subcontratista es referido en otros preceptos de la LOE (arts. 17.6.2 y 11.2, e) LOE), especialmente para determinar que el responsable de los subcontratistas es el constructor. Por ello, afirma el Tribunal Supremo que no tiene sentido introducir la posibilidad de demandar con base en la LOE al subcontratista cuando los intereses de los propietarios ya están amparados por la responsabilidad del promotor, principalmente, del contratista y de otros agentes que tengan responsabilidad[217]. Máxime cuando el subcontratista estará ligado al contratista por un contenido contractual que solo le vincula a él y al contratista, limitándose éste a seguir las instrucciones dadas por su contratista.

En definitiva, con la regulación normativa actual, el subcontratista no está considerado como agente de la edificación en la LOE y, por tanto, no sería posible su llamada por intervención provocada al amparo de la DA 7.ª LOE por otros agentes de la edificación sí com-

---

216 SSTS 624/2008 de 3 julio [*Tol 1351249*], 190/2015 de 27 marzo [*Tol 4831169*], 141/2018 de 14 marzo [*Tol 6548108*] y 553/2018 de 9 octubre [*Tol 6845739*].

217 Tal como indican FUENTES-LOJO RIUS, A., SALAS CARCELLER, A., MAGRO SERVET, y otros, "La responsabilidad del subcontratista...", *op. cit.*, pág. 7, la LOE tiene por objeto preservar los derechos del propietarios y terceros adquirentes, por lo que los intereses de los mismos quedan ya amparados por la responsabilidad configurada del promotor, el contratista y el resto de agentes que tienen responsabilidad al amparo de la LOE, y no tiene sentido introducir la posibilidad de demandar con base a la LOE a agentes no configurados expresamente en la misma, como son los subcontratistas, máxime cuando el subcontratista estará ligado al contratista por un contenido contractual que solo le vincula a él y al contratista, limitándose el subcontratista a seguir las instrucciones de su contratista.

prendidos en los arts. 9 a 16 LOE. Cuestión distinta es el debate sobre la posibilidad de solicitar la intervención provocada con carácter más amplio, sin sujeción a los supuestos tasados en la ley, quedando a criterio del tribunal en cada caso concreto si se justifica un interés legítimo para la solicitud de intervención provocada, como proponemos en la reforma legal que se propugna.

2.2.10. ¿Entidades aseguradoras?

Al igual que ocurre con los subcontratistas, las entidades aseguradoras no aparecen mencionadas en los arts. 9 a 16 LOE como agentes de la edificación, aunque otros preceptos de la LOE sí se refieran a las mismas, como el art. 18 para referirse a la acción de repetición o el art. 19 al establecer las garantías por daños materiales ocasionados por vicios y defectos de la construcción que deben suscribirse.

Como hemos adelantado, la LOE regula en el art. 17 LOE la "*responsabilidad civil de los agentes que intervienen en el proceso de edificación*" mencionando al promotor, al constructor, al proyectista, al director de obra y al director de ejecución de la obra. Sin embargo, no menciona a otros agentes de la edificación regulados en la LOE (arts. 9 a 16), como las entidades y los laboratorios de control de calidad de la edificación, los suministradores de productos o las entidades aseguradoras, lo que ha llevado a la doctrina a plantearse si únicamente pueden resultar demandados como responsables los agentes expresamente mencionados en el art. 17 LOE y, por tanto, no podrán ser llamadas por intervención provocada al amparo de la DA 7.ª LOE.

A nuestro juicio, con la regulación actual de la LOE, los subcontratistas, aseguradoras, OCT y otros agentes que pueden intervenir en la edificación no tienen la consideración de "agentes de la edificación" y, por tanto, no están legitimados para solicitar la intervención provocada de la DA 7.ª LOE, que contiene un elenco cerrado y taxativo. Ello sin perjuicio de la posibilidad de establecer un *numerus apertus*, como planteamos en la propuesta de *lege ferenda*.

El Tribunal Supremo se pronuncia sobre esta cuestión en la STS de 20 de diciembre de 2011[218], afirmando que la llamada al proce-

---

[218] STS de 20 diciembre 2011 [*Tol 2384089*].

so de la aseguradora no debió ser admitida por carecer de soporte normativo al no tener encaje procesal en la DA 7.ª LOE, que permite al demandado solicitar que la demanda se notifique a otro u otros agentes que hayan tenido intervención en el proceso constructivo. Y en el mismo sentido se pronuncia la mayoría de la jurisprudencia menor de nuestros tribunales al señalar que la llamada en garantía se circunscribe a los otros agentes intervinientes en el proceso de construcción; que son los mencionados en los arts. 9 y ss. LOE: promotor, proyectista, constructor, director de la obra, director de la ejecución de la obra, entidades o laboratorios de control o los suministradores de productos de construcción. Por lo que no alcanza a todos los que de cualquier forma puedan intervenir indirectamente en la construcción, ni tampoco a las entidades aseguradoras (SAP de Madrid de 30 de noviembre de 2006 y AP Asturias de 14 de julio de 2014)[219].

Como decimos, la supresión del *numerus clausus* de los supuestos de intervención provocada permitiría la llamada por intervención provocada de las aseguradoras. Y ello porque, como señala parte de la doctrina[220], resulta paradójico que la DA 7.ª LOE no contemple la llamada como tercero a ninguno de los aseguradores que garantizan tanto las responsabilidades civiles como el propio riesgo decenal, aun a pesar de que exista obligación legal de contratar dichos segu-

219 Tal como señala la SAP de Asturias 194/2014 de 14 julio [*Tol 4490465*]. También en el sentido de rechazar la legitimación pasiva de la aseguradora como agente de la edificación se pronuncia la SAP de Madrid 684/2006 de 30 noviembre [*Tol 6079783*], "*debiendo ser valorada su actuación en atención al contenido del objeto del contrato suscrito, pero nunca en su condición de agente del proceso constructivo*" (FD 2º); el AAP de Vizcaya 52/2008 de 8 abril [*Tol 6942140*]; o las SAP de Almería 381/2017 de 10 julio [*Tol 6788785*] y SAP de Burgos 332/2019 de 28 junio [*Tol 7440020*].

220 GARCÍA GONZÁLEZ, C., "La intervención provocada: propuestas de lege ferenda", *CEFlegal: Revista Práctica de Derecho*, núm. 253, 2022, págs. 43-78; o MARTÍNEZ ESCRIBANO, C., *Responsabilidades y garantías ..., op. cit.*, págs. 172-174., entre otros. Como señala GARCÍA-CHAMÓN CERVERA, E., "El litisconsorcio pasivo necesario en el proceso sobre responsabilidad por daños en la edificación", *Práctica de Tribunales: Revista de Derecho Procesal Civil y Mercantil*, núm. 83, 2011, pág. 9 (LA LEY 11460/2011), edición digital, debe excluirse que por esta vía se pretenda llamar a la aseguradora de uno de los agentes responsables porque las aseguradoras no vienen relacionadas en los arts. 8 a 16 LOE como agentes de la edificación.

ros, lo que podría dar lugar a situaciones de conculcación de la tutela judicial efectiva.

En cuanto al seguro de caución, reconoce la SAP de Sevilla de 29 de junio de 2020[221] que tampoco puede ser traída por intervención provocada al proceso la entidad bancaria donde se ingresaron las cantidades entregadas a cuenta por la compra de la vivienda como garante de las mismas.

2.2.11. Otras figuras asimiladas

También ha existido debate en torno a otras figuras asimiladas para determinar si pudiera ser extensivo el concepto de agente de la edificación de la LOE. Es el caso de la figura del *Project Manager* o gestor de proyectos, que viene del derecho anglosajón, cuya responsabilidad en el proceso de edificación depende de las obligaciones contractuales asumidas que habrá que analizar caso por caso para determinar su legitimación pasiva, como señala la STS del Pleno de 15 de octubre de 2020[222], pues —como reconoce— en algunos casos dicha figura se asimila al promotor en el marco de la edificación, aunque no asume las funciones de promoción o venta y, en otros, se asimila a la dirección facultativa, por lo que así configurado el gestor de proyecto se sitúa en una posición intermedia entre el promotor y la dirección facultativa.

El Tribunal Supremo establece respecto a la figura del *Project Manager* que pudiera ser considerado como agente de la edificación, pero que habrá que analizar sus funciones en el caso concreto, dado que, al no tratarse de una profesión reglada carecemos de una definición o concepto y, por tanto, las competencias asumidas dependerán en cada caso del propio contrato. Pues la realidad es que en la práctica estos contratos suelan atribuir al gestor de proyectos la dirección y coordinación de los recursos humanos y materiales a lo largo de todo el ciclo de vida del proyecto, mediante el uso de las más modernas técnicas de dirección para conseguir los objetivos prefijados de configuración, alcance, coste, plazo y calidad, y la satisfacción de las

---

221 SAP de Sevilla 245/2020 de 29 junio [*Tol 8072646*].

222 STS 529/2020 de 15 octubre [*Tol 8142381*].

partes interesadas en el proyecto. El *Proyect Manager* suele caracterizarse por asumir la gestión única de todas las fases del proyecto, la coordinación de todos los agentes intervinientes, la participación en el estudio de viabilidad y la vigilancia del proceso constructivo. Pero, insiste el tribunal, hay que acudir a cada contrato para precisar las competencias atribuidas al gestor de proyectos que se sitúa en una posición intermedia entre el promotor y la dirección facultativa, para conocer su legitimación pasiva como agente de la edificación y, por tanto, la posibilidad de instar la intervención provocada de la DA 7.ª LOE.

II. ASPECTOS PROCEDIMENTALES DE LA INTERVENCIÓN PROVOCADA

Con carácter general, VIGUER SOLER[223] define la intervención provocada como aquella que tiene lugar como consecuencia de una llamada (*litisdenuntiatio*) prevista en la Ley que posibilita que el tercero pueda comparecer en el mismo si lo considera conveniente a su interés, y cuya finalidad es, por un lado, salvaguardar los derechos tanto del demandado como del tercero ajeno al pleito, pero interesado en el mismo, y, por otro, la economía procesal, evitando futuras acciones de repetición.

Sin embargo, los supuestos de intervención provocada que encontramos en las diferentes normas son bastante heterogéneos[224]. Para ORMAZÁBAL SÁNCHEZ esta parquedad del legislador en el art. 14.2 LEC viene justificada en buena medida por la singularidad de cada supuesto de intervención[225]. Téngase presente que, además de la DA 7.ª LOE, encontramos otros muchos supuestos de inter-

---

223 VIGUER SOLER, P.L., "La intervención provocada: especial referencia a la llamada de agentes de la construcción no demandados en la Disposición Adicional Séptima de la Ley 38/1999, de Ordenación de la Edificación", Artículo Monográfico noviembre 2006, en *La intervención provocada en procesos sobre vicios de la construcción,* Sepín (SP/DOCT/3180), pág. 1.

224 MIGUEL ROMERO, R., "La intervención del tercero en juicio", *Revista General de Legislación y Jurisprudencia,* núm. 80, 1931, págs. 251-259.

225 ORMAZÁBAL SÁNCHEZ, G., "Intervención adhesiva y cosa juzgada", *Revista Aranzadi Doctrinal,* núm. 10, 2013, págs. 213-234.

vención provocada como son: i) La llamada al poseedor mediato o *laudatio o nominatio auctoris* (art. 511 CC o arts. 1553 y 1559 CC)[226]; ii) la llamada en garantía formal en los casos de evicción (art. 1482 CC para los supuestos de evicción en la compraventa y otros casos de transmisiones patrimoniales: art. 638, arts. 860 y 869.3, art. 1069, art. 1529, arts. 1540 y 1541, art. 1643 o art. 1681 CC); iii) la llamada en garantía simple o llamada por causa común, cuando existen vínculos jurídicos entre el demandado y el interviniente que puedan dar lugar a acciones de regreso o reintegro entre los mismos (art. 1084 CC para el llamamiento de los coherederos, arts. 1830 y 1839 CC, para los codeudores solidarios o el art. 1832 CC para el fiador respecto del deudor principal); iv) algún autor se refiere también a la llamada del tercero pretendiente en el caso del art. 1176, párrafo 2ª, CC.

Sin embargo, compartimos el criterio doctrinal que sostiene que en realidad únicamente constituirían supuestos de intervención provocada los que contemplan una verdadera llamada del tercero al proceso para intervenir en el mismo, esto es, la llamada en garantía formal en los supuestos de saneamiento por evicción y, dentro de la llamada en garantía simple o por causa común, el supuesto de la DA 7.ª LOE[227]. En los demás casos se trata de una simple comunicación o notificación, bien para ser sustituido por el verdadero responsable (*laudatio auctoris*), bien para salvaguardar su posición en posteriores acciones de regreso o reintegro.

1. Los problemas de coordinación entre el art. 14.2 LEC y la LOE

Seguidamente trataremos de exponer los problemas que la conjugación de la DA 7ª LOE y el art. 14.2 LEC plantean a nivel proce-

---

226 GARCÍA SEDANO, T., "La intervención provocada, una visión jurisprudencial", *Práctica de Tribunales: Revista de Derecho Procesal Civil y Mercantil*, núm. 113, 2015 (LA LEY 1496/2015), edición digital, pág. 2; GUDÍN RODRÍGUEZ-MAGARIÑOS, A.E., "La condena en costas en los supuestos de intervención provocada", *Diario La Ley*, núm. 7396, 2010 (LA LEY 2278/2010), edición digital, pág. 5; SALGADO CARRERO, C., "La tutela de los terceros en el proceso civil: la intervención procesal, la intervención adhesiva" (Ejemplar dedicado a: Jurisdicción, competencia y partes en el proceso civil / Fernando Fernández Martín (dir.)), *Cuadernos de Derecho Judicial*, núm. 13, 1996, págs. 363-447, entre otros.

227 VIGUER SOLER, P.L., "La intervención provocada…", *op. cit.*, pág. 2.

dimental para la intervención provocada de los agentes que intervienen en el proceso de edificación, en una regulación que tanto doctrina como jurisprudencia han criticado por su deficiente técnica jurídica.

La redacción de la DA 7.ª LOE tiene muchos más matices que la simple redacción de la intervención provocada del art. 14.2 LEC[228] (no olvidemos que su redacción es anterior a la norma procesal que entra en vigor el 7 de enero de 2000), pues en ella se introduce la referencia a que "*la sentencia que se dicte será oponible y ejecutable*" contra el llamado al proceso, algo que no se menciona posteriormente en la LEC.

Como señala ALMAGRO NOSETE, se introduce dicha DA 7.ª "sin justificación preambular" pese a tratarse de una medida que ha tenido hondo calado. Y es que la Exposición de Motivos de la LOE ni siquiera menciona la DA 7.ª ni la posibilidad de solicitar la intervención provocada[229]. Como indica el autor, los promotores de la elaboración de la LOE con la introducción de dicha disposición consideraban la misma una panacea que vendría a resolver los grandes problemas que se derivan de la responsabilidad solidaria de los

---

228 CARRASCO PERERA, A. y otros, *Comentarios... op. cit.*, pág. 556; y BLASCO GASCÓ, F. de P., *Cuestiones de responsabilidad civil en la edificación,* Tirant lo Blanch, 2013, págs. 39-41. Como alude este último autor, la relación entre la intervención provocada a que se refiere el art. 14 LEC y la DA 7.ª LOE es una de las cuestiones de la LOE que más literatura jurídica ha producido, para concluir que "ninguna de las citadas disposiciones está libre de serios obstáculos y objeciones jurídicas porque, en nuestra opinión, el legislador no ha estado muy afortunado ni en la redacción de la DA 7ª LOE ni en la del art. 14 LEC, cuya última reforma parece complicar más aún la armonía entre ambos preceptos". En este sentido también indica ESTRUCH ESTRUCH, J., "Las responsabilidades de los agentes de la edificación en la LOE", en *Derecho de daños,* CLEMENTE MEORO, M. (dir.) y COBAS COBIELLA, M.E. (dir.), Tirant lo Blanch, 2021, pág. 996, que la DA 7.ª LOE va mucho más allá de lo que permiten otras normas sustantivas que posibilitan la llamada al proceso de terceros, pues lo que se pretendió por el legislador al introducir durante la tramitación parlamentaria de la LOE la citada regulación, fue que en un único procedimiento se pudieran concretar y hacer efectivas todas las responsabilidades que hubieran surgido debido a la existencia de defectos constructivos en el edificio.

229 ALMAGRO NOSETE, J., "Sobre la intervención provocada que admite la disposición adicional séptima de la Ley de Ordenación de la Edificación", *Diario La Ley,* núm. 7982, 2012, pág. 4 (LA LEY 18697/2012), edición digital.

agentes intervinientes en el proceso constructivo. Sin embargo, la misma ha dado lugar a un sinfín de problemas de interpretación en el ámbito doctrinal y una disparidad de resoluciones judiciales en la aplicación de la misma. Al efecto, se ha llegado a afirmar que hubiera sido más conveniente la modificación del Código Civil que la aprobación de una ley específica, por los problemas de coordinación que plantea la LOE con el resto del ordenamiento[230].

De hecho, la introducción de la DA 7.ª tiene su origen en una enmienda articulada por el Grupo Parlamentario CiU durante su tramitación parlamentaria ante el Senado[231]. Por ello, no aparece en los sucesivos cuerpos de borradores y anteproyectos de la LOE. En las intervenciones generadas por la oposición a la enmienda de CiU que plantea el Grupo Parlamentario Socialista, ante el temor de que con la misma se diluyeran las responsabilidades de los agentes en perjuicio de los adquirentes[232], se debaten las ventajas de dicha DA 7.ª con la finalidad de individualizar en sentencia la causa de los daños o la concurrencia de culpas, pero a la vez se sigue refiriendo por algún grupo parlamentario —con gran desacierto a nuestro parecer— a que se trata de una notificación que sirviera al promotor (¿tan solo al promotor?) para preparar su acción de repetición contra otros intervinientes[233].

Lo bien cierto es que la DA 7.ª LOE introduce la intervención provocada del tercero llamado por el demandado, y su finalidad no

---

[230] SANTANA NAVARRO, F., "La coordinación entre la LOE y otras normas del ordenamiento jurídico privado", *Anuario de Derecho Civil*, núm. 2, Vol. 72, 2019, págs. 355-418.

[231] Fue el Grupo Parlamentario CiU quien introduce esta posibilidad a través de la enmienda núm. 79. Dicha enmienda fue aprobada en la Comisión con el siguiente resultado: Votos a favor, 15; en contra, ocho; abstenciones, una. Diario de Sesiones del Senado. Comisión de Obras Públicas, Medio Ambiente, Transportes y Comunicaciones, VI Legislatura, Comisiones. Número 479, año 1999. Sesión de 23 de septiembre de 1999. Orden del día: Dictaminar el proyecto de ley de ordenación de la edificación (Número de expediente 621/000148).

[232] Cortes Generales. Diario de Sesiones del Congreso de los Diputados. Pleno y Diputación Permanente. Año 1999. VI Legislatura. Número 266. Sesión Plenaria número 256. 21 de octubre de 1999.

[233] Cortes Generales. Diario de Sesiones del Congreso de los Diputados. Pleno y Diputación Permanente. Año 1999. VI Legislatura. Número 266. Sesión Plenaria número 256. 21 de octubre de 1999.

puede ser otra que permitir que las responsabilidades de los diferentes agentes que intervienen en el proceso edificatorio, que son complejas entre sí, se resuelvan en un único procedimiento, máxime si tenemos en cuenta que el promotor es garante solidario "*en cualquier caso*" frente a los adquirentes y que los vicios constructivos normalmente serán responsabilidad de un tercero (constructor, arquitecto, aparejador, proyectista...). Por ello la LOE le permite traer al proceso a otros agentes de la edificación por economía procesal: para resolver todas estas cuestiones en un único proceso, y por justicia material, evitando acciones posteriores de repetición.

Como señala la doctrina[234] para regular esta figura procesal el legislador contaba con dos modelos de intervención a instancia de parte: el modelo de *litisdenuntiatio* o simple puesta en conocimiento al tercero de la pendencia del proceso, propia del derecho romano, o

[234] LÓPEZ-FRAGOSO ÁLVAREZ, T.V., "Intervención provocada (art. 9 del borrador de una nueva LEC)", *Revista Vasca de Derecho Procesal y Arbitraje*, núm. 3, 1998, págs. 522-534. Para GONZÁLEZ PILLADO, E., "La tutela judicial efectiva de los terceros en el proceso civil declarativo. La intervención procesal", *Nuevas Políticas Públicas: Anuario multidisciplinar para la modernización de las Administraciones Públicas*, núm. 5, 2009, págs. 202-203, la *adcitatio* también supone la ampliación de los límites del proceso pues las partes originarias del litigio pueden llamar a un tercero del cual afirman que la causa es común, esto es, un tercero titular de una relación jurídica conexa con el objeto del proceso pendiente, creando la carga sobre el tercero de comparecer y actuar en el mismo, en cuanto quedará vinculado por la sentencia que resuelva la pretensión ejercitada con la demanda. Y la *litisdenuntiatio* no supone una ampliación objetiva o subjetiva del objeto del proceso sino una puesta en conocimiento del tercero de la pendencia del proceso, en cuanto del mismo puede derivarse una acción de garantía o de simple indemnidad de la parte frente al tercero o viceversa: "Por tanto, con la litisdenuntiatio no se ejercita ninguna pretensión, sino que su objeto es la comunicación de la existencia del proceso a un tercero con el fin de vincularlo a los efectos de la sentencia, sin que éste pueda discutir su justicia o corrección jurídica en un segundo proceso que incoe frente a la parte denunciante". Y para GARNICA MARTÍN, J.F., "Las partes en la nueva Ley de Enjuiciamiento Civil: novedades más significativas" (Ejemplar dedicado a: Estudios sobre la ley 1/2000 de enjuiciamiento civil), *Studia iuridica*, núm. 19, 2003, pág. 54, aunque era de esperar que el legislador regulara con claridad esta figura, a la vista de los diferentes sistemas italiano y alemán, no se ha conseguido ese objetivo.
"Las partes en la nueva Ley de Enjuiciamiento Civil: novedades más significativas" (Ejemplar dedicado a: Estudios sobre la ley 1/2000 de enjuiciamiento civil), *Studia iuridica*, núm. 19, 2003, págs. 17-77

el modelo de *adcitatio* procedente del derecho germánico, que sí supone una ampliación objetiva o subjetiva del proceso. En este sentido disponía también el legislador de ejemplos diferentes en el sistema italiano y alemán, entre otros. El sistema alemán es más simple que el italiano y la intervención provocada cumple la finalidad de hacer saber al tercero la pendencia del proceso (*litisdenuntiatio*), mientras que el italiano cumple además una función de garantía, suponiendo una verdadera ampliación del objeto del proceso (*adcitatio*) y adquiriendo el tercero la condición de parte vinculado por los efectos de la cosa juzgada.

Sin embargo, como reconoce GARNICA MARTÍN[235], el modelo no ha quedado suficientemente definido y ello conduce a que se produzcan importantes contradicciones con otras normas en las que se han establecido supuestos de intervención provocada como es la DA 7.ª LOE. Así, mientras el sistema general que regula el art. 14.2 LEC parece seguir el modelo de simple *litisdenuntiatio*, la DA 7.ª LOE —que manifiesta que al tercero la sentencia le será "*oponible y ejecutable*"— parece seguir el modelo italiano que supone la consideración del tercero como parte y la ampliación objetiva y subjetiva del proceso. En este sentido, es numerosa la jurisprudencia que reconoce que en el caso que regula la DA 7.ª LOE no cabe duda que el tercero es parte del proceso, cuestión controvertida, como luego exponemos.

En la actualidad, si bien parece que el Tribunal Supremo ha venido a unificar doctrina en algunas cuestiones, siguen planteándose posturas contrapuestas sobre la regulación normativa, tanto del art. 14 LEC como de la DA 7.ª LOE, lo que hace difícil determinar cuál es su verdadera función.

En cualquier caso, la regulación es insuficiente por las siguientes razones:

i) Porque no establece los supuestos en los que se admite esta intervención provocada, limitándose a afirmar "*cuando la ley lo permita*", debiendo acudir en cada caso a la norma específica, sin saber si estamos ante un elenco cerrado de casos o una fórmula abierta[236];

---

235 GARNICA MARTÍN, J.F., "Las partes…", *op. cit.*, pág. 56.

236 No podemos olvidar que la intervención provocada es un instituto de derecho procesal y, por tanto, corresponde a la LEC, como código procesal civil, fijar los

ii) Porque, al limitarse a regular el procedimiento, tampoco establece los presupuestos que deben cumplirse para que sea admisible;

iii) Porque no establece cuál es el fundamento de esta institución, es decir, las razones a qué obedece la admisión y existencia de la misma[237];

iv) Porque tampoco establece los efectos para el llamado por intervención provocada sobre la sentencia que se dice en el proceso[238];

v) Y, porque ni siquiera determina con claridad la posición que ocupa el tercero en el proceso, especialmente si debe ser o no considerado como parte; lo que sí menciona en la intervención voluntaria en que, admitida, será considerado parte a todos los efectos (matizado también por la jurisprudencia como hemos expuesto).

El problema principal es que la LEC ha tratado de establecer una regulación unitaria para la figura de la intervención provocada, a

---

presupuestos para legitimar la llamada de un tercero, sus efectos, la situación en que se encuentra el tercero con respecto al objeto del proceso y las partes, así como los efectos de la cosa juzgada. En definitiva, olvida o desconoce el precepto la naturaleza del instituto de la intervención provocada, como ya señalaba LÓPEZ-FRAGOSO ÁLVAREZ, T.V., "Intervención provocada...", *op. cit.*, págs. 522-534. Como también señala la SAP de Islas Baleares 156/2005 de 19 abril [*Tol 653822*], la regulación es insuficiente por las siguientes razones: *"1. Porque se ha dejado sin establecer los supuestos en los que se admite que exista intervención provocada a instancia de parte, acudiendo a la inapropiada fórmula de que se admitirá en los casos en los que la Ley lo permita, es tanto como no haber querido afrontar abiertamente la cuestión. 2. Porque tampoco se ha establecido afrontar abiertamente la cuestión los presupuestos a los que responde esta institución, es decir, las razones a las que obedece a los requisitos que tienen que concurrir para que sea admisible. 3. Porque tampoco se han regulado las líneas esenciales a las que responde esta figura. 4. Porque no se han contemplado con el necesario detalle los efectos que la llamada del tercero o su intervención producen, quedando abiertas múltiples cuestiones, como si deberá ser considerado parte el llamado, si deberá considerársele rebelde en el caso de no comparecer, o si podría ser condenado"* (FD 2º).

237 Como recoge GARNICA MARTÍN, J.F., "Las partes...", *op. cit.*, págs. 54-59, el precepto no establece de forma clara las razones a las que obedece o los requisitos que tienen que concurrir para que sea admisible.

238 ORMAZÁBAL SÁNCHEZ, G., "Intervención adhesiva...", *op. cit.*, pág. 213. El autor critica que el precepto no contenga referencia alguna a los efectos de la sentencia respecto de los intervinientes, a diferencia de lo que sucede, por ejemplo, en derecho alemán, que se refiere a los efectos de la intervención (*Interventionswirkung*), diferente de la vinculación propia de la cosa juzgada (*Rechtskfraft*).

pesar de que ésta contempla supuestos muy diferentes entre sí, pues no es lo mismo una simple *litisdenuntiatio* o comunicación que una llamada en garantía o causa común y, por tanto, los efectos serán diferentes en uno u otro caso. Por tanto, dado que los supuestos de intervención provocada a instancia del demandado son supuestos tasados, debiera haber establecido la LEC un marco normativo general para ser desarrollado en cada una de las leyes especiales, permitiendo que éstas determinasen en cada caso la posición procesal del interviniente, o bien una regulación más amplia de esta figura como proponemos en la propuesta de *lege ferenda*. En concreto, en el caso de la DA 7.ª LOE es evidente que la finalidad de la norma era considerar al tercero con la condición de "parte", pues no se entiende de otra manera al establecer que la sentencia "*será oponible y ejecutable*" frente al tercero.

Entre los interrogantes que vamos a tratar de resolver a lo largo de nuestro análisis, nos encontramos con los siguientes: ¿En qué casos cabe la llamada del tercero?, ¿el tercero es parte en el procedimiento?, ¿es parte procesal o parte material?, ¿puede ser declarado en rebeldía en caso de no comparecer?, ¿puede ser condenado o absuelto?, ¿a quién deben imponerse las costas de su llamada?, ¿puede el tercero interponer recurso?, ¿puede ser sujeto pasivo de la ejecución de la sentencia?, ¿qué significan los términos "*oponible y ejecutable*" de la LOE?, ¿cuándo se considera que la llamada está justificada efectos de imposición de costas? etc.

2. *Solicitud de intervención de terceros*

Tal como establece el art. 14.2 párrafo 1ª LEC: "*1.ª El demandado solicitará del tribunal que sea notificada al tercero la pendencia del juicio. La solicitud deberá presentarse dentro del plazo otorgado para contestar a la demanda*". Por tanto, la solicitud debe cumplir dos requisitos: solicitud expresa del demandado y plazo para efectuarla (dentro del plazo para contestar la demanda).

Sobre el primer requisito se precisa que exista una solicitud expresa del demandado al tribunal para que notifique la pendencia del proceso a un tercero que será llamado por intervención provocada.

Aunque nada dice el precepto sobre la forma en que deberá efectuarse dicha solicitud, cabe entender que la solicitud deberá formalizarse por escrito, bien sea en la propia contestación a la demanda (incluso por medio de Otrosí Digo)[239] o lo que es más habitual, mediante un escrito simple separado con solicitud de interrupción del plazo para contestar la demanda. Así, a pesar de que a nuestro juicio la solicitud de intervención provocada debería realizarse en la contestación a la demanda, para que el llamado al proceso tuviera pleno conocimiento de las alegaciones de ambas partes (demanda y contestación), justificando, además, los motivos por los que solicita la responsabilidad del tercero, lo bien cierto es que en muchas ocasiones la llamada de otro agente de la edificación al proceso se realiza en escrito separado pues se ha venido utilizando muchas veces éste trámite para dilatar el proceso o para ganar tiempo en la contestación a la demanda. Esto se daba sobre todo en un momento temporal en que la llamada del tercero era una figura jurídica muy utilizada, por una parte, por los muchos procesos judiciales derivados del auge de la construcción y, por otra, porque los tribunales no solían imponer costas por dicho llamamiento dadas las dudas que suscitaba el precepto aplicable. El uso habitual en procesos de la construcción de la intervención provocada de la DA 7.ª LOE también tenía un efecto positivo: la consecución de muchos acuerdos extrajudiciales por reparto de responsabilidades. No obstante, cuando se empieza a generalizar la imposición de costas generadas al tercero, se produce un efecto disuasorio de dicha llamada. El demandado que provoca la intervención del tercero tendrá que probar que dicha llamada ha sido justificada si no quiere pechar con las costas procesales del interviniente y además instar una posterior acción de repetición para reclamar su responsabilidad. Pese a ello, la ley no exige una justificación motivada y responsable de dicha solicitud de intervención al proceso.

Sobre el segundo requisito: que la solicitud se realice dentro del plazo para contestar la demanda. La llamada en garantía por el demandado al amparo de la DA 7.ª LOE se podrá solicitar "*dentro del pla-*

---

239 Como señala ROVIRA TORRES, O., "Pluralidad de partes y sucesión procesal. La intervención provocada III", *Iuris: Actualidad y Práctica del derecho*, núm. 37, 2004, págs. 37- 38, nada impide que se haga por medio de otrosí.

zo que la Ley de Enjuiciamiento Civil concede para contestar a la demanda", y lo mismo dispone por remisión el art. 14.2. 1ª LEC sobre el plazo: "*La solicitud deberá presentarse dentro del plazo otorgado para contestar a la demanda*", esto es, dentro del plazo de veinte días para el juicio ordinario (art. 404 LEC) y diez días para el verbal (art. 438 LEC).

La solicitud deberá formularse en cuanto se reciba el traslado para contestar a la demanda, cuanto antes mejor, dado que el plazo para contestar a la demanda quedará en suspenso desde la solicitud, reanudándose con la notificación al demandado de la desestimación de su petición o, si es estimada, con el traslado del escrito de contestación presentado por el tercero o al expirar el plazo concedido a este último para contestar a la demanda. Nada impide que se apure la llamada al tercero siempre que se realice dentro del plazo de contestación a la demanda, aunque sea el último día de término.

2.1. ¿Es necesario justificar la responsabilidad del tercero en la solicitud?

Dado que no se exigen mayores requisitos formales (basta con que dicha petición se formule de forma expresa y que esté amparada en una ley que así lo permita), en ningún caso se requiere que el demandado justifique en dicha petición la responsabilidad que se pretende del tercero llamado al proceso, lo cual, como luego veremos, provoca no pocos problemas, dado que el interviniente debe defenderse de una pretensión dirigida contra persona diferente (el demandado) y ni siquiera ha podido analizar la contestación de éste, ni las responsabilidades que se le imputan en su llamada al proceso como responsable[240].

Se plantea pues cómo se justifica la llamada al proceso si la solicitud no requiere de una argumentación completa sobre la responsabilidad del tercero, bastando con esgrimir la existencia de una ley de cobertura que permita dicho llamamiento. Lógicamente, el demandado en algún momento tendrá que justificar la responsabilidad del

240 GONZÁLEZ PILLADO, E., "La tutela judicial...", *op. cit.*, pág. 211, manifiesta que el demandado deberá hacer constar los datos suficientes que acrediten la necesidad de la llamada, aunque dicho requisito no aparece en la norma.

tercero si quiere asegurarse de que el tribunal incorpore un pronunciamiento de condena sobre la responsabilidad del mismo, bien sea en el fallo o en la parte fáctica de la sentencia. Dicha justificación puede venir en la contestación a la demanda que formule tras comprobar la postura del llamado, en la prueba pericial que normalmente se presentará al menos cinco días antes de iniciarse la audiencia previa al juicio ordinario o la vista en el verbal (art. 337.2 LEC) o con base a las restantes pruebas que se practiquen en juicio.

El problema, si no se justifica la responsabilidad del tercero llamado al proceso en la solicitud, no serán solo las posibles costas, sino que seguirá siendo que el llamado al litigio por intervención debe defenderse de una responsabilidad que nadie ha concretado, pues la demanda no va dirigida contra él y la solicitud de intervención provocada formulada en abstracto no indicará de forma precisa qué concretas responsabilidades se le atribuyen.

Insistimos, aunque la solicitud de intervención del tercero al amparo de la DA 7.ª LOE debería realizarse en la contestación a la demanda, justificando adecuadamente qué concreta responsabilidad se le atribuye al interviniente para que el tercero adquiera la condición de tercero-demandado, también hemos de reconocer que en la mayoría de los supuestos de demandas por defectos de la edificación, según las patologías reclamadas, el tercero podrá saber cuál ha sido o no su grado de intervención en las mismas.

Pero esto no ocurre siempre, pues muchas veces el actor lo que demanda son responsabilidades contractuales frente al promotor, pero con cita indiscriminada de preceptos (art. 1124 CC, art. 1591 CC y art. 17 LOE), lo que permite la llamada al proceso de otros agentes de la edificación amparados en la cobertura legal de la LOE. En tal caso, si el solicitante de la llamada no indica qué responsabilidad se atribuye al tercero (constructor, arquitecto, aparejador, etc.) será difícil para éstos articular una defensa adecuada, y la única consecuencia que prevé la Ley será la imposición de costas en los casos en que dicha llamada no estuviera justificada.

A nuestro juicio, el escrito del demandado dirigido al Juzgado en que solicite que la demanda se notifique a otro u otros agentes que también hayan tenido intervención en el proceso de la edificación deberá contener cuanto menos la cita de la norma habilitante que permite dicha llamada al proceso (en estos casos la DA 7.ª LOE), la mención de la condición que ostenta el llamado como agente de la edificación en virtud de los arts. 9 a 16 LOE, y una justificación —al menos somera— de su posible responsabilidad en el proceso. Esta justificación debería permitir al menos en el momento inicial la apreciación de indicios suficientes para traer al tercero al proceso, esto es, que su condición de agente de la edificación esté relacionada con el origen de los daños, sin perjuicio de las pruebas que puedan practicarse posteriormente en juicio.

Por ello, la propuesta de reforma legislativa que se plantea comprende la solicitud de intervención provocada en la contestación a la demanda, no antes, a fin de que el tercero llamado por intervención provocada pueda conocer las concretas responsabilidades que se le atribuyen.

2.2. ¿Podría desistir el solicitante de dicha petición de intervención provocada?

Como hemos expuesto, el primer requisito para que proceda la llamada de un tercero al proceso es que el demandado lo solicite expresamente al tribunal. Por este motivo, dado que depende de la voluntad del demando provocar esta intervención provocada, no cabe duda de que podrá desistir y renunciar a la solicitud formulada en virtud del principio de la autonomía de la voluntad y del principio dispositivo que rigen el proceso civil.

Las consecuencias de esta renuncia posterior del demandado a la intervención provocada al amparo del art. 14.2 LOE tendrá indudables consecuencias, como debería ser la salida del tercero del proceso y la más que previsible imposición de costas derivadas de dicha llamada en caso de que se hubieren generado gastos al interviniente[241]. Sobre la imposición de costas del tercero al solicitante que posteriormente desiste de la llamada existe conformidad en la

241 Como declara la SAP de Málaga 840/2018 de 11 octubre [*Tol 7259943*], el llamamiento infundado de terceros al proceso determina que sería correcta la solución adoptada por la juzgadora de instancia de condenar al pago de costas por la llamada injustificada al proceso del tercer interviniente. En el mismo sentido el AAP de Alicante 84/2017 de 24 mayo [*Tol 6222694*].

jurisprudencia, pero sobre la posibilidad de renunciar o desistir de la intervención provocada solicitada se ha llegado a dudar en alguna resolución judicial (por ejemplo, SAP de Madrid de 7 de septiembre de 2009)[242], de manera errónea, a nuestro parecer, puesto que la solicitud viene motivada a instancia de parte y no es una cuestión de orden público que deba ser velada por el tribunal. Efectivamente, los actos de disposición del objeto procesal (renuncia, allanamiento, desistimiento y transacción) tienen su regulación procesal en los arts. 19 y ss. LEC, de manera que corresponde exclusivamente a las partes, por sí o a través de su representación y asistencia técnica, siempre que no esté prohibido por ley o se realice en fraude de ley o en perjuicio de terceros.

Otra cuestión que se plantea es qué pasaría si el tercero no estuviese conforme con este desistimiento. A juicio de RIVAS VELASCO, en tales casos debería continuar el procedimiento a todos los efectos del llamamiento, incluida la decisión sobre la viabilidad de su llamada a los efectos de imposición de costas[243]. Argumento que no compartimos por los motivos anteriormente expuestos, si bien otra cosa sería que el tercero llamado al proceso, en caso de tener interés directo y legítimo en el resultado del proceso, pudiera comparecer por intervención voluntaria al amparo del art. 13 LEC.

El problema en realidad se plantea cuando el demandante pretende dirigir sus pretensiones frente al tercero, pero aun en estos casos, dado que la llamada se produce a instancias del demandado, la jurisprudencia ha considerado que la renuncia de quien ha solicitado la intervención provocada "*supone un abandono, de manera que*

---

242 La SAP de Madrid 472/2009 de 7 septiembre [*Tol 1640068*], rechaza la renuncia a la intervención provocada. Dicha Sentencia sin embargo fue revocada por ATS de 13 abril 2010 [*Tol 3444617*] accediendo a la renuncia del llamamiento al pleito en calidad de interviniente provocado de la mercantil ZURICH ESPAÑA COMPAÑÍA DE SEGUROS Y REASEGUROS, S.A., por considerar que "*el órgano judicial no puede obligar a demandante y demandado a mantener determinadas posiciones, sin perjuicio de los efectos que las leyes tengan atribuidas a las renuncias y allanamientos que las partes puedan manifestar...en cualquier momento las partes pueden disponer del objeto del proceso (art. 19.3 LEC), salvo que la ley lo prohíba —que no es el caso— sin perjuicio de la imposición de costas a INTECSA-INARSA en relación con las causadas por ZURICH en esta instancia (art. 386 LEC)*" (FJ 2°).

243 RIVAS VELASCO, M.J., "Intervención provocada...", *op. cit.*, págs. 57-74.

la actora carece de legitimación para reclamar", como señala la SAP de Granada de 31 de mayo de 2019[244].

En conclusión, la llamada del tercero al proceso por intervención provocada se produce a instancia del demandado, por lo que en virtud del principio dispositivo este podrá renunciar o desistir de dicha llamada, sin perjuicio de la imposición de costas derivada de dicho llamamiento en caso de que se hubieren causados gastos procesales derivados de la misma al tercero.

3. Suspensión del proceso principal

Por su parte, el art. 14.2 párrafo 2ª LEC establece: "*2.ª El letrado de la Administración de Justicia ordenará la interrupción del plazo para contestar a la demanda con efectos desde el día en que se presentó la solicitud, y acordará oír al demandante en el plazo de diez días, resolviendo el tribunal mediante auto lo que proceda*".

Esta regulación procesal favorece la posición del demandado que ve ampliado el plazo para contestar a la demanda por la suspensión automática del mismo y, además, podrá preparar su contestación después de analizar los argumentos contenidos en la contestación formulada por el tercero llamado al proceso. Sin embargo, carece de sentido desde el punto de vista del tercero (agente de la edificación), que tenga que contestar una demanda que no estaba inicialmente dirigida contra él, sin conocer siquiera cuál es el motivo de su llamada al proceso por el demandado o la concreta responsabilidad que se le atribuye, al no haberse formulado aún la contestación por éste. Probablemente, ni siquiera habrá presentado el demandado su informe pericial eximiéndose de responsabilidad y concretando las responsabilidades que pretende del tercero, pues estos informes sue-

244 Se pronuncia sobre ello la SAP de Granada 276/2019 de 31 mayo [*Tol 8281686*], en un caso en que el arquitecto solicita la intervención del Director de obra y Proyectista y luego renuncia y desiste de la intervención provocada, por lo que se rechaza que la aseguradora del mismo pueda repetir contra el resto pues, "*la renuncia, de quien la aseguradora traía causa supone a criterio del apelante un abandono, de manera que la actora carece de legitimación para reclamar vista la renuncia dicha*" (FD 2º).

len aportarse con la antelación requerida de cinco días antes de la audiencia previa en el ordinario (art. 337.1 LEC).

Sin embargo, el precepto establece que solicitada por el demandado la intervención provocada el Letrado de la Administración de Justicia (LAJ) ordenará la interrupción del plazo para contestar a la demanda "*con efectos desde el día en que se presentó la solicitud*" (art. 14.2 párrafo 2ª LEC), y se reanudará "*con la notificación al demandado de la desestimación de su petición o, si es estimada, con el traslado del escrito de contestación presentado por el tercero y, en todo caso, al expirar el plazo concedido a este último para contestar a la demanda*" (art. 14.2 párrafo 3ª LEC), lo que plantea una serie de interrogantes que seguidamente trataremos de resolver.

3.1. ¿Sería posible un rechazo de plano *a limine* por el tribunal?

En ocasiones se ha llegado a plantear la duda sobre si la mera presentación de la petición de intervención provocada produce *ope legis* la suspensión del plazo para contestar la demanda, sin perjuicio de su posterior admisión o inadmisión a trámite por el tribunal, o si, por el contrario, para que produzca la suspensión del plazo, es necesaria su admisión a trámite.

En este sentido, la SAP de Santa Cruz de Tenerife de 10 de noviembre de 2003[245] estima un supuesto de nulidad de actuaciones por haberse denegado de plano la solicitud de intervención provocada sin suspensión del plazo para contestar la demanda. El tribunal entiende que la petición se tenía que haber tramitado y resuelto mediante auto, incluso siendo improcedente por no existir precepto que diera cobertura legal a la llamada, quedando en suspenso durante esa tramitación el plazo para contestar a la demanda. Y ello con independencia de que la inadmisión a trámite determinara el levantamiento de la suspensión de forma automática. Sin embargo, al no haberse tramitado el incidente para el llamamiento del tercero, por rechazarse la petición en una simple providencia, no se dio traslado al demandante ni se suspendió el plazo para contestar, motivando ello confusión en la tramitación seguida, y que se rechazara la con-

---

245 SAP de Santa Cruz de Tenerife 494/2003 de 10 de noviembre [*Tol 342832*].

testación a la demanda cuando en realidad se había presentado en plazo. La Audiencia entiende, acertadamente, a nuestro juicio, que la suspensión la produce la propia solicitud de la llamada al tercero al margen de que sea o no admitida, siendo entonces —cuando se adopta esta decisión de admisión o inadmisión— que se reanuda el plazo para contestar. Esta interpretación es acorde con la dicción literal del precepto ("*interrupción del plazo para contestar a la demanda con efectos desde el día en que se presentó la solicitud*"), y según afirma la citada sentencia, de admitirse lo contrario, supondría alterar su significado en detrimento de la actuación procesal del solicitante que, confiado en que formula una petición procedente y determinante de la suspensión, se ve sorprendido después, cuando se le rechaza de plano esa petición, con que ésta —en contra de dicho precepto— no ha suspendido el plazo para contestar, viéndose privado de un trámite sustancial para la defensa de sus intereses.

La cuestión no es baladí, porque si no se suspende el plazo para contestar a la demanda, cuando llegue a la parte la notificación de la resolución judicial que resuelva la admisión o inadmisión de la intervención provocada, dicho plazo puede haber precluido.

Incluso se ha admitido la posibilidad de agotar el plazo para contestar la demanda solicitando la intervención provocada el último día del plazo, quedando el mismo suspendido de forma automática en virtud del art. 135.1 LEC, que permite presentar un escrito sujeto a plazo hasta las quince horas del día hábil siguiente al del vencimiento. Como dice la STS de 30 de noviembre de 2010[246], el trámite no estaría precluido por tiempo de una audiencia, al producir los mismos efectos la presentación de un escrito antes de las quince horas del día siguiente al del vencimiento del plazo que si se hubiera presentado el

---

[246] La STS 743/2010 de 30 noviembre [*Tol 2023074*] en un supuesto donde se rechazaba la solicitud de intervención provocada por haberse solicitado el último día del plazo, revoca la Sentencia al considerar que el trámite no había precluido al aplicar el art. 135.1 LEC, y reconocer que "*la presentación de un escrito efectuada antes de las quince horas del día hábil siguiente al del vencimiento del plazo produce los mismos efectos que si se hubiera presentado el última día del plazo y la resolución que dicte el órgano judicial sobre lo interesado en el escrito o sobre el acto procesal a que se refiera ha de ser la misma que se dictaría si el escrito hubiera sido presentado el último día del vencimiento del plazo, pues el artículo 135.1 LEC no puede tener condicionada su operatividad por la solicitud que se contenga en el escrito*" (FD 3º).

último día de éste. No obstante, en el caso concreto de la sentencia se rechaza la posibilidad de retrotraer las actuaciones, aplicando criterios de proporcionalidad para decidir si la declaración de preclusión del trámite de contestación a la demanda fue la adecuada, atendidas las circunstancias específicas concurrentes, dado que en ese caso el comisario y el depositario carecían de legitimación para llamar como tercero a la sindicatura y, además, la solicitud de suspensión para la intervención de tercero era manifiestamente infundada.

Sobre ello se pronuncia también la más reciente SAP de Barcelona de 28 de junio de 2021[247], reconociendo que la solicitud de intervención suspende automáticamente el plazo para contestar la demanda, si bien en ese caso no se estima la nulidad solicitada, al considerar que no se mantiene suspendido dicho plazo por la interposición posterior de un recurso de reposición contra la resolución desestimatoria de dicha intervención, puesto que el plazo para contestar a la demanda se reanudará con la notificación al demandado de la desestimación de su petición.

En definitiva, el plazo se interrumpe desde que se presenta telemáticamente la solicitud de intervención provocada, no desde el día siguiente ni desde que el juzgador resuelve sobre la admisión o inadmisión de la misma.

3.2. ¿El plazo suspendido se reanuda o se reinicia?

El párrafo 3ª del art. 14.2 establece: *"3.ª El plazo concedido al demandado para contestar a la demanda se reanudará con la notificación al demandado de la desestimación de su petición o, si es estimada, con el traslado del escrito de contestación presentado por el tercero y, en todo caso, al expirar el plazo concedido a este último para contestar a la demanda"*.

Del tenor literal de la ley es evidente que el plazo se reanuda cuando se rechaza la petición, restando los días que queden para la contestación a la demanda, no vuelve a computar desde el inicio, y en este sentido se pronuncia la jurisprudencia de los tribunales (SAP de

247 SAP de Barcelona 285/2021 de 28 junio [*Tol 8559089*].

Alicante de 25 de septiembre de 2007 o AP de Cádiz de 21 de noviembre de 2009, entre otras)[248].

También es evidente que el plazo se reanudará, si es estimada la solicitud, "*con el traslado del escrito de contestación presentado por el tercero*", a fin de que el demandado conteste en el plazo que le reste para ello. Sin embargo, en algunos casos se ha considerado desproporcionado que la falta de "traslado" de la contestación del tercero sea causante de indefensión, precisamente porque cuando se formula la solicitud de intervención provocada se imputan unas responsabilidades en genérico sin haber planteado su contestación a la demanda, ni conocer siquiera la respuesta que pudiera dar el interviniente.

Habrá pues que denunciar en el momento oportuno y formalmente los defectos que se produzcan en el proceso, acreditando en qué modo se ha causado una concreta indefensión al solicitante, pues tal y como está configurada en la actualidad la posición del tercero en el litigio no parece que vaya a ser determinante para el que solicita la llamada. Es el caso de la SAP de Cádiz de 21 noviembre de 2009[249], donde se solicitaba la nulidad de actuaciones por vulneración del art. 14.2 párrafo 3ª LEC, y el tribunal reconoce que, efectivamente, una vez aceptada por el juez la llamada al tercero y emplazado éste, el plazo para contestar queda en suspendo desde que insta la intervención y "*se reanudará (…) con el traslado del escrito de contestación presentado por el tercero*", habiendo alzado el juez de instancia la suspensión y dando el plazo que le restaba para contestar, pero sin que en ningún momento le diera traslado de las referidas contestaciones ya presentadas, siendo la ley taxativa en el trámite a seguir, por lo que reconoce que debió declarase la nulidad vía recurso de reposición e incluso de oficio (art. 227.2 LEC), pero que resulta desproporcionado declararlo en sede de recurso por no existir grave indefensión al solicitante de dicha intervención.

---

248 SAP de Alicante 317/2007 de 25 septiembre [*Tol 1275207*] o SAP de Cádiz 337/2009 de 21 noviembre [*Tol 1777025*], entre otras muchas.

249 SAP de Cádiz 337/2009 de 21 noviembre [*Tol 1777025*].

3.3. ¿Es necesaria una resolución judicial dando impulso procesal?

Otra cuestión que se plantea es si resulta necesaria una resolución judicial dando impulso procesal y acordado la reanudación del plazo para contestar a la demanda.

El párrafo 3ª del art. 14.2 establece que, suspendido el plazo concedido al demandado para contestar a la demanda desde la solicitud, éste se reanudará con la notificación al demandado de la desestimación de su petición o, si es estimada, con el traslado del escrito de contestación presentado por el tercero y, en todo caso, al expirar el plazo concedido a este último para contestar a la demanda sin necesidad de resolución judicial alguna. Si bien es cierto que en ocasiones los tribunales tienden a dictar resolución judicial alzando la suspensión e incluso indicando los días restantes de que dispone el demandado para contestar a la demanda, dicho impulso procesal no es necesario ni preceptivo, por lo que la suspensión se alzaría automáticamente, reanudando el plazo con los días restantes de que disponga el demandado para contestar a la demanda (SAP de Madrid de 18 de marzo de 2015)[250].

No se puede exigir por el demandado el impulso procesal que correspondería al LAJ, ni tampoco que la reanudación del plazo se acuerde en resolución procesal, por lo que transcurrido el plazo señalado se producirá la preclusión y se perderá la oportunidad de rea-

---

[250] La SAP de Madrid 135/2015 de 18 marzo [*Tol 5170212*], en un supuesto de responsabilidad civil en que el recurrente alegaba que era "práctica generalizada en los juzgados" dictar una resolución alzando la suspensión del plazo para presentar escrito de contestación a la demanda al mismo tiempo que se da traslado del escrito de contestación presentado por el tercero interviniente, la Audiencia considera: "*El respeto a las normas que regulan las fuentes del derecho y a la prelación entre las mismas, nos impide que podamos dar preferencia a una práctica judicial, que no ha quedado acreditada debidamente, en contra de la claridad de la disposición contenida en el art. 14 LEC, pues de su lectura se desprende que, en supuestos de suspensión del proceso por solicitud de intervención provocada de terceros, no resulta necesario que expresamente se alce la suspensión por el juzgado de instancia, sino que la misma se produce automáticamente cuando el último de los intervinientes presentase su escrito de contestación o transcurriese el plazo concedido para ello". Es más, el art. 1 LEC simplemente se refiere como fuente de derecho a la ley sin aludir en ningún caso a la costumbre ni a la práctica forense*" (FJ 5º).

lizar el acto de que se trata de conformidad con el art. 136 LEC, tal como indicaba la SAP de Valladolid de 29 de octubre de 2020[251]. No obstante, en los casos en que el tribunal dicte resolución procesal alzando la suspensión y dando traslado para presentar la contestación a la demanda, computando el plazo restante desde la notificación de la resolución, el plazo computaría desde ese momento pues entender lo contrario iría en contra del derecho a la tutela judicial efectiva.

Por tanto, el plazo se interrumpe desde que se presenta telemáticamente la solicitud, y se reanuda automáticamente con la notificación de la resolución desestimando, o si se estima, con el traslado del escrito de contestación del tercero o transcurrido el plazo concedido para la misma. Es, por tanto, responsabilidad de la parte solicitante de la llamada el cómputo de dichos plazos procesales que operan de manera automática, sin necesidad que se dicte una resolución de impulso judicial.

3.4. ¿Se suspende para todos los demandados o solo para el solicitante?

En caso de existir otros codemandados, la duda que se plantea es si el proceso se suspende para todos los demandados o solo para el que formula la solicitud de intervención.

En este sentido, el art. 14.2 LEC no prevé que deba darse traslado a los demás codemandados de la solicitud de intervención provocada previo a su admisión[252]. Pero, en cualquier caso, muchas veces dicho traslado será automático en caso de estar personados a través de las

---

251 Así lo afirma el AAP de Valladolid 106/2020 de 29 octubre [*Tol 8275694*].

252 Como señala LARROSA AMANTE, M.A., "Problemas específicos de la intervención provocada del artículo 14 de la Ley de Enjuiciamiento Civil", *Práctica de Tribunales: Revista de Derecho Procesal Civil y Mercantil*, núm. 83, 2011 (LA LEY 11461/2011), edición digital, pág. 2, no es necesario llevar a cabo dicho traslado al resto de los codemandados que puedan estar personados dado que el texto legal únicamente exige la audiencia del demandante. En el mismo sentido señala ILLESCAS RUS, A., "La intervención provocada en los procesos por vicios constructivos (La STS, Sala Primera, núm. 538/2012, de 26 de septiembre)", *Revista Española de Seguros*, 2013, págs. 399-478, que no prevé la ley que haya de darse audiencia a los demás codemandados, pero nada impide que recibida la comunicación puedan hacer alegaciones a su interés.

plataformas de acceso judicial y nada impide que pudieran hacer alegaciones a tal solicitud. Lo que parece claro es que dicha solicitud no suspenderá el plazo para contestar a la demanda de los restantes codemandados salvo que se adhiriesen a la solicitud, siempre que lo hicieren dentro del plazo para contestar a la demanda[253] o salvo que el tribunal considere que debe suspender el plazo de los restantes codemandados para no generar indefensión por la existencia de concretas circunstancias, lo que no parece que deba darse con carácter general.

3.5. ¿Qué pasaría con la suspensión del proceso si el interviniente solicita a su vez otra intervención procesal de tercero?

Asimismo, se plantea que pasaría con la suspensión acordada si se permitiera al interviniente solicitar a su vez otra intervención procesal de terceros pues, como luego veremos, que el tercero pueda solicitar a su vez otra intervención provocada dentro del proceso va a depender de su consideración o no como parte en el mismo.

En este caso, algún autor considera que nada obsta para que este tercero pueda a su vez pedir la intervención de otra persona, lo que dará lugar a una nueva suspensión del plazo para contestar del primer llamado[254]. Pero surge entonces otra duda: ¿el plazo del demandado original se mantendría suspendido hasta que se resuelva sobre esta nueva intervención provocada o se reanudaría con la solicitud? A nuestro juicio, en el caso de que admitiésemos tal posibilidad, habría que diferenciar si el tercero llamado al proceso ha formulado o no su contestación. Si el tercero dentro del plazo concedido solicita —y se admite— la intervención de otro agente de la edificación, pero no ha contestado la demanda, el plazo del demandado original se mantendría suspendido hasta que se recibiera el traslado definitivo de la respuesta del tercero (o expirase el plazo concedido para ello). Sin embargo, si el tercero llamado al proceso por el demandado

---

253 Para ROVIRA TORRES, O., "Pluralidad de partes…", *op. cit.*, págs. 37-38, resulta muy difícil articular la suspensión en relación a aquellos demandados que no han solicitado la intervención del tercero porque son ignorantes de la misma.

254 GUTIÉRREZ ALONSO, D., "La intervención provocada", *Revista de Ilustre Colegi de Advocats de Lleida, Lo Canyeret*, núm. 59, 2008, pág. 9.

contestara a la notificación efectuada, "*conforme a lo establecido para el emplazamiento de los demandados*", y en dicha contestación solicitara un nuevo llamamiento, pero hubiera ya contestado la demanda, con independencia o no de que se admitiere, la interpretación del tenor literal de la ley nos indica que el plazo para el demandado se reanudaría automáticamente al recibir el traslado de la contestación del tercero.

4. Postura procesal del demandante ante el llamamiento

Solicitada por el demandado la intervención provocada, el LAJ ordenará la interrupción del plazo para contestar a la demanda con efectos desde el día en que se presentó la solicitud, y acordará *"oír al demandante en el plazo de diez días"*, resolviendo posteriormente el tribunal mediante auto lo que proceda.

La postura procesal que adopte el demandante será fundamental, pues en aquellos casos en que el actor decida ampliar su demanda contra el tercero éste será considerado parte a todos los efectos y la sentencia que se dicte le afectará en todos sus pronunciamientos, pudiendo ser condenado o absuelto, lo que no ocurre en caso contrario, según la jurisprudencia del Tribunal Supremo que luego exponemos (entre otras, STS de 20 de diciembre de 2011)[255], pues entonces no supondrá la ampliación del elemento pasivo del proceso.

Por tanto, la posición del demandante es decisiva en los supuestos de intervención provocada, pero nada se dice sobre qué ocurre si el actor no se pronuncia al respecto, pues el demandante no está obligado a pronunciarse siquiera. El actor es libre de poder presentar o no un escrito, así como es igualmente libre de su contenido[256], de

---

255 Como señala el Tribunal Supremo, el tercero cuya intervención ha sido acordada solo adquiere la cualidad de parte demandada si el demandante decide dirigir la demanda frente al tercero. Si el demandante no dirige expresamente una pretensión frente al tercero, la intervención del tercero no supone la ampliación del elemento pasivo del proceso. El tercero no será parte demandada y la sentencia que se dicte no podrá contener un pronunciamiento condenatorio ni absolutorio del tercero (STS de 20 diciembre 2011 [*Tol 2384089*]).

256 LARROSA AMANTE, M.A., "Problemas específicos…", *op. cit.*, pág. 7.

manera que podrá oponerse, no oponerse o mantenerse indiferente a dicha solicitud.

El precepto constriñe a "*oír al demandante*" pero no se le puede exigir una postura concreta, ni siquiera se le impide que se mantenga indiferente ante tal solicitud pues, aunque sea relevante en cuanto a la condición de parte del tercero, sin embargo, la posición que adopte el demandante no es vinculante para el tribunal que resolverá "*lo que proceda*". Como señala MAGRO SERVET, no queda nada claro que se tenga que exigir al actor una especial disposición de ser él quien "consienta" que el tercero tenga que comparecer en el proceso, sino que puede que no conteste a la comunicación que le envía el órgano judicial una vez que el demandado ha solicitado la suspensión del plazo para contestar la demanda y se le da traslado para que manifieste su opinión, ya que al final será el juez civil el que decidirá si acepta la solicitud del demandado de incorporar al proceso al tercero[257].

Sin embargo, sí estaríamos ante una posible nulidad de actuaciones en aquellos casos en que no se cumpla con el requisito de "*oír al demandante en plazo de diez días*"[258]. Sobre este particular se pronuncia la SAP de Toledo de 23 de septiembre de 2003[259], que declara la nulidad de actuaciones por indefensión en un proceso monitorio donde se omitió la solicitud de la demandada de intervención del tercero en el proceso, citando el juzgado directamente a las partes a la celebración de juicio, sin dar traslado al demandante para que contestara a la intervención provocada suscitada y sin previamente resolverla para, posteriormente, en el acto del juicio intentar salvar dicho olvido mediante el correspondiente turno de intervenciones de las par-

257 MAGRO SERVET, V., "La posición del tercero llamado al proceso a instancia de la parte demandada", *Práctica de Tribunales: Revista de Derecho Procesal Civil y Mercantil*, núm. 113, 2015 (LA LEY 1499/2015), edición digital. pág. 2.

258 La intervención del tercero en el proceso, a instancia del demandado, requiere de una serie de traslados y de una resolución judicial (auto), por lo que no es procesalmente procedente ventilar la petición en el acto de juicio verbal pues ello causaría indefensión y, en consecuencia, debe conllevar la nulidad de actuaciones, como señala ROVIRA TORRES, O., "Pluralidad de partes...", *op. cit.*, págs. 37-38.

259 SAP de Toledo 357/2003 de 23 septiembre [*Tol 321553*].

tes, ordenando el tribunal la retroacción de actuaciones por haberse omitido un traslado que resulta preceptivo al demandante.

También cuando no se le informa adecuadamente de su condición de tercero en el proceso. En este sentido, se ha declarado la nulidad de actuaciones por causar indefensión al tercero llamado al proceso cuando, admitida la intervención provocada, el emplazamiento al llamado se realiza de manera defectuosa, sin haberse acompañado junto con el exhorto remitido la resolución judicial donde se acordaba la intervención provocada. Téngase presente que el tercero llamado al proceso debe conocer su condición de "interviniente" y los derechos que le corresponden como tal al amparo del art. 14.2 LEC, pues como ocurrió en el caso de la SAP de Barcelona de 13 de abril de 2007 hubo confusión al considerar que el emplazamiento lo era como demandado, causándole indefensión al privarle de "*conocer las razones o motivos por los que resultaba emplazado como tercero*"[260].

4.1. ¿Puede oponerse el demandante a dicha solicitud de intervención provocada?

Evidentemente, el demandante puede adoptar diferentes posturas: oponerse, admitir la intervención del tercero, ampliar sus pretensiones frente al tercero o no efectuar manifestación alguna.

Algunos autores señalan que únicamente podría oponerse el demandante en caso de que no exista norma específica que lo permita, pero no así en los casos en que se dé la posibilidad legal[261]. No com-

---

260 SAP de Barcelona 205/2007 de 13 abril [*Tol 1138237*].

261 LÓPEZ-FRAGOSO ÁLVAREZ, T.V., "De la pluralidad de partes (artículos 12 a 15 *bis*)", en *Proceso Civil Práctico: [comentarios a la Ley 1/2000, de 7 de enero, de Enjuiciamiento Civil]*, GIMENEZ SENDRA, J.V. (dir.), Vol. 1, Tomo 1, Aranzadi, 2018, págs. 228, indica que el demandante podrá oponerse a la intervención del tercero cuando no se cumpla el presupuesto de que exista norma específica que lo permita, pero si esta norma existe, el demandante no podrá negarse a la intervención del tercero si la ley lo permite en el caso concreto, "el demandante es dueño de su pretensión, pero no es el dueño del proceso". Para MARTÍNEZ DEL TORO, S., "La reforma de la intervención provocada en el artículo 14.2 LEC por Ley 42/2015", *Práctica de Tribunales: Revista de Derecho Procesal Civil y Mercantil*, núm. 120, 2016, pág. 6, el demandante no puede negarse a la intervención del tercero si la ley lo permite en el caso concreto de que se trate, si bien puede no ampliar la demanda a los llamados ya que es dueño de su pre-

partimos dicha postura, pues el demandante puede oponerse por múltiples motivos: porque carece de responsabilidad el tercero, porque no se ha justificado el interés legítimo de la llamada, porque no se ejercitan acciones basadas en la LOE, etc.

Las consecuencias de la decisión que adopte el demandante afectan, por tanto, a la posición procesal que el tercero ocupe finalmente en el proceso, así como a la eventual condena en costas en caso de que sea parte procesal o que no siéndolo el tribunal considere que la llamada del interviniente por el demandado "no está justificada", como luego desarrollaremos[262].

Normalmente, con la actual regulación, la estrategia más beneficiosa para el demandante será oponerse al llamamiento para evitar dualidad de demandados que esgriman argumentos en contra de su demanda, e incluso que aporten informes periciales opuestos a su reclamación, evitando además el riesgo de costas procesales del llamado por intervención provocada en caso de resultar absuelto si acepta su llamada al proceso.

El inconveniente sería que la sentencia declarase a éste como único responsable y absolviera al demandado, pues en tal caso debería iniciar un segundo proceso frente al tercero, lo que no ocurrirá en caso de demandar al promotor que responde como garante solidario incondicional frente a los adquirentes de viviendas en caso de existir vicios constructivos, aunque estos fueren imputables a otros agentes de la edificación. Lo cual motiva que sea el promotor el principal demandado en procesos constructivos, y precisamente también lo que legitima el mecanismo de resarcimiento que supone la posibilidad de llamar al proceso a aquellos agentes que resulten verdaderamente responsables desde el punto de vista de la ejecución material.

---

tensión y de su defensa, en base a los principios dispositivo (art. 216 LEC) y de congruencia (art. 218 LEC en relación con los arts. 5 y 10 LEC), aunque no del proceso.

262 La actitud procesal de los demandantes determina el estatuto procesal del tercero, como señala MILÁ RAFAEL, R., "Intervención provocada, costas procesales y relevancia de la actitud procesal de la parte actora en los procesos sobre responsabilidad por vicios constructivos", *Revista CESCO De Derecho De Consumo*, núm. 10, 2014, págs. 86.

4.2. ¿Puede haber imposición de costas en el incidente que resuelva sobre la admisión o inadmisión de la intervención provocada?

En caso de que el demandante se opusiera a la llamada del tercero y ésta fuese finalmente admitida por el tribunal, lo que ocurrirá con carácter general siempre que "*la ley lo permita*", no debería en modo alguno imponerse las costas al demandante por dos simples motivos:

Por una parte, por tratarse de una cuestión incidental cuya resolución no requiere de actuación alguna por su parte. El art. 14.2 párrafo 2ª LEC solamente se refiera a oír al demandante antes de resolver, pero, como hemos dicho, el actor puede permanecer indiferente a tal llamamiento y, en caso de que se oponga, dicha postura no es decisiva para la resolución del tribunal.

Y, por otra parte, porque la solución sobre la imposición de costas en las cuestiones incidentales ha sido resuelta por el Tribunal Supremo en el sentido de que no deben imponerse las costas en las resoluciones de aquellas cuestiones incidentales que no pongan fin al proceso por medio de auto. Y el auto que decide sobre la intervención provocada no es una resolución que ponga fin al proceso. Ésta había sido tradicionalmente una cuestión controvertida, pues en muchos casos se imponían las costas del incidente con carácter general por aplicación del criterio de vencimiento objetivo, al considerar que la ausencia en la LEC de una norma específica de costas para los incidentes, tanto los generales como en algunos específicamente regulados (como la declinatoria), se asienta en la naturaleza declarativa de las cuestiones incidentales, lo que justificaba la aplicación del art. 394 LEC (AAP de Barcelona de 3 de abril de 2008)[263]. Mientras que, en otros casos, se consideraba que únicamente debían imponerse las costas en cuestiones incidentales por la existencia de temeridad o mala fe procesal por la ausencia de disposición legal pues el Capítulo VII "*De las cuestiones incidentales*" (arts. 387 y ss.) no regula la impo-

263 El AAP de Barcelona 142/2008 de 3 abril [*Tol 4176516*], impone las costas de la cuestión incidental al estimar la declinatoria, pues considera que el silencio del art. 65 LEC no significa que no exista condena en costas por remisión tácita al art. 394.

sición de costas (AAP de Madrid de 21 de marzo de 2005 y SAP de Madrid de 20 de junio de 2016)[264].

Como decimos, el Tribunal Supremo ha resuelto, a raíz de las costas en los recursos de reposición y revisión, que no cabe la imposición de costas en dichos incidentes, ya que la LEC no contempla respecto de ellos ningún régimen de imposición ni realiza remisión al régimen ordinario contemplado en los arts. 394 y ss., únicamente relativos a las resoluciones que pongan fin al procedimiento en primera instancia, así como a las que resuelvan los recursos de apelación y los extraordinarios de infracción procesal o casación (ATS de 9 de marzo y 19 de octubre de 2016 y 4 de febrero de 2020)[265].

Por tanto, no cabría imposición de costas en la resolución del incidente sobre intervención provocada al demandante, aunque se oponga y se admita, ni al demandado en caso de que se deniegue su solicitud de llamamiento al tercero.

5. Decisión judicial ante la solicitud

El juez, tras oír al demandante en el plazo de diez días, deberá resolver por medio de auto la procedencia de la intervención provocada que ha sido solicitada por el demandado. Si se desestima la solicitud, se reanudará el plazo para contestar a la demanda por el demandado, teniendo éste los días que le resten desde que presentó el escrito suspensivo del plazo conteniendo la solicitud de intervención provocada.

También en este trámite procesal la mejorable técnica legislativa de los preceptos estudiados (art. 14.2 LEC y DA 7.ª LOE) plantea serias dudas que trataremos de resolver.

---

264 AAP de Madrid 52/2005 de 21 marzo [*Tol 626338*] y STS 303/2016 de 20 junio [*Tol 5799858*].

265 ATS de 9 de marzo de 2016 [*Tol 5675626*], 19 de octubre de 2016 [*Tol 5943457*] y 4 febrero 2020 [*Tol 7746617*], entre otros.

5.1. ¿Cuándo es posible denegar la petición de intervención provocada?

La literalidad de la DA 7.ª LOE, según la cual "*la notificación se hará conforme lo establecido para el emplazamiento de los demandados*", parece que contenga un mandato imperativo[266] al juez para que proceda a notificar la demanda al interviniente tras oír al demandante. La oposición del actor, como ya hemos dicho, no es causa para denegarla, aunque sí podrá tener efecto, como luego veremos, en cuanto a las costas, por lo que la práctica habitual en los tribunales es la admisión por medio de auto siempre que la llamada tenga amparo en una ley que lo permita, dado que tampoco es momento procesal para valorar sobre las responsabilidades de fondo.

Ello no obsta, sin embargo, a que pueda denegarse la intervención provocada solicitada por el demandado, dado que, el tribunal podrá comprobar si se cumplen los presupuestos necesarios, entre ellos que estemos ante uno de los "supuestos tasados" en que se admita dicha intervención y que el demandado haga constar en su solicitud el precepto aplicable[267]. Como declara la SAP de Madrid de

---

266 Algún autor como RIVAS VELASCO, M.J., "Intervención provocada...", *op. cit.*, págs. 57-74, afirma efectivamente que el tenor literal de la misma no parece ofrecer dudas sobre el carácter automático del llamamiento, con la finalidad de poder discutir y determinar en un único proceso las responsabilidades que alcanzan a los intervinientes en el proceso constructivo. Pero reconoce que "las repercusiones del llamamiento, tanto en lo relativo a la imposición de costas como a los efectos sobre el llamado de la declaración que contenga la sentencia, impiden que no se realice una valoración previa de la petición, viniendo avalada tal posición por la propia remisión del precepto a los trámites del artículo 14 LEC".

267 Para MAGRO SERVET, V., "La sucesión en los casos de intervención provocada", *Práctica de Tribunales: Revista de Derecho Procesal Civil y Mercantil*, núm. 91, 2012 (LA LEY 2033/2012), edición digital, pág. 3, como apunta la SAP de Castellón de 31 de marzo de 2010 [*Tol 1869107*], solo será posible tal intervención en los casos tasados en la legislación sustantiva, y el demandado deberá hacer constar en su escrito suspensivo del plazo en qué precepto se basa para instar la intervención provocada; si no es así, el Letrado de la Administración de Justicia debería inadmitir de plano. En el mismo sentido señala LARROSA AMANTE, M.A., "Problemas específicos...", *op. cit.*, pág. 7, que el rechazo de la solicitud debe de entenderse únicamente posible en el caso de que la solicitud de intervención del tercero no esté amparada en ningún tipo de previsión legal que así lo autorice. Y RIVAS VELASCO, M.J., "Intervención provocada...", *op. cit.*, págs.

22 de octubre de 2010[268], el art. 14.2 LEC permite la intervención provocada mediante llamada del demandado al tercero cuando la ley lo permita, y la DA 7.ª LOE contempla esta posibilidad sin duda por la complejidad del proceso constructivo en el que intervienen distintos agentes con diferentes responsabilidades, pero no es menos cierto que "*tal llamada no es automática o imperativa para el juez*" que ha de decidir, oída la actora, si la otorga o deniega.

Por tanto, habrá que valorar las circunstancias concurrentes en cada caso, para conceder o denegar la intervención provocada por parte del tribunal, pues la denegación será habitual en aquellos casos en que no exista norma legal habilitante que permita la llamada (por ejemplo, en el caso de la aseguradora o el subcontratista) o cuando la norma alegada no esté vigente (por ejemplo, por ser el proceso constructivo anterior a la LOE), sin que ello suponga vulneración del derecho a la tutela judicial efectiva recogida en el art. 24 CE (STS de 22 de julio de 2009)[269].

5.2. ¿La denegación indebida puede ser causa de nulidad de actuaciones?

También se ha planteado si la denegación injustificada por el tribunal de la solicitud de intervención provocada podría causar indefensión al solicitante —el agente demandado en el proceso— y conllevar la nulidad de actuaciones procesales.

En este sentido, como destaca RIVAS VELASCO[270] hay que diferenciar los supuestos en que se produce una indebida denegación de

---

57-74, indica que ha de hacerse previamente una valoración de los presupuestos procesales para el otorgamiento de tal llamamiento, de tal forma que, ni tiene carácter extensivo ni puede emplearse fuera del marco normativo que prevé la LOE.

268 SAP de Madrid 701/2010 de 22 octubre [*Tol 2018416*].

269 En este sentido la STS 532/2009 de 22 julio [*Tol 1577957*] rechaza la vulneración del derecho a la tutela judicial efectiva recogida en el art. 24 CE por haberse denegado la intervención provocada en un supuesto de arrendamiento de obra al ser la licencia de obras anterior a la vigencia de la LOE, siendo inaplicable por tanto la DA 7.ª LOE que habilita la llamada al proceso.

270 RIVAS VELASCO, M.J., "Intervención provocada...", *op. cit.*, págs. 57-74, con cita de la Sentencia Audiencia Provincial de A Coruña (Sección 3ª) núm. 524/2008,

la llamada al proceso, pues la denegación por el tribunal no puede conllevar la nulidad del proceso en tanto que no se produciría indefensión, pues el único resultado de no intervenir en el proceso sería la pérdida de la economía procesal; de los supuestos en que se produce una indebida llamada al proceso, pues en estos últimos supuestos sí se produciría causa de nulidad, por haber permitido la intervención de quien no debió adquirir tal cualidad.

En el primer supuesto, en caso de que el tribunal niegue al solicitante la llamada al proceso por intervención provocada, como decimos, la jurisprudencia viene afirmando que no procede la nulidad puesto que no se causa indefensión al solicitante: en unos casos, estimando que no hay indefensión porque el solicitante conserva sus acciones para, en su caso, repetir contra los demás posibles responsables, perdiendo únicamente la economía procesal que le permitiría traerlo al proceso para un litigio ulterior (SAP de A Coruña de 26 de diciembre de 2009 o AP de Madrid de 22 de octubre de 2010)[271]; y, en otros, que no hay indefensión, porque el hecho de la contestación o no de los terceros no afecta ni modifica la posición procesal del recurrente ni sus posibilidades de defensa, pues no se trata tampoco de un supuesto obligado de litisconsorcio pasivo necesario (SAP de Madrid de 30 de mayo de 2006)[272]. También la STS de 6 de mayo de

---

de 26 diciembre [*Tol 7212170*] señala: "*Al denegarse la intervención provocada solicitada por el promotor, no se genera una situación de indefensión al recurrente, sino que conserva sus acciones para, en su caso, repetir contra los demás posibles responsables de los vicios ruinógenos; si bien la sentencia dictada en el presente litigios no afectará directa y perjudicialmente a los agentes constructivos ausentes. Lo único que "pierde" es la economía procesal; pero no se le genera indefensión. En tal sentido se pronuncia la sentencia del Tribunal Supremo de 6 de mayo de 2004. Por todo ello, y sin desconocer que la cuestión planteada es dudosa jurídicamente, no puede estimarse que se le haya generado una efectiva indefensión, por lo que no procede decretar la nulidad de actuaciones*" (FD 2°).

271 Así, la SAP de A Coruña 524/2008 de 26 diciembre [*Tol 7212170*]. Por su parte, la SAP de Madrid 701/2010 de 22 octubre [*Tol 2018416*], considera razonable el rechazo en un supuesto de escasa reclamación económica pues, "*la intervención que hubiera acarreado además periciales y más costas en forma de todo punto antieconómica, sin que, en ningún caso, como se expresa, la ausencia de llamamiento haya generado indefensión alguna para la ahora recurrente*" (FD 2°).

272 Como recoge la SAP de Madrid 364/2006 de 30 mayo [*Tol 6287043*], no causa indefensión a ninguna de las partes y no interfiere en la validez del procedimiento el rechazo de la llamada al tercero, pues "*la Ley regula la posibilidad de que*

2004[273] en un caso en que se solicitaba la nulidad de pleno derecho con retroacción de actuaciones por la indebida denegación de la llamada en garantía, rechaza que la denegación por el tribunal produzca indefensión al tratarse de supuestos tasados, por lo que deniega la nulidad solicitada. Pero la cuestión no es pacífica, pues existen casos de jurisprudencia contradictoria con la anterior en que sí se acepta la nulidad por indefensión, al considerar que el tercero debió ser llamado al proceso de manera necesaria (SAP de Badajoz de 21 de marzo de 2005 o AP de Madrid de 23 de febrero de 2010)[274].

En el segundo supuesto, en que se produce una indebida llamada al proceso, sí se ha declarado la nulidad de los pronunciamientos, como resuelve la STS de 19 de enero de 2014[275], donde se declara improcedente la intervención del tercero llamado al proceso por su condición de subcontratista, anulando el pronunciamiento condenatorio del mismo. Lo mismo ocurre en los supuestos en que la llamada al proceso se hubiera permitido a pesar de no estar en vigor la norma habilitante, pues en caso de no existir precepto legal que otorgue al demandado esa facultad se considera contraria a la legalidad la intervención[276]. En otros casos se ha considerado por la jurisprudencia *sensu contrario* que, aunque la llamada al proceso fuera correcta, la condena de los llamados al proceso por intervención provocada, cuando el actor no dirige ninguna pretensión contra los mismos, les causa indefensión, porque no deben ser considerados como parte procesal, por lo que también procede anular y dejar sin efecto el pro-

---

acuda al procedimiento otra persona por la especial relación que mantiene con el objeto del proceso, pero no la necesidad de que lo haga" (FD 4º).

273 STS 389/2004 de 6 mayo [*Tol 411096*].

274 Es el caso de la SAP de Badajoz 95/2005 de 21 marzo [*Tol 612338*], que declara la nulidad por entender que le causa indefensión la negativa a admitir la intervención provocada de determinados intervinientes en el proceso de construcción de la vivienda litigiosa; y la SAP de Murcia 112/2010 de 23 febrero [*Tol 1831649*], en un supuesto de evicción en la compraventa en que declara la nulidad de actuaciones por entender necesaria la intervención provocada del vendedor, a instancia del comprador, que fue indebidamente rechazada.

275 STS 510/2014 de 19 enero [*Tol 4776883*].

276 SAP de Ávila 207/2010 de 30 julio [*Tol 1950305*].

nunciamiento condenatorio (SAP de Murcia de 9 diciembre de 2009 y AP Burgos de 18 enero de 2010)[277].

5.3. ¿Quién admite o rechaza la solicitud de intervención el tribunal o el letrado de la administración de justicia?

Se plantean igualmente dudas sobre si quien admite o rechaza la solicitud de intervención provocada es el LAJ o el tribunal.

El precepto referido (art. 14.2 LEC), en su párrafo 2º, establece que será el LAJ quien ordenará la interrupción del plazo para contestar a la demanda con efectos desde el día en que se presentó la solicitud, y acordará oír al demandante. Sin embargo, es el tribunal quien deberá resolver lo que proceda mediante auto. Por tanto, la resolución sobre la intervención provocada corresponde al tribunal, no al LAJ.

Si estima la solicitud de intervención provocada, se emplazará al tercero con traslado tanto de la demanda como de la solicitud del demandado, por plazo común de veinte días para contestar, pues no olvidemos que el tercero "*dispondrá de las mismas facultades de actuación que la ley concede a las partes*", y una vez contestada, con el traslado del escrito de contestación o al expirar el plazo concedido, se reanudará el plazo concedido al demandado para contestar la demanda.

La reanudación del plazo que le reste al demandado, como hemos dicho, es automática con el traslado, pues no cabe esperar diligencia de ordenación o resolución judicial anunciando el plazo restante, a pesar de que en ocasiones algunos Juzgados sí realizan esta advertencia.

5.4. ¿La resolución debe ser necesariamente en forma de auto?

El precepto referido establece que el tribunal "*resolverá mediante auto lo que proceda*" (art. 14.2 LEC). Sin embargo, esta exigencia formal se ha suavizado en algunos casos, siempre que el rechazo esté motivado y no cause indefensión a las partes.

---

277 SAP de Murcia 292/2009 de 9 diciembre [*Tol 1770608*] y 15/2011 de 18 enero [*Tol 2082719*].

En este sentido, la antes citada SAP de Santa Cruz de Tenerife de 10 de noviembre de 2003[278] admite incluso que la citada resolución puede ser en forma de providencia, y no de auto, pero siempre que se haya tramitado el consiguiente incidente de llamada al tercero con suspensión automática del plazo para contestar a la demanda y que la resolución que se dicte esté motivada para no generar indefensión. Entiende la Sala que la llamada al proceso de un tercero por el demandado integra, en realidad, un presupuesto de la admisión y no un requisito de la decisión; pues para tramitar el incidente correspondiente es preciso que la Ley —material— permita la llamada del tercero; esto es, ese condicionamiento (el de que la Ley material contemple la llamada) se traduce en que, no existiendo una previsión normativa al efecto, no cabe la posibilidad de plantearla, y por ello dicha previsión integra un requisito de admisibilidad más que un presupuesto de su procedencia. Concluyendo que la resolución denegando la petición por no estar prevista en la ley fue correctamente acordada, al margen de que lo fuera mediante providencia que, además, venía a estar sucintamente motivada, y no por medio de auto, con base en la falta de ese presupuesto de admisibilidad, siendo confirmada después mediante auto que desestimó el recurso de reposición formulado contra la misma.

Más conflictivos resultan los supuestos en que habiéndose incumplido claramente lo regulado en el art. 14.2 LEC, por no haber resuelto el tribunal la intervención provocada solicitada mediante auto con suspensión del plazo para contestar y tras oír al demandante, sino en forma oral en el acto del juicio, en que a pesar del quebrantamiento de las normas no se declara la nulidad por no haberse causado indefensión a la parte. Es el caso de la SAP de Madrid de 10 de enero de 2006[279] que niega la nulidad de actuaciones por haberse inadmitido la solicitud de intervención provocada, no mediante au-

278 SAP de Santa Cruz de Tenerife 494/2003 de 10 de noviembre [*Tol 342832*].

279 En el supuesto de la SAP de Madrid 10/2006 de 10 enero [*Tol 839703*], entiende el tribunal que no se ha causado indefensión pues la indefensión relevante sólo tiene lugar cuando haya comportado consecuencias prácticas consistentes en la privación de los derechos de defensa (SSTC 149/1987 y 145/1990), y en el caso enjuiciado, el solicitante no formuló objeción alguna al respecto, evacuando en el acto y oralmente el traslado conferido, resolviendo el juez *a quo* en la misma vista.

to, sino oralmente en la vista del juicio. Y también de la SAP de Cádiz de 6 de julio de 2021[280] que rechaza la posible indefensión a pesar de haberse denegado la intervención provocada *in voce* en el acto del juicio, al no haber sido impugnada dicha decisión.

En definitiva, la forma podría no ser determinante, siempre que no se cause indefensión a las partes, pero la regla general es que deberá resolverse sobre su admisibilidad o inadmisibilidad por medio de auto debidamente motivado.

5.5. ¿Cabe recurso de apelación frente al auto que resuelve sobre la intervención?

Esta cuestión también ha sido controvertida en la doctrina, pues si la decisión que adopte el tribunal deberá ser en forma de auto, la duda que surge es si se trata de un auto definitivo, pues en tal caso cabrá recurso de apelación (art. 455 LEC) o, si por el contrario, no se trata de un auto definitivo, en cuyo caso cabrá la interposición de recurso de reposición ante el mismo tribunal de conformidad con lo dispuesto en el art. 451.2 LEC, sin perjuicio de reproducir la cuestión en el recurso de apelación que se formule frente a la resolución definitiva (art. 454 LEC).

Para una parte de la doctrina se trataría de una cuestión incidental y la conclusión que se alcanza es que cabría recurso de apelación contra el auto que resuelve desestimar la intervención, pues pone fin al proceso respecto del tercero (art. 393.3 LEC) y, en caso contrario, si la intervención se admite, el tercero no podrá apelar la sentencia definitiva quedando sin posibilidad de recurso[281]. Sin embargo, no podemos compartir dicho criterio pues, aunque la redacción del art. 393.3 LEC ha sido modificada por el art. 170 de la Ley 13/2009, se exige que la cuestión que se resuelva por medio de auto "*acordase poner fin al proceso*", lo que no ocurre con el rechazo de la intervención provocada, dado que el proceso continuará su curso sin el tercero, esto es, sin que el interviniente haya llegado a formar parte del mismo.

---

280 SAP de Cádiz 116/2021 de 6 julio [*Tol 8647860*].

281 GONZÁLEZ PILLADO, E., *La intervención voluntaria de terceros en el proceso civil*, Tirant lo Blanch, 2006. págs. 17-77.

Como reconoce el Tribunal Supremo[282] si el recurso de apelación no se encuentra establecido legalmente, no concurre el presupuesto de admisibilidad. Sin embargo, señala que, a pesar de que ninguna norma le reconoce expresamente este carácter, un sector de la doctrina considera incluido dentro de la categoría de los autos definitivos el que deniega la petición de personación en calidad de parte a quien pretende intervenir en el proceso en los supuestos de los arts. 13 y 14 LEC, y ello por cuanto que, para dicho sujeto, ponen fin al procedimiento impidiendo su continuación.

No obstante, la solución mayoritaria que alcanza la jurisprudencia es distinta: no cabría recurso de apelación, puesto que no se trata de un "*auto definitivo*" (art. 455 LEC) ni "*pone fin al proceso*" (art. 393.5 LEC). El concepto de "*resoluciones definitivas*" se define en el art. 207.1 LEC, refiriéndose a aquéllas que ponen fin a la primera instancia y a las que deciden recursos interpuestos frente a ellas.

No estaríamos pues ante una resolución definitiva, porque no es una resolución que ponga fin a la primera instancia, ya que la petición de intervención se produce en la contestación de la demanda, de modo que, denegada la solicitud de intervención, el juicio continúa por sus trámites propios hasta sentencia. De hecho, el art. 14.2 LEC, al regular la intervención provocada a instancias de la parte demandada, dice en su párrafo 3ª que el plazo del demandado para contestar a la demanda se reanudará con la notificación al demandado de la desestimación de su petición, señal esta de que no se produce ninguna interrupción de la primera instancia, y mucho menos su finalización, con el rechazo por el tribunal de la intervención provocada, pues el tercero además no habrá llegado a ser parte de ese proceso (entre otros, AAP de Pontevedra de 17 octubre de 2018, AP de Barcelona de 21 febrero de 2020 o AP de Madrid de 8 julio de 2021)[283].

Sí cabría interponer recurso de reposición contra la resolución denegatoria por tratarse de una resolución interlocutoria, no defi-

---

282 STS de 3 de junio de 2003 [*Tol 3417445*].

283 AAP de Pontevedra 150/2018 de 17 octubre [*Tol 6990488*], AAP de Barcelona 121/2020 de 21 febrero [*Tol 7855976*] o la AAP de Madrid 218/2021 de 8 julio [*Tol 8740667*].

nitiva, y reproducir la cuestión en el recurso de apelación que se formule frente a la resolución definitiva (art. 454 LEC). Asimismo, podrá ser el demandante quien recurra en reposición en caso de que se admitiera la intervención provocada en un supuesto en que resultare inadmisible, o no se cumplieran los presupuestos procesales para ello. En cualquier caso, si llegara a revocarse la intervención del tercero, las actuaciones realizadas por éste en el proceso deberían tenerse por no efectuadas, sin que puedan llegar a formar la convicción de juzgador.

III. POSICIÓN PROCESAL QUE OCUPA EL INTERVINIENTE

Una de las grandes cuestiones objeto de debate, tanto en la doctrina como en la jurisprudencia, ha sido la posición procesal que debe ocupar el tercero llamado por intervención provocada en el proceso, puesto que, como ya mencionamos anteriormente, el art. 14.2 LEC, que es la norma procesal que debió regularlo, no establece los presupuestos que deben cumplirse para que sea admisible la intervención, ni tampoco los efectos que dicha solicitud tiene para el tercero llamado dentro del proceso. Por su parte, la DA 7.ª tampoco aclara qué significa la expresión "*la sentencia que se dicte será oponible y ejecutable frente a ellos*".

Curiosamente el art. 13 LEC, referido a la intervención voluntaria, sí establece que "*podrá ser admitido como demandante o demandado*", siempre que acredite tener interés directo y legítimo en el resultado del pleito, y que "*será considerado parte en el proceso a todos los efectos*"; y el art. 14.1 LEC referido a la intervención voluntaria a instancia del demandante, aclara que éste interviene "*sin la cualidad de demandado*". Sin embargo, el art. 14.2 LEC, que regula la intervención provocada a instancias del demandado, nada dice sobre la condición procesal que ocupa el interviniente, lo cual ha dado lugar a múltiples interpretaciones en la doctrina y en la jurisprudencia. Máxime si lo vinculamos con la DA 7.ª LOE, cuya redacción es anterior a la LEC, y parece dejar claro que la posición del tercero en los procesos de edificación es la de un "demandado" que será emplazado como tal, y que, incluso aunque no comparezca en el proceso, podrá verse afectado por una resolución judicial que le será "*oponible y ejecutable*".

Esta disparidad de criterios deriva, por una parte, de la falta de claridad del legislador a la hora de plantear su regulación y, por otra, de la novedad que supone en nuestra legislación la llamada en garantía. Recordemos que esta posibilidad no aparecía contemplada en la anterior LEC 1881.

1. Condición de parte y declaración de rebeldía del tercero

Así pues, la primera cuestión que se plantea sobre la posición procesal que ocupa el tercero en el proceso es si el interviniente tiene obligación de comparecer a la citación judicial y, en su caso, si pudiera llegar a ser declarado en rebeldía en caso de incomparecencia.

Con la regulación actual parece que la intervención es facultativa o potestativa para el tercero, que podrá decidir si participa o no en el proceso. El problema es que, tratándose de un agente de la edificación, aunque decida no intervenir, la resolución que se dicte puede vincularle de alguna manera, pues conforme establece la DA 7.ª LOE, se le advertirá de que, aunque no comparezca, la sentencia que se dicte le será "*oponible y ejecutable*". Términos que han dado lugar a un largo debate como seguidamente exponemos.

La problemática procesal que plantea la figura del interviniente y la disparidad de criterios aplicados en los tribunales generan importantes dudas que han desvirtuado el uso de esta figura, hasta el punto de que el solicitante deberá pensarse muy bien la procedencia de la llamada y las consecuencias de la misma.

Como afirma la doctrina, en los supuestos de intervención el tercero es libre de intervenir o no en el proceso entre las partes, pues su presencia en el proceso se configura más como una carga que como una obligación[284]. El problema es que la norma no determina con

---

[284] SALGADO CARRERO, C., "La tutela de los terceros en el proceso..."; *op. cit.*, págs. 369-371; y SERRA DOMÍNGUEZ, M., "SERRA DOMÍNGUEZ, M., "Intervención litisconsorcial provocada en los procesos sobre vicios de la construcción", en *Principios y Garantías Procesales:* «Liber Amicorum» *en homenaje a la profesora Mª Victoria Berzosa Francos*, PICÓ I JUNOY, J. (dir.), Bosch, 2013, págs. 135-146.

claridad cuál es la consecuencia de su falta de comparecencia debido a las dudas que generan los términos "*oponible y ejecutable*" utilizados por la DA 7.ª LOE, y, por tanto, se debate si es parte procesal y si puede ser declarado en rebeldía en caso de incomparecencia con la regulación actual (art. 14.2 LEC y DA 7.ª LOE), a saber:

a) Para un sector doctrinal y jurisprudencial el emplazamiento del tercero les atribuye la cualidad de demandados, con las mismas cargas, derechos y obligaciones procesales. Por tanto, si comparece, puede defenderse activamente frente al demandante y codemandados respecto de los que tenga intereses contrapuestos, posibilitando la evitación de su condena; y, si no comparece, como demandado rebelde, le alcanzan los posibles efectos condenatorios de la sentencia recaída en su contra. Por tanto, si hay condena, la sentencia puede ser oponible y ejecutable contra el tercero demandado, aun declarado en rebeldía, de manera que, con mayor razón, respecto de quien ha comparecido y se ha defendido y condenado en consecuencia (entre ellas, SAP de Burgos de 5 mayo de 2006 y 17 mayo de 2010, AP de Lleida de 7 mayo de 2010, AP de Barcelona de 23 diciembre de 2010 o AP de Sevilla de 11 julio de 2016)[285].

b) Para otro sector, en cambio, el tercero no adquiere la condición de demandado, por lo que no podrá ser declarado en rebeldía[286], lo que no implica que la sentencia que se dicte le sea totalmente indiferente, pues en una hipotética acción de repetición la sentencia que se dicte le "*será oponible y ejecutable*". Sin embargo, esta interpretación varía en función de la consideración de parte procesal o material que ostente el tercero como seguidamente veremos.

A nuestro juicio, aunque defendemos la posición procesal del interviniente como tercero-demandado, no es un demandado rebelde,

---

285 SAP de Burgos 218/2006 de 5 mayo [*Tol 933137*] y 226/2010 de 17 mayo [*Tol 1883094*]; SAP de Lleida 196/2010 de 7 mayo [*Tol 1928899*]; SAP de Barcelona 714/2009 de 23 diciembre [*Tol 1816187*], o SAP de Sevilla 280/2016 de 11 julio [*Tol 5908318*], esta última al declarar: "*Por el contrario el llamamiento efectuado por un demandado tiene como consecuencia que el llamado adquiera la condición de demandado, por lo que de no comparecer puede ser declarado en rebeldía, y la sentencia puede contener pronunciamientos condenatorios con respecto al mismo*" (FD 3º).

286 GUDÍN RODRÍGUEZ-MAGARIÑOS, A.E., "La condena...", *op. cit.*, pág. 2. En este sentido se pronuncia también toda la jurisprudencia que considera que el tercero no adquiere la condición de parte demandada en el proceso.

porque no se ha dirigido demanda contra él ni se debe producir tal declaración, aunque los efectos perjudiciales puedan afectarle en un ulterior proceso. En este sentido, la propuesta *de lege ferenda* que realizamos parte de una posición intermedia:

i) Si el tercero comparece en el proceso, podrá —como tiene reconocido el Tribunal Supremo— efectuar alegaciones, plantear excepciones, proponer prueba e incluso recurrir la sentencia que se dicte. Por tanto, disponiendo de todas las armas procesales de un demandado, debe ser considerado parte a todos los efectos como tercero-demandado. Lo contrario, como decimos, carece de sentido, pues abocaría a las partes a un segundo proceso inútil y superfluo por el efecto positivo de la cosa juzgada del proceso anterior o precedente.

Véase propuesta de *lege ferenda*.

ii) Si el tercero no comparece, no puede ser declarado en rebeldía, pues su intervención en el proceso es más una carga procesal que una obligación, dado que la demanda no va dirigida inicialmente contra el mismo y no existe un litisconsorcio pasivo necesario que le obligue a comparecer como parte. Sin embargo, dado que se trata de una carga procesal, si no comparece no podrá alegar en un segundo proceso negligencia procesal, ni mala gestión en la defensa efectuada por el demandado, viéndose afectado por los hechos probados que se hayan dictado en dicho proceso. Es decir, aunque la sentencia que se dicte no absuelva o condene al tercero en el fallo —si no comparece— sí puede realizar pronunciamientos respecto al mismo y, por ello, dicha sentencia será oponible en un proceso posterior.

Véase propuesta de *lege ferenda*.

Por todo ello, si no comparece, la posición del tercero será similar a la situación actual, pero con la diferencia de que deben aclararse en el precepto legal los efectos de dicha intervención, para que el juez conozca que puede efectuar pronunciamientos frente al tercero en los hechos y fundamentos de la sentencia, pues de lo contrario los Juzgados y Tribunales tienden a no pronunciarse sobre esta figura que desconocen, y además, para que el tercero sea advertido de dicha circunstancia en el momento en que se le emplace. Además, tiene sentido que el tercero no siempre se vea obligado a comparecer, pues, como vimos en el Capítulo I, existen casos de simple comunicación de la pendencia del proceso o *litisdenuntiatio* para evitar responsabilidades o para salvaguardar su posición en posteriores acciones de regreso o reintegro. En tal caso, el tercero no se convierte en parte procesal si no se persona, pues simplemente se le comunica la pendencia del proceso.

Esta cuestión va directamente relacionada con la que seguidamente exponemos sobre la consideración de parte demandada o no que ostenta el tercero en el proceso.

2. *División de opiniones en la doctrina y jurisprudencia sobre la condición de parte del tercero llamado al proceso*

El alcance de la llamada al proceso para las partes y para el tercero ha sido el gran debate surgido de la conjugación de los preceptos referidos (art. 14.2 LEC y la DA 7.ª LOE) y, en concreto, si el tercero llamado al proceso tiene la consideración de demandado y, por tanto, si puede o no ser condenado en la sentencia que se dicte, lo que va directamente relacionado con la posibilidad anterior de declarar al tercero no comparecido en rebeldía.

Al respecto han surgido diferentes posiciones doctrinales y jurisprudenciales, dividiendo a las Audiencias Provinciales, incluso a las diferentes secciones dentro de cada una de estas Audiencias con posiciones divergentes:

2.1. Para un sector doctrinal y jurisprudencial el tercero adquiere la condición de parte demandada y puede ser condenado o absuelto

Para un sector doctrina y jurisprudencial el tercero adquiere la condición de parte demandada a todos los efectos y, por tanto, debe figurar en la parte dispositiva de la sentencia y debe ser alcanzado por todos sus pronunciamientos, incluido el que verse sobre costas, pues así se desprende de la redacción de la DA 7.ª LOE, al señalar que la sentencia que se dicte será ejecutable y oponible frente a dicho interviniente[287].

---

[287] GONZÁLEZ PILLADO, E., *La intervención de terceros en los procesos civiles especiales*, Tirant lo Blanch, 2014, págs. 58-60, reconoce que pese a la aparente claridad de

En este sentido, gran parte de la jurisprudencia sostenía una postura afirmativa a la consideración del tercero como parte demandada, en algunos casos incluso aunque la construcción se hiciese antes de la entrada en vigor de la LOE[288]. Según esta postura los llamados al proceso deben ser tenidos como parte demandada y, por tanto, deben figurar en la parte dispositiva de la sentencia y ser alcanzados por todos sus pronunciamientos incluido el que verse sobre las costas. Así se manifestaban, entre otras, las siguientes Audiencias Provinciales: SAP de Albacete[289], AP de Cáceres[290], AP de las Islas Baleares[291], AP de Las Palmas[292], AP de Pontevedra[293], AP de Santa Cruz de Tenerife[294], AP de Valencia[295], AP de Valladolid[296] o AP de Zamora[297].

Postura que fundamentaban en que:

a) La razón de la llamada en garantía es la responsabilidad solidaria de los partícipes en el proceso constructivo en caso de que no hayan podido individualizarse responsabilidades, pues lo que se

---

la DA 7.ª LOE ha provocado interpretaciones dispares, aun así, sigue considerando la autora que los terceros tendrán la consideración de demandados con independencia de que comparezcan o no. Para ALMAGRO NOSETE, J., "Sobre la intervención provocada...", *op. cit.*, pág. 5, "el llamado se convierte en interviniente si supera el incidente de intervención lo que origina su introducción efectiva en el proceso judicial como colitigante demandado.

288 En tal caso, la DA 7.ª LOE es una norma procesal que, como tal, permite una retroactividad débil y resulta aplicable a los procedimientos que se inicien a partir de su entrada en vigor, aun cuando hagan referencia a situaciones jurídicas producidas bajo la antigua ley (DT 4.ª CC).

289 SAP de Albacete 185/2008 de 6 octubre [*Tol 7279731*].

290 AAP de Cáceres 24/2006 de 13 febrero [*Tol 8178153*].

291 SAP de Islas Baleares 252/2003 de 2 mayo [*Tol 316802*].

292 SAP de Las Palmas 67/2009 de 18 marzo [*Tol 6732206*].

293 La SAP de Pontevedra 188/2006 de 30 marzo [*Tol 6352384*] establece: "*debe considerarse que constituye un verdadero acto de emplazamiento que, aun cuando no intervenga, le convierte en parte, integrándose en la situación pasiva del proceso, de tal modo que pueda enjuiciarse la responsabilidad de todos los agentes, pronunciándose la sentencia que se dicte sobre su condena o absolución...*" (FD 3º).

294 SAP de Santa Cruz de Tenerife 493/2004 de 20 diciembre [*Tol 566511*].

295 Como recoge la SAP de Valencia 564/2006 de 6 octubre [*Tol 1039414*]: "*Admitida la intervención de un tercero, ya en su condición de voluntaria, ya de provocada, ya de litisconsorte, ha de ser considerado como parte demandada a todos los efectos pertinentes, lo que incluye el pronunciamiento relativo a las costas*" (FD 4º).

296 SAP de Valladolid 64/2007 de 13 febrero [*Tol 1517910*].

297 SAP de Zamora 125/2006 de 16 mayo [*Tol 6352619*].

pretende es evitar ulteriores acciones de regreso a que habría lugar tanto por aplicación de la LOE como de los arts. 1591 y ss. CC.

b) La consecuencia jurídica de dicha llamada en garantía la contempla la misma norma, al reconocer que la notificación se hará conforme a lo establecido para el emplazamiento de los demandados.

c) Además, la DA 7.ª establece que se incluirá la advertencia expresa a aquellos otros agentes llamados al proceso de que, en el supuesto de que no comparecieren, la sentencia que se dicte será "*oponible y ejecutable*" frente a ellos, careciendo de lógica que se pueda ejecutar una sentencia que no contenga un pronunciamiento condenatorio. Interpretación que se ajusta mejor a lo dispuesto en el art. 14.2 LEC, además de ser evidente que carecería de lógica que la sentencia sólo le fuera oponible a un determinado agente de la construcción si llamado al proceso decide no comparecer y no si lo hace, se defiende y finalmente se declara su responsabilidad.

La redacción de la regla 5ª del art. 14.2 LEC, introducida por la Ley 13/2009, no vino a aclarar nada, sino más bien a confundir al referirse a la absolución del tercero. Con base en ello, parte de la doctrina y la jurisprudencia siguieron considerando que si el demandado puede ser absuelto es porque es considerado parte procesal y, por consiguiente, podía ser condenado en el proceso y se le podían imponer las costas procesales[298].

Así, una parte de la jurisprudencia consideró que el hecho de que la actual regulación incluya un apartado 5ª al art. 14 LEC regulador de las costas, para el caso de que el tercero resultare absuelto, implicaba necesariamente que la sentencia debía pronunciarse condenando o absolviendo: SAP de Asturias[299], AP de Albacete[300], AP

---

298 MAGRO SERVET, V., "La nueva regla 5ª del art. 14.2 LEC, la intervención provocada y la exigencia de resolver en sentencia sobre el llamado al litigio", *Revista de Jurisprudencia,* núm.1, 2011 (Acceso: 01/06/2022, disponible en https://elderecho.com/la-nueva-regla-5a-del-art-142-lec-la-intervencion-provocada-y-la-exigencia-de-resolver-en-sentencia-sobre-el-tercero-llamado-al-litigio).

299 SAP de Asturias 247/2010 de 1 julio [*Tol 1912526*].

300 SAP de Albacete 164/2010 de 1 julio [*Tol 1929246*].

de Barcelona[301], AP de Cáceres[302], AP de las Islas Baleares[303], AP de Madrid[304], AP de Murcia[305] o AP de Valencia[306], entre otras.

En concreto, señalaba la SAP de Murcia de 7 diciembre de 2012[307] que, aunque la cuestión ha sido objeto de distintas interpretaciones por las Audiencias Provinciales, el citado precepto se trata de una norma especial que tiene por finalidad evitar la necesidad de un proceso ulterior de repetición total o parcial por el demandado a otros agentes de la construcción que pudieran resultar responsables de los vicios constructivos denunciados en el proceso de que se trata, y que carece además de lógica que en otro caso se pudiera ejecutar una sentencia que no contenga un pronunciamiento condenatorio. Y es además un criterio interpretativo que ha venido a ser confirmado con la introducción de un apartado 5º en el art. 14 LEC en el que se establece que en caso de que en la sentencia resultase absuelto el tercero, las costas se podrán imponer a quién solicitó su intervención con arreglo a los criterios generales del art. 394, partiéndose así por tanto de que el tercero será absuelto o condenado en la resolución.

En el mismo sentido, existe doctrina partidaria de esta postura por considerar como más acertada la posición que entiende que los llamados al proceso por este mecanismo de intervención provocada son auténticos demandados[308].

---

301 SAP de Barcelona 714/2009 de 23 diciembre [*Tol 1816187*].

302 SAP de Cáceres 408/2010 de 20 octubre [*Tol 5304037*].

303 SAP de Islas Baleares 267/2011 de 20 julio [*Tol 2222462*].

304 Y la SAP de Madrid 372/2010 de 18 mayo [*Tol 1883619*], disponiendo: "*Esta tesis es la que asume la Sala que estima que no sólo es la que mejor permite entender el carácter ejecutable de la resolución que se dicte, sin necesidad de acudir después a otro proceso con los costes y dilación que ello provoca, sino estimamos que tal opción ha obtenido ahora el respaldo del propio legislador a modo de interpretación auténtica de la norma, pues en la reforma de la LEC por Ley 13/2009 de 3 de noviembre, se ha introducido un apartado 5º en el artículo 14 LEC*" (FJ 4º).

305 SAP de Murcia 796/2012 de 7 diciembre [*Tol 3012501*].

306 SAP de Valencia 164/2010 de 30 marzo [*Tol 1869991*].

307 SAP de Murcia 796/2012 de 7 diciembre [*Tol 3012501*].

308 ALMAGRO NOSETE, J., "Sobre la intervención provocada...", *op. cit.*, pág. 5, considera que el llamado se convierte en interviniente si supera el incidente de intervención lo que origina su introducción efectiva en el proceso judicial como colitigante demandado; GUTIÉRREZ ALONSO, D., "La intervención provocada...", *op. cit.*, pág. 9, entiende que si no es testigo debe ser parte y que el amparo legal del legislador debería ser suficiente para poder condenar al

2.2. Para otro sector doctrinal y jurisprudencial el tercero no adquiere la condición de parte demandada si el demandante no amplía la demanda

Para otro sector, sin embargo, para poder condenar a alguno de los intervinientes en el proceso constructivo "llamado en garantía" de forma provocada por algún codemandado, es precisa la solicitud de condena expresa por la parte demandante, y como apoyo, siguiendo la doctrina acogida por el Tribunal Supremo, citan el respeto a los principios dispositivos, de rogación y congruencia.

Para esta postura, el tercero dispone de las mismas facultades de actuación que la ley concede al demandado, pero no adquiere la condición de tal si el actor no amplía su demanda frente a él o se produce la sustitución procesal del art. 18 LEC, pues no está ligado por vínculos de litisconsorcio. Por tanto, el fallo no podrá contener pronunciamiento absolutorio o condenatorio frente al interviniente, al no ostentar la condición de demandado, lo que no significa que no pueda venir vinculado por las declaraciones que se hagan en el proceso. El argumento principal era que la dicción literal de la norma indica que tendrá las mismas facultades de actuación de las partes, pero no que será parte procesal.

La jurisprudencia que venía sosteniendo esta postura, cada vez más mayoritaria a la vista de las interpretaciones que iba realizando el Tribunal Supremo, a las que luego nos referiremos, entendía que el supuesto descrito en la DA 7.ª LOE debía necesariamente integrarse con lo establecido en el art. 14.2 LEC, considerando que el tercero llamado al proceso dispone de las mismas facultades de actuación que la ley concede a las partes, pero no por ello tendrá la condición de demandado. Por ello, el fallo de la sentencia no podrá contener ningún pronunciamiento, ni condenatorio ni absolutorio frente a él.

Los partidarios de esta postura consideraban que:

---

interviniente llamado, se persone o no, y con independencia de la postura que adopte el demandante; LARROSA AMANTE, M.A., "Problemas específicos...", *op. cit.*, pág. 13, considera justificada esta postura por razones de justicia material y de justicia práctica.

a) Así se dice expresamente en el propio precepto, en tanto que dispone que tendrá las mismas facultades de actuación que las partes, pero no que sea parte.

b) Que no se puede confundir la condición en cuya virtud el tercero interviene, con las facultades que tiene a su disposición.

c) Y, en definitiva, que disponga de las mismas posibilidades de actuación que las partes, no significa necesariamente que posea tal condición. Ello solo ocurrirá en la hipótesis, poco frecuente, de que se produzca una auténtica sustitución procesal en los términos del art. 18 LEC.

Dicha postura se apoyaba en la tesis del Tribunal Supremo acerca de la institución de "la llamada al proceso" contenida en las SSTS de 26 de junio y 11 de octubre de 1993[309], aunque dicha interpretación del Supremo fuera anterior incluso a la publicación de las dos normas cuya interpretación nos ocupa (art. 14 LEC y DA 7.ª LOE). En dichas sentencias se afirmaba por el Tribunal Supremo que, en relación al tercero llamado al proceso por el demandado, la sentencia "*no podrá contener ningún pronunciamiento absolutorio o condenatorio para él, aunque quede vinculado a las declaraciones que en ella se hagan que no podrán ser discutidas en un posterior y eventual proceso*". Con ello, el Alto Tribunal estaba desvirtuando, a nuestro juicio, la presencia del tercero en el proceso, al punto de quedar vinculado a sus pronunciamientos tan solo en la medida en que le afecten en un proceso posterior en la forma prevista en el art. 222 LEC para la cosa juzgada material. El tercero solo adquiriría la condición de parte en el proceso en los supuestos en que el actor mostrase su conformidad con la presencia en autos de otros agentes de la construcción, conducta equivalente a la ampliación de la demanda.

En este sentido se han pronunciado las siguientes Audiencias Provinciales: SAP de Alicante[310], AP de Barcelona[311], AP de Burgos[312], AP

---

309 SSTS 655/1993 de 26 junio [*Tol 5130019*] y 913/1993 de 11 de octubre de 1993 [Id Cendoj: 28079110011993104218].

310 SAP de Alicante 77/2010 de 24 febrero [*Tol 5278096*].

311 SAP de Barcelona 662/2006 de 30 noviembre [*Tol 1092422*].

312 SAP de Burgos 311/2009 de 19 junio [*Tol 1793569*] y Acuerdo de 15 noviembre 2011.

de Cádiz[313], AP de Castellón[314], AP de Guadalajara[315], AP de las Islas Baleares[316], AP de Navarra[317], AP de Málaga[318], AP de Santa Cruz de Tenerife[319], AP de Valladolid[320] y AP de Zaragoza[321], entre otras.

También en este caso existe doctrina que declara que el tercero no adquiere la condición de parte procesal cuando ninguna acción se dirige frente a él y que no puede figurar como condenado ni como absuelto en la parte dispositiva de la sentencia, sobre todo tras la jurisprudencia establecida por el Tribunal Supremo que seguidamente exponemos[322].

3. *Análisis de la evolución sobre la posición del interviniente en la jurisprudencia del Tribunal Supremo*

Estas diferencias jurisprudenciales fueron desapareciendo tras las interpretaciones ofrecidas por el Tribunal Supremo, que considera

---

313 También la SAP de Cádiz 197/2014 de 30 julio [*Tol 4526786*], reconoce la controversia existente, señalando ésta última: "*La referida Disposición Adicional no constituye en este sentido una norma procesal autónoma, aislada o desconectada del sistema procesal en su conjunto. Adviértase que, además, la Ley de Enjuiciamiento Civil del año 2000 es norma posterior a la Ley de Ordenación de la Edificación y que en esa medida pudiera haber alterado la regulación en ella contenida*" (FD 1°).

314 SAP de Castellón 55/2010 de 31 marzo [*Tol 1879392*].

315 SAP de Guadalajara 120/2011 de 14 junio [*Tol 2187187*].

316 SAP de Islas Baleares 156/2005 de 19 abril [*Tol 653822*].

317 SAP de Navarra 104/2006 de 30 junio [*Tol 6135835*].

318 SAP de Málaga 416/2011 de 13 septiembre [*Tol 2408833*].

319 SAP de Santa Cruz de Tenerife 249/2004 de 7 junio [*Tol 467589*].

320 SAP de Valladolid 186/2009 de 15 julio [*Tol 1571999*].

321 SAP de Zaragoza 324/2004 de 1 junio [*Tol 7707019*].

322 En este sentido, GARCÍA GONZÁLEZ, C., *La intervención provocada…*, *op. cit.*, págs. 46-79, señala que el tercero provocado no es demandado, y no asume ese *status*, lo que no implicará que no le afecte el resultado del litigio, o que carezca de interés legítimo, y pueda actuar en consecuencia; GARCÍA SEDANO, T., "La intervención provocada…", *op. cit.*, pág. 4; MAGRO SERVET, V., "La sucesión…", *op. cit.*, pág. 5; MILÁ RAFAEL, R., "Cinco cuestiones…", *op. cit.*, pág. 113; SALINERO ROMÁN, F., *Aplicación de la Ley de Enjuiciamiento Civil y de la Ley de Ordenación de la Edificación*, Consejo General del Poder Judicial, núm. 47, 2003, pág. 184; o SAMANES ARA, C, "Seguro voluntario: llamada de la Compañía aseguradora al proceso: Intervención adhesiva o llamada en garantía (Comentario a la sentencia del Tribunal Supremo de 26 de junio de 1993)", *Anuario de derecho civil*, núm. 1, 1995, págs. 429-446, entre otros.

que dicho tercero solo será parte demandada, si el actor decide dirigir la demanda contra el mismo. A *sensu contrario*, no tendrá la condición de parte demandada si el actor no amplía su demanda contra el mismo, por lo que, en tal caso, la sentencia que se dicte no podrá contener pronunciamiento de condena o absolución del agente de la edificación llamado por intervención provocada[323]. Conforme señala la doctrina, los argumentos de peso en esta decisión judicial son, por una parte, el principio de justicia rogada o dispositivo y, por otra, el principio de congruencia de la sentencia[324].

La jurisprudencia del Tribunal Supremo ha sido unidireccional en el sentido de no considerar al tercero como parte demandada en el proceso, al menos no como parte demandada desde el punto de vista material. No obstante, sí ha ido relajando su rigidez inicial para considerarle como parte procesal que tendrá las mismas oportunidades de alegación y defensa que el demandado, pudiendo incluso recurrir la sentencia que se dicte.

3.1. Antecedentes: las Sentencias del Tribunal Supremo de 26 de junio y 11 de octubre de 1993

Con anterioridad a la introducción de la intervención provocada en la LEC y en la LOE, el Tribunal Supremo en SSTS de 26 de junio[325] y 11 de octubre de 1993[326] ya sostuvo que no era posible condenar al tercero llamado al proceso, salvo que asumiera voluntariamente la posición del demandado[327]. No obstante, como hemos dicho, dicha

---

323 Señala GARCÍA-VARELA IGLESIAS, R., "Mecanismos procesales, efectos y jurisprudencia sobre la intervención de terceros inicialmente no demandados en el Proceso Civil", *Diario La Ley*, núm. 9945, 2021, pág. 7 (LA LEY 11167/2021), edición digital: "El tercero adquiere una posición de quien está al cuidado del litigio, somo sujeto interesado —sin soportar la acción— pero que la LEC le permite una actividad en el proceso con el ánimo de obtener un resultado lo menos adverso posible a sus intereses".

324 MILÁ RAFAEL, R., "Intervención provocada...", *op. cit.*, pág. 87.

325 STS 655/1993 de 26 junio [*Tol 5130019*].

326 STS 913/1993 de 11 de octubre [Id Cendoj: 28079110011993104218].

327 En estos casos se permitía la intervención de un tercero no demandado, si bien sin que, en ningún caso, la llamada de aquel pudiera acarrear su condena, como indica BAENA RUIZ, E., "Intervención provocada en los supuestos de responsabilidad civil solidaria: evolución y situación actual de la jurisprudencia",

interpretación jurisprudencial, en la que después se basa parte de la jurisprudencia para denegar la condición de parte del tercero, es anterior a la promulgación de la DA 7.ª LOE —cuya finalidad era muy distinta— y al art. 14 LEC.

La STS de 11 de octubre de 1993, si bien reconoce que el tercero llamado al proceso no es demandado, se refiere a un supuesto de saneamiento por evicción en la compraventa y, además, como decimos es anterior a las normas referidas (art. 14 LEC y DA 7.ª LOE). Dicha resolución afirma que el vendedor al que se ha hecho la llamada en garantía del art. 1482 CC, cualquiera que sea la postura que se adopte acerca de su posición en el proceso, es evidente que la sentencia que se dicte en el juicio de evicción no podrá contener ningún pronunciamiento absolutorio o condenatorio para él, aunque quede vinculado a las declaraciones que en ella se hagan que no podrán ser discutidas en un posterior y eventual proceso que el comprador promueva para exigir la indemnización compensatoria de la privación sufrida frente al vendedor, dado que el vendedor llamado en garantía no es demandado en el juicio de evicción y la única consecuencia que para él tiene la sentencia estimatoria de la demanda de evicción, al haber quedado preparada la acción de saneamiento con la notificación es la de venir obligado a sanear.

Por su parte, la STS de 26 de junio de 1993 interpreta un supuesto en que se ejercitaba la acción civil de responsabilidad extracontractual por daños en el negocio de bar contra el propietario del piso superior, habiendo solicitado el demandado que se pusiera en conocimiento de la comunidad de propietarios y de la entidad aseguradora la existencia del proceso, por si querían personarse en el mismo y asumir las responsabilidades reclamadas o hacer las alegaciones que tuvieran por conveniente. En la citada sentencia, el Tribunal Supremo reconoce que la intervención provocada no estaba regulada en ese momento en norma procesal alguna: "*A diferencia de la voluntaria o adhesiva, la intervención obligada o coactiva en el proceso tiene lugar a través de la institución conocida por «llamada en causa» o «llamada en garantía» («litisdenuntiatio»), carente en absoluto de regulación en la Ley Ri-*

Artículo Monográfico noviembre 2014, publicado en *La Intervención provocada en procesos sobre vicios de la construcción*, Sepín (SP/DOCT/18921), pág. 2.

tuaria Civil y admitida en supuestos muy específicos de nuestro ordenamiento jurídico sustantivo (arts. 1084, 1481, 1482, 1553, 1830 y 1832 del Código Civil) y se produce, generalmente del lado pasivo de la relación jurídico-procesal, cuando el que se ve demandado en el proceso y tiene, o cree tener, a virtud de una precedente relación negocial (lo que hace difícilmente concebible su aplicabilidad a los supuestos de responsabilidad por culpa extracontractual), ciertos derechos frente a un tercero, que pueden verse afectados por la sentencia que recaiga en dicho proceso, pide al órgano jurisdiccional que llame a dicho tercero al expresado proceso para dejar así salvaguardados los expresados derechos que al demandado (garantizado) le puedan corresponder contra el mencionado tercero (llamado garante)".

Sigue afirmando el Tribunal Supremo que si el tercero asume las responsabilidades reclamadas pasará a convertirse en demandado, pero si niega los hechos la sentencia no puede condenarle, siendo abocados a un proceso distinto: "Ante cuya llamada el tercero puede personarse en el proceso y asumir las responsabilidades reclamadas al único demandado en el proceso, en cuyo supuesto pasará a convertirse también en demandado, o puede negar toda relación con el asunto reclamado al demandado principal, en cuyo caso las controversias existentes entre el tercero (llamado como garante) y dicho demandado principal habrán de ventilarse en otro proceso distinto, por lo que la sentencia que recaiga en el ya en curso habrá de referirse únicamente al demandado principal y único, pero no al tercero (llamado) que niega toda relación con el asunto litigioso debatido y contra el que el demandante no ha ejercitado acción alguna.

El Tribunal Supremo afirmaba en dicha resolución que si el tercero asume las responsabilidades "*pasará a convertirse en demandado*", con lo cual está reconociendo su condición de parte procesal demandada. Lo que resulta curioso es que el tribunal manifieste que la adquisición de la condición de parte por el tercero llamado al proceso dependa de él mismo, es decir si el tercero asume la responsabilidad "se convierte en demandado", cuando, sin embargo, en resoluciones posteriores el Supremo hace depender la condición de parte del tercero, no de éste, sino del demandante, afirmando —en sentencias posteriores— que resulta necesario que el demandante dirija sus pretensiones contra el mismo para que se convierta en parte demandada.

De hecho, no parece lógico que la jurisprudencia que niega la condición de parte del tercero con base en dicha jurisprudencia del Alto Tribunal lo haga con apoyo en los principios dispositivos, de rogación y congruencia de las partes, dado que, si la condición de parte depende del tercero no se estarían respetando *a priori* dichos principios.

3.2. La negación de parte procesal al tercero llamado al proceso: Auto del Tribunal Supremo de 13 de abril de 2010

Tras las resoluciones anteriores no se tuvieron noticias del Tribunal Supremo sobre la condición del tercero llamado al proceso por intervención provocada, ya legislada tanto en la DA 7.ª LOE como en el art. 14 LEC, lo que dio lugar a las diferentes interpretaciones que hemos visto en la jurisprudencia menor.

Tras la regulación normativa de la intervención provocada, nos encontramos con el Auto del Tribunal Supremo de 13 de abril de 2010[328], donde se analiza la intervención provocada de la entidad aseguradora, y que comienza su razonamiento criticando la intervención provocada introducida en la LEC 2000, al declarar que el art. 14. LEC "*regula de forma un tanto imprecisa la figura procesal de la intervención provocada*" que se produce cuando el órgano jurisdiccional dispone la citación de un tercero a quien se considera que la controversia le es común, a fin de que participe en el proceso pendiente y le pueda ser opuesta la sentencia que se llegue a dictar. Para continuar afirmando que la finalidad de dicha figura sería el correcto ejercicio del derecho de defensa y evitar sentencias contradictorias: "*Permitir un más adecuado ejercicio del derecho de defensa, sea por parte del que realiza la llamada, sea incluso por parte del llamado, además de servir a la finalidad primordial de evitar que se dicten sentencias contradictorias*".

En dicho Auto se reconoce que la entidad aseguradora llamada al proceso por intervención provocada no tiene una entidad de mero conocedor de la pendencia del proceso, sino que puede tener audiencia en el pleito con el fin de que, además de evitar que pueda alegar desconocimiento del mismo, no pueda argumentar que

---

[328] ATS de 13 abril de 2010 [*Tol 3486965*].

el llamante haya desarrollado una mala gestión procesal, entiéndase en una posterior acción de repetición; pero destacando que, pese a la participación en el proceso, "*en ningún caso ostenta la naturaleza de parte procesal*".

Nuevamente el Tribunal Supremo cambia su postura con posterioridad, pues, aunque en dicha resolución niega que el tercero tenga la condición de "parte procesal", posteriormente sí reconoce la condición de parte procesal del tercero distinguiéndola de la condición de parte material.

3.3. La consideración del tercero como parte desde un punto de vista procesal: Sentencia del Tribunal Supremo de 20 de diciembre de 2011

En resoluciones posteriores el Alto Tribunal parece que rectifica este concepto y reconoce que sí puede considerarse al tercero como parte desde el punto de vista procesal, pero no desde el punto de vista material.

La STS del Pleno de 20 de diciembre de 2011[329] se refiere a un supuesto donde se admitió la intervención de la compañía aseguradora como intervención voluntaria, a pesar de haber sido solicitada como intervención provocada por las codemandadas y pese a que no existía norma de cobertura que amparase tal llamada al proceso en virtud del art. 14.2 LEC. El recurso planteado entendía que si no debió ser admitida la intervención provocada (art. 14 LEC) de la aseguradora por falta de norma de cobertura, debe declarase la nulidad de lo actuado, pero no adoptar una decisión más gravosa para los recurrentes al considerar que la intervención de la aseguradora es equiparable a una intervención voluntaria (art. 13 LEC).

329 Declara la STS de 20 diciembre de 2011 [*Tol 2384089*]: "*En consecuencia, el tercero cuya intervención ha sido acordada solo adquiere la cualidad de parte demandada si el demandante decide dirigir la demanda frente al tercero. Si el demandante no se dirige expresamente una pretensión frente al tercero, la intervención del tercero no supone la ampliación del elemento pasivo del proceso. El tercero no será parte demandada y la sentencia que se dicte no podrá contener un pronunciamiento condenatorio ni absolutorio del tercero*" (FD 3º).

El Tribunal Supremo estima que el pronunciamiento absolutorio de la aseguradora, confirmado por la sentencia recurrida, debe ser anulado, pues "*el tercero cuya intervención ha sido acordada solo adquiere la cualidad de parte demandada si el demandante decide dirigir la demanda frente al tercero*". El sujeto solo adquiere la condición de parte demandada si frente a él se ejercita una pretensión. Si el demandante no dirige expresamente una pretensión frente al tercero, la intervención del tercero no supone la ampliación del elemento pasivo del proceso. El tercero no será parte demandada y la sentencia que se dicte no podrá contener un pronunciamiento condenatorio ni absolutorio del tercero.

Además, diferencia entre posición formal y material de parte dentro del proceso, y se refiere al tercero como quien está al "*cuidado del litigio*", afirmando que el hecho de que el tercero pueda actuar como parte demandada significa que "*su posición formal es la de una parte*" —aunque no desde el punto de vista material porque no ha sido demandado— por lo que tendrá las oportunidades de alegación y defensa que la tramitación del concreto proceso permita a las partes: "*La situación del tercero que no ha sido demandado es la posición de quien está al cuidado del litigio, como sujeto interesado al que, sin soportar la acción, la LEC le permite una actividad en el proceso dirigida a conseguir que este tenga un resultado lo menos adverso posible para los intereses del tercero que puedan verse afectados de forma refleja, con la función de precaverse de la gestión procesal de la parte correspondiente*".

Aunque dicho pronunciamiento se ha utilizado con posterioridad en multitud de ocasiones para negar al tercero llamado por "intervención provocada" la cualidad de parte demandada si el demandante no dirige su demanda frente al mismo, la realidad es que la sentencia se refiere a un supuesto de "intervención voluntaria" del art. 13 LEC (no de intervención provocada del art. 14 LEC). Pero, además, en un supuesto donde la llamada a la aseguradora ni siquiera tiene cabida en la intervención provocada a instancia del demandado, por no existir norma de cobertura[330].

---

330 Como señala BLASCO GASCÓ, F. de P., "Comentario de la Sentencia del Tribunal Supremo de 28 de julio de 2020 (459/2020) Legitimación del tercero interviniente no demandado (intervención provocada) para interponer recurso de apelación", en *Comentarios a las Sentencias de Unificación de Doctrina: Civil y*

Buena prueba de ello es la interpretación que los propios magistrados del Tribunal Supremo realizan de dicha sentencia, pues SALAS CARCELLER[331] afirma sin pudor que dicha resolución "*no se declara aplicable al caso del art. 14, que es bien distinto*", pues se trata de una definición jurisprudencial del alcance de lo previsto en el art. 13 LEC, afirmando: "*Se ha pretendido así clarificar, al menos en atención a los problemas que plantea en su aplicación al lado pasivo del proceso, una norma ambigua que viene a decir que el interviniente voluntario «será considerado parte en el proceso a todos los efectos» lo que, literalmente considerado, podría llevar a extraer como consecuencia su posible condena en el proceso cuando nadie la ha solicitado, hipótesis que la Sala no acepta*". Según dicha interpretación, la citada sentencia clarifica la posición del interviniente voluntario (art. 13 LEC) que, lógicamente, no podrá ser condenado si nadie dirige sus pretensiones contra el mismo a pesar de que el precepto diga que el interviniente será considerado parte en el proceso a todos los efectos. Pero no es aplicable a la intervención provocada que, en palabras del ex magistrado del Tribunal Supremo, "*es bien distinto*", pues como también afirma de la regla 5ª del art. 14.2 LEC, se desprende que, si el tercero puede ser absuelto, "*necesariamente también puede ser condenado*".

El Tribunal Supremo, en SSTS de 25 de enero de 2012[332] y 28 de junio de 2012[333], cita literalmente lo expuesto en la sentencia anterior, pero tampoco aclara mucho respecto a la condición de parte del llamado por intervención provocada. La primera de ellas rechaza la llamada al proceso de la aseguradora porque no existe norma de cobertura ni se ejercitan acciones de la LOE; y la segunda, rechaza

---

Mercantil, YZQUIERDO TOLSADA, M. (dir.), Vol. 12, Dykinson, 2020, pág. 7, el problema debió ser la legalidad de la llamada al tercero en virtud del art. 14 LEC a ese litigio, porque dicha llamada se efectuó sin la cobertura legal que exige el propio art. 14.2 LEC. Es decir, se llamó a la compañía de seguros cuando la Ley de Contratos de Seguros no prevé ni habilita dicha llamada. Por tanto, el problema que se debió discutir no es si el llamado era parte o no, sino si se le podía haber llamado. Y la respuesta, *ex* art. 14.2 LEC, es claramente negativa.

331 SALAS CARCELLER, A., "Los efectos de la intervención voluntaria de un tercero en el proceso civil (Comentario sobre la sentencia dictada por el Pleno de la Sala Primera del Tribunal Supremo de fecha 20 de diciembre de 2021)", *Revista Aranzadi Doctrinal*, núm. 11, 2012, págs. 9-13.

332 STS de 25 de enero de 2012 [*Tol 2406581*].

333 STS de 28 de junio de 2012 [*Tol 2641218*].

la llamada al proceso de arquitecto y aparejador porque no resulta aplicable la LOE, al tratarse de una obra anterior a su entrada en vigor. Por tanto, en ninguno de los casos se está juzgando un supuesto de intervención provocada al faltar la norma de cobertura exigible ("*cuando la ley permita*") que exige el art. 14 LEC, ni podemos hablar de la condición de tercero demandado por intervención provocada. Por ello, si no se trata de una intervención provocada, podría llegar a admitirse como intervención voluntaria en caso de que el tercero quiera comparecer, pero entonces según la interpretación anterior —STS de 20 de diciembre de 2011— no tiene la consideración de tercero demandado (que sí podría tener en la intervención provocada), por lo que es necesario que alguien dirija alguna pretensión frente al tercero.

3.4. El término "oponible y ejecutable" frente al tercero: Sentencia del Tribunal Supremo de 26 de septiembre de 2012

Como hemos visto, una de las cuestiones más problemáticas de la interpretación de la DA 7.ª LOE en relación con el art. 14 LEC, es la introducción de la expresión que la notificación se hará conforme a lo establecido para el emplazamiento de los demandados e incluirá la advertencia expresa a aquellos otros agentes llamados al proceso de que, en el supuesto de que no comparecieren, "*la sentencia que se dicte será oponible y ejecutable frente a ellos*"[334]. En este sentido BLASCO GASCÓ[335] señala que una de las cuestiones de la LOE que más literatura jurídica ha producido, si no la que más, si incluimos en dicha literatura a las sentencias de instancia y apelación, es el alcance de la relación entre la intervención provocada a que se refiere el art. 14 LEC y la DA 7.ª LOE, la cual prevé expresamente la oponibilidad y ejecutabilidad de la sentencia frente al llamado a la litis que no comparece.

---

334 VIGUER SOLER, P.L., "La intervención provocada ...", *op. cit.*, pág. 4, reconoce que, pese a la confusa y poco técnica redacción de la LOE, cuando el precepto señala que la sentencia que se dicte será "*oponible y ejecutable*" frente a dicho tercero, eso es tanto como afirmar que podrá ser condenado. El problema es que dicha solución entra en conflicto con lo resuelto por el Tribunal Supremo.

335 BLASCO GASCÓ, F. de P., "Comentario de la Sentencia del Tribunal Supremo de 28 de julio de 2020...", *op. cit.*, págs. 122-134.

Es por primera vez en la STS del Pleno de 26 de septiembre de 2012[336] cuando claramente el Tribunal Supremo se posiciona sobre los efectos de la llamada por intervención provocada de la DA 7.ª LOE, optando por la segunda de las posiciones antes expuestas, al afirmar: "*El tercero cuya intervención ha sido acordada solo adquiere la cualidad de parte demandada si el demandante decide dirigir la demanda frente al mismo*". Citamos literalmente la exposición que realiza el Supremo sobre la conflictividad existente en la jurisprudencia menor posicionándose claramente en contra de la consideración general de "parte" del interviniente:

"La aplicación de esta Disposición Adicional ha dividido tanto a las Audiencias Provinciales como a la doctrina en lo relativo a la incorporación de terceros al proceso a su condición de parte en el mismo:

a) Para algunas Audiencias el tercero debe ser tenido como parte demandada y, por tanto, debe figurar en la parte dispositiva de la sentencia, y debe ser alcanzado por todos sus pronunciamientos incluido el que verse sobre las costas (SSAP de Baleares —Sección 3ª— de 2 de mayo de 2003 y —Sección 5ª— de 20 de julio 2011; de Albacete —Sección 2ª— de 6 de octubre de 2008, recogiendo el acuerdo en Pleno del mismo tribunal de fecha 6 de octubre de 2008; de Asturias —Sección 1 ª— de 1 de julio de 2010 (PROV 2010, 276236).

b) Según otras, para poder condenar a alguno de los intervinientes en el proceso constructivo "llamado en garantía" de forma provocada por algún codemandado, es precisa la solicitud de condena expresa por parte de alguno de los demandantes por un elemental y obligado respeto a los principios dispositivos, rogación y congruencia, lo cual no significa que la sentencia no pueda tener consecuencias frente a dicho tercero pues en virtud de esa intervención procesal, que le ha permitido defender sus propios intereses, debe quedar afectado por las declaraciones que en ella se hagan, las cuales no podrán ser discutidos en un posterior y eventual proceso (SSAP de Burgos —Sección 3ª— de 6 de febrero de 2010, recogiendo el acuerdo del Pleno de esta Audiencia Provincial, de fecha 15 de noviembre de 2011; de Málaga —Sección 4ª— de 13 de septiembre de 2011 (PROV 2012, 45595).

La Sala acepta este segundo planteamiento".

---

336 STS 538/2012 de 26 septiembre [*Tol 2661126*].

El Tribunal Supremo va más allá en los efectos de dicha condición de tercero con relación a las demás partes del proceso y su efecto prejudicial, tratando de dar sentido a la expresión contenida en la DA 7.ª LOE ("*la sentencia que se dicte será oponible y ejecutable frente a ellos*"), afirmando que el principio dispositivo del proceso civil tiene la importancia y significación de atribuir a las partes el poder de dirigir el proceso de forma material, hasta el punto de que el órgano judicial no puede obligar a demandante y demandado a mantener determinadas posiciones, de tal forma que el emplazamiento del llamado como demandado no aceptado por el actor, no equivale a una ampliación forzosa de la demanda que permita su absolución o condena, mientras que la "oponibilidad y ejecutividad" del fallo de la sentencia, a que se refiere la disposición transcrita, supone:

i) De un lado, el término oponibilidad, según el cual "*quedará vinculado por las declaraciones que se hagan en la sentencia a propósito de su actuación en el proceso constructivo, en el sentido de que en un juicio posterior no podrá alegar que resulta ajeno a lo realizado*", significa que el interviniente quedará vinculado por las declaraciones que se hagan en la sentencia (efecto reflejo) y no podrá alegar en un juicio posterior que resulta ajeno a lo realizado;

ii) Y, de otro, el término ejecutividad por el que "*únicamente podrá ejecutarse la sentencia cuando se den los presupuestos procesales para ello, lo que no es posible cuando ninguna acción se dirige frente a quien fue llamado al proceso y como tal no puede figurar como condenado ni como absuelto en la parte dispositiva de la sentencia*", significa que solo aplica cuando se dan los "presupuestos procesales", es decir, que el demandante amplíe su demanda contra el interviniente o que el demandado pudiera reconvenir, como deja entrever el tribunal[337].

---

[337] En este sentido, YÁÑEZ VELASCO, R., "Pluralidad de partes en el proceso civil (I): en particular: la intervención provocada a iniciativa de demandado", *Economist & Jurist,* Vol. 14, núm. 105, 2006 (Acceso: 10/05/2022, disponible en https://www.economistjurist.es/articulos-juridicos-destacados/pluralidad-de-partes-en-el-proceso-civil-en-particular-la-intervencion-provocada-a-iniciativa-del-demandado-ii/), pág. 78, señala que en el supuesto de intervención provocada por responsabilidad en la edificación el emplazado será advertido que su eventual incomparecencia no impedirá la oponibilidad y ejecutabilidad de la sentencia frente al tercero (DA 7.º LOE); mostrando la cualidad de parte que quebraría la conclusión anterior salvo que también entendamos, en buena lógi-

En armonía con dicha interpretación señala GARCÍA SEDANO[338] que la responsabilidad que hayan podido tener en los hechos los terceros intervinientes dependerá de la actitud procesal que haya mostrado la parte actora en el proceso, es decir, si la accionante no dirige su acción frente a dichos terceros el único efecto de la declaración de responsabilidad se proyectará en un hipotético ejercicio futuro de acciones de repetición por parte de la demandada. Efectivamente, la resolución que se dicte será, bien únicamente oponible frente a esos terceros (sería el supuesto en el que a la parte demandante no le interesa la condena de los mismos), bien oponible y ejecutable (caso en que la actora expresamente interesa dicha condena). Sin embargo, no creemos que la condición de parte del tercero deba quedar exclusivamente sujeta a la actitud procesal que adopte el demandante, dado que la norma procesal ni siquiera exige que se pronuncie al respecto, solamente que sea oído el demandante antes de resolver el tribunal. Aunque como indica BLASCO GASCÓ[339], tampoco debería haberse planteado en este caso la condición de parte demandada del tercero por intervención provocada porque el demandante ejercita la acción contractual y, por tanto, de acuerdo con el art. 14.2 LEC no cabría la intervención provocada, ni por esta vía (pues carece de cobertura legal) ni por la de la DA 7.ª LOE.

En el mismo sentido de la resolución analizada se pronuncia la posterior STS de 24 de octubre de 2013[340].

A nuestro juicio se trata de una interpretación muy forzada, pues la norma no dice que "será oponible en otro proceso", simplemente dice que, aunque no comparezca, la sentencia que se dicte le será oponible, esto es, compatible con los efectos de cosa juzgada del art.

---

ca, que para ser condenado debe habérsele dirigido una pretensión en contra, en cuyo caso será parte, rebelde y destinatario de una ejecución.

338 GARCÍA SEDANO, T., "La intervención provocada…", *op. cit.*, pág. 5.

339 BLASCO GASCÓ, F. de P., "Comentario de la Sentencia del Tribunal Supremo de 28 de julio de 2020…", *op. cit.*, págs. 122-134.

340 En dicha STS 656/2013 de 24 de octubre [*Tol 3988112*], el Tribunal interpreta la DA 7.ª LOE "*en el sentido de que en un juicio posterior no podrá alegar que resulta ajeno a lo realizado y, de otro, que únicamente podrá ejecutarse la sentencia cuando se den los presupuestos procesales para ello, lo que no es posible cuando ninguna acción se dirige frente a quien fue llamado al proceso y como tal no puede figurar como condenado ni como absuelto en la parte dispositiva de la sentencia*" (FD 6°).

222 LEC. Como tampoco dice que para que sea "*ejecutable*" deban darse ciertos presupuestos procesales, como la existencia de una pretensión de la parte demandante dirigida contra el tercero, pues en tal caso debían haberse fijado los mismos adecuadamente en la propia norma. Así pues, entendemos que la finalidad del legislador era clara al pretender considerar al tercero llamado por intervención provocada como tercero-demandado a fin de resolver la controversia en un único litigio.

3.5. Las costas de la intervención provocada: Sentencias del Tribunal Supremo de 25 de noviembre de 2013 y 27 de diciembre de 2013

Como reconoce el Tribunal Supremo en sentencias posteriores, quedaba pendiente resolver las consecuencias de dicho llamamiento con respecto a la imposición de costas, lo que se aborda posteriormente en las SSTS de 25 de noviembre y 27 de diciembre de 2013[341].

A nuestro juicio es bastante confusa la interpretación que realiza el Tribunal Supremo en la STS de 25 de noviembre de 2013, al referirse a la modificación legislativa del art. 14.2 LEC, en concreto a la regla 5ª introducida por Ley 13/2009 que, como hemos aludido con anterioridad, introduce un mayor desconcierto en la jurisprudencia al referirse a la posible "absolución" del interviniente. Lo cual llevó a gran parte de las Audiencias Provinciales a considerar al tercero como parte al poder resultar absuelto (y por contra condenado) en sentencia.

Pues bien, el Tribunal Supremo descarta que la modificación legislativa de la regla 5ª del art. 14.2 LEC se refiera a la condición de parte del tercero para ser condenado o absuelto con carácter general, interpretando: "*Es cierto que, como afirma la parte recurrente, durante la tramitación de la primera instancia del proceso aún no estaba en vigor la norma incorporada por la Ley 13/2009, de 3 noviembre, como regla 5ª del ap.2 del artículo 14 de la Ley de Enjuiciamiento Civil, que ha aclarado definitivamente la cuestión en el sentido de que "caso de que en la sentencia*

---

341 SSTS 735/2013 de 25 noviembre [*Tol 4023330*] y 790/2013 de 27 diciembre [*Tol 4124341*].

resultase absuelto el tercero, las costas se podrán imponer a quien solicitó su intervención con arreglo a los criterios generales del artículo 394 de esta Ley". Pero claramente se refiere ahora dicha norma a la "absolución" del tercero, dando por supuesto que en los casos de intervención provocada por el demandado —como es el presente— el tercero llamado lo es también como demandado y, en consecuencia, puede ser condenado o absuelto según proceda, salvo que el demandante se manifestara en contra de dicha posibilidad; situación que es distinta a la intervención que provoca el propio demandante (apartado 1) que lógicamente llama "a un tercero para que intervenga en el proceso sin la cualidad de demandado", pues si deseara llamarlo como demandado lo incluiría como tal en la demanda. Lo mismo se desprende de lo establecido en la Disposición Adicional Séptima de la Ley 38/1999, de 5 de noviembre, de Ordenación de la Edificación, en cuanto habilita al demandado para traer al proceso a otros agentes de los que hayan intervenido en la edificación, siendo así que la notificación a estos de la demanda "incluirá la advertencia expresa (...) de que, en el supuesto de que no comparecieren, la sentencia que se dicte será oponible y ejecutable frente a ellos", lo que les confiere sin duda una situación asimilable a la de demandados".

Como puede verse ya no niega el Tribunal Supremo de manera radical la condición de parte demandada del tercero; incluso lo reconoce, y alude a "*una situación asimilable a la de demandado*"; es más lo que en realidad dice la sentencia es que, salvo que el demandante se oponga a la llamada del tercero ("*salvo que el demandante se manifestara en contra de dicha posibilidad*"), éste será considerado demandado y podrá ser condenado o absuelto.

Lo curioso es que ya no requiere el Tribunal Supremo que la demanda se dirija o amplíe contra el tercero para que ostente la condición de tercero-demandado, ni siquiera que el demandante se manifieste sobre dicha solicitud, bastando que "*no se oponga a dicha posibilidad*". Por tanto, ¿si el demandante no manifiesta nada podría ser el tercero considerado parte demandada a todos los efectos?

Esta última manifestación del Tribunal Supremo deja de nuevo múltiples interrogantes y contradicciones con respecto a las anteriores interpretaciones sobre cuando el interviniente podría ser considerado como parte en el proceso.

Dicha sentencia reconoce además, en materia de costas, que en caso de que no exista responsabilidad derivada de la construcción para el tercero, este habría generado unos gastos que no tiene por qué soportar, pudiendo imponerse dichas costas al solicitante de la llamada en virtud del principio de responsabilidad: "*En tal caso hay que considerar que la decisión acerca de la inexistencia de responsabilidad derivada de la construcción que resultara imputable a quienes así han sido llamados al proceso por el demandado, no había de determinar —ni siquiera antes de la reforma del art. 14 LEC por la Ley 13/2009— que hubieran de soportar estos sus propias costas; cuyo pago efectivamente no podía imponerse al demandante, que no se dirigió contra ellos pudiendo hacerlo, pero sí a quien había decidido su llamada al proceso y, por tanto, dado lugar a la generación de tales gastos, siquiera sea por aplicación del principio general de responsabilidad recogido en el art. 1902 CC, como ahora ha contemplado expresamente el legislador en la citada regla 5ª del ap.2 del art. 14*".

Más clarificadora trata de ser en materia de costas la STS de 27 de diciembre de 2013[342] al diferenciar las posibles situaciones en relación con la imposición de costas procesales:

i) Si el demandante decide ampliar la demanda frente al tercero interviniente, el pronunciamiento sobre las costas se sujetará al criterio del vencimiento, conforme a lo prescrito en el art. 394 LEC, con la particularidad de que la absolución del tercero interviniente permitirá la imposición de las costas a quien solicitó su intervención, conforme a los dispuesto en el ordinal 5º del art. 14.2 LEC.

ii) Si el demandante no decide ampliar la demanda contra el tercero interviniente, como no se ha ejercitado ninguna pretensión frente a él, la sentencia que resuelva el caso no debería condenarlo ni absolverlo, y, consiguientemente, no podría haber condena en costas derivada de este pronunciamiento a favor o en contra del demandante que ninguna acción ha dirigido contra el mismo. Pero es indudable que, en estos casos, aunque finalmente no se haya dirigido la demanda frente al tercero interviniente, su llamada al proceso por un codemandado le ha podido reportar unos gastos judiciales. Para determinar cuándo podría tener derecho a ser resarcido de las costas judiciales y frente a quién, deberemos atender al criterio de si finalmente estuvo "justificada" o no su llamada al proceso.

---

[342] STS 790/2013 de 27 diciembre [*Tol 4124341*].

En definitiva, toda vez que la llamada al proceso pudo generar gastos al tercero, cabría condena en costas al demandado si dicho llamamiento no estuviera justificado. Por el contrario, no procedería hacer especial condena en costas si el llamamiento estuviera justificado.

En palabras del Tribunal Supremo —citamos literalmente—: "*La llamada al proceso estaría justificada siempre y cuando el pronunciamiento de la sentencia le fuera realmente oponible, conforme al párrafo 2ª de la DA 7ªLOE, por lo que se declara respecto de su actuación en el proceso constructivo. De tal forma que si la sentencia, a pesar de no contener un pronunciamiento de condena respecto de él, reconoce que por su actuación en el proceso constructivo hubiera sido responsable respecto de los vicios o defectos en las que se basa la acción ejercitada, en ese caso se entiende justificada su llamada al proceso y no procede hacer ningún pronunciamiento sobre las costas causadas al tercero interviniente. Pero si de la sentencia no se desprende su responsabilidad, en ese caso no estaría justificada su llamada al proceso y tendría sentido que se impusieran las costas al demandado que hubiera interesado su llamada al proceso*".

En el caso litigioso la demandante no había ampliado la demanda contra el tercero y aun así el tribunal reconoce que fue expresamente absuelto, por lo que de nuevo surge la duda anterior: ¿si el demandante no se opone o nada manifiesta podría el tercero ser considerado parte demandada a todos los efectos?

La cuestión no queda zanjada ni mucho menos, pues como luego veremos en el apartado sobre las costas, siguen surgiendo múltiples incógnitas ligadas a esta figura procesal con la actual norma.

3.6. La posible intervención de oficio para declarar la nulidad de los pronunciamientos de condena al tercero por no ser parte demandada en el proceso: Sentencia del Tribunal Supremo de 9 de septiembre de 2014

En la STS de 9 de septiembre de 2014[343] se interviene de oficio para decretar la nulidad de los pronunciamientos de condena de la sentencia recurrida por considerar que el tercero sólo adquiere la

---

343 STS de 9 septiembre 2014 [*Tol 4538501*].

condición de parte demandada si frente a él se ejercita una pretensión por el demandante.

En el caso enjuiciado se plantea la demanda por la comunidad de propietarios frente a la promotora por deficiencias que suponen un incumplimiento contractual, por lo que ni siquiera debió admitirse la intervención provocada del arquitecto y aparejador[344], pero la misma resultó admitida y los intervinientes resultaron condenados solidariamente. Además, la citada sentencia da un paso atrás al introducir un matiz importante cuando afirma que, como tiene declarado esta Sala, en su Sentencia núm. 623/2011, de 20 de diciembre de 2011 y reiterada por la núm. 538/2012, de 26 de septiembre: "*Para poder condenar al tercero que es llamado, de forma provocada por algún codemandado, es precisa la solicitud de condena expresa por parte de alguno de los demandantes que se activa procesalmente a través del art. 14 de la Ley de Enjuiciamiento Civil*". En consecuencia, el tercero sólo adquiere la cualidad de parte demandada si el demandante decide dirigir expresamente la demanda frente al tercero. Si el demandante no dirige expresamente su pretensión frente al tercero, la intervención del tercero no supone la ampliación del elemento pasivo del proceso: "*El tercero no será parte demandada y la sentencia que se dicte no podrá contener un pronunciamiento condenatorio ni absolutorio del tercero, por el más elemental respecto a los principios dispositivos, de rogación y congruencia, y de aportación de parte que rige el proceso civil al que se refiere el art. 216 LEC. A pesar de que la LOE es anterior a la LEC 2000, la anterior conclusión ni contradice ni altera las previsiones de ésta última sobre la actuación de tercero, que prevén los artículos 13 y 14 LEC*".

Aunque lo bien cierto es que ni la STS de 20 de diciembre de 2011[345] (que, como hemos dicho, se refiere a la intervención volun-

---

344 BLASCO GASCÓ, F. de P., "Contrato de ejecución de obra. Solidaridad. Intervención provocada. Nulidad del pronunciamiento de condena: Comentario de la sentencia del Tribunal Supremo de 9 de septiembre de 2014 (4381/2014)", en *Comentarios a las Sentencias de Unificación de Doctrina: Civil y Mercantil*, YZQUIERDO TOLSADA, M. (dir.), Vol. 6, Dykinson, 2016 (2013-2014), págs. 274-288. El autor reconoce que la cuestión de la intervención provocada ni siquiera debió plantearse en la litis pues el origen del proceso era una demanda de reclamación contractual, no basada en la LOE.

345 La STS de 20 diciembre de 2011 [*Tol 2384089*], alude a que "*el sujeto solo adquiere la condición de parte demandada si frente a él se ejercita una pretensión*". Para conti-

taria) ni tampoco la STS de 26 de septiembre de 2012[346], exigían la "*solicitud de condena expresa por parte de alguno de los demandantes*" para considerar al tercero parte demandada. Pues lógicamente no es lo mismo que "*se ejercite una pretensión contra el tercero*", pretensión que en algún supuesto el Tribunal Supremo ha apuntado que podría venir incluso del demandado a través de la reconvención, que "*solicite una condena expresa por el demandante*".

¿Cuál debe ser entonces la posición del demandante para que el demandado sea considerado como parte demandada y ampliar la demanda frente al mismo?; ¿admitir la solicitud de intervención provocada por parte del demandado?; ¿expresar qué pronunciamientos considera que afectan al tercero?; ¿solicitar su condena en los mismos términos que el demandado?; o por el contrario, ¿bastaría simplemente con no oponerse para que el tercero sea considerado parte demandada?

Como claramente señala BLASCO GASCÓ, la posición del Tribunal Supremo condena al demandante o al demandado (o a ambos) a un segundo e inútil pleito, pues, aunque el tercero llamado no sea considerado parte (sí procesal, pero no material) lo resuelto en el primer litigio pasará con autoridad de cosa juzgada en el segundo[347].

---

nuar afirmando que "*en consecuencia, el tercero cuya intervención ha sido acordada solo adquiere la cualidad de parte demandada si el demandante decide dirigir la demanda frente al tercero. Si el demandante no se dirige expresamente una pretensión frente al tercero, la intervención del tercero no supone la ampliación del elemento pasivo del proceso. El tercero no será parte demandada y la sentencia que se dicte no podrá contener un pronunciamiento condenatorio ni absolutorio del tercero*" (FD 3º).

346 Y la STS 538/2012 de 26 septiembre [*Tol 2661126*], afirmaba que "*el sujeto solo adquiere la condición de parte demandada si frente a él se ejercita una pretensión. En consecuencia, el tercero cuya intervención ha sido acordada solo adquiere la cualidad de parte demandada si el demandante decide dirigir la demanda frente al tercero. Si el demandante no se dirige expresamente una pretensión frente al tercero, la intervención del tercero no supone la ampliación del elemento pasivo del proceso. El tercero no será parte demandada y la sentencia que se dicte no podrá contener un pronunciamiento condenatorio ni absolutorio del tercero*" (FD 2º).

347 BLASCO GASCÓ, F. de P., "Contrato de ejecución de obra …", *op. cit.*, págs. 274-288.

3.7. La posibilidad del tercero de recurrir e impugnar los pronunciamientos que afecten a su responsabilidad en el proceso: Sentencias del Tribunal Supremo de 28 de julio de 2020, 17 de junio de 2021 y 15 de diciembre de 2021

La doctrina anterior sobre la posición jurídica del tercero interviniente se mantiene en la STS del Pleno de 28 de julio de 2020[348] que sintetiza la doctrina jurisprudencial sobre la "posición jurídica" de los terceros intervinientes en los procesos constructivos, y en la más reciente STS de 9 de julio de 2024[349] que mantiene que el tercero solo será parte demandada si la parte demandante, una vez que ha sido solicitada la *intervención,* decide dirigir la demanda contra él. Sin embargo, se produce un avance lento pero significativo en la posición jurídica del tercero, pues se permite al tercero llamado al proceso por intervención provocada interponer recurso al afirmar que *"el tercero está legitimado para recurrir la sentencia cuyas declaraciones le resulten perjudiciales"*, e incluso impugnar el recurso de apelación interpuesto por otra parte, pues continúa afirmando que *"el resultado del recurso de apelación no les resultaba indiferente e incluso podría ser perjudicial a sus intereses"*.

En primer lugar, sobre la posibilidad de formular recurso por el tercero, hasta fecha reciente no existía unanimidad al respecto ni en la doctrina ni en la jurisprudencia. Una parte de la doctrina consideraba que no podía el tercero recurrir la sentencia, pues no siendo parte el tercer interviniente no puede contribuir a fijar el objeto del proceso, pudiendo únicamente adherirse o impugnar los recursos interpuestos por las demás partes procesales[350]. Sin embargo, otro

---

[348] Como reza la STS 459/2020 de 28 de julio [*Tol 8030707*], con cita de toda la jurisprudencia anterior del Supremo, "*los recurrentes fueron llamados al proceso por la vía de la Disposición Adicional Séptima de la Ley de Ordenación de la Edificación (en adelante LOE). Su condición jurídica, toda vez que la comunidad de propietarios demandante no aceptó dirigir la demanda contra ellos, es la de terceros, en virtud de la llamada al litigio, que determinó su participación procesal. Los intervinientes son terceros, en tanto en cuanto la demanda no se dirija contra ellos y no sea precisa su interpelación conjunta con las partes demandadas, al no darse un supuesto de litisconsorcio pasivo necesario*" (FD 3°).

[349] STS de 9 de julio de 2024 [*Tol 10122161*].

[350] GUDÍN RODRÍGUEZ-MAGARIÑOS, A.E., "La condena...", *op. cit.*, pág. 12. En el mismo sentido la SAP de Valencia 2/2015, de 14 enero [*Tol 4985082*].

sector doctrinal y jurisprudencial consideraba que si existe algún pronunciamiento desfavorable que le pueda afectar en el futuro, debería concederse legitimación para recurrir[351].

En este sentido, la referida STS de 28 de julio de 2020[352] viene a resolver esta cuestión, al afirmar que, conforme al art. 448.1 de la LEC, "*contra las resoluciones de los Tribunales y Letrados de la Administración de Justicia que les afecten desfavorablemente, las partes podrán interponer los recursos previstos en la ley*". Se trata del requisito del gravamen, que actúa como presupuesto del derecho a recurrir, al que se refieren las SSTS de 29 de julio de 2010 y 30 de septiembre de 2016[353] , entre otras, señalando ésta última que "*la posibilidad de interponer recursos y de combatir una concreta resolución corresponde únicamente a quien ocupa la posición de parte agraviada o, siendo tercero, le alcancen los efectos de la cosa juzgada, por lo que es manifiesto que sin gravamen no existe legitimación para recurrir*". Por ello, considera esta última resolución que los terceros, aun no constituidos en parte demandada, son titulares de un interés legítimo para recurrir las declaraciones de la sentencia que les sean desfavorables, que valoren su participación en la obra como agentes de la edificación, dadas las consecuencias negativas que una resolución de tal clase puede tener en un ulterior litigio promovido contra ellos, según resulta de la DA 7.ª LOE y su interpretación jurisprudencial. Además, la regulación normativa de la intervención procesal conduce a tal conclusión: "*Así, de forma expresa, el último párrafo del art. 13 LEC, confiere al interviniente voluntario los recursos que procedan contra las resoluciones que estime perjudiciales a su interés, aunque las consienta el litisconsorte; y el art. 14 LEC, con respecto a la intervención provocada, norma que, una vez admitida la entrada del proceso del tercero, éste dispondrá de las mismas facultades de actuación que la Ley concede a las partes, y, por ende, también la posibilidad de interponer recursos*".

---

351 GUERRA PEREZ, M., *Guía práctica de los recursos en la Ley de Enjuiciamiento Civil*, Editorial Jurídica Sepín, 2018, pág. 250; por su parte, BLASCO GASCÓ, F. de P., "Contrato de ejecución de obra...", *op. cit.*, págs. 274-288, señala jurisprudencia contradictoria en uno y otro sentido.

352 STS 459/2020 de 28 de julio [*Tol 8030707*].

353 SSTS 432/2010 de 29 julio [*Tol 2051543*] y 582/2016 de 30 septiembre [*Tol 5843363*].

En este sentido GARCÍA GONZÁLEZ no solo admite la posibilidad de interponer recurso al tercero, pese a que no lo considera parte demandada, sino que propone una reforma de *lege ferenda* del art. 448 LEC, al objeto de introducir la posibilidad expresa de recurso por el tercero llamado por intervención provocada al amparo del art. 14.2 LEC[354].

En segundo lugar, la cuestión que quedaría por resolver es si el tercero que se aquieta en la sentencia dictada podrá después formular impugnación a la misma ante el recurso de apelación que formula otro agente, a pesar de la inicial conformidad con la sentencia dictada. Entendemos que la respuesta debe ser positiva, pues el fundamento sería el mismo que en el supuesto anterior: la existencia de un gravamen es lo que le atribuye legitimación para recurrir y/o impugnar la resolución que se dicte. Es decir, si a pesar de no haber interpuesto recurso, la sentencia dictada le causa un perjuicio al tercero, con el recurso de la otra parte se abre la oportunidad de convertirse, a su vez, en apelante respecto de aquellos aspectos de la sentencia que, inicialmente consentidos, le resulten perjudiciales, tal como declaraba la STS de 16 de octubre de 2019[355].

En el caso concreto de la intervención provocada de la DA 7.ª LOE también se pronuncia la anteriormente citada STS de 28 de julio de 2020[356], reconociendo que los procesos con pluralidad de partes presentan peculiaridades, pero ello no impide que la impugnación de la sentencia pueda ser un instrumento para recurrir pro-

---

354 GARCÍA GONZÁLEZ, C., *La intervención provocada... op. cit.*, págs. 46-79. Tal como afirma el autor, acogiéndose esta propuesta de modificación legal, no habrá que hacer contorsionismos jurisprudenciales, evitando posibles inseguridades jurídicas.

355 STS 548/2019 de 16 octubre [*Tol 7548465*].

356 Y la STS 459/2020 de 28 de julio [*Tol 8030707*] declara: "*Lo dicho hasta ahora no puede interpretarse en el sentido de que la impugnación de la sentencia no pueda ser un instrumento para recurrir pronunciamientos distintos a los cuestionados por el apelante principal; toda vez que, una vez interpuesta la impugnación, se convierte en un recurso autónomo, de manera tal que es factible que el apelado impugne los pronunciamientos de la sentencia de primera instancia que le sean desfavorables, sin necesidad de que los mismos estén relacionados con los que son objeto de la apelación principal (sentencias 905/2011, de 30 de noviembre; 257/2017; de 26 de abril y 548/2019, de 16 de octubre entre otras)*" (FD 2º). También lo recoge así LÓPEZ-DÁVILA AGÜEROS, F., "La intervención provocada...", *op. cit.*, págs. 1-12.

nunciamientos distintos a los cuestionados por el apelante principal, sin necesidad de que los mismos estén directamente relacionados. En el caso enjuiciado el recurso de apelación se interpone por la promotora, pero la Audiencia Provincial deniega la posibilidad de impugnación al tercero por no ser parte demandada. Argumento que rechaza el Tribunal Supremo al considerar que "*el resultado del recurso de apelación, tal y como fue formulado, no les resultaba indiferente e incluso podría ser perjudicial a sus intereses*". Pues, no limitándose la promotora apelante a valorar su propia actuación, las imputaciones realizadas con respecto a dichos terceros, que agravaban su participación en las obras, en tanto en cuanto podrían afectarles peyorativamente de cara a un ulterior proceso en que fueran efectivamente demandados, determina que, en una interpretación no restrictiva del acceso a los recursos, no cabe privarles de la posibilidad de impugnar.

Por otra parte, las interpretaciones posteriores contenidas en las SSTS del Pleno de 17 de junio de 2021[357] y 15 de diciembre de 2021[358], avanzan también en la consideración jurídica del tercero "*asimilable a la de un demandado*", al permitir al demandado originario cuestionar en apelación la responsabilidad del tercero de cara a una posterior acción de repetición, cuando antes esta posibilidad le venía vedada bajo la afirmación de que un demandado no puede pedir la condena de otro "codemandado". Ambas resoluciones establecen que el principal interés que tendrá el demandado que pidió la intervención no es solo la parte dispositiva de la sentencia dictada en su contra (su propia condena), sino los presupuestos fácticos y jurídicos que han conducido a ésta. Sobre todo, "*constituir el pronunciamiento recaído en presupuesto para que, al ejercitar el derecho de regreso o repetición de que se crea asistido frente a los corresponsables, éstos no puedan desconocer el contenido de aquél, controvirtiendo la corrección de la valoración fáctica y de la interpretación y aplicación del derecho efectuadas por el juez en esa resolución (exceptio male iudicati processus); o cuestionando el modo en que condujo y desarrolló la defensa el demandado en aquél (exceptio male gesti processus)*".

La conclusión en ambos casos es que la demandada, al recurrir, estará facultada para solicitar la declaración de responsabilidad del

357 STS 409/2021 de 17 junio [*Tol 8481102*].
358 STS 868/2021 de 15 diciembre [*Tol 8702315*].

tercero (en el primer caso) o la inexistencia de prescripción respecto del tercero (en el segundo caso), es decir, discutir los pronunciamientos que afectan al tercero en la resolución dictada, en cuanto éste se ha personado y ha gozado de todas las posibilidades procesales de defensa, aun cuando no se haga pronunciamiento sobre ellos en el fallo, dado que no se les considera demandados. Por tanto, si vetáramos la posibilidad de analizar la responsabilidad o las excepciones que afectan al tercero en el recurso, quedaría firme la exoneración de responsabilidad de la sentencia y ello condicionaría la acción de repetición posterior de la demandada. Lo que no tiene sentido, en cualquier caso, es tener que acudir a un segundo proceso donde se van a desplegar plenamente los efectos de la cosa juzgada del proceso precedente.

La STS de 15 de diciembre de 2021[359] todavía se sorprende de que "*los demandados (terceros) contestaron a la demanda, pese a que ésta no se había ampliado con respecto a ellos*", lo cual resulta absurdo, pues ¿qué debe hacer el tercero llamado al proceso si no se amplía demanda contra el mismo, ni es considerado parte en el proceso, cuando, sin embargo, queda afecto por la cosa juzgada de dicho proceso en una ulterior acción de repetición, si no es contestar a la demanda y defenderse como un demandado más?

Por tanto, mientras no se atribuya al tercero la condición de tercero-demandado habrá que analizar en cada caso concreto si se da la existencia del gravamen para el interviniente; esto es, si algún pronunciamiento de la sentencia que se dicte pudiera resultar perjudicial para sus intereses en un proceso posterior, pues en tal caso podrá tanto formular recurso como impugnación, aunque se hubiere aquietado inicialmente a los pronunciamientos, sin que dicha impugnación tenga el mismo objeto que el recurso principal.

En definitiva, a nuestro juicio, si el tercero va a comparecer en el proceso con las mismas posibilidades de defensa que el demandado (va a contestar la demanda, plantear excepciones y proponer las pruebas que a su derecho interese), si se le reconoce su condición de "parte procesal", si va a ser mencionado en los fundamentos fácticos y jurídicos de la sentencia, si va a poder ser objeto de debate

---

[359] La ya citada STS 868/2021 de 15 diciembre [*Tol 8702315*].

en el recurso la existencia o inexistencia de su responsabilidad, lo único que faltaría sería su mención en el fallo de la sentencia. No se entiende por qué no reconocemos de una vez que el tercero ocupa una posición propia en el proceso con independencia de cómo queramos llamarle (demandado, tercero-demandado, interviniente...), pero que sus efectos procesales como parte son completos y, por tanto, debe verse afectado directamente por el fallo de la resolución, evitando así segundos pleitos carentes de sentido. Es evidente que el segundo pleito en ejercicio de la acción de repetición, dada la limitación existente por la vinculación de cosa juzgada, resulta inútil por innecesario.

En este sentido, resulta necesaria la propuesta de *lege ferenda* que más adelante proponemos.

4. Otras cuestiones procesales sin resolver respecto de la posición del tercero en el proceso

De conformidad con lo expuesto, existe cierta unanimidad en la doctrina y jurisprudencia sobre la defectuosa técnica legislativa del art. 14 LEC y las contradicciones del citado precepto con la DA 7.ª LOE. Como hemos visto, la jurisprudencia del Tribunal Supremo ha tratado de arrojar luz sobre algunas de estas cuestiones, con más o menos acierto en algunos casos. Sin embargo, en modo alguno han quedado resueltas las dudas sobre la consideración jurídica del tercero llamado al proceso por intervención provocada ni los efectos de la misma sobre el proceso, sobre las partes, ni sobre el propio interviniente.

Quedan pues muchas cuestiones controvertidas por resolver en este sentido que justifican la propuesta de *lege ferenda* que efectuamos y que, a continuación, iremos planteando.

4.1. ¿Puede el tercero llamado por intervención provocada formular reconvención?

El art. 14.2 párrafo 3ª LEC prevé que el tercero llamado al proceso presente su "*escrito de contestación*", y la DA 7.ª LOE va más allá al afirmar que la notificación se hará "*conforme a lo establecido para el emplazamiento de los demandados*", motivo por el cual se plantea como interrogante si dentro de dicho plazo podría el tercero formular reconvención y contra quién (¿demandante o demandado?).

En este sentido, el art. 406 LEC permite formular reconvención al "demandado" al contestar la demanda siempre que existiere conexión entre sus pretensiones y las que sean objeto de la demanda principal. Si atendemos a la dicción literal, si el tercero no adquiere la condición de demandado, tampoco podría reconvenir ni dirigir una nueva pretensión conexa.

Por su parte el art. 407 LEC permite que la reconvención se dirija también *"contra sujetos no demandantes, siempre que puedan considerarse litisconsortes voluntarios o necesarios del actor reconvenido por su relación con el objeto de la demanda reconvencional"*. Se ha planteado si cabría incluir la reconvención del tercero contra el demandado que lo llama al proceso ("sujetos no demandantes"), lo cual entendemos que tiene respuesta negativa, pues el precepto se refiere a los litisconsortes del actor reconvenido, no al demandado por parte del tercero llamado al proceso.

Por tanto, aunque algún autor propugna la reforma del art. 406 LEC para que el tercero provocado al amparo del art. 14 LEC pueda dirigir reconvención respecto del demandante o demandado[360], a nuestro juicio la solución pasaría por considerar al tercero como demandado "a todos los efectos" que podría, en su caso, formular reconvención frente al demandante (no frente al demandado que solicita su llamada al proceso) en caso de que existan pretensiones conexas con la demandada principal, incluso si el demandado no lo hizo.

Ya adelantamos que a nuestro juicio no podría el tercero llamado por intervención provocada formular reconvención frente al demandado, pues la pretensión viene fijada en la demanda y ello supondría introducir una nueva pretensión frente al demandado, y no se prevé en nuestro sistema procesal, como hemos dicho, una intervención de tipo principal que mantenga una relación jurídica independiente e incompatible con la pretensión ejercitada en el proceso, pues en tal caso daría lugar a una acumulación de procesos que se rige por los arts. 74 y ss. LEC. Sí podría el tercero, si adquiere la consideración

---

360 GARCÍA GONZÁLEZ, C., *La intervención provocada…*, *op. cit.*, págs. 46-79.

de demandado, reconvenir frente al demandante, siempre que su postura sea conexa con el objeto planteado en la demanda.

Pese a todo, en el supuesto objeto de estudio, que son los agentes que intervienen en la edificación, no podemos decir que se ejercite una pretensión contradictoria o incompatible con la que es objeto del proceso iniciado, pues la intervención del agente tendrá por objeto, bien negar la existencia de las patologías reclamadas por el actor, bien negar que dichas patologías resulten imputables a su condición de técnico en la edificación, lo cual no supone una pretensión incompatible, sino una depuración de responsabilidades en el mismo proceso.

4.2. ¿Puede el tercero plantear cualquier tipo de excepción procesal o de fondo?

Otra de las cuestiones que se plantea es si el tercero tiene restringidas sus facultades para plantear cualquier tipo de excepción procesal, incluidas las consideradas de fondo, como sería el caso de la prescripción.

En el caso de la SAP de Vizcaya 14 de octubre de 2022[361] se alegaba por la promotora recurrente, condenada en instancia a indemnizar los defectos constructivos a la comunidad de propietarios, que no era posible la absolución del arquitecto técnico y constructora de sus responsabilidades en la edificación por estimar la prescripción de las acciones contra ellos, dado que habían intervenido como terceros en el proceso al amparo de la DA 7.ª LOE, y dicha intervención procesal no les autorizaba a plantear excepciones de fondo, argumentando que "*no siendo parte en el proceso los llamados a virtud del art. 14.2 LEC su posición procesal solo les permite invocar excepciones procesales (art. 416.1 LEC), pero no aquellas de fondo que les están vedadas al no ser ni parte actora, ni parte demandada, encontrándose entre esas excepciones de fondo las de prescripción de la acción, la que por otro lado no es apreciable de oficio*". El tribunal rechaza este argumento al considerar que la circunstancia de que no se haya ampliado la demanda frente a los intervinientes, lo que determina que no sean parte demandada y que la sentencia

---

361 SAP de Vizcaya 272/2022 de 14 octubre [*Tol 9373352*].

que se dicte no pueda contener un pronunciamiento condenatorio ni absolutorio de ellos, no quiere decir que éstos tengan restringidos sus medios de defensa, menos si se atiende a que a pesar de no ser demandados sí quedan vinculados por las declaraciones que se hagan en la sentencia a propósito de su actuación en el proceso constructivo, en el sentido de que en un juicio posterior no podrán alegar que resultan ajenos a lo realizado.

En el mismo sentido se pronuncia la SAP de Álava de 26 de diciembre de 2018[362], afirmando que no existe norma que impida al tercero llamado por intervención provocada su oposición, tanto mediante alegación de una excepción como es la prescripción como oponiéndose al fondo del asunto, debiendo tenerse en consideración que el inciso final del art. 14.1 LEC al referirse al tercero dice que "*éste dispondrá de las mismas facultades de la actuación que la ley concede a las partes*". Además, continúa afirmando la citada sentencia que en las reglas operativas del número 2 de ese precepto se señalan distintos momentos y efectos procesales: notificación al tercero, interrupción del plazo para contestar la demanda principal, audiencia del demandante, contestación por el tercero y reanudación del plazo; y, por último, de forma clara, en la regla 3ª el legislador habla de "*el traslado del escrito de contestación presentado por tercero*". Por tanto, si puede contestar a la demanda, puede excepcionar conforme a lo dispuesto en el art. 405.3 LEC.

A nuestro juicio no cabe pues restringir las posibilidades del tercero a la hora de formular y plantear excepciones procesales o de cualquier tipo.

4.3. ¿Puede el tercero instar a su vez la intervención provocada de otro agente?

Como hemos referido con anterioridad, uno de los requisitos para la admisión de la intervención provocada es que la llamada la realice el demandado, pues el art. 14 LEC alude a "*cuando la ley permita al demandado*" y la DA 7.ª LOE se refiere a "*quien resulte demandado*". Por tanto, quien solicite la llamada debe ser demandado y, además, en

---

362 SAP de Álava 779/2018 de 26 diciembre [*Tol 7067801*].

los supuestos en que la norma de amparo sea la LOE éste deberá ser agente de la edificación, tanto el que solicita la intervención como el tercero. Sería por tanto solo el demandado original quien pudiera solicitar la llamada del tercero, pero también se dice en la LOE que la notificación al tercero se hará "*conforme a lo establecido para el emplazamiento de los demandados*". Por ello, se plantea si sería posible que el tercero llamado al proceso solicitase a su vez la intervención provocada de otro agente de la edificación y la respuesta dependerá de la condición que ostente el tercero en el proceso, como más adelante referiremos, pues si ostenta la condición de tercero-demandado nada impide que pueda, a su vez, llamar al proceso a otros agentes de la edificación.

Así pues, si no se considera al tercero como parte demandada no podría hacer uso de la intervención provocada y llamar a su vez a otro agente del proceso constructivo, por lo que tampoco se podrían ventilar en un único proceso todas las responsabilidades. Piénsese, por ejemplo, en el caso de que el demandante (propietario) dirija su demanda contra el promotor y este a su vez solicite la llamada al proceso del arquitecto técnico: si éste último considerase que la causa de los daños es un defecto del proyecto imputable únicamente al proyectista no podría solicitar su llamada al proceso por intervención provocada, vetándose la posibilidad de dirimir la responsabilidad del arquitecto proyectista en un único pleito.

La realidad es que, en la práctica forense en muchas ocasiones se ha venido admitiendo que el agente de la edificación llamado por intervención provocada solicite a su vez la llamada de otros agentes al proceso. Ello tiene un inconveniente lógico, como es la posible dilación del proceso por las suspensiones que ocasiona la solicitud de intervención provocada, pero en la práctica resultaba muy útil, pues se logran dilucidar todas las responsabilidades en un mismo proceso, con lo cual se gana en economía procesal, se evitan pleitos posteriores con riesgo de sentencias contradictorias, y sobre todo, existe una ventaja de justicia material, pues se producen muchos más acuerdos extrajudiciales entre las partes intervinientes al estar todos ellos presentes en un mismo proceso.

5. Consideraciones finales sobre la condición del tercero como demandado

Tal como adelantábamos la interpretación que realiza el Tribunal Supremo de la DA 7.ª LOE en relación con el art. 14.2 LEC sobre la consideración del tercero como parte procesal, no material, que no puede alcanzar la consideración de demandado si el actor no dirige sus pretensiones contra el mismo, nos parece una interpretación forzada de la norma y contradictoria con los propios criterios sostenidos por el Alto Tribunal, por los siguientes motivos:

En primer lugar, porque la LOE se publicó antes que la LEC 2000, y ésta última no derogó la referida DA 7.ª, que añade un efecto muy relevante y diferente a la simple consideración de coadyuvante del tercero interviniente del art. 14.2 LEC (entre otras, SAP de Zaragoza de 21 de febrero de 2005, AP de Cádiz de 21 de noviembre de 2009 o AP de Asturias de 23 de noviembre de 2005)[363].

En segundo lugar, porque la condición de demandado del tercero se desprende del propio tenor literal de la norma. La DA 7.ª LOE equipara al tercero como demandado al afirmar que "*la notificación se hará conforme a lo establecido para el emplazamiento de los demandados*" e incluirá la advertencia expresa de que, en el supuesto de que no comparecieren, "*la sentencia que se dicte será oponible y ejecutable frente a ellos*", sin que, como hemos dicho, se exijan otros presupuestos procesales.

En tercer lugar, porque la norma no limita ni restringe la condición de parte del tercero llamado por intervención provocada a instancia del demandado a la condición de "parte procesal", no material. El art. 14.1 LEC deja claro que en caso de intervención provocada de tercero a instancia del demandante lo hará "*sin la cualidad de demandado*", lo que no se dice en caso de intervención provocada de tercero a instancia del demandado (art. 14.2 LEC), por lo que a *sensu*

---

[363] Como señalan las SAP de Zaragoza 104/2005 de 21 febrero [*Tol 8087928*], SAP de Cádiz 337/2009 de 21 noviembre [*Tol 1777025*] y SAP de Asturias 409/2005 de 23 noviembre [*Tol 785470*]. Esta última recoge: "*Como es sabido la Ley de Ordenación de la Edificación se publicó antes que la L.E.C. 1/2000, y si partimos, como es el caso, que esta última no derogó la referida disposición adicional nos encontramos con que ésta añade un efecto muy relevante, que no se compadece con la declaración de coadyuvante del tercero interviniente del art. 14 de la L.E.C., cual es el que "la sentencia que se dicte sea oponible y ejecutable frente a ellos"* (FJ 1°).

contrario podrá ser con la cualidad de demandado a todos los efectos, no solo procesales, sino también como parte material.

En cuarto lugar, porque en ningún caso exige la norma que el demandante amplíe su demanda para que el tercero sea considerado como parte demandada en el proceso (art. 14 LEC), ni para que "*la sentencia que se dicte será oponible y ejecutable frente a ellos*" (DA 7.ª LOE)[364]. El Tribunal Supremo comenzaba afirmando en la STS de 26 de junio de 1993[365] que si el tercero asume las responsabilidades reclamadas pasará a convertirse en demandado, haciendo depender dicha condición de él mismo, cuando después, en resoluciones posteriores, hace depender exclusivamente la condición de parte del tercero llamado por intervención provocada de que el demandante decida ampliar o no su demanda contra el mismo, lo cual contraviene su propia doctrina.

En quinto lugar, porque tal oponibilidad y ejecutabilidad no puede producirse sólo si el tercero no comparece, pues no tiene sentido que la sentencia sólo le fuera oponible y ejecutable al tercero llamado si éste decide no comparecer y no si lo hace, pues ello supondría que la norma tiene un efecto exclusivamente sancionador, lo que carece de toda lógica (como señalan, entre otras, las SAP de Cáceres de 20 octubre de 2010, AP de Valencia de 30 marzo de 2010 o AP de Madrid de 16 noviembre de 2009)[366]. Los efectos se extenderán al tercero comparezca o no en el proceso, y por ello debe ser conside-

---

364 Como acertadamente destaca MAGRO SERVET, V., "La posición del tercero…", *op. cit.*, pág. 6. Afirma el autor: "Añade el Tribunal Supremo en reciente Sentencia de 9 de septiembre de 2014 que a pesar de que la LOE es anterior a la LEC 2000, la anterior conclusión ni contradice ni altera las previsiones de esta última sobre la actuación de tercero, que prevén los arts. 13 y 14 LEC. Aquí el TS lleva a cabo una puntualización de relevancia, ya que, aunque la LOE es anterior a la LEC, el pronunciamiento del art. 14 LEC parece no dar a entender esta conclusión a la que llega el Alto Tribunal, ya que en ningún precepto de la LEC se llega a relatar que sea preciso que sea el actor el que tenga que instar o aprobar que sea llamado el tercero al proceso mediante una ampliación de la demanda del actor".

365 STS 655/1993 de 26 junio [*Tol 5130019*].

366 La mayoría de la jurisprudencia rechaza esta interpretación por absurda: SAP de Cáceres 408/2010 de 20 octubre [*Tol 5304037*], SAP de Valencia 164/2010 de 30 marzo [*Tol 1869991*] o SAP de Madrid 432/2009 de 16 noviembre [*Tol 1771456*], entre otras. Asimismo, ILLESCAS RUS, A., "La intervención provoca-

rado como tercero-demandado, pues de lo contrario la sentencia que se dicte no podría ser "*ejecutable*".

En sexto lugar, no podemos olvidar que conforme al art. 542 LEC no es posible despachar ejecución frente a deudores solidarios que no aparezcan como elemento pasivo en el título de ejecución, y el legislador no pudo ser ajeno a ello cuando alude al término "*ejecutable*" frente al tercero llamado por intervención provocada (SAP de Asturias de 23 de noviembre de 2005)[367].

Por último, porque el art. 14.2 párrafo 5ª LEC establece que en "*caso de que en la sentencia resultase absuelto el tercero, las costas se podrán imponer a quien solicitó su intervención*". Por tanto, si el tercero puede ser absuelto podrá ser lógicamente condenado[368].

IV. COSTAS PROCESALES DE LA INTERVENCIÓN DEL TERCERO

Como hemos referido, antes de la reforma del art. 14.2 LEC en el año 2009[369] que introduce el párrafo 5ª haciendo constar que "*en*

---

da ...", *op. cit.*, págs. 399-478, señala que los efectos de la oponibilidad también afectarán en el caso de que comparezca efectivamente en el proceso.

En sentido contrario la SAP de Cádiz 197/2014 de 30 julio [*Tol 4526786*] considera que, si atendemos a la literalidad de la norma, a lo sumo podía admitirse que los efectos de oponibilidad y ejecutabilidad se prediquen solo respecto del rebelde, "*Con todo, esa eventual ejecutabilidad directa contra el interviniente rebelde —que, insistimos en ello, no resulta condenado sino afectado en la sentencia que se dicte— encuentra un nuevo obstáculo procesal en el art. 542 de la Ley de Enjuiciamiento Civil al resultar imposible despachar ejecución frente a deudores solidarios que no aparezcan como ejecutados en el título de ejecución*" (FD 3°).

367 Señala la SAP de Asturias 409/2005 de 23 noviembre [*Tol 785470*], "*la sentencia es oponible y ejecutable frente al tercero llamado, comparezca éste o no, son tales efectos y muy concretamente su ejecutabilidad, puesta en relación con los arts. 538 y 542 de la L.E.C. —pensemos que en este último precepto se dispone que no cabe ejecutar una sentencia frente a un demandado solidario que no haya sido parte en el proceso— así como con el art. 24 de la Constitución, lo que lleva a la Sala a estimar que el tercero en esos supuestos tiene el carácter de parte*" (FJ 1°).

368 SALAS CARCELLER, A., "Los efectos de la intervención voluntaria ...", *op. cit.*, págs. 9-13.

369 Ley 13/2009, de 3 de noviembre, de reforma de la legislación procesal para la implantación de la nueva Oficina judicial, antes citada.

caso de que en la sentencia resultase absuelto el tercero las costas se podrán imponer a quien solicitó su intervención, con arreglo al 394 LEC", ninguna mención expresa se contenía en la intervención provocada a las costas del tercero, ni mucho menos a la posibilidad de absolución del mismo. Pese a ello, la modificación legislativa viene a añadir más confusión si cabe a la consideración de parte procesal que ocupa el tercer interviniente, pues si el tercero podía ser absuelto (por ende, también condenado) debía ser considerado como parte en el fallo de la sentencia para gran parte de la doctrina y jurisprudencia, al menos hasta la interpretación de la norma que realizan las SSTS de 25 de noviembre de 2013 y 27 de diciembre de 2013[370].

La confusión que genera el precepto por referirse a la "*absolución*" del tercero, cuando según el Tribunal Supremo la absolución del interviniente solo puede producirse al haber adquirido la posición de parte material porque el demandante dirija sus pretensiones contra el mismo y por establecer la posibilidad ("*podrá*"), no imperativa, de imponer las costas del tercero al solicitante, es un hecho reconocido en la doctrina y jurisprudencia (entre ellas, SAP de Guadalajara de 31 de octubre de 2013, AP de Islas Baleares de 29 de enero de 2014, AP de Barcelona de 15 de junio de 2017 y AP de Madrid de 21 de febrero de 2018)[371].

En este sentido podemos diferenciar varios momentos temporales en lo que se refiere a la imposición de las costas del tercero llamado al proceso, antes y después de la referida reforma, a saber:

i) En un primer momento, desde que se introduce en la LEC 2000 con carácter novedoso la posible llamada de terceros al proceso (an-

---

370 SSTS 735/2013 de 25 noviembre [*Tol 4023330*] y 790/2013 de 27 diciembre [*Tol 4124341*].

371 Como señala la SAP de Guadalajara 233/2013 de 31 octubre [*Tol 4010819*] desde luego la disposición no resulta lo clara que era exigible. Para la SAP de Islas Baleares 25/2014 de 29 enero [*Tol 4125090*] dicha norma presenta dificultades de interpretación, y la SAP de Barcelona 339/2017 de 15 junio [*Tol 6405709*] reconoce que esta reforma no resuelve todos los problemas ya que se ha desaprovechado la ocasión para regular expresamente la posición del tercero llamado. En el mismo sentido se pronuncia la SAP de Madrid 91/2018 de 21 febrero [*Tol 6620985*], al reconocer que el citado precepto, ateniendo a su tenor literal, no sería aplicable en los casos en que el actor no dirija pretensión alguna frente al tercero.

tes con la DA 7.ª LOE), y hasta la reforma del art. 14 por Ley 13/2009, el riesgo de imposición de costas del interviniente al demandado que solicitaba la llamada al proceso era prácticamente inexistente, pues ante la falta de una previsión legal no solían imponerse las costas del tercero llamado al proceso (SAP de A Coruña de 30 de junio de 2006, AP de Valencia de 9 de diciembre de 2013, TSJ de Navarra de 27 de julio de 2010 y 23 de septiembre de 2014)[372], dado, además, las dudas jurídicas que suscitaba la interpretación del art. 14 LEC[373]. Ello generaba que, en el caso del promotor, que es garante incondicional, se interesara con frecuencia la llamada al proceso de otros agentes de la edificación al objeto de "compartir" responsabilidades y también producía en la práctica forense, como hemos dicho, que se llevaran a efecto muchos acuerdos extrajudiciales con reparto interno de responsabilidades económicas entre los agentes de la LOE.

ii) En un momento posterior, con la reforma del art. 14.2 LEC por Ley 13/2009, al introducirse la condena en costas, se tiende a generalizar de manera automática en los tribunales la imposición de costas al solicitante de la llamada si el tercero era absuelto, con independencia de que fuera considerado parte o de que la llamada estuviera justificada (SAP de Badajoz de 6 septiembre de 212, AP de Asturias de 6 mayo de 2013 o AP de Barcelona de 15 mayo de 2013)[374]. Ello ocasionó el efecto contrario a lo que venía ocurriendo hasta ahora: el incremento de la imposición de costas del tercero al solicitante y la falta de un criterio homogéneo en nuestros tribunales provocaron un efecto disuasorio de la llamada del tercero al proceso y un dete-

---

372 En este sentido, SAP de A Coruña 239/2005 de 30 junio [*Tol 780170*], SAP de Valencia 542/2013 de 9 diciembre [*Tol 4413229*], Tribunal Superior de Justicia de Navarra 13/2010 de 27 julio [*Tol 2008208*] y 13/2014 de 23 septiembre [*Tol 4675735*].

373 Como recoge la SAP de Barcelona 20/2004 de 13 enero [*Tol 345818*], el precepto que regulaba la figura de la intervención provocada —art. 14 LEC— ninguna alusión realizaba en cuanto a las costas generadas por la intervención, guardando al respecto el más absoluto silencio.

374 La SAP de Badajoz 291/2012 de 6 septiembre [*Tol 2650812*], declara sin más que, no pudiendo tener la condición de demandado el tercero, las costas deben correr a cargo de quien provocó su intervención. También las SAP de Asturias 149/2013 de 6 mayo [*Tol 3779594*], o SAP de Barcelona 172/2013 de 15 mayo [*Tol 3795343*].

rioro de la figura de la intervención provocada (SAP de Barcelona de 18 de noviembre de 2011)[375].

iii) Más adelante, el Tribunal Supremo, después de dejar clara su postura en orden a la condición de parte que ocupa el tercero en SSTS del Pleno de 20 de diciembre de 2011[376] y 26 de septiembre de 2012[377], reconoce que quedaba pendiente resolver las consecuencias de dicho llamamiento con respecto a la imposición de costas, lo que aborda en las SSTS de 25 de noviembre de 2013[378] y 27 de diciembre de 2013[379], que tratan de aportar luz al tema de las costas procesales.

La primera de ellas reconoce que el tercero no tiene que soportar sus propias costas en caso de inexistencia de responsabilidad derivada de la construcción, y, dado que el pago no puede corresponder al demandante que no se dirigió contra el tercero, debe imponerse a quien solicitó su llamada al proceso, siquiera sea por aplicación del principio general de responsabilidad recogido en el art. 1902 CC.

Más clara en materia de costas decíamos que es la posterior STS de 27 de diciembre de 2013, donde el Tribunal Supremo reconoce que la llamada al proceso por un codemandado le ha podido reportar al tercero unos gastos judiciales, y, por tanto, tendrá derecho a ser resarcido de las costas judiciales siempre que su llamada al proceso no estuviera justificada. El problema en la mayoría de los casos es determinar cuándo se considera que la llamada está o no justificada.

Como recoge el tribunal, la llamada al proceso estaría justificada siempre y cuando el pronunciamiento de la sentencia le fuera realmente oponible conforme al párrafo 2ª de la DA 7.ª LOE, por lo que se declara respecto de su actuación en el proceso constructivo. De tal forma que si la sentencia, a pesar de no contener un pronunciamiento de condena respecto de él, reconoce que por su actuación en el proceso constructivo hubiera sido responsable respecto de los vicios

---

375 La SAP de Barcelona 557/2011 de 18 noviembre [*Tol 2368688*], considera que el sentido de la reforma legislativa es precisamente evitar que no pudieran imponerse las costas al solicitante a pesar de traer innecesariamente al proceso a un tercero causándole unos gastos.

376 STS de 20 diciembre 2011 [*Tol 2384089*].

377 STS 538/2012 de 26 septiembre [*Tol 2661126*].

378 STS 735/2013 de 25 noviembre [*Tol 4023330*].

379 STS 790/2013 de 27 diciembre [*Tol 4124341*].

o defectos en las que se basa la acción ejercitada, en ese caso se entiende justificada su llamada al proceso y no procede hacer ningún pronunciamiento sobre las costas causadas al tercero interviniente. Pero si de la sentencia no se desprende su responsabilidad, no estaría justificada su llamada al proceso y tendría sentido que se impusieran las costas al demandado que hubiera interesado su llamada al proceso.

Se diferencian pues en la citada resolución dos posibles situaciones en relación con la imposición de costas, dependiendo si el demandante decide o no ampliar su demanda contra el tercero, y si llamada está o no justificada, pero, como hemos anticipado, la cuestión no queda zanjada ni mucho menos, pues existen muchas más incógnitas que las contempladas en la sentencia, como seguidamente exponemos:

a) Si el demandante decide ampliar la demanda frente al tercero interviniente y éste resulta condenado, el pronunciamiento sobre las costas se sujetará al criterio del vencimiento, conforme a lo prescrito en el art. 394 LEC, por lo que el condenado lo será también con imposición de costas procesales.

b) Si el demandante decide ampliar la demanda frente al tercero interviniente y éste resulta absuelto, dice el párrafo 5ª del art. 14.2 LEC que las costas se "*podrán*" imponer a quien solicitó su intervención con arreglo a los criterios generales del art. 394 LEC. En estos casos, el pronunciamiento sobre las costas se sujetará al criterio del vencimiento, conforme a lo prescrito en el art. 394 LEC, con la particularidad de que la absolución del tercero interviniente permitirá la imposición de las costas a quien solicitó su intervención

No aclara tampoco la STS de 27 de diciembre de 2013 si las costas en tal caso se imponen al demandante, que amplía su demanda contra el tercero, o al demandado que solicita su llamada al proceso, solo dice que "*la absolución del tercero interviniente permitirá la imposición de las costas a quien solicitó su intervención*". Por tanto, podría imponerse las costas al demandante, al demandado o incluso a ambos, a criterio del tribunal. No obstante, ello provoca, en muchos casos, que el demandante que dirige su demanda contra el promotor como garante solidario, normalmente habrá previsto esta eventualidad procesal y se opondrá a la llamada de otros agentes de la edificación como terceros, o cuanto menos no ampliará su demanda respecto a los mismos para evitar la imposición de costas procesales, al tener garantizada la responsabilidad del promotor.

c) Si el demandante decide no ampliar la demanda contra el tercero interviniente, pero su llamada por el demandado está justificada, las costas no podrían imponerse al demandante que no ha dirigido pretensión alguna contra el tercero, ni tampoco al demandado que solicita la intervención provocada de manera justificada. Por tanto, el tercero deberá correr con sus propias costas, al no existir precepto aplicable en este caso. Si la sentencia, a pesar de no contener un pronunciamiento de condena respecto de él, reconoce que por su actuación en el proceso constructivo hubiera sido responsable respecto de los vicios o defectos en las que se basa la acción ejercitada, en ese caso se entiende justificada su llamada al proceso y no procede hacer ningún pronunciamiento sobre las costas causadas al tercero interviniente.

En este caso, el párrafo 5ª del art. 14.2 LEC no sería aplicable, pues se refiere a supuestos en que el demandado pueda ser absuelto, y, según hemos analizado, siguiendo la jurisprudencia del Tribunal Supremo, no podrá serlo en caso de que el demandante no dirija pretensión contra el mismo. Tampoco sería aplicable el criterio del vencimiento del art. 394 LEC, pues atendiendo a su literalidad se basa en la estimación o desestimación de las pretensiones deducidas, pretensiones aquí inexistentes.

d) Si el demandante decide no ampliar la demanda contra el tercero interviniente y su llamada por el demandado es injustificada, las costas no podrían imponerse al demandante que no ha dirigido pretensión alguna contra el tercero, pero el interviniente ha soportado unos gastos judiciales injustificados de los cuales debe ser resarcido, cuanto menos en virtud del principio de responsabilidad del art. 1902 CC, como dice el Tribunal Supremo en STS de 25 de noviembre de 2013[380], por lo que deberían imponerse al demandado que lo introduce en el proceso indebidamente.

No parece justo que quien fue traído forzosamente al proceso por otro demandado, en caso de ser absuelto de la demanda, peche con

---

380 STS 735/2013 de 25 noviembre [*Tol 4023330*].

el pago de las costas propias; por otra parte, parece contrario a la equidad imponer su pago al demandante, quien no sólo no le trajo al proceso ni dirigió pretensión alguna contra el llamado, sino que, en muchos casos, se ha opuesto a su llamada.

Como dice el Tribunal Supremo en la citada STS de 25 de noviembre de 2013, es indudable que, en estos casos, aunque finalmente no se haya dirigido la demanda frente al tercero interviniente, su llamada al proceso por un codemandado le ha podido reportar unos gastos judiciales, por lo que, si de la sentencia no se desprende su responsabilidad, en ese caso no estaría justificada su llamada al proceso y tendría sentido que se impusieran las costas al demandado que hubiera interesado su llamada al proceso.

Por ello, en los casos en que el tercero no resulta absuelto en el fallo (porque si el actor no ha solicitado su condena no puede ser demandado), pero su llamada al proceso no estuviera justificada, generando unos gastos innecesarios al tercero, en defecto de una regla expresa sobre quién debe asumir las costas judiciales del tercero, los tribunales han resuelto la cuestión caso por caso, en virtud del principio de causalidad, aplicando una solución muy parecida a la prevista en la regla 5ª del art. 14.2 LEC: el tribunal podrá imponer las costas del tercero al demandado que solicitó su intervención si ésta fuera injustificada.

Parece razonable afirmar que, en este contexto, no procede imponer las costas al actor, quien no ha ejercitado ninguna acción contra el tercero. En cambio, sí es sensato que las costas puedan imponerse al demandado que solicitó su intervención, ya sea por aplicación analógica de la regla 5ª del art. 14.2 LEC o por aplicación del principio general de responsabilidad recogido en el art. 1902 CC (STS de 25 de noviembre de 2013)[381].

En definitiva, determinar cuándo la llamada al proceso es injustificada tampoco es cuestión pacífica existiendo diversos criterios de aplicación en los tribunales, lo que es evidente es que las costas del proceso del tercero no podrán imponerse al demandante si éste no acepta la intervención del tercero, por lo que habría que atender caso por caso para aplicar o no por analogía el criterio de vencimien-

---

381 STS 735/2013 de 25 noviembre [*Tol 4023330*].

to del art. 394 LEC, si la solicitud fuera rechazada por carecer de justificación, pero no deberían imponerse en aquellos casos en que pudieran existir dudas de hecho o de derecho en el momento en que se solicita la intervención provocada.

V. SUCESIÓN PROCESAL. EXTROMISIÓN O CAMBIO DE DEMANDADO

Tal como establece el art. 14.2 párrafo 4ª LEC: "*Si comparecido el tercero, el demandado considerase que su lugar en el proceso debe ser ocupado por aquél, se procederá conforme a lo dispuesto en el artículo 18*".

Con dicho precepto se pretende obrar un cambio en la posición del demandado dentro del proceso para que sea sustituido por el tercero llamado al proceso, quedando el demandado original fuera del pleito que seguirá entre el demandante y el tercero. En tal caso, ya no se trata de una intervención simple, sino de una intervención sustitutiva, debiendo el juez, previo traslado por cinco días para alegaciones concedido al actor y al tercero llamado al proceso, decidir si se admite o no dicha sucesión[382].

Como señala la doctrina[383], son presupuestos necesarios para que produzca dicha extromisión los siguientes:

i) Que se trate de un caso de intervención provocada a instancia del demandado originario, en el cual, tras la intervención del ter-

---

382 BURGOS LADRÓN DE GUEVARA, J., "La sucesión procesal", *Diario la Ley*, núm. 6299, 2005, pág. 6. Como indica el autor nos encontramos ante una modificación o cambio de partes por razones de índole procesal y por causas ajenas al proceso, en los que el demandado provoca al tercero pretendiendo desligarse de la situación jurídica pasiva con la intervención de ese tercero, que en virtud del litigio abierto pesa sobre el demandado lo cual ha de ser comunicado a las demás partes para que aleguen lo que convenga a su derecho, decidiendo a continuación el Tribunal por auto la conveniencia o no de la sucesión.

383 GARNICA MARTÍN, J. F., "Las partes…", *op. cit.*, pág. 60; y GONZÁLEZ PILLADO, E. y GRANDE SEARA, P., "Comentarios prácticos a la LEC: arts. 13, 14 y 15", *Indret: Revista para el Análisis del Derecho*, núm. 1, 2005 (Acceso: 13/05/2022, disponible en https://indret.com/comentarios-practicos-a-la-lec-4/), pág. 22; ILLESCAS RUS, A., "La intervención provocada …", *op. cit.*, págs. 460-478, entre otros.

cero, ya no sea necesaria la presencia en el proceso del demandado inicial;

ii) Que el tercero llamado al proceso haya comparecido e intervenga efectivamente. Sin la comparecencia previa de éste, no se puede permitir la extromisión del demandado inicial, pues ello abocaría a la extinción del proceso por faltar una de las partes;

iii) Que exista una razón que justifique la salida del llamante del proceso. Ha de tratarse de un supuesto en que por las características de la acción ejercitada sea el tercero y no el demandado original quien ostente aptitud para ser destinatario de la resolución final que deba recaer;

iv) Que exista una petición expresa por el demandado inicial, pues es el único legitimado para solicitarla, aunque la norma no dice en qué momento debe efectuarse la solicitud[384];

v) Que se dé traslado "*a las demás partes para que aleguen lo que a su derecho convenga, por plazo de cinco días*" y a continuación el tribunal por medio de auto resolverá "*lo que resulte procedente en orden a la conveniencia o no de la sucesión*". Por tanto, es necesario que el juez autorice expresamente dicha extromisión.

La jurisprudencia tiene declarado sin lugar a dudas que, cuando el demandado considera que su lugar en el proceso debe ser ocupado por el tercero llamado (art. 14.2 párrafo 4ª LOE) y el tribunal, tras dar audiencia a las demás partes, considera la conveniencia de la sucesión (art. 18 LOE), el tercero adquiere la condición de parte en todos los sentidos, procesal y material. Incluso aquella jurisprudencia que niega al tercero llamado por intervención provocada la condición de "parte", sí lo reconoce en los supuestos en que se produce la sucesión procesal (SAP de Navarra de 4 marzo de 2005, AP de Las Palmas de 29 de septiembre de 2006, AP de A Coruña de 26

---

384 Para ILLESCAS RUS, A., "La intervención provocada ...", *op. cit.*, págs. 460-478, la falta de plazo en la norma conduce a entender que dado que el demandado es el primer interesado debe efectuar la solicitud cuanto antes, y sobre todo antes de que recaiga la resolución definitiva en la instancia, aunque puede verificarse en cualquier momento; incluso durante la tramitación de cualquier recurso.

de diciembre de 2008, AP de Madrid de 19 de enero de 2016 y AP de Madrid de 25 de septiembre de 2018)[385].

En tales casos, el tercero que sucede al demandado original adquiere la condición plena de demandado, pudiendo ser condenado incluso en costas, aunque la norma no lo diga expresamente, si bien no tanto por su condición de tercero (ni a las costas del demandado que solicita su llamada, como hemos dicho antes), sino por tener ya la condición de parte como consecuencia de la sucesión a todos los efectos (SAP de Santa Cruz de Tenerife de 20 diciembre de 2005, AP de Las de 29 de septiembre de 2006 y AP de La Rioja de 20 de octubre de 2006)[386].

Aunque algún autor considera que la condena en costas deberá recaer sobre el actor, quien con una conducta mínimamente diligente hubiera podido determinar el genuino destinatario de la acción entablada[387], no podemos compartir tal argumento, pues la extromisión se produce con el consentimiento del demandante, pero ello no implica mala fe o negligencia procesal por su parte en la demanda entablada.

Ciertamente este supuesto tiene una aplicación muy restringida y difícil cabida en la intervención provocada de la LOE, al tratarse en muchos casos de responsabilidad solidaria (como la del promotor por ser garante incondicional o la de otros agentes de la edificación en caso de que sea imposible la individualización de la causa), pues para ello tendría que ser admitida por el demandante. Caso contrario —con oposición del demandante— difícilmente el tribunal admitiría que el demandado originariamente fuera sustituido por otro, saliendo el primero del proceso[388]. Como señala la SAP de Barce-

---

385 SAP de Navarra 31/2005 de 4 marzo [*Tol 773732*], SAP de Las Palmas 423/2006 de 29 septiembre [*Tol 1027196*], SAP de A Coruña 524/2008 de 26 diciembre [*Tol 7212170*], SAP de Madrid 11/2016 de 19 enero [*Tol 5649649*] y SAP de Madrid 358/2018 de 25 septiembre [*Tol 6927790*].

386 Como señalan las SAP de Santa Cruz de Tenerife 493/2004 de 20 diciembre [*Tol 566511*], SAP de Las Palmas 423/2006 de 29 septiembre [*Tol 1027196*] y SAP de La Rioja 310/2006 de 20 octubre [*Tol 1017876*].

387 ILLESCAS RUS, A., "La intervención provocada...", *op. cit.*, págs. 455-460.

388 Estamos ante uno de los pocos casos en que viene admitiendo la jurisprudencia la sucesión procesal, dado el uso restringido de esa figura, como reconoce la doctrina. BURGOS LADRÓN DE GUEVARA, J., "La sucesión procesal...", *op.*

lona de 9 de enero de 2006[389], resulta difícil provocar la sucesión procesal en los casos de responsabilidad solidaria, pues los llamados por intervención provocada no han de suceder procesalmente a la parte demandada, toda vez que no nos hallamos ante un supuesto de litisconsorcio pasivo necesario. En los supuestos de solidaridad es facultad del actor demandar a todos o algunos de los intervinientes en el evento, de suerte que no habiéndolo verificado es éste quien ha de pechar con las consecuencias, sin que quepa imputar a los demandados conforme al art. 18 LEC que no hubieran solicitado la sucesión procesal, toda vez que esta llamada lo fue a los solos efectos de acreditar su falta de responsabilidad (absolución), sin que éstos puedan solicitar la condena por sustitución de los intervinientes.

En cambio, sí se admite, insistimos, con escasa aplicación práctica, en los supuestos de la denominada *laudatio o nominatio actoris* para la llamada al proceso por parte del poseedor inmediato[390], o en el caso de absorción de una entidad mercantil litigante por otra sociedad (STS de 18 de diciembre de 2001)[391]. Algunos autores se refieren

---

cit., págs. 1-6.; GONZÁLEZ PILLADO, E. y GRANDE SEARA, P., "Comentarios prácticos ...", *op. cit.*, pág. 22; LARROSA AMANTE, M. A., "Problemas específicos...", *op. cit.*, pág. 7; o VIGUER SOLER, P. L., "La intervención provocada...", *op. cit.*, pág. 2. Para GARNICA MARTÍN, J. F., "Las partes...", *op. cit.*, pág. 60, rechaza que pueda darse en los supuestos en que no existe esa obligación de garantía como justificación para la misma, por lo que no tiene cabida en el supuesto del art. 1084 CC ni en el supuesto de la DA 7.ª LOE. Sí cabría en los supuestos de intervención del vendedor en el proceso de evicción del art. 1481 CC y en los de *laudatio o nomatio auctoris*.

389 SAP de Barcelona 9/2006 de 9 enero [*Tol 842449*].

390 BURGOS LADRÓN DE GUEVARA, J., "La sucesión procesal...", *op. cit.*, pág. 6.

391 Como recoge MAGRO SERVET, V., "La sucesión...", *op. cit.*, pág. 6, la citada STS 1187/2001 de 18 diciembre [*Tol 4924428*] reconoce la posibilidad de sucesión procesal con la anterior LEC 1881 en el caso de la sociedad tercerista por otra en el curso de la primera instancia, haciendo constar que "la sucesión procesal, que aunque no regulada sistemáticamente en la LEC 1881, es reconocida por la jurisprudencia (entre otras, Sentencias 24 mayo 1948, 7 marzo 1968, 4 julio 1992, 1 marzo y 13 noviembre 2000), y se le aplica el régimen del art. 9, núm. 4º, 5º y 7º de dicha Ley. Entre estos supuestos de sucesión figura la absorción de una entidad mercantil litigante por otra sociedad ya existente o de nueva creación, pues al producirse la extinción de la personalidad de la primera debe ser sustituida en el proceso por la absorbente, para cuya operatividad procesal, aunque es precisa la correspondiente aprobación judicial, no puede denegarse sin una causa justificada al efecto, que aquí no concurre".

también a la "sucesión procesal endógena" para admitir la sucesión procesal de un codemandado en la posición del actor cuando éste ha satisfecho la reclamación al demandante, para dirigirse así contra el otro demandado o del fiador que abona lo debido al actor[392], pero en tal caso no estaríamos en el supuesto del art. 18 LEC, que se refiere a la intervención provocada del demandado sino ante un derecho de reembolso o subrogación.

VI. VENTAJAS E INCONVENIENTES DE LA CONDICIÓN DEL TERCERO COMO PARTE DEMANDADA

1. Ventajas que nos ofrece la intervención provocada en la Ley de Ordenación de la Edificación

Las ventajas que nos ofrece la intervención provocada de la LOE son indudables. Sin embargo, la interpretación que de los preceptos referidos viene realizando la jurisprudencia ha ido desdibujando la finalidad inicial de esta figura hasta dejarla prácticamente vacía de contenido. Seguidamente pasaremos a relatar las ventajas que a nuestro juicio dicha institución puede suponer en un proceso de vicios o defectos constructivos, así como los obstáculos que se plantean a la misma, para concluir nuestra propuesta de *lege ferenda* con la que se pretende dar solución a las cuestiones controvertidas que hemos ido planteando a lo largo de nuestra obra.

1.1. Reparto de responsabilidades en un mismo proceso de edificación

Las ventajas que supone la llamada en garantía en la DA 7.ª LOE respecto del reparto de responsabilidades en el proceso de edificación son evidentes:

En primer lugar, porque uno de los propósitos básicos de la LOE es que se consigan individualizar las responsabilidades de cada uno de los agentes de la edificación. Por ello se definen por primera vez

392 MAGRO SERVET, V., *Guía práctica de la Ley de Enjuiciamiento Civil,* La Ley, 2018 y "La sucesión…", *op. cit.,* pág. 6.

en una norma procesal los tipos de agentes de la edificación y sus funciones (arts. 8 y ss.), así como sus responsabilidades (art. 17 LOE). En este sentido, la llamada al proceso por intervención provocada de la DA 7.ª LOE permite que sean depuradas dichas responsabilidades individuales en un mismo proceso (como señala la SAP de Barcelona de 3 de diciembre de 2010)[393].

En segundo lugar, la intervención de los diferentes agentes de la edificación en un mismo proceso también permite establecer la responsabilidad solidaria de los partícipes en el proceso constructivo, en aquellos casos en que —pese a la voluntad del legislador— no haya podido individualizarse la causa de los daños materiales o no quedase debidamente probada la concurrencia de culpas, sin que pudiera precisarse el grado de intervención de cada agente en el daño producido (art. 17.3 LOE).

Y, en tercer lugar, el art. 17.3 LOE establece para el promotor una responsabilidad solidaria con los demás agentes intervinientes ante los posibles adquirentes de los daños materiales en el edificio ocasionados por vicios o defectos de construcción; es decir, cualquiera que se sea el agente responsable del daño. En compensación con esa responsabilidad y en ejercicio de su derecho de defensa se le permite que provoque la llamada al proceso de aquellos agentes que considere responsables del daño.

De esta forma, lo que pretende la LOE es que el tercero pueda defenderse y su responsabilidad se dilucide en un único proceso con una sentencia que tenga efecto de cosa juzgada "*oponible y ejecutable*". Y ello, contrariamente a lo manifestado por la jurisprudencia, a nuestro juicio, se produce, aunque el demandante no ejercite acción contra él, pues la norma no exige tal presupuesto. Es pues una responsabilidad incitada por el promotor u otro agente interviniente en la construcción[394].

---

393 SAP de Barcelona 635/2010 de 3 de diciembre [*Tol 2063352*].

394 Como señala ALMAGRO NOSETE, J., "Sobre la intervención provocada...", *op. cit.*, pág. 5, la conclusión normal del proceso habrá de ser la absolución o la condena del llamado, aunque no haya contestado a la demanda, pues entonces su situación será semejante a la del demandado rebelde.

Lo cierto es que, con la regulación actual, y a la vista de las múltiples dudas surgidas en la doctrina y jurisprudencia sobre la figura de la intervención provocada (la posición procesal que ocupa el tercero en el litigio y los efectos que dicha llamada provoca), los tribunales en la práctica tratan de "eludir" esta figura o, cuanto menos, si no van a condenar o absolver al tercero en el fallo, omiten referirse al mismo en los hechos y fundamentos de derecho, convirtiéndolo así en un mero "convidado de piedra" —coloquialmente hablando— en la *litis*. Por ello, resulta necesario clarificar cuál es la postura del tercero en el litigio y determinar los efectos de su comparecencia y actuación en el pleito, lo que pretendemos solucionar a través de la propuesta de *lege ferenda* que se plantea, proponiendo que el tercero, que comparece y dispone de las mismas armas procesales que el demandado, sea considerado sin duda como tercero-demandado y resulte afectado por el fallo judicial que se dicte.

La solución que proponemos en la propuesta de *lege ferenda* pasa por una reforma legislativa que incluya mejoras en la actual redacción del art. 14.2 LEC, pero también incluye la posibilidad de que la intervención provocada pueda ser instada por el demandado con carácter más amplio. En este sentido también ÁLVAREZ OLALLA[395] propugna la extensión del mecanismo de la intervención provocada a todos los supuestos de solidaridad impropia u obligación *in solidum* que tienen lugar como consecuencia de la causación de un daño extracontractual, pues considera que es un buen remedio para solventar los problemas procesales que se plantean permitir al demandado la posibilidad de traer al pleito a otros posibles responsables del daño, pues equilibra los perjuicios que a aquel le ocasiona la posibilidad de verse como único demandado en el pleito por la inexistencia de litisconsorcio pasivo necesario, viéndose obligado a satisfacer todo el daño en su integridad.

---

395 ÁLVAREZ OLALLA, M. P., "La intervención provocada como remedio a los problemas de las obligaciones «in solidum»", *Revista de Responsabilidad Civil, Circulación y Seguro*, núm. 5, 2019, págs. 8-11.

1.2. Economía procesal

Otra ventaja evidente de la consideración del tercero llamado por intervención provocada como parte demandada es el principio de economía procesal que debe inspirar cualquier proceso a fin de evitar actuaciones innecesarias, inútiles o superfluas (STS de 9 de marzo de 1982, 30 de diciembre de 1991 y 27 de mayo de 1997)[396].

Dicho principio trata de obviar, entre otras cosas, nulidades del procedimiento sin causa justificada, con la consiguiente dilación (STS de 30 de julio de 19996)[397], pero también la existencia de otro pleito sobre el mismo objeto, impidiendo un nuevo planteamiento de la cuestión que habría de ser resuelta con idéntico material probatorio (STS de 21 de julio de 1988)[398].

Como tiene declarado el Tribunal Supremo en lo que se refiere al aspecto de economía procesal, el mismo está plenamente admitido por la jurisprudencia, al proclamar que la misión del juzgador no se limita a resolver un pleito, sino que alcanza a evitar la incoación de otro sobre el mismo objeto, imponiéndose dicho principio en interés de los propios litigantes, para evitar trámites inútiles (SSTS de 29 de junio de 1984, 28 de septiembre de 1979 y 9 de marzo de 1982)[399], evitando una nueva contienda sobre el mismo punto litigioso, no pudiendo remitir a otro ulterior faltando al mandato imperativo de resolver definitivamente las cuestiones debatidas, por oponerse a la equidad la incoación de otro nuevo juicio, y más con base en formalismos carentes de serio fundamento frente al valor superior que supone la realización de la justicia, que en definitiva es la meta del proceso.

Es evidente que el legislador de la LOE pretendía con la DA 7.ª permitir que las responsabilidades de los diferentes agentes que intervienen en el proceso edificatorio, que son complejas entre sí, se resolvieran en un único procedimiento en aras a ese principio de

---

396 STS de 9 marzo 1982 [*Tol 1739001*], de 30 diciembre 1991 [*Tol 1727859*] y 446/1997 de 27 mayo [*Tol 5119419*].

397 STS de 30 julio de 1996 [*Tol 5119190*].

398 STS de 21 junio de 1988 [*Tol 1733091*].

399 Tal como previenen las SSTS de 29 de junio de 1984 [*Tol 10038754*], 28 de septiembre de 1979 [*Tol 1741221*] y 9 de marzo de 1982 [*Tol 1739001*].

economía procesal. Pues como dice el Tribunal Supremo, el objeto en los procesos por defectos constructivos es determinar a quién le es imputable el daño, para lo cual es necesario que el proceso pueda dirigirse contra aquellos agentes no demandados que debieran estar en el proceso por resultar responsables de los defectos reclamados. Por tanto, otra de las razones que justifican la llamada al proceso prevista en la LOE es la economía de medios al dilucidarse en un solo proceso declarativo las eventuales responsabilidades individuales o no de cada uno de los agentes de la edificación, evitando así ulteriores acciones de regreso superfluas y la consiguiente sobrecarga judicial (como indican las SAP de A Coruña de 26 de diciembre de 2008 o AP de Valencia de 30 de marzo de 2010)[400].

1.3. Eficacia de la cosa juzgada

También la cosa juzgada se vería beneficiada por la consideración de parte del tercero llamado por intervención provocada.

Es evidente que la llamada de otros agentes de la edificación al proceso permite resolver en un único pleito las posibles responsabilidades solidarias en caso de que existan varios agentes responsables sin posibilidad de individualizar la causa de los daños, o individualizarlas en caso de que resulte posible y la consideración como tercero-demandado (parte demandada) afectado en el fallo por la reclamación contenida en la demanda evitaría ulteriores procesos in-

[400] Tal como señala la SAP de Valencia 164/2010 de 30 marzo [*Tol 1869991*], resulta contrario a la lógica y al principio de economía procesal remitir a las partes a otro procedimiento cuando en el presente han tenido plenitud de conocimiento y defensa, habiendo sido emplazados y contestando a la demanda y compareciendo a la audiencia previa sin poner reparos a tal intervención. Pero es que, además, "*la propia LOE dispone en la citada DA 7.ª que la sentencia del presente procedimiento podrá ser ejecutable contra las así llamadas, careciendo de lógica que se pueda ejecutar una sentencia que no contenga un pronunciamiento condenatorio*" (FD 3º). Y para la Sentencia Audiencia Provincial de A Coruña (Sección 3ª) núm. 524/2008, de 26 diciembre [*Tol 7212170*] "*la finalidad última, como se admite en todos los sectores, es evitar ulteriores acciones de regreso, por parte del inicialmente demandado contra esos terceros, a que habría lugar tanto por aplicación de la LOE como de los arts. 1591 y ss. CC; rige un principio de economía procesal: Evitar posteriores litigios*" (FD 2º).

necesarios que van a estar necesariamente afectados por la existencia de cosa juzgada en cuanto al fondo de un litigio ya resuelto[401].

Esta eficacia de la cosa juzgada, como veremos en el capítulo siguiente, se daría respecto del segundo proceso incluso aunque no se diera exactamente la identidad de sujetos entre las partes interviniente, pues aunque en el segundo proceso no se dé la identidad de sujetos (en el primer proceso serán demandante, demandado y tercero, y en el segundo proceso serán demandado y tercero), la jurisprudencia ha distinguido entre identidad subjetiva física y jurídica, entendiendo que "*existe jurídicamente identidad de personas, aunque no sean físicamente las mismas las que litiguen en los pleitos, cuando la que litiga en el segundo ejercita la misma acción, invoca iguales fundamentos y se apoya en los mismos títulos que en el primero*" (STS de 14 noviembre 1983)[402]; pues lo relevante será la titularidad de la relación jurídica, no la identidad física, sino la jurídica, y, a tal fin, se habrán de tener en cuenta razones relativas a la naturaleza del objeto del proceso y a la naturaleza de los vínculos intersubjetivos entre quienes fueron parte en el juicio y los ajenos a él (STS de 17 de julio de 2019)[403].

En efecto, en un supuesto reciente, la STS de 17 de enero de 2022[404], se planteaba si, a los efectos de la cosa juzgada material, existe identidad subjetiva entre un primer proceso en que se interpuso demanda de responsabilidad por vicios en la construcción contra el arquitecto, las sociedades promotora y constructora y los aparejadores y el proceso posterior (en que la cosa juzgada pretende hacerse valer) seguido sólo contra el arquitecto y la sociedad promotora y

---

401 Como señala ALMAGRO NOSETE, J., "Sobre la intervención provocada...", *op. cit.*, pág. 5, partidario de la consideración del tercero como demandado y de que la sentencia contenga pronunciamientos condenatorios o absolutorios del tercero, el demandante no podrá formular otra acción de condena en un nuevo pleito contra el interviniente sobre la materia que haya sido objeto de debate en el pleito finiquitado, y ha de estar y pasar por lo resuelto.

402 STS de 14 noviembre de 1983 [*Tol 1737952*].

403 STS 430/2019, de 17 julio [*Tol 7419568*].

404 STS 21/2022, de 17 enero [*Tol 8765231*]. Analizado también por CORDÓN MORENO, F., Un apunte sobre el requisito de la identidad subjetiva en la cosa juzgada material. Gómez-Acebo & Pombo (Acceso 20/08/2022, disponible en: https://ga-p.com/publicaciones/un-apunte-sobre-el-requisito-de-la-identidad-subjetiva-en-la-cosa-juzgada-material//).

también contra sus respectivas compañías aseguradoras. Resulta evidente que no obsta a la identidad subjetiva la exclusión en el segundo proceso de la constructora y los aparejadores, concluyendo que "*la circunstancia de que, en el primer proceso, no se hubiera demandado a las compañías de seguro, en tanto en cuanto la responsabilidad de dichas entidades depende de las declaraciones que se hayan efectuado con respecto a la responsabilidad de sus asegurados, no impediría la apreciación de la cosa juzgada, al concurrir un supuesto de identidad jurídica, derivada de los vínculos de la cobertura del seguro, en tanto en cuanto la responsabilidad de las aseguradoras se halla condicionada o subordinada a la previa apreciación de la correspondiente a los asegurados a quienes dan cobertura*". En estos casos se daría el efecto positivo de la cosa juzgada, que condiciona el segundo pleito, sin que sea necesaria una completa identidad de objetos pues para que opere este efecto positivo, es suficiente que lo decidido —lo juzgado— en el primer proceso entre las mismas partes actúe en el segundo proceso como elemento condicionante o prejudicial, de forma que la primera sentencia no excluye el segundo pronunciamiento, pero lo condiciona vinculándolo a lo ya fallado.

Esto no significa que lo resuelto en pleito anterior sea inmodificable indefinidamente pues, si cambian las circunstancias, no opera la presunción legal, pero, en caso de no producirse esta alteración, se produce la eficacia material de la cosa juzgada (STS de 23 de octubre de 1995)[405]. De esta forma, con la intervención provocada, si el tercero pudiera ser considerado parte, quedarían solventados en único pleito los problemas procesales que pueden producir indefensión al inicialmente demandado o dar lugar a sentencias contradictorias que le impidan la repetición, como estudiaremos en el capítulo siguiente al tratar la acción de repetición.

1.4. Seguridad jurídica

En relación con la cosa juzgada anterior, la doctrina y la jurisprudencia (entre ellas, SAP de Pontevedra de 19 septiembre de 2011, AP de Álava de 3 noviembre de 2016, AP de Pontevedra de 12 mayo

---

[405] STS 916/1995 de 23 octubre [*Tol 1667950*]. También ILLESCAS RUS, A., "La intervención provocada...", *op. cit.*, págs. 399-478.

de 2020 y AP de Guipúzcoa de 30 abril de 2021)[406] también aluden al principio de seguridad jurídica como una de las ventajas que tendría la consideración del tercero como parte plena en el proceso. Si el tercero puede intervenir en el proceso debe ser considerado como parte para garantizar el principio de seguridad jurídica y no convertirlo, como decimos, en un simple "convidado de piedra" que desconoce los efectos de su intervención en el proceso, como hasta ahora viene ocurriendo.

La depuración de las responsabilidades derivadas de la edificación en un mismo y único proceso también pone en valor el principio de seguridad jurídica pues, como ha declarado el Tribunal Supremo (entre otras, STS de 5 de septiembre de 2013)[407], la existencia de pronunciamientos contradictorios en las resoluciones judiciales de los que resulte que unos mismos hechos ocurrieron o no ocurrieron viene a ser incompatible, además de con el principio de seguridad jurídica, en cuanto el mismo integra también la expectativa legítima de quienes son justiciables a obtener para una idéntica cuestión una respuesta inequívoca de los órganos encargados de impartir justicia, con el derecho a una tutela judicial efectiva como precisa la STC de 25 de febrero de 2003, y las que en ella se citan[408].

---

406 Así, la SAP de Pontevedra 720/2011 de 19 septiembre [*Tol 2244489*] alude a los principios de garantía y seguridad jurídica para admitir la intervención provocada. Y otras sentencias aluden al principio de seguridad jurídica que obligaría a respetar la cosa juzgada en un segundo pleito producido por razón de la intervención provocada: entre ellas, SAP de Álava 347/2016 de 3 noviembre [*Tol 5938816*], o las recientes SAP de Pontevedra 201/2020 de 12 mayo [*Tol 7998525*] y SAP de Guipúzcoa 623/2021 de 30 abril [*Tol 8553192*].

407 Como ha declarado la STS 521/2013 de 5 septiembre [*Tol 3954559*].

408 La STC 34/2003 de 25 febrero [*Tol 246499*]. En esta misma línea, la Sentencia Tribunal Constitucional núm. 192/2009, de 28 de septiembre [*Tol 1599911*], fija la doctrina de dicho tribunal sobre este extremo, declarando: "*Este Tribunal ha reiterado que la existencia de pronunciamientos contradictorios en las resoluciones judiciales de los que resulte que unos mismos hechos ocurrieron y no ocurrieron no solo es incompatible con el principio de seguridad jurídica (art. 9.3 CE), sino también con el derecho a la tutela judicial efectiva (art. 24.1 CE), pues no resultan compatibles la efectividad de dicha tutela y la firmeza de los pronunciamientos judiciales contradictorios (por todas, STC 60/2008, de 26 de mayo*" (FJ 2º). Así lo reconoce también la SAP de A Coruña 226/2017 de 21 julio [*Tol 6356299*] para un supuesto de intervención provocada.

Así pues, si se obligara a acudir a un segundo pleito, a pesar de haber estado todas las partes presentes en el precedente (demandante, demandado e interviniente), carecería de sentido, porque el segundo tribunal vendría mediatizado, como hemos dicho, por el efecto positivo vinculante (prejudicialidad civil homogénea) de la cosa juzgada, que supone el que ya se haya dictado sentencia sobre el mismo hecho y que no pueda decidirse en este proceso ulterior o pendiente un tema o punto litigioso de manera distinta o contraria a como fue resuelto por la sentencia firme en el pleito anterior (por todas, véase las STS de 21 de marzo de 1996)[409], con la obligación por el juez o tribunal que conoce del procedimiento posterior, de aceptar y someterse a la decisión del primero como único modo de evitar fallos distintos e incompatibles, so pena de atentar contra al principio de seguridad jurídica (STS de 20 de febrero de 1990)[410].

No podemos olvidar, como señala el Tribunal Supremo (STS de 30 de marzo de 2010)[411], que para el juego del efecto negativo (la exclusión de un nuevo proceso) es necesario que el objeto de los mismos sea idéntico, pero esto no se requiere para la aplicación del llamado efecto positivo, pues la vinculación a lo antes resuelto la impone el precedente que constituye un antecedente lógico del objeto del nuevo proceso, que ya fue examinado y resuelto en otro anterior de forma prejudicial, motivo por el que la seguridad jurídica obliga a respetarlo (SAP de Álava de 3 de noviembre de 2016)[412].

Por tanto, si se compele a las partes a acudir a un nuevo proceso no se cumplen los principios de economía procesal, ni de seguridad jurídica, al darse la posibilidad de que se produzca una resolución contradictoria con la precedente, siendo la finalidad de la DA 7.ª LOE la depuración de responsabilidades en un mismo proceso con efectos de cosa juzgada.

---

409 STS 221/1996 de 21 marzo [*Tol 5153375*]

410 STS de 20 febrero 1990 [*Tol 1730555*].

411 STS de 30 marzo 2010 [*Tol 1853785*].

412 Así, lo declara la jurisprudencia en supuestos de intervención provocada a favor de la seguridad jurídica. SAP de Álava 347/2016 de 3 noviembre [*Tol 5938816*] o SAP de Guipúzcoa 623/2021 de 30 abril [*Tol 8553192*].

1.5. Ejecutividad de la sentencia que se dice

La DA 7.ª LOE establece que la notificación al tercero se hará conforme a lo establecido para el emplazamiento de los demandados e incluirá la advertencia expresa a aquellos otros agentes llamados al proceso de que, en el supuesto de que no comparecieren, la sentencia que se dicte será oponible y "*ejecutable*" frente a ellos. La interpretación de que este efecto se producirá solo "*en el supuesto de que no comparecieren*", se ha descartado por absurda (SAP de Cáceres de 20 de octubre de 2010)[413], pues lógicamente se trata de una advertencia de que este efecto se producirá, incluso aunque no comparezca.

Como ya hemos mencionado con anterioridad, la interpretación que se realiza en la jurisprudencia del Tribunal Supremo sobre los términos "*oponible y ejecutable*" nos parece demasiado forzada, pues es evidente que la LOE pretendía otorgar al interviniente la condición de demandado con plenos efectos y, por ello, debe ser considerado como tercero-demandado, pues de lo contrario la sentencia que se dicte no podría ser "*ejecutable*", pues conforme al art. 542 LEC no es posible despachar ejecución frente a deudores solidarios que no aparezcan como ejecutados en el título de ejecución, y el legislador no pudo ser ajeno a ello cuando alude al término "*ejecutable*" frente al tercero llamado por intervención provocada.

Si entendemos que el tercero ostenta la cualidad de demandado, en el fallo de la resolución se incluirá al tercero que habrá sido parte a todos los efectos, y esta tesis es la que mejor permite entender el carácter ejecutable de la resolución que se dicte, sin necesidad de acudir después a otro proceso con los costes y dilación que ello provoca (en este sentido SAP de Madrid de 18 de mayo de 2010)[414].

---

413 Tal como establece la SAP de Cáceres 408/2010 de 20 octubre [*Tol 5304037*], no se vislumbra qué sentido tiene que la sentencia sólo le fuera oponible y ejecutable al tercero llamado si éste decide no comparecer y no si lo hace, pues "*ello supondría que la norma tiene un efecto exclusivamente sancionador, lo que carece de toda lógica: "El tercero llamado tiene la condición de parte, y, por tanto, deben ser condenados. SSAP de Baleares de 2 de mayo de 2003 y 7 de febrero de 2006"* (FD 8°).

414 La SAP de Madrid 432/2009 de 16 noviembre [*Tol 1771456*], entiende que el tercero entró en el proceso y se convirtió en parte demandada: "*Ello es así porque, a pesar de la imprecisión del texto de la Disposición Adicional Séptima de la LOE, está claro que la finalidad de esa norma es permitir la entrada en el proceso de todos los*

1.6. Justicia material

Como decimos, la interpretación restrictiva que viene haciéndose de la intervención provocada y el riesgo de costas de la llamada, en caso de que no resulte debidamente justificada la intervención en el proceso, ha conllevado la desnaturalización de la institución, la limitación en el uso de la figura y la existencia de mayores procesos en ejercicio de las acciones de repetición. Con la interpretación actual, la intervención provocada no supone ninguna ventaja para el solicitante, que tendrá que acudir igualmente a una acción de repetición. Pero aquel se arriesga a una imposición de costas en el proceso si solicita la llamada del tercero. Por ello, en la consideración de demandado del tercero llamado al proceso, entran en juego también motivos de justicia material pues, además de evitar procesos posteriores superfluos, en la práctica forense se ha demostrado que la presencia de otros agentes de la edificación en el proceso favorece la existencia de mayores procesos que terminan en acuerdo extrajudicial o sentencias con pago inmediato por reparto interno de responsabilidades.

Las razones de justicia material que justificarían la consideración del tercero como parte serían las siguientes:

En primer lugar, ventajas al solicitante pues le permite llamar al proceso al tercero, evitando ulteriores procesos, evitando riesgo de duplicidad de costas en la llamada y con garantía de los principios referidos de economía procesal, seguridad jurídica y eficacia de la cosa juzgada. Máxime en el caso del promotor que se ve demandado por ser "garante incondicional" frente a los adquirentes de viviendas en la mayoría de los casos, cuando los defectos constructivos resultan imputables a otros agentes, viéndose abocado a iniciar un nuevo proceso de repetición de responsabilidad frente al verdadero responsable de los daños.

Lógicamente, si el promotor llamado al proceso responde como garante incondicional y no puede traer al proceso a otros responsa-

---

posibles responsables, logrando con ello una mayor celeridad en la tutela judicial efectiva (evitando procesos posteriores en los que se discutirían los mismos hechos y las mismas responsabilidades) y reforzando también las garantías de éxito de las reclamaciones de los demandantes (al ser mayor el número de deudores solidarios y facilitando el número de los posibles ejecutados)" (FD 2º).

bles, debiendo instar nuevos procesos para resarcirse de las responsabilidades imputadas, va a dedicar todos sus esfuerzos en negar los hechos reclamados y evitar su condena. De otro modo, si se permite la llamada por intervención provocada y los terceros llamados al proceso comparecen en calidad de terceros-demandados, con posibilidad de resultar condenados, se multiplican las posibilidades de acuerdo en el seno del proceso, pues la comparecencia del director de obra, director de ejecución, constructor, etc., junto con sus respectivas aseguradoras profesionales, conlleva generalmente ese "reparto de culpas interno" al estar presentes todos los agentes que han intervenido en la edificación.

En segundo lugar, ventajas al tercero que, además de evitar también ulteriores procesos con duplicidad de gastos, podrá conocer su condición de parte en el proceso, garantizando así la seguridad jurídica y el derecho a la tutela judicial efectiva.

Y, en tercer lugar, además, se beneficia claramente al demandante pues, además de favorecer la adopción de acuerdos más rápidos al estar todos presentes en el proceso, por reparto interno de responsabilidades, se incrementa la solvencia en el resarcimiento de los daños al existir más corresponsables dentro del proceso. No podemos obviar que la condición del tercero como parte reporta ventajas sustanciales al demandante al tener garantizada la solvencia en el litigio con la existencia de otras partes responsables contra quien dirigir su demanda (si así lo desea) o, en caso de que nada manifieste, o incluso si se opone, con la posible condena al tercero ampliando el círculo de responsables sin ni siquiera ampliar su demanda ni asumir el riesgo de costas; costas que serían impuestas al demandado que solicita su llamada al proceso en caso de absolución si dicha llamada resultare injustificada, como hemos expuesto con anterioridad.

2. *Obstáculos planteados a la intervención provocada de la Ley de Ordenación de la Edificación*

Frente a las ventajas ofrecidas por la referida institución, los obstáculos que vienen planteando la doctrina y jurisprudencia a la misma nos parecen fácilmente salvables en algunos casos y, en otros, preconizamos una reforma legal de los preceptos analizados para armonizar la situación legislativa actual y tratar de dar solución a los mismos.

2.1. El respeto a los principios de rogación, dispositivo y contradicción

La doctrina y jurisprudencia que niegan la condición de parte del tercero lo justifican en el respeto a los principios de rogación, dispositivo y contradicción del proceso. Sin embargo, no consideramos en realidad que exista ningún problema de respeto a tales principios como seguidamente exponemos[415].

2.1.1. El principio de rogación

El principio de rogación en el proceso civil implica la solicitud por alguna de las partes, estando vetado al juez actuar de oficio salvo en los supuestos expresamente contemplados (por ejemplo, en los procesos de familia). Así, rigen en el proceso civil el principio de aportación de parte y de justicia rogada (SSTS de 20 de enero de 2020, 25 de enero, 26 de julio y 20 de septiembre de 2021)[416], y la manifestación última de estos principios en el proceso civil es la vinculación del órgano judicial a las peticiones formuladas por las partes, de manera que su decisión habrá de ser congruente con las mismas, sin que pueda otorgar cosa distinta a la solicitada, ni más de lo pedido ni menos de lo resistido, siendo evidente la correlación entre el principio de justicia rogada (art. 216 LEC) y la congruencia de la sentencia (art. 218.1 LEC).

El principio de congruencia supone el de rogación pues son precisamente las peticiones explícitas o implícitas de las partes las que delimitan el *thema decidendi* y, por tanto, el contenido de la resolución judicial.

---

415 Como señala LÓPEZ-FRAGOSO ÁLVAREZ, T. V., "Intervención provocada...", *op. cit.*, pág. 521-533, no existen motivos de fondo, sino problemas procedimentales y formales, que impidan la regulación de los institutos de la llamada en causa común y de la denuncia del litigio en nuestro ordenamiento jurídico, lo que supone llevar el principio dispositivo a sus justos límites y dotar a las formas procesales de su auténtico sentido.

416 Así, STS 25/2020 de 20 de enero [*Tol 7691097*], cuya doctrina reproducen las más recientes STS 28/2021 de 25 de enero [*Tol 8299438*], 575/2021 de 26 de julio [*Tol 8539112*] y 611/2021 de 20 de septiembre [*Tol 8601618*].

El Tribunal Supremo tiene declarado que los tribunales deben atenerse a las cuestiones de hecho y de derecho que las partes les hubieran sometido en los escritos de alegaciones, rectores del proceso; y, que no cabe objetar la aplicación del principio *iura novit curia* para justificar los cambios, ya que los márgenes del proceso no permiten resolver problemas distintos de los recurridos (SSTS de 25 de abril de 2005 y 25 de febrero de 2015)[417]. Sin embargo, no habría vulneración alguna del principio rogatorio en el caso de la intervención provocada, ni tampoco en considerar al tercero como demandado, pues la solicitud viene dada por parte del demandado que solicita su llamada al proceso, no *ex officio.* Así pues, la consideración del tercero como parte demandada no dependería como señala la jurisprudencia del Tribunal Supremo de que el demandante decida dirigir pretensión contra el mismo, sino que es el demandado con la solicitud de intervención provocada quien sitúa al llamado en la posición de tercero-demandado que puede ser condenado o absuelto en sentencia, pero evidentemente sin que ello pueda suponer perjuicio al demandante en cuanto a los gastos o costes de dicha intervención procesal que no ha instado.

Para algunos autores esta excepcionalidad a la libertad del demandante para elegir a los demandados se justifica por la existencia de una solidaridad impropia que impide el litisconsorcio pasivo necesario y que se desconoce en el momento inicial: a falta de individualización devendrá solidaria, además de evitar ulteriores acciones de repetición[418]. Para otros simplemente se trata de que no solo sea el demandante el que decida frente a quién ejercitar su acción civil, sino que, también la parte demandada tiene capacidad de considerar cuando es demandado si debe intervenir con su misma situación otra persona, ya que el objeto de la demanda debe afectarle también a ésta, con la regulación actual siempre que la ley expresamente lo permita[419].

No obstante, sí sería conveniente que dicha intervención del tercero sea debidamente justificada y concretada la causa que motiva su

---

417 SSTS 268/2005 de 25 de abril [*Tol 639016*] y 78/2015 de 25 febrero [*Tol 4799122*].

418 ALMAGRO NOSETE, J., “Sobre la intervención provocada…”, *op. cit.*, pág. 4.

419 Como señala MAGRO SERVET, V., “La posición del tercero…”, *op. cit.*, pág. 1.

llamada al proceso, es decir, las responsabilidades que debe compartir y/o asumir el tercero y, para ello, no basta una simple solicitud de la llamada al proceso, sino que resulta necesario que dicho llamamiento se formule en la contestación a la demanda y se dé nuevo traslado al demandante para alegar o proponer nuevos documentos, tal como proponemos en la reforma legislativa que se ofrece.

2.1.2. El principio dispositivo

En segundo lugar, el principio dispositivo implica que son las partes las que dirigen el proceso, las encargadas de su inicio, transcurso y terminación. Son las partes las que inician el proceso, las que centran el objeto de su controversia en virtud del principio de preclusión de alegaciones (art. 400 LEC) y *mutatio libelli* (art. 412 LEC), y son las partes quienes pueden decidir a su vez renunciar al mismo.

El Tribunal Supremo ha reconocido como expresión del principio dispositivo, que atribuye a las partes la posibilidad de disponer sobre el objeto del proceso, en reiterada jurisprudencia, que el tribunal de apelación sólo debe conocer de aquellas cuestiones que le han sido planteadas (SSTS de 30 de junio de 2009, 1 de octubre de 2010, 13 de octubre de 2010, 21 de octubre y 20 de septiembre de 2021)[420]. También que el principio dispositivo del proceso civil goza de una importancia tal que permite la distinción de los procesos civiles de los de otra naturaleza, donde el poder de disposición de las partes se halla más limitado y tiene la importancia y significación de atribuir a las partes el poder de dirigir el proceso de forma material, hasta el punto de que el órgano judicial no puede obligar a demandante y demandado a mantener determinadas posiciones, sin perjuicio de los efectos que las leyes tengan atribuidas a las renuncias y allanamientos que las partes puedan manifestar (entre otros, ATS de 13 de abril de 2010)[421].

---

420 SSTS 533/2009 de 30 de junio [*Tol 1577967*], 610/2010 de 1 de octubre [*Tol 1973666*], 621/2010 de 13 de octubre [*Tol 1992431*], 197/2016 de 30 de marzo [*Tol 5682215*], 419/2021 de 21 de junio [*Tol 8481254*] y 611/2021 de 20 de septiembre [*Tol 8601618*].

421 ATS de 13 abril de 2010 [*Tol 3486965*] sobre renuncia al llamamiento al pleito en calidad de interviniente provocado de la entidad aseguradora.

No obstante, tampoco encontramos escollo para la admisión de la condición de parte del tercero en el principio dispositivo, pues son las partes las que centran el objeto de debate y los hechos controvertidos, en el caso de intervención provocada, lo introduce el demandado. Incluso si el demandante se opusiere a la llamada del tercero, el demandado puede incluir en el objeto de debate la responsabilidad de otro agente de la edificación sin que ello implique vulneración del principio referido, como ocurre con la reconvención siempre que fueran pretensiones conexas con el objeto del proceso.

Señala BLASCO GASCÓ[422] que en el caso de la DA 7.ª LOE hay una derogación del principio dispositivo del proceso y del principio de congruencia en favor del principio de economía procesal, pues sirve para dirimir en un solo proceso cuantas responsabilidades sean precisas, teniendo en cuenta que, como ha dicho el propio Tribunal Supremo, el objeto en los procesos por defectos constructivos no es determinar quién de los agentes es el responsable del daño, sino a quién, de entre los agentes demandados, le es imputable el daño. Por eso, es fundamental que estén en el proceso, bien porque la demanda se dirige contra ellos, bien porque los llama al mismo el propio demandado que, en otro caso, si es condenado deberá iniciar un nuevo proceso contra ellos[423]. Por su parte ALVAREZ OLALLA[424] declara que esta merma que como consecuencia de la intervención provocada sufre el *ius electionis*, el principio dispositivo y el principio de aportación de parte de la parte actora, está plenamente justificada en aras de permitir al demandado (también al tercero) un correcto ejercicio del derecho de defensa. La autora defiende que es una for-

422 BLASCO GASCÓ, F. de P., "Contrato de ejecución de obra…", *op. cit.*, págs. 274-288.

423 BLASCO GASCÓ, F. de P., "Comentario de la Sentencia del Tribunal Supremo de 28 de julio de 2020…", *op. cit.*, págs. 122-134.

424 ÁLVAREZ OLALLA, M. P., "La intervención provocada…", *op. cit.*, págs. 8-25. La autora reconoce que la intervención provocada supone una quiebra del principio dispositivo, pero justifica que "esa pérdida de protagonismo en la articulación de la relación procesal debe ser el tributo a pagar por poder exigir el todo a un solo causante o responsable. A cambio, este debe poder traer a pleito a otros posibles responsables, para beneficiarse de la posibilidad de debate, en ese mismo pleito, en torno a la concurrencia de otras causas, culpas y responsabilidades".

ma de mejorar la posición del responsable demandado, que sirva de paliativo o contrapeso a la obligación de responder por el todo, derivada de la solidaridad (impropia), como ocurre en el caso de la LOE.

Ahora bien, a nuestro juicio, para una adecuada salvaguarda del referido principio, también es necesaria la reforma del precepto legal que permite la llamada por intervención provocada, pues lo correcto es que el demandado formule su contestación antes de que el tercero sea llamado al litigio dado que los términos de su responsabilidad deberían quedar fijados para centrar el objeto de debate. Por ello, la reforma que se propone introduce la necesidad de que el demandado, que solicita del tribunal que sea notificada al tercero la pendencia del juicio, deba justificar la existencia de un interés legítimo y hacer la solicitud junto con la contestación a la demanda para que las pretensiones contra el tercero que pretende dirigir (de las contenidas en la demanda) queden perfectamente identificadas.

2.1.3. El principio de contradicción

Por último, se argumenta por la doctrina y jurisprudencia que la condición de parte del tercero supondría vulneración del principio de contradicción del proceso civil.

El principio de contradicción es parte fundamental del derecho de defensa del art. 24 CE, que reconoce el derecho de todas las personas a la tutela judicial efectiva de los jueces y tribunales para defender sus derechos e intereses legítimos. Este derecho a la tutela implica el respeto de unas reglas en el desarrollo de un proceso judicial para garantizar que no se produce la indefensión de la persona. Por tanto, este principio supone que para las partes tiene que estar garantizado poder acceder y conocer el proceso, así como actuar plenamente en el procedimiento.

El Tribunal Supremo ha declarado la vulneración de este principio cuando se produce el examen judicial de cuestiones nuevas no planteadas en los escritos expositivos del proceso al desviarse de los términos en que viene planteado el debate forense, ya que de ello se deriva una indefensión a las partes que, al no tener conciencia del alcance de la controversia, no pueden actuar adecuadamente en defensa de sus intereses (SSTS de 30 de diciembre de 1993, 23 de noviembre de 2004 y 16 de junio de 2015, entre otras)[425].

Sin embargo, no se vulnera el principio de contradicción cuando es la parte demandada quien introduce la llamada del tercero al proceso siempre que se ofrezca audiencia al demandante sobre la misma para poder alegar, defenderse y respetar la debida contradicción en el proceso.

Con la regulación actual, el art. 14.2 párrafo 2ª LEC prevé que deba oírse por diez días al demandante sobre la solicitud y, tras la incorporación del tercero al proceso las partes podrán proponer sus medios de prueba en la audiencia previa. Sin embargo, es cierto que ello no garantiza plenamente el principio de contradicción, pues la ley solo prevé que el actor se manifieste sobre la solicitud de intervención que realiza el demandado, pero no sobre la posterior contestación que éste formule. El demandante ya habrá aportado en su demanda los documentos de que pretenda valerse en el proceso siendo este momento preclusivo sobre determinadas pruebas que no podrían aportarse en momento posterior (art. 265 LEC).

Por ello, la reforma del precepto que proponemos sería, en todo caso, más garantista con el principio de contradicción pues tras la contestación del tercero se volvería a dar nuevo traslado a las partes (demandante y demandado) para que puedan alegar y presentar documentos adicionales. Este nuevo traslado a las partes no es algo novedoso, pues ocurre en otros procesos, por ejemplo, en el art. 42 la Ley de Arbitraje al regular el procedimiento de anulación y revisión del laudo: se prevé un nuevo traslado al actor para que pueda presentar documentos adicionales tras recibir la contestación a la demanda de anulación[426].

2.2. Complicaciones procesales

Otro de los problemas o temores que ha planteado la intervención provocada de un tercero al proceso son las "complicaciones pro-

---

425 SSTS de 30 diciembre de 1993 [*Tol 1663125*], 1136/2004 de 23 noviembre [*Tol 538272*] y 337/2015 de 16 junio [*Tol 5199620*].

426 Ley 60/2003, de 23 de diciembre, de Arbitraje. BOE núm. 309, de 26 de diciembre de 2003.

cesales" que se generan en el pleito, pues tradicionalmente el proceso es una cuestión entre dos partes (demandante y demandado) y la existencia de un tercero puede complicar y dilatar su tramitación, tal como tiene reconocido la doctrina[427].

No obstante, al comienzo del estudio ya nos referíamos a la superación del principio de dualidad de partes pues, aunque la situación del tercero como interviniente del proceso ha dado lugar a una larga controversia por la necesidad de conjugar la defensa de los intereses del tercero en el proceso con el respeto a las partes, entendemos que la existencia de la pluralidad de partes en el proceso ya debería estar más que superada.

Los beneficios de esta "complicación procesal" que implica la llamada del tercero ya los hemos expuesto con anterioridad: reparto de responsabilidades en caso de obligaciones solidarias (propias o impropias) en un mismo proceso, economía procesal, seguridad jurídica, evitar ulteriores procesos superfluos por la existencia de la cosa juzgada, ejecutividad de la sentencia que se dicte, justicia material, etc.

La dilación que puede suponer la llamada al proceso de un tercero, además de ventajas posteriores al sistema por economía procesal evitando ulteriores litigios, también reporta ventajas evidentes al demandado y al tercero, salvaguardando sus derechos de defensa en un único proceso. Como señala la doctrina, es cierto que la intervención provocada genera complicaciones procesales en el pleito; pero a pesar de ello, debe tenderse a que en un único procedimiento se agote el enjuiciamiento del hecho dañoso y de las repercusiones resarcitorias o indemnizatorias derivadas del mismo[428].

Así pues, consideramos que pese a los temores que supone complicar el proceso con la intervención provocada las ventajas son superiores, incluso para el demandante.

---

427 Entre otros, ÁLVAREZ OLALLA, M. P., "La intervención provocada...", *op. cit.*, págs. 8-25; LÓPEZ-FRAGOSO ÁLVAREZ, T. V., "Intervención provocada...", *op. cit.*, pág. 521; o VIGUER SOLER, P. L., "La intervención provocada...", *op. cit.*, pág. 1.

428 ÁLVAREZ OLALLA, M. P., "La intervención provocada...", *op. cit.*, pág. 9.

2.3. Problemas de técnica jurídica

Por otra parte, un sector de la doctrina considera que no se trata tan sólo de una cuestión de respeto al principio dispositivo o al principio de congruencia, sino de una cuestión de técnica jurídica: ¿cómo responde el tercero llamado a una demanda pensada y escrita para otro, al cual necesariamente se le imputa la responsabilidad por los daños? Si nadie le imputa responsabilidad al tercero, ¿de qué se defiende? Si nadie pide que se le condene, ¿a qué se le puede condenar? ¿Cómo (y por qué) pide el tercero que se le absuelva de las pretensiones de la demanda si la demanda no contiene pretensión condenatoria alguna contra él? Recuérdese que es doctrina del Tribunal Supremo que en los juicios de la LOE, o antes del 1591 CC, lo que se discute no es quién es o son los responsables de los daños, sino quién, de entre los demandados, es responsable de los daños[429].

A nuestro juicio, efectivamente los problemas de la consideración como parte del tercero nada tienen que ver con el respeto a los principios de rogación, dispositivo o de congruencia en el proceso civil, los escollos para poder considerar al tercero como parte demandada vienen dados precisamente por la configuración procesal que realiza el art. 14 LEC de la intervención provocada.

El art. 14.2 LEC permite que el demandado solicite dicha llamada dentro del "*plazo otorgado para contestar la demanda*", es decir, no requiere que formule la contestación a la demanda ni esgrima los argumentos de su defensa. Tampoco requiere que justifique o motive la llamada del tercero, simplemente que solicite al tribunal dentro de dicho plazo que la pendencia del juicio sea notificada al tercero.

¿Por qué en el caso de la intervención provocada a instancia del demandante la solicitud deberá realizarse en la demanda (salvo que la ley disponga expresamente otra cosa) y, sin embargo, en el caso de la intervención provocada a instancia del demandado no se dice que deberá realizarse en la contestación a la demanda, sino en plazo para contestar, bastando con una simple solicitud? La diferencia es signi-

---

429 BLASCO GASCÓ, F. de P., *Cuestiones de responsabilidad civil... op. cit.*, págs. 39-49.

ficativa y, a nuestro juicio, esta divergencia es la que impide que el tercero en la regulación actual pueda ser considerado parte procesal a todos los efectos, necesitando de una reforma legislativa urgente en este sentido que solventaría todas las discusiones doctrinales surgidas en la materia, que no son pocas.

Es lógico que el demandante solicite la intervención procesal en su demanda, pues de lo contrario no estaría fijado el objeto de debate, lo que no se comprende es por qué el demandado puede introducir a un tercero en el proceso sin haber contestado antes la demanda y sin justificar debidamente los argumentos que incluyen la responsabilidad del tercero y los motivos por los cuales debe ser responsable o corresponsable de los vicios constructivos reclamados.

La regulación normativa actual de la intervención provocada, tanto en el art. 14.2 LEC como en la DA 7.ª LOE, es defectuosa y viene generando múltiples debates contradictorios. Insistimos, el problema no se debe a la posible vulneración de los principios del proceso civil ya citados (principio rogatorio, principio dispositivo o principio de contradicción), sino a la defectuosa técnica jurídica de los preceptos mencionados:

En primer lugar, si admitimos que el tercero se convierte en parte procesal con la regulación actual se vería obligado a contestar a la demanda incluso antes de que lo haga el propio demandado, lo cual no tiene mucho sentido. De hecho, en la práctica forense lo habitual es que el demandado solicite la intervención provocada y la suspensión del plazo para contestar a la demanda de manera automática, sin haber formalizado la misma, a la espera de las alegaciones que realice el interviniente, para retomar el plazo de su contestación. En realidad, es cierto que el interviniente está contestando una demanda que no va dirigida contra él, cuando ni siquiera sabe los argumentos que va a exponer el demandado en su defensa. Es más, muchas veces ni siquiera se justifica en demasía los argumentos que fundamentan la responsabilidad del llamado al proceso, sino que se realiza la simple solicitud por los letrados que intervenimos en procesos de edificación de manera mecánica.

En segundo lugar, el llamado al proceso estaría contestando una demanda dirigida contra otro agente de la edificación, lo que, en palabras de BLASCO GASCÓ, "es como contestar una carta escrita y dirigida para otro"[430], lo cual no sería un problema si al menos el demandado que realiza su llamada al proceso hubiera contestado la demanda y expuesto los argumentos en los que basa la responsabilidad del tercero. En tal caso, la contestación del interviniente tendría como objetivo rebatir esa atribución de responsabilidad que le realiza el demandado (no el demandante), pero dentro de las pretensiones de la demanda.

En el caso de los agentes de la edificación, normalmente su defensa consistirá, si no puede negar la existencia del defecto, en exculparse del defecto constructivo atribuyendo esta responsabilidad al propio demandado que solicita su llamada o a un agente distinto si se les permite un nuevo llamamiento. Por tanto, en la práctica los agentes de la edificación demandados van a mantener una postura procesal bastante uniforme pues, además de plantear en su caso las excepciones que procedan, optarán generalmente: bien por negar la existencia de los defectos; atribuirlos al propio demandante por falta de conservación y/o mantenimiento adecuado; o bien por atribuir la responsabilidad de manera personal e individual a otro agente de la edificación.

En el caso del promotor, al margen de su responsabilidad contractual, desde el punto de vista de la LOE, como responde solidariamente frente a los adquirentes, no podrá excusar su condición de demandado, ni solicitar su absolución atribuyendo a otro la responsabilidad pues, insistimos, su responsabilidad como garante es incondicional y "*en todo caso*" (art. 17.3 LOE). Solo podrá solicitar su absolución con base en excepciones procesales, negando los hechos de la demanda o atribuyendo los defectos reclamados al propio demandante por falta de conservación, mantenimiento o adecuada utilización de los elementos del edificio (art. 16 LOE). Por ello precisamente la intervención provocada es fundamental para el promotor, a fin de que pueda discutirse en un mismo proceso la verdadera responsabilidad de los defectos de la edificación que corresponda a otro agente de la edificación por el cual actúa como garante frente a los adquirentes. Sin embargo, cuando el promotor solicita la intervención provocada no dispone de un informe pericial que le indique quién es el respon-

430 BLASCO GASCÓ, F. de P., *Cuestiones de responsabilidad civil… op. cit.*, págs. 39-49.

sable de los daños, aunque pueda tener una idea aproximada sobre la causa y por tanto su responsabilidad.

Esta solicitud de intervención provocada en la práctica procesal se mecanizó hasta el punto de recibir una demanda y paralizar el plazo para contestar solicitando la intervención provocada de otros agentes de la edificación, sin necesidad de aportar demasiadas justificaciones al respecto, sobre todo cuando conocíamos que la jurisprudencia no venía imponiendo costas de dicha llamada la solicitante.

¿No sería lo lógico que el demandado contestara a la demanda, justificara la causa de los daños y las posibles responsabilidades de otros agentes, aportase su informe pericial y, en el mismo escrito, tras contestar la demanda, solicitase la intervención del tercero responsable?

En definitiva, no compartimos la idea de que no pueda el tercero ser parte demandada en el proceso a todos los efectos, ni tampoco que la solución estaría en imponer un supuesto de litisconsorcio pasivo necesario como propone algún autor[431], pues ello perjudicaría claramente al demandante que sería responsable de identificar a todos los causantes del daño con el riesgo implícito de costas en caso de absolución posterior de alguno de ellos. La solución más sencilla sería modificar el precepto para resolver los escollos jurídicos que se plantean, admitiendo dicha intervención provocada tras valorar la contestación a la demanda y, tras recibir la respuesta del tercero, dar nuevo traslado al demandante y demandado para alegar y proponer nuevas pruebas.

El interviniente podría defenderse correctamente, ocuparía otra posición procesal de parte demandada, pero en su condición de tercero-demandado frente a las responsabilidades que le atribuye el demandado de las contenidas en la demanda, y dicha cualidad no afectaría al demandante que no ha querido ampliar su demanda, ni podrían imponerse a éste costas de la misma. Su intervención procesal sería a instancias del demandado y, por tanto, "a riesgo de éste" en caso de costas por resultar condenado o absuelto.

---

431 BLASCO GASCÓ, F. de P., "Contrato de ejecución de obra…", *op. cit.*, págs. 274-288.

Con la regulación que se propone no encontramos perjuicio alguno para la parte demandante. El único menoscabo que se le causaría al demandante sería la dilación procesal de incorporar un tercero al proceso, retraso que ya sufre con la regulación actual en caso de admitirse la intervención provocada, y el "inconveniente" de tener en la parte demandada dos posiciones que tratan de negar los hechos de la demanda con sus correspondientes informes periciales contrarios al suyo, lo cual también se produce con la actual regulación. Tampoco debería suponer riesgo de costas al demandante: pues si el tercero-demandado es absuelto las costas serían a cargo del demandado; y si el tercero-demandado es condenado las costas correrían de su cargo y además el demandante tendría más responsables, consiguientemente más solvencia, contra los que dirigirse en ejecución, pues en tal caso sí cobra sentido que la sentencia que se dicte sea "*ejecutable*" contra el tercero.

En tercer lugar, tampoco se comprende con la regulación actual que el tercero no pueda ser parte demandada y, sin embargo, diga el párrafo 5ª del art. 14 LEC que pueda ser "*absuelto*" en la sentencia. Según la doctrina esto podría darse en el caso de que el demandante amplíe su demanda, pues admita dicha intervención, pero lo cierto es que la ley no distingue que para ser absuelto el tercero deba ser el demandante quien admita su intervención y amplíe su demanda. Como ya dijimos, la citada reforma vino a complicar más si cabe las contradicciones entre los diferentes Juzgados y Audiencias Provinciales sobre la condición de parte del tercero y la posibilidad de imponer las costas procesales al solicitante, porque lógicamente la postura coherente es que si el tercero puede ser absuelto también podrá ser condenado y ello implica que sea reconocido como parte, conforme proponemos.

VII. PROPUESTA DE *LEGE FERENDA*

En definitiva, nuestra propuesta de *lege ferenda* para su futura modificación legislativa trata de solucionar los obstáculos expuestos a lo largo del presente. La solución jurídica pasaría por dar cobertura con el art. 14 LEC al contenido de las normas especiales, siendo evidente que en el caso de la DA 7.ª LOE, la voluntad del legislador era que el tercero ocupara la posición de parte procesal a todos los efectos para resolver en un mismo litigio la responsabilidad de los agentes que han intervenido en la edificación.

Por tanto, se plantea una reforma legislativa del art. 14.2 LEC, que incluye además la posibilidad de que la intervención provocada pueda ser instada por el demandado con carácter más amplio. En este sentido, buena parte de la doctrina se muestra partidaria de un modelo general de intervención provocada, sin tasarla o restringirla a un *numerus clausus*, como ocurre en el modelo italiano, alemán o el sistema federal americano[432].

Es decir, no solo "*cuando la ley lo permita*", sino también en aquellos casos en que exista un interés legítimo y el juez así lo entienda, quedando sujeta la llamada a las normas especiales que así lo establezcan o a criterio del tribunal que lo considere admisible en el caso concreto. Dejando a salvo, además, la posibilidad de que las normas especiales introduzcan matizaciones concretas a la intervención del tercero.

En este sentido, no encontramos motivos para limitar de manera tan restrictiva la llamada al tercero cuando, como hemos visto, no es algo que suceda de modo tan frecuente ni en las leyes que lo establecen ni en la práctica forense, y, en cualquier caso, el uso torticero de esta figura deberá ser valorado por el tribunal, asumiendo el demandado el riesgo de la llamada a su costa, pues en caso de que el tercero resultare absuelto y la llamada injustificada, no cabe duda que las costas serán impuestas al mismo y no al demandante, al cual se le beneficia además abriendo el elenco de posibles responsables.

La redacción del precepto actual del art. 14 LEC es la que sigue (hemos tachado lo que, desde nuestro punto de vista, debería eliminarse):

---

432 En este sentido lo defienden ÁLVAREZ OLALLA, M. P., "La intervención provocada...", *op. cit.*, págs. 6-26; BAENA RUIZ, E., "Intervención provocada...", *op. cit.*, pág. 2; GARNICA MARTÍN, J. F., "Las partes...", *op. cit.*, pág. 59; GONZÁLEZ PILLADO, E., "La tutela judicial efectiva...", *op. cit.*, pág. 15; LÓPEZ-FRAGOSO ÁLVAREZ, T. V., "La intervención coactiva por orden del juez o intervención iussu iudicis en la doctrina procesal italiana", *Revista Universitaria de Derecho Procesal*, núm. 6, 1992, págs. 143-177, págs. 143-150; MIGUEL ROMERO, R., "La intervención del tercero...", *op. cit.*, págs. 253-259.; ORMAZÁBAL SÁNCHEZ, G., "Intervención adhesiva...", *op. cit.*, pág. 213; SAMANES ARA, C, "Seguro voluntario...", *op. cit.*, pág. 439-445, entre otros.

Artículo 14. Intervención provocada.

2. ~~Cuando la ley permita~~ al demandado llamar a un tercero para que intervenga en el proceso, se procederá conforme a las siguientes reglas:

1.ª El demandado solicitará del tribunal que sea notificada al tercero la pendencia del juicio. ~~La solicitud deberá presentarse dentro del plazo otorgado para contestar a la demanda.~~

2.ª ~~El letrado de la Administración de Justicia ordenará la interrupción del plazo para contestar a la demanda con efectos desde el día en que se presentó la solicitud, y~~ acordará oír al demandante en el plazo de diez días, resolviendo el tribunal mediante auto lo que proceda.

3.ª ~~El plazo concedido al demandado para contestar a la demanda se reanudará con la notificación al demandado de la desestimación de su petición o, si es estimada, con el traslado del escrito de contestación presentado por el tercero y, en todo caso, al expirar el plazo concedido a este último para contestar a la demanda~~.

4.ª Si comparecido el tercero, el demandado considerase que su lugar en el proceso debe ser ocupado por aquél, se procederá conforme a lo dispuesto en el artículo 18.

5.ª Caso de que en la sentencia resultase absuelto el tercero, las costas se podrán imponer a quien solicitó su intervención con arreglo a los criterios generales del artículo 394.

Y a la vista de las conclusiones expuestas se realiza la siguiente propuesta de *lege ferenda* en la redacción del art. 14.2 LEC:

2. Cuando el demandado solicite la llamada de un tercero para que intervenga en el proceso, sin perjuicio de lo dispuesto en normas especiales, se procederá conforme a las siguientes reglas:

Se eliminaría la expresión "Cuando la Ley lo permita", pues —como hemos expuesto— no encontramos motivos por los cuales deba restringirse la llamada del tercero a los supuestos en que la ley lo refiera. Por ello, en los casos excepcionales en que se solicite deberá justificarse ese "interés legítimo" y el juez valorará su procedencia con arreglo a derecho.

Tampoco creemos que ampliar esta facultad suponga un uso torticero de esta figura ni un obstáculo procesal en el proceso, dado que será el juez a la vista de ese "interés legítimo" quien decida su admisión o no, en cada uno de los casos.

Se amplían pues los supuestos en que cabe solicitar la intervención provocada, quedando ésta sujeta a las normas especiales que así lo establezcan, o a criterio del Tribunal que lo considere admisible en el caso concreto. Dejando a salvo, además, la posibilidad de que las normas especiales introduzcan matizaciones concretas a la intervención del tercero.

1.ª El demandado solicitará del tribunal que sea notificada al tercero la pendencia del proceso. La solicitud deberá justificar la existencia de un interés legítimo y presentarse junto con la contestación a la demanda.

Se añade la exigencia de justificación de un "interés legítimo" en la intervención del tercero y se entiende que debe realizarse en su contestación a la demanda, no con anterioridad ni con suspensión del plazo para ello, para que el tercero pueda conocer los motivos de su llamada, sin perjuicio de que se realice en la forma en que se considere conveniente en el escrito de contestación o mediante Otrosí Digo. Y sin perjuicio de que, posteriormente, se dé nuevo traslado para efectuar alegaciones a su vista o aportar documentos complementarios al demandante y demandado.

Se alude a un interés legítimo, y no directo, para evitar confusiones entre la intervención adhesiva simple y litisconsorcial, como antes hemos expuesto, dado que la llamada podrá estar justificada también en aquellos casos en que el interés sea indirecto o reflejo por los efectos que la sentencia pudiera tener en el tercero llamado al proceso, no solo en los casos en que exista un interés directo (intervención adhesiva litisconsorcial). Comprende pues ambos supuestos como ha declarado la doctrina y jurisprudencia en interpretación del precepto.

2.ª El tribunal acordará oír al demandante en el plazo de diez días, y transcurrido dicho plazo resolverá mediante auto lo que proceda. Contra el auto que rechace la solicitud no cabrá recurso alguno, sin perjuicio del recurso que proceda contra la resolución que ponga fin al proceso.

Consideramos que es necesario mantener este presupuesto para dar audiencia al demandante, pero la decisión en cualquier caso corresponde al tribunal, por lo que dicha postura no será decisiva. Como hemos dicho, no se le puede exigir una postura concreta al demandante, ni siquiera se le impide mostrarse indiferente ante tal solicitud.

No cabría recurso de apelación como hemos referido, puesto que no se trata de un "auto definitivo" (art. 455 LEC) ni "pone fin al proceso" (art. 393.5 LEC).

3ª. En caso de que el tribunal admitiese la intervención, el Letrado de la Administración de Justicia dará traslado de la demanda y de la contestación al tercero, para que conteste dentro del plazo otorgado para contestar a la demanda. De este escrito, y de los documentos que lo acompañen, se dará traslado de nuevo a las demás partes originales, por plazo de diez días, para que puedan presentar documentos adicionales.

Entendemos que debe darse, tanto al demandante como al demandado solicitante de la llamada, nuevo plazo para efectuar alegaciones o ampliar documentos a la vista de las manifestaciones efectuadas por el tercero.

Así, para salvaguardar los principios dispositivos, de rogación y contradicción en el proceso, debe darse traslado completo al tercero de la demanda y contestación donde se concretan los hechos dirigidos contra el mismo, y posteriormente dar nuevo traslado al demandante y demandado para alegar y proponer nuevas pruebas a raíz de la contestación y documentos aportados por el tercero.

No se trata de una dilación excesiva del proceso, para salvaguardar los principios referidos, y tiene su amparo en otras normas procesales que así lo disponen (por ejemplo, en la Ley de Arbitraje al regular el procedimiento de anulación y revisión del laudo como antes hemos referido).

4.ª Si el tercero comparece, será considerado como parte demandada en el proceso a todos los efectos, podrá plantear tanto las excepciones como las alegaciones que considere convenientes siempre que sean conexas y no excedan del objeto del proceso, y se verá afectado por el fallo judicial que se dicte.

A nuestro juicio si el tercero comparece lo hará como parte a todos los efectos (como ocurre en la intervención voluntaria) y podrá plantear excepciones y efectuar alegaciones siempre que sean conexas con el objeto del proceso, pues, caso contrario, de tratarse de pretensiones incompatibles o contradictorias estaríamos ante una intervención principal, no admitida en nuestro ordenamiento jurídico de conformidad con la mayoría de la doctrina.

En este sentido defendemos la postura expuesta a lo largo del estudio de que el tercero debe ser considerado como parte demandada a todos los efectos. Pero solamente en caso de que éste llegue a comparecer en el proceso y tenga la posibilidad de alegar y excepcionar lo que a su derecho corresponda, pues, caso contrario, si no comparece, ya hemos dicho que la declaración de rebeldía nos parece excesiva para el tercero que no ha sido parte originaria en el proceso.

Cuando, además, puede tratarse de una simple litisdenuntiatio o puesta en conocimiento del proceso. Todo ello, sin perjuicio de que la sentencia que se dicte le será oponible en un ulterior proceso judicial y no podrá alegar negligencia ni mala fe procesal por su falta de llamada al litigio.

5.ª Si el tercero no comparece, no podrá ser condenado o absuelto en el fallo judicial, sin perjuicio de ser advertido en el emplazamiento de que los pronunciamientos que se contengan respecto al mismo serán oponibles en un ulterior proceso judicial.

En los casos que se trate de una simple litisdenuntiatio, el objetivo es tan solo poner en conocimiento la pendencia del proceso, por lo que si no se notifica el proceso responderá por la mala gestión procesal, y si se notifica, pero el tercero no comparece, no podrá ser afectado por el fallo judicial, sin perjuicio de las consecuencias que de ello pueda derivarse en un ulterior proceso al serle oponible el pronunciamiento anterior.

En consecuencia, en aquellos supuestos de llamada en causa común, siempre que el tercero comparezca, podrá resolverse la controversia en un único litigio. Y si no comparece deberá ser advertido, como ya hacía la DA 7.ª LOE, de que los pronunciamientos que se contengan respecto del mismo, tanto en los hechos como en los fundamentos de derecho, serán oponibles en un ulterior proceso judicial.

De esta forma se da cobertura a ambas figuras, la simple litisdenuntiatio, sin ampliación objetiva y subjetiva del proceso en caso de que el tercero no comparezca porque se trata de una simple comunicación (conociendo los efectos que ello supone en un ulterior litigio), y la "llamada en garantía" o "causa común" cuando se pretende que el tercero comparezca al proceso con la condición de tercero-demandado y puedan resolverse y depurarse todas las responsabilidades en un único proceso judicial en virtud del principio de economía procesal y seguridad jurídica, antes citados.

Además, consideramos que es necesario hacer constar de manera expresa que la sentencia podrá hacer pronunciamientos respecto del tercero y que éstos serán oponibles en un proceso posterior. Pues, aunque no se evita el proceso posterior en caso de que el tercero no comparezca, sí se aclaran los efectos de dicha llamada para el tercero y, además, permite al tribunal conocer que sí puede (y debe) hacer pronunciamientos respecto del tercero. Pues, como hemos dicho, el problema principal que plantea la regulación actual es que las dudas sobre la condición procesal del tercero provocan en muchos casos que los tribunales omitan dicha figura en sus resoluciones judiciales.

6ª. Si comparecido el tercero, el demandado considerase que su lugar en el proceso debe ser ocupado por aquél, se procederá conforme a lo dispuesto en el artículo 18.

No se propone modificación alguna en este sentido, dado que el estudio realizado no tiene por objeto cuestionar la sucesión procesal contenida en el art. 18 LEC.

7.ª En el caso de que el tercero hubiere comparecido y resultase absuelto en la sentencia, las costas se podrán imponer a quien solicitó su intervención con arreglo a los criterios generales del artículo 394.

Entendemos que dejando patente que el tercero debe comparecer para poder ser afectado en el fallo judicial, cobra sentido la regla especial de que las costas podrán imponerse al solicitante de la llamada.

Por todo ello, la nueva redacción del precepto quedaría de la siguiente forma:

> Artículo 14. Intervención provocada.
>
> 2. Cuando el demandado solicite la llamada de un tercero para que intervenga en el proceso, sin perjuicio de lo dispuesto en normas especiales, se procederá conforme a las siguientes reglas:
>
> 1.ª El demandado solicitará del tribunal que sea notificada al tercero la pendencia del proceso. La solicitud deberá justificar la existencia de un interés legítimo y presentarse junto con la contestación a la demanda.
>
> 2.ª El tribunal acordará oír al demandante en el plazo de diez días, y transcurrido dicho plazo resolverá mediante auto lo que proceda. Contra el auto que rechace la solicitud no cabrá recurso alguno, sin perjuicio del recurso que proceda contra la resolución que ponga fin al proceso.
>
> 3ª. En caso de que el tribunal admitiese la intervención, el Letrado de la Administración de Justicia dará traslado de la demanda y de la contestación al tercero, para que conteste dentro del plazo otorgado para contestar a la demanda. De este escrito, y de los documentos que lo acompañen, se dará traslado de nuevo a las demás partes originales, por plazo de diez días, para que puedan presentar documentos adicionales.
>
> 4.ª Si el tercero comparece, será considerado como parte demandada en el proceso a todos los efectos, podrá plantear tanto las excepciones como las alegaciones que considere convenientes siempre que sean conexas y no excedan del objeto del proceso, y se verá afectado por el fallo judicial que se dicte.

> 5.ª Si el tercero no comparece, no podrá ser condenado o absuelto en el fallo judicial, sin perjuicio de ser advertido en el emplazamiento de que los pronunciamientos que se contengan respecto al mismo serán oponibles en un ulterior proceso judicial.
>
> 6ª. Si comparecido el tercero, el demandado considerase que su lugar en el proceso debe ser ocupado por aquél, se procederá conforme a lo dispuesto en el artículo 18.
>
> 7.ª En el caso de que el tercero hubiere comparecido y resultase absuelto en la sentencia, las costas se podrán imponer a quien solicitó su intervención con arreglo a los criterios generales del artículo 394.

A la vista de la propuesta de modificación normativa, no sería necesaria una reforma de la DA 7ª. LOE, pues bastaría su derogación, al quedar englobada en los supuestos del art. 14.2 LEC la posibilidad de que quien resulte demandado por ejercitarse contra él acciones de responsabilidad basadas en las obligaciones resultantes de su intervención en la edificación, solicitara su notificación a otros agentes de la LOE al amparo de la Ley procesal, eliminando la regulación procedimental de la llamada contenida en la DA 7ª. LOE, que debería constar en la LEC y, además, suprimiendo una cuestión conflictiva como es la referencia a que la sentencia que se dicte será "*ejecutable*" frente al tercero.

> Derogación de la Disposición adicional séptima. Solicitud de la demanda de notificación a otros agentes.
>
> ~~Quien resulte demandado por ejercitarse contra él acciones de responsabilidad basadas en las obligaciones resultantes de su intervención en el proceso de la edificación previstas en la presente Ley, podrá solicitar, dentro del plazo que la Ley de Enjuiciamiento Civil concede para contestar a la demanda, que ésta se notifique a otro u otros agentes que también hayan tenido intervención en el referido proceso.~~
>
> ~~La notificación se hará conforme a lo establecido para el emplazamiento de los demandados e incluirá la advertencia expresa a aquellos otros agentes llamados al proceso de que, en el supuesto de que no comparecieren, la sentencia que se dicte será oponible y ejecutable frente a ellos~~.

No obstante, es factible que la LOE prevea esta posibilidad para que las partes estén informadas de la posibilidad de la llamada a un tercero que pudiera verse afectado por el proceso en materia de la edificación. En tal caso, bastaría con suprimir la regulación procedimental, cuyo cuerpo normativo propio es la LEC, contenida en el párrafo 2ª y remitirse a la norma procesal en cuanto a la regulación de dicha llamada.

> Disposición adicional séptima. Solicitud de notificación de la demanda a otros agentes.
>
> Quien resulte demandado por ejercitarse contra él acciones de responsabilidad basadas en las obligaciones resultantes de su intervención en el proceso de la edificación previstas en la presente Ley, podrá solicitar en la forma que establece la Ley de Enjuiciamiento Civil, que ésta se notifique a otro u otros agentes que también hayan tenido intervención en el referido proceso.

Capítulo III
LA ACCIÓN DE REPETICIÓN EN LA LEY DE ORDENACIÓN DE LA EDIFICACIÓN

I. LA RESPONSABILIDAD DE LOS AGENTES DE LA EDIFICACIÓN

Tal como hemos expuesto, el objeto de la segunda parte de nuestro estudio es la acción de repetición que puede ejercitar aquel agente de la edificación que ha satisfecho las responsabilidades por vicios constructivos contra los demás agentes que han intervenido en la construcción, contenida en el art. 18.2 LOE. Para ello, con carácter previo analizaremos las diferentes responsabilidades de los agentes que intervienen en la edificación que permiten posteriormente el ejercicio del derecho de repetición.

Así pues, el promotor, como hemos dicho, se constituye como "garante incondicional" respecto de los adquirentes de viviendas, cuando muchas veces la responsabilidad por los defectos reclamados puede ser claramente individualizada en alguno de los restantes agentes de la edificación: proyectista, director de obra, director de ejecución, constructor, etc. Por ello, el promotor es uno de los principales beneficiados por el ejercicio de esta acción de repetición, pues la posición de garante incondicional afecta al promotor en la esfera interna —frente a los adquirentes de los inmuebles—, pero no en la esfera externa —frente a los demás agentes de la edificación—, por lo que podrá posteriormente accionar para exigir los costes abonados frente al verdadero responsable del daño (entre otras, STS de 27 de febrero de 2008)[433]. Ambos planos de responsabilidad no son

---

433 Como así señala la doctrina: CORDERO LOBATO, E., *Comentarios... op. cit.*, págs. 318-319; o ARIJA SOUTULLO, C, "El principio de no presunción de solidaridad en las obligaciones con pluralidad de deudores", *Revista Aranzadi de Derecho Patrimonial*, núm. 43, 2017, pág. 48.
En el mismo sentido, señala la STS 143/2008 de 27 febrero [*Tol 1297098*] que "*esta facultad solidaria faculta al perjudicado para dirigirse contra todos o alguno de los sujetos participantes y ello sin perjuicio de que, al permanecer preexistentes las relaciones*

susceptibles de una asimilación automática, sin distinción o diferenciación alguna como tiene declarado el Tribunal Supremo (STS de 28 de noviembre de 2016)[434].

Antes de la LOE, sin perjuicio de las responsabilidades contractuales, el mecanismo que tenían los adquirentes de inmuebles para reclamar por vicios constructivos lo encontramos en la responsabilidad por ruina o decenal del art. 1591 CC. A tal efecto, en la interpretación del art. 1591 CC, la jurisprudencia anterior, había definido en materia de responsabilidad de los agentes que intervienen en la edificación los conceptos de solidaridad propia e impropia, estableciendo como "solidaridad propia" la regulada en el art. 1137 CC que viene impuesta con carácter predeterminado *ex voluntate* o *ex lege*[435], y otra modalidad de "solidaridad impropia" u obligaciones *in solidum*, que surge cuando no resulta posible la individualización de dicha responsabilidad: bien porque no sea posible la identificación de la causa; bien porque concurran varias causas; o bien porque no sea posible determinar las cuotas de responsabilidad por participación de cada uno de ellos en el resultado dañoso.

La LOE viene a plasmar la doctrina jurisprudencial emanada del citado precepto (art. 1591 CC), y establece que la responsabilidad por vicios o defectos es, en principio, y como regla general, individualizada, en armonía con la culpa propia de cada uno de los agentes en el cumplimiento de la respectiva función que desarrollan en la construcción del edificio, salvo en aquellos supuestos muy concretos que la propia ley tiene en cuenta para configurar una solidaridad expresa, propia o impropia o especial, según se trate del promotor y de los demás agentes (SSTS de 22 de marzo de 2010, 16 de enero de 2014 o 20 de mayo de 2014, entre otras)[436].

---

internas, se pueden utilizar las acciones de repetición que, en su caso, procedan por los condenados respecto a los demás intervinientes de la obra (STS de 22 de marzo de 1997, citada en la de 29 de noviembre de 2002 y reiterada en STS de 31 de marzo de 2005)" (FD 3º).

434 STS 712/2016 de 28 noviembre [*Tol 5903856*].

435 STS 765/2014 de 20 mayo [*Tol 5175621*].

436 Entre otras, SSTS 195/2010 de 22 de marzo [*Tol 1818385*], 761/2014 de 16 de enero [*Tol 4720057*] y 765/2014 de 20 mayo [*Tol 5175621*]. Tal como lo recoge también MILÁ RAFAEL, R., "Irretroactividad del plazo de prescripción del artículo 18.1 LOE. Comentario a la STS, 1ª, 22.3.2010", *Indret: Revista para el Aná-*

En este sentido la LOE, aunque sin grandes novedades, en su art. 17 viene a aportar claridad a este régimen de responsabilidad de los agentes de la edificación, trasponiendo a la norma los pronunciamientos jurisprudenciales que venían sucediéndose con el art. 1591 CC[437].

En primer lugar, se refiere en el art. 17 a la responsabilidad civil de los agentes que intervienen en el proceso de edificación "*sin perjuicio de sus responsabilidades contractuales*", por lo que no podemos obviar que la responsabilidad de la LOE es compatible con la responsabilidad contractual del promotor y de los demás agentes, en su caso, frente a éste que es quien los ha contratado.

En segundo lugar, se regula con carácter general la responsabilidad individual y personalizada en el ámbito de la edificación, pues tal como recoge el art. 17.2 LOE: "*La responsabilidad civil será exigible en forma personal e individualizada, tanto por actos u omisiones propios, como por actos u omisiones de personas por las que, con arreglo a esta Ley, se deba responder*".

En tercer lugar, con carácter subsidiario, se declara la responsabilidad solidaria, pero tan solo en aquellos casos en que "*no pudiera individualizarse la causa de los daños materiales o quedase debidamente probada la concurrencia de culpas sin que pudiera precisarse el grado de intervención de cada agente en el daño producido*" (art. 17.3 LOE).

En cuarto lugar, se establecen algunos supuestos de responsabilidad solidaria declarados por ley: es el caso del promotor, que respon-

---

lisis del Derecho, núm. 3, 2019 (Acceso: 15/07/2022, disponible en https://www.raco.cat/index.php/InDret/article/download/225407/306720/), págs. 5-6, en Comentario a la Sentencia Tribunal Supremo (Sala de lo Civil) núm. 195/2010, de 22 de marzo; y MARTÍNEZ DEL TORO, S., "La reforma de la intervención provocada ...", *op. cit.*, pág. 6, que señala que el art. 17 LOE supone el reconocimiento legal a la doctrina jurisprudencial de la solidaridad impropia, al recoger de forma expresa su aplicación cuando no pueda individualizarse el agente que ha provocado los daños materiales o, una vez que se ha determinado la concurrencia de culpas en los diferentes agentes en la producción del evento dañoso, lo que no se determina es la cuota de participación que corresponde a cada uno.

437 SEPÍN DERECHO INMOBILIARIO, "Dice el art. 17.3 LOE que el promotor responderá solidariamente...", *op.cit.*, Encuesta Jurídica septiembre 2009, Sepín (SP/DOCT/4192).

derá solidariamente con los demás agentes intervinientes ante los posibles adquirentes de los daños materiales en el edificio ocasionados por vicios o defectos de construcción, pero también en el caso de que hubiere varios proyectistas porque el proyecto fuera contratado conjuntamente (art. 17.5 LOE), o en los casos en que la dirección de obra se contrata de manera conjunta a más de un técnico (art. 17.7 LOE).

Y, por último, se regulan también algunos supuestos de responsabilidad por hecho ajeno, en el caso de los proyectistas (art. 17.5 LOE), del constructor (art. 17.6 LOE) y de los directores de obra y ejecución (art. 17.7 LOE).

1. La responsabilidad individual

La responsabilidad de los agentes de la edificación que establece la LOE es una responsabilidad personal e individualizada con carácter general.

El Código Civil contiene una presunción de que las obligaciones con pluralidad de partes son mancomunadas, al establecer en el art. 1137 CC: "*La concurrencia de dos o más acreedores o de dos o más deudores en una sola obligación no implica que cada uno de aquéllos tenga derecho a pedir, ni cada uno de éstos deba prestar íntegramente las cosas objeto de la misma. Sólo habrá lugar a esto cuando la obligación expresamente lo determine, constituyéndose con el carácter de solidaria*".

Por su parte, es el art. 17.2 LOE el que consagra el principio general de responsabilidad individual en la edificación al disponer: "*La responsabilidad civil será exigible en forma personal e individualizada, tanto por actos u omisiones propios, como por actos u omisiones de personas por las que, con arreglo a esta Ley, se deba responder*". Por tanto, la LOE plasma por primera vez en un texto legal la responsabilidad general individual de los agentes de la edificación[438], a no ser que se demuestre una responsabilidad colectiva, y para ello, trata de definir cada una

---

438 Como señala SOLER PASCUAL, L. A., "Cuestiones prácticas...", *op. cit.*, pág. 8, lo que establece la LOE no es, como han dicho los autores, una obviedad sino una plasmación legislativa.

de las funciones de los diferentes agentes que intervienen en el proceso constructivo (arts. 9 a 16 LOE).

Como establece la doctrina[439] y la jurisprudencia del Tribunal Supremo (entre otras, SSTS de 22 de marzo de 2010, 16 de enero de 2014 o 20 de mayo de 20124)[440], la LOE dota al sector de la construcción de una configuración legal específica, estableciendo las obligaciones y responsabilidades de los agentes de la edificación, así como sus funciones, para poder delimitar esta responsabilidad personal e individual. Por ello, en la LOE cada uno de los agentes asume el cumplimiento de sus funciones definidas en los arts. 9 a 16 y, en determinadas ocasiones, las ajenas, al establecer la ley ciertos supuestos en los que los agentes responden por la actividad de otras personas, caso del proyectista, respecto de los errores de cálculo, o de los estudios o dictámenes que encarga a otros; del director de la obra, por omisiones o deficiencias del proyecto, o del constructor, por el jefe de obras o por los subcontratistas. Y solo cuando aquella responsabilidad no pueda ser concretada individualmente o no quedase debidamente probada la concurrencia de culpas sin que pudiera precisarse el grado de intervención de cada agente en el daño producido, procederá la condena solidaria como dispone el art. 17.3 LOE (SSTS de 16 de enero o 20 de mayo de 2014)[441].

No es sencillo, sin embargo, en materia de defectos constructivos deslindar cada una de las responsabilidades, pues normalmente el perjudicado demandará al promotor como garante solidario y si, además, decide demandar a otros agentes, la responsabilidad del constructor será muchas veces concurrente con la del arquitecto técnico por falta de supervisión en caso de vicios o defectos de ejecución, o con la del arquitecto director de obra cuando todos han firmado el certificado final de obra. Más sencillo parece determinar cuándo son

---

439 SALAS CARCELLER, A., "La prescripción de la acción de responsabilidad frente a los agentes de la edificación en relación con los vínculos de solidaridad", *Revista Aranzadi Doctrinal*, núm. 10, 2015, pág. 89.

440 SSTS de 22 de marzo 2010 [*Tol 1818385*]; 761/2014 de 16 de enero [*Tol 4720057*] y 765/2014 de 20 mayo [*Tol 5175621*].

441 SSTS 761/2014 de 16 de enero [*Tol 4720057*] y 765/2014 de 20 mayo [*Tol 5175621*]. Tal como señala SALAS CARCELLER, A., "La prescripción de la acción ...", *op. cit.*, pág. 90.

defectos del proyecto, pero, en cualquier caso, cuando concurran diversas deficiencias y ante informes periciales con opiniones dispares en este tipo de procesos judiciales, lo habitual en la práctica judicial es la declaración de condena solidaria por imposibilidad de discernir responsabilidades[442].

No podemos obviar que en el proceso judicial cada uno de los técnicos aportará su propio informe pericial absolviéndose de responsabilidad y salvo que exista una pericial judicial solvente que determine e individualice las responsabilidades de forma clara y precisa, la predisposición judicial será la condena solidaria de todos ellos ante la imposibilidad de individualizar las culpas.

2. *La responsabilidad solidaria*

Si bien nuestro Código Civil sienta el principio general de no presunción de la solidaridad en los arts. 1137 y 1138 CC, algún sector doctrinal considera que son cada vez más numerosas sus excepciones, por lo que existe una tendencia insoslayable a la solidaridad, ya declarada como regla general en otros ordenamientos jurídicos como el alemán o el italiano[443].

Como señala tanto la doctrina como la jurisprudencia, la solidaridad se erige como un medio de protección de los perjudicados (SSTS de 15 de abril y 24 de septiembre de 2003)[444], desde el momento en que obliga a cada uno de los deudores solidarios frente al actor que reclama, y que a estos efectos tiene la condición de acreedor, a realizar la prestación íntegra, es decir, a satisfacer la cantidad total a cuyo pago han sido condenados (STS de 27 de noviembre 1981)[445]. Pese a ello, la LOE parte del principio de responsabilidad individual, y solo

---

442 Tal como reconoce GARCÍA-CHAMÓN CERVERA, E., "El litisconsorcio pasivo...", *op. cit.*, pág. 3, en la práctica forense no abundan los supuestos de imputación individual del daño convirtiéndose la regla general en excepción.

443 En este sentido JORDANO BAREA, J. B., "Las obligaciones solidarias", *Anuario de Derecho Civil*, núm. 3, 1992, págs. 847-874.

444 SSTS 403/2003 de 15 abril [*Tol 275454*] y 864/2003 de 24 septiembre [*Tol 314141*].

445 STS de 27 noviembre de 1981 [*Tol 1739946*]. Como recoge también SÁNCHEZ GÁLVEZ, F., "Jurisprudencia sobre la solidaridad impropia en la responsabilidad civil extracontractual", *Acta Judicial*, núm. 5, 2020, págs. 10-35.

con carácter subsidiario, cuando no pudiera individualizarse la causa de los daños materiales o quedase debidamente probada la concurrencia de culpas sin que pudiera precisarse el grado de intervención de cada agente en el daño producido, la responsabilidad se exigirá solidariamente (art. 17. 3 LOE).

En realidad, dentro del precepto referido se regulan tres supuestos diversos para declarar la condena solidaria con carácter excepcional, aunque como decimos en la práctica forense por defectos constructivos se convierta en la regla general, a saber:

i) En primer lugar, "*cuando no pudiera individualizarse la causa de los daños materiales*", esto es, cuando resultase imposible identificar el origen de los daños o existieran informes contradictorios, responderán solidariamente todos los agentes de la edificación.

ii) En segundo lugar, "*cuando quedase debidamente probada la concurrencia de culpas*", es decir, cuando siendo posible identificar la causa o el origen, quedase acreditado que existe una concurrencia de culpas de los agentes de la edificación, lo que conlleva la condena solidaria[446].

ii) Y, en tercer lugar, cuando no "*pudiera precisarse el grado de intervención de cada agente en el daño producido*", por tanto, cuando el problema no sea la identificación de la causa, sino que conociendo ésta no resultase posible determinar en qué grado o medida ha intervenido cada agente en su causación.

Como afirma la jurisprudencia, sin duda, "*la condena solidaria representa el fracaso de un sistema pensado para hacer efectivas responsabilidades individuales de cada uno de los agentes*"; sistema que ya venía recogido en la interpretación del art. 1591 CC, respondiendo a la idea de salvaguardar el interés social (SSTS de 3 de noviembre 1999 o 24 de

---

446 Como señala GARCÍA LARAÑA, R., "La llamada en garantía y la acción de repetición en la Ley de la Edificación", *Consultor inmobiliario: Revista Mensual de Actualidad para Profesionales*, núm. 7, 2000, págs. 24-31, por ejemplo, humedades debidas a deficiencias del proyecto y mala calidad de los materiales, y no haya base para distribuir distintas cuotas de responsabilidad.

septiembre de 2003, entre otras)[447], en cuanto constituye un medio de protección de los perjudicados (STS de 16 de enero de 2014)[448].

Pese a ello, aun cuando sigue vigente en nuestro Código Civil la presunción de no solidaridad, cabe apreciar en la legislación y jurisprudencia una clara tendencia a entender que el régimen aplicable a las obligaciones en las que hay varios deudores, salvo que se haya pactado la división, es la solidaridad[449]. En este sentido, la LOE regula diversos tipos de solidaridad, tanto propia como impropia, si atendemos a la denominación dada por la jurisprudencia en desarrollo del art. 1591 CC y conviene desarrollar ambos conceptos por las repercusiones prácticas que existen según el tipo de responsabilidad en que nos encontremos.

2.1. Solidaridad propia

La "solidaridad propia" viene regulada en los arts. 1137 y ss. CC, cuando la obligación expresamente se determine con el carácter de solidaria. Esto ocurre, por ejemplo, cuando existen obligaciones contractuales con una pluralidad de deudores[450], cuando así lo exige la naturaleza de la obligación (como ya decía la STS de 25 de marzo de 1957)[451], la existencia de una comunidad jurídica de objetivos o interna conexión entre los obligados (STS de 17 de abril de 2015)[452] o la unidad de fin de las prestaciones destinadas en común a satisfacer la necesidad del acreedor (STS de 19 de mayo de 1992)[453].

---

447 SSTS de 3 noviembre 1999 [*Tol 171378*] y 858/2003 de 24 septiembre [*Tol 4920228*].

448 STS 761/2014 de 16 de enero [*Tol 4720057*].

449 ARIJA SOUTULLO, C, "El principio de no presunción de solidaridad ...", *op. cit.*, pág. 31.

450 Ejemplos de obligaciones constituidas con carácter solidario se exponen por ÁLVAREZ OLALLA, P., "El Tribunal Supremo aclara su doctrina relativa a la inaplicación del artículo 1974 CC en el caso de la responsabilidad solidaria de los agentes de la edificación", *Aranzadi Civil-Mercantil. Revista Doctrinal,* Vol. 2, núm. 11, 2015, pág. 145.

451 STS de 25 de marzo de 1957 [*Tol 4352878*].

452 STS 198/2015 de 17 de abril [*Tol 4979463*].

453 STS de 19 de mayo de 1992 [*Tol 1659706*].

Respecto a los agentes que intervienen en la edificación, la LOE establece el principio general de responsabilidad personal e individualizada. Pero también establece determinadas obligaciones con carácter solidario, como hemos dicho, la del promotor que responderá solidariamente con los demás agentes intervinientes ante los adquirentes de viviendas y la responsabilidad solidaria de los proyectistas o dirección conjunta de las obras. En tales casos coincide la doctrina que estaríamos ante un supuesto de "solidaridad propia"[454].

En primer lugar, así lo determina el párrafo 2º del art. 17.3 LOE respecto del promotor, al disponer que "*en todo caso*" el promotor responderá solidariamente con los demás agentes intervinientes ante los posibles adquirentes de los daños materiales en el edificio ocasionados por vicios o defectos de construcción. El promotor es garante solidario frente a los adquirentes de las responsabilidades de los demás agentes de la edificación y, como hemos dicho, es una responsabilidad solidaria como garante incondicional que viene impuesta *ex lege* como solidaridad propia, con independencia del reparto de funciones que efectúa la LOE e incluso aunque la causa de los daños esté perfectamente determinada, esto es, aunque en el juicio se determine la causa de los daños, estos se imputen a la actuación de uno o varios agentes de la edificación y se fije el grado de intervención de cada uno de ellos en la causación del daño[455]. Además, el promotor responde solidariamente con independencia de la forma de distribución de la responsabilidad entre el resto de agentes de la edificación condenados[456]. Esta responsabilidad propia también se denomina

---

454 Así lo recogen, entre otros, SOLER PASCUAL, L. A., "Cuestiones prácticas…", *op. cit.*, pág. 8; LÓPEZ RICHART, J., *Responsabilidad personal e individualizada y responsabilidad solidaria en la Ley de ordenación de la edificación*, Dykinson, 2003, págs. 55-60; MARTÍNEZ DEL TORO, S., "La reforma de la intervención provocada …", *op. cit.*, pág. 6.

455 BLASCO GASCÓ, F. de P., "Contrato de ejecución de obra…", *op. cit.*, págs. 274-288, y MILÁ RAFAEL, R., "Cinco cuestiones …", *op. cit.*, pág. 115. Este último autor refiere que el promotor responde "en todo caso" con los demás agentes intervinientes ante los posibles adquirentes y esto significa que, aun cuando estén perfectamente delimitadas las responsabilidades y la causa de los daños sea imputable a otros agentes del proceso constructivo, responde como garante incondicional en una interpretación literal de la dicción del precepto referido.

456 MILÁ RAFAEL, R., "Cinco cuestiones…", *op. cit.*, pág. 115.

por el Tribunal Supremo y por la doctrina como responsabilidad *ab initio*[457] o solidaridad inicial (STS de 27 junio 2017)[458].

Como decíamos en el Capítulo I, al cual nos remitimos, podemos encontrar diferentes posturas doctrinales sobre la naturaleza de esta obligación que, ya con la LOE, podemos calificar de responsabilidad legal frente a los adquirentes en la esfera interna, pero que no le impide repetir en la esfera externa respecto a los agentes que resulten verdaderos responsables del daño. Tal como indica el Tribunal Supremo (entre otras, STS de 9 de septiembre de 2014)[459], es evidente que el promotor, en el actual régimen de la LOE, está relacionado con el resto de los agentes por vínculos de solidaridad legal, por lo que se trata, sin duda, de una solidaridad propia de la que resulta la plena aplicación de lo dispuesto en el art. 1974 CC. Pues, se podrá sostener que la solidaridad ya no puede calificarse en estos casos de impropia, puesto que con la LOE no tiene su origen en la sentencia, como decía la jurisprudencia, sino en la Ley, lo que no es cuestionable es que se trata de una responsabilidad solidaria, no de una obligación solidaria en los términos del artículo 1137 CC ("*cuando la obligación expresamente lo determine, constituyéndose con el carácter de solidaria*"), con la repercusión consiguiente en orden a la interrupción de la prescripción, que después analizaremos (SSTS de 17 de septiembre de 2015 o 15 de enero de 2020)[460].

En segundo lugar, la LOE también regula otros supuestos de responsabilidad solidaria propia en el caso de agentes contratados conjuntamente. Así, en el caso de que hubiere varios proyectistas porque el proyecto fuera contratado conjuntamente con más de un proyectista (art. 17.5 LOE), responderán solidariamente (como señala, entre

---

457 REY MUÑOZ, F. J., "La autonomía de la acción de repetición y su plazo de prescripción en la Ley de Ordenación de la Edificación", *Revista General de Legislación y Jurisprudencia*, núm. 2, 2019, pág. 286.

458 DOMÍNGUEZ LUELMO, A., "Doctrina jurisprudencial sobre la interrupción de la prescripción en los supuestos de responsabilidad solidaria subsidiaria de los agentes que intervienen en el proceso de edificación. Comentario a la STS de 27 junio 2017 (RJ 2017, 3197)", *Cuadernos Civitas de Jurisprudencia Civil*, núm. 105, 2017, pág. 7.

459 STS de 9 septiembre de 2014 [*Tol 4538501*].

460 Así, la STS 510/2015 de 17 de septiembre [*Tol 5438317*] o la más reciente STS 13/2020 de 15 enero [*Tol 7691014*].

otras, la SAP de Barcelona de 4 de mayo de 2016)[461]. Y, también en los casos en que la dirección de obra se contrata de manera conjunta a más de un técnico (art. 17.7 LOE), sin perjuicio de la distribución que entre ellos corresponda. En estos casos de contratación conjunta para la dirección de obra y para el proyecto, estaremos también ante una responsabilidad solidaria propia, no impropia, pues viene expresamente establecida en la ley.

Por último, también nos encontraríamos ante un supuesto de solidaridad propia en el caso de la responsabilidad de las aseguradoras respecto de los profesionales responsables en los daños de la edificación en virtud del ejercicio de la acción directa reconocida al perjudicado en el art. 76 LCS[462]. La STS de 14 de marzo de 2019[463] viene a declarar que siendo la cuestión jurídica debatida determinar la naturaleza de la responsabilidad que une a la aseguradora y al asegurado, si se califica de solidaridad impropia y, por tanto, estaría prescrita, o como solidaridad propia, pues nace por la propia Ley del Contrato de Seguro y por la vigencia de la póliza suscrita, de manera que son de aplicación los efectos interruptivos de la prescripción del art. 1974.1 CC, concluyendo que "*se trata de una solidaridad propia que viene impuesta ex lege, a la que se ha de aplicar las reglas previstas para ella y en especial la previsión contenida en el art. 1974 CC*".

---

461 Tal como recoge la SAP de Barcelona 202/2016 de 4 mayo [*Tol 5794926*], cada uno de los agentes asume el cumplimiento de sus funciones y, en determinadas ocasiones, las ajenas, y sólo cuando aquella no pueda ser concretada individualmente o no quedase debidamente probada la concurrencia de culpas sin que pudiera precisarse el grado de intervención de cada agente en el daño producido, procederá la condena solidaria (art. 17.3 LOE).

462 La reconoce como responsabilidad propia GARCÍA-CHAMÓN CERVERA, E., "El litisconsorcio pasivo necesario…", *op. cit.*, pág. 4. Asimismo, para BLANCO MARTÍN, M. P., "Tres problemas esenciales que origina la solidaridad impropia", *Revista de Derecho Civil*, Vol. 8, núm. 2 (abril-junio), 2021, págs. 277-278, aunque no se define claramente como una solidaridad propia, es obvio que simplemente por el efecto que la Sentencia Tribunal Supremo (14 de marzo de 2003) le aplica —la expansión de la interrupción de las prescripción— la considera una solidaridad propia.

463 STS 161/2019 de 14 marzo [*Tol 7119538*].

2.2. Solidaridad impropia

En aquellos casos en que la solidaridad no deriva de la voluntad de las partes o de la norma, sino que viene determinada en la sentencia, sobre todo en supuestos de responsabilidad extracontractual y, especialmente, en los casos de vicios derivados de la edificación, la jurisprudencia ha desarrollado el concepto de "solidaridad impropia" que nace con la sentencia misma (entre otras, SSTS de 30 de diciembre 1981, 21 de octubre 1988, 15 de febrero de 2002, 24 de septiembre de 2003 y 24 de mayo de 2004)[464].

Como señala BLANCO MARTÍN[465], uno de los ámbitos en los que con mayor asiduidad y de manera más relevante se ha aplicado la solidaridad impropia es en los supuestos de responsabilidades derivadas de la construcción, a través de una interpretación extensiva del art. 1591 CC y, de hecho, el Diccionario del Español Jurídico define la solidaridad impropia transcribiendo un extracto de una sentencia del Tribunal Supremo referida a la acción decenal: "*Solidaridad no establecida por pacto o por ley sino por criterios doctrinales o jurisprudenciales. CC, art. 1591. «En el presente caso la solidaridad que se impone en la sentencia no es la denominada "propia", sino la "tácita" derivada de la naturaleza de la obligación de indemnizar los daños extracontractuales, establecida por criterios doctrinales y jurisprudenciales (que encaja, también, dentro de la llamada "solidaridad impropia"), cuando esta se atribuye a varios sujetos sin que sea posible la fijación individualizada de la participación de cada uno de ellos en la causación del daño. Es esta una solidaridad que cabe llamar "procesal", pues se origina en la propia sentencia condenatoria y que no existía con anterioridad» (STS, 1.ª, 17-VI-2002, rec. 34/1997)*".

---

464 En este sentido, entre otras, SSTS de 30 de diciembre de 1981 [*Tol 1739999*], 21 de octubre de 1988 [*Tol 1734606*], 15 de febrero de 2002 [*Tol 4975261*] y 24 septiembre de 2003 [*Tol 314141*]. Como establece la STS 413/2004 de 24 mayo [*Tol 448392*].

465 BLANCO MARTÍN, M. P., Análisis de la interrupción de la prescripción en la solidaridad impropia y su efecto en la eventual acción de repetición", *Aranzadi Civil-Mercantil. Revista Doctrinal*, núm. 9, 2018, págs. 3-4; y BLANCO MARTÍN, M. P., "Tres problemas esenciales...", *op. cit.*, pág. 276.

Como ya señalaba la STS de 3 de diciembre de 1998[466], hay solidaridad impropia cuando existe una pluralidad de agentes y concurrencia causal de sus conductas en relación a los daños y no pueden establecerse cuotas ideales de participación en la responsabilidad. En tales casos, la jurisprudencia ha admitido la llamada solidaridad impropia, por la necesidad de salvaguardar el interés social en supuestos de responsabilidad extracontractual[467]. El fundamento de esta responsabilidad, como declara la STS de 5 de mayo de 2010[468], surge de la necesidad de proteger al dañado cuando la conducta de varios partícipes en la obra ha contribuido a los defectos ruinógenos y no se han podido cuantificar las cuotas de contribución, tratándose de una solidaridad que la jurisprudencia denomina como impropia o por necesidad de salvaguardar el interés social, por contraposición a la legal o propia, pero que, como ésta, favorece al acreedor, aquí perjudicado, posibilitándole demandar a todos o a algunos de los responsables solidarios a su elección en aplicación del art. 1144 CC (SSTS de 24 de mayo de 2004, 15 de junio de 200, 7 de septiembre de 2006 o 20 de mayo de 2014)[469].

En este punto, la LOE recoge estos supuestos de solidaridad impropia, aunque sin utilizar esta terminología que venía desarrollada la doctrina y jurisprudencia con la normativa anterior[470], y la positiviza por primera en un texto legislativo, con carácter subsidiario,

---

466 STS 1121/1998 de 3 diciembre [*Tol 5119753*]. También SÁNCHEZ GÁLVEZ, F., "Jurisprudencia sobre la solidaridad impropia...", *op. cit.*, págs. 10-35.

467 Tal como refiere el autor MARTÍNEZ DEL TORO, S., "La reforma de la intervención provocada ...", *op. cit.*, pág. 6, para declarar la existencia de responsabilidad por solidaridad impropia no es necesario que la actuación haya sido conjunta ni que los responsables hayan actuado de común acuerdo, o que la conducta de cada uno de ellos sea de la suficiente entidad como para por sí sola ocasionar el daño final, ya que lo imprescindible en estos casos es que no sea posible determinar el porcentaje en que cada una de ellas ha contribuido al daño final, existiendo la obligación para todos de reparar el mismo daño. Y también DOMÍNGUEZ LUELMO, A., "Doctrina jurisprudencial sobre la interrupción de la prescripción...", *op. cit.*, pág. 4.

468 STS 274/2010 de 5 mayo [*Tol 1877832*].

469 Declaran la solidaridad por causa única cuando no es posible individualizar, entre otras, las SSTS 413/2004 de 24 mayo [*Tol 448392*], 447/2005 de 15 junio [*Tol 674250*], 848/2006 de 7 septiembre [*Tol 1014540*] o 765/2014 de 20 mayo [*Tol 5175621*].

470 SALAS CARCELLER, A., "La prescripción de la acción ...", *op. cit.,* pág. 90.

cuando no resulte posible la individualización, al establecer en el art. 17.3 LOE que "*cuando no pudiera individualizarse la causa de los daños materiales o quedase debidamente probada la concurrencia de culpas sin que pudiera precisarse el grado de intervención de cada agente en el daño producido, la responsabilidad se exigirá solidariamente*".

Este cambio normativo es el que ha originado la confusión y la existencia de criterios discrepantes en las diferentes Audiencias Provinciales sobre el tipo de responsabilidad que regula la LOE, al contener en una norma legal la llamada "solidaridad impropia" que, antes, derivaba de la sentencia y no de la Ley, pues parte de la jurisprudencia consideró que se trataba ahora de una solidaridad "propia" al venir reconocida en una norma legal (entre ellas, SAP de Valencia de 25 de febrero de 2013)[471]. Sin embargo, como declara el Tribunal Supremo, aunque es cierto que la responsabilidad de carácter solidario está expresamente prevista ahora en la LOE, solo lo está en los supuestos que impone en el art. 17 LOE, es decir, cuando no pudiera llevarse a cabo tal individualización o llegara a probarse que en los defectos aparecidos existe una concurrencia de culpas de varios de los agentes que intervinieron en la edificación; sin perjuicio de las responsabilidades que pudieran derivarse de los contratos suscritos. Por tanto, lo único que ha hecho la LOE, como en otros casos, es incorporar a la norma los criterios que ya venían expresados en la jurisprudencia (como resume la STS de 16 de enero de 2014)[472]. La responsabilidad de las personas que intervienen en el proceso constructivo por vicios y defectos de la construcción es, en principio, y como regla general, individualizada, personal y privativa, en armonía con la culpa propia de cada uno de ellos en el cumplimiento de la respectiva función específica que desarrollan en el edificio, o lo que es igual, determinada en función de la distinta actividad de cada uno de los agentes en el resultado final de la obra, desde el momento en

---

471 Como resume la SAP de Valencia 85/2013 de 25 febrero [*Tol 3864150*].

472 STS 761/2014 de 16 de enero [*Tol 4720057*]. También ARIJA SOUTULLO, C, "El principio de no presunción de solidaridad ...", *op. cit.*, pág. 41, declara que la exclusión del art. 1974 CC en los casos de solidaridad impropia o entre los agentes de la edificación no es absoluta, sino que, excepcionalmente, se admite que hay casos en que la interrupción de la prescripción frente a uno de los responsables o de los agentes afecta a otros.

que existen reglamentariamente impuestas las atribuciones y cometidos de los técnicos que intervienen en el mismo.

En definitiva, como hemos dicho antes, en palabras de Tribunal Supremo, se podrá sostener que la solidaridad ya no puede calificarse en estos casos de impropia puesto que con la LOE no tiene su origen en la sentencia, como decía la jurisprudencia, sino en la Ley, lo que no es cuestionable es que se trata de una responsabilidad solidaria, no de una obligación solidaria en los términos del art. 1137 CC (SSTS de 16 de enero de 2014, 20 mayo de 2014 o 17 de septiembre 2015)[473].

Para algunos autores como BLASCO GASCÓ[474] ahora es la LOE quien determina dicho carácter solidario, de manera que se trata de una solidaridad de origen legal, pero de carácter subsidiario, pues la norma básica es la responsabilidad personal e individual. No se trataría ya de una solidaridad impropia, sino legal, subsidiaria y *ex post facto*. Sin embargo, no podemos compartir dicha afirmación, pues como afirmaba el Tribunal Supremo no es la ley la que crea esa responsabilidad, sino que la regula, será la sentencia la que en cada caso decida la existencia de una responsabilidad solidaria ante la imposibilidad de individualizar responsabilidades en cada uno de los agentes de la edificación.

3. *Consecuencias prácticas de la diferenciación entre solidaridad propia e impropia*

Las consecuencias de la existencia de una solidaridad propia o impropia no es cuestión baladí, a pesar de que parte de la doctrina se muestra contraria a la existencia de esta distinción entre solidaridad propia e impropia y propugna la desaparición de esta discusión conceptual con la entrada en vigor de la LOE[475].

---

473 SSTS 761/2014 de 16 de enero [*Tol 4720057*], 765/2014 de 20 mayo [*Tol 5175621*] o 509/2015 de 17 de septiembre [*Tol 5438339*].

474 BLASCO GASCÓ, F. de P., "Contrato de ejecución de obra…", *op. cit.*, págs. 274-288.

475 BLASCO GASCÓ, F. de P., "Comentario de la Sentencia del Tribunal Supremo…", *op. cit.*, pág. 277. El autor tras analizar los conceptos recogidos en la jurisprudencia anterior a la LOE sobre solidaridad propia e impropia indica que,

Como recoge la doctrina[476], esta controversia sobre si la solidaridad impropia es una categoría distinta de las obligaciones solidarias, ha dado lugar a un intenso debate en la doctrina pues, una parte considera que los efectos de la solidaridad propia e impropia son los mismos y que lo único que los diferencia es su origen: legal o convencional, la propia; y jurisprudencial, la impropia. Mientras, otro sector doctrinal[477], considera que hay efectos comunes, pero cambian los efectos secundarios, a saber: i) los que produce la interrupción de la prescripción frente a uno de los deudores solidarios; ii) los que produce la reclamación de intereses instada contra uno de los deudores solidarios; iii) los efectos de la cosa juzgada frente a uno de los deudores solidarios, y; iv) las consecuencias del perecimiento de la cosa debida por culpa o durante la mora de uno de los deudores solidarios.

A nuestro juicio, estas diferencias entre solidaridad propia e impropia deben mantenerse, pues son útiles en otros supuestos diferentes a la LOE, donde no exista una norma legal que determine los tipos de responsabilidad y existen varios responsables contra los que el demandante pueda dirigirse sin que pueda plantearse la existencia de un litisconsorcio pasivo necesario, por lo que seguidamente analizaremos la importancia de esta distinción en sus diferentes efectos respecto a las demandas por vicios o defectos constructivos.

---

si no queremos ser esclavos de nuestros conceptos, con la entrada en vigor de la LOE se debe superar la polémica solidaridad propia-solidaridad impropia, pues la citada ley prevé, con mayor o menor fortuna, pero expresamente un régimen jurídico de responsabilidad de los agentes de la edificación por vicios o defectos de la construcción. También la autora BLANCO MARTÍN, M. P., "Análisis de la interrupción de la prescripción en la solidaridad impropia…", *op. cit.*, págs. 4-5, recoge estas diferencias doctrinales citando a SOTO NIETO, F. que defiende que no existen dos especies de solidaridad.

476 BLANCO MARTÍN, M. P., "Análisis de la interrupción de la prescripción en la solidaridad impropia…", *op. cit.*, pág. 5.

477 DOMÍNGUEZ LUELMO, A., "Doctrina jurisprudencial sobre la interrupción de la prescripción…", *op. cit.*, pág. 4.

3.1. En cuanto a la existencia del litisconsorcio pasivo necesario

Desde el punto de vista procesal, que estemos ante una responsabilidad solidaria propia o impropia puede determinar el éxito o fracaso de la excepción de litisconsorcio pasivo necesario. Así pues, la excepción de litisconsorcio pasivo necesario sería admisible en el caso de una responsabilidad solidaria propia que venga determinada en la naturaleza de la obligación, pero no en el caso de una responsabilidad solidaria impropia, pues en tales casos no es necesario la demanda conjunta ni constituye una defectuosa relación jurídico-procesal el hecho de no haber llamado al proceso a algunos de los agentes que intervienen en la edificación[478].

Esta cuestión ha sido en ocasiones discutida al considerar que puede causarse indefensión si no resultan demandados todos los responsables del daño[479], pero la jurisprudencia mayoritaria considera que el litisconsorcio desaparece ante la presencia de diversos agentes en la producción del daño mediante culpa extracontractual, pues estamos ante una solidaridad impropia que no invalida la relación jurídico procesal por la falta de alguno de los posibles responsables (SSTS de 18 de abril de 2006, 31 de enero de 2007, 15 de noviembre de 2007 o 21 de diciembre de 2010)[480]. Por tanto, no hay litisconsorcio pasivo necesario, pues cada cual es libre de obrar como crea dentro del ámbito de la Ley y nadie puede ser constreñido a proponer una demanda que no quiere proponer o a proponerla contra quien no quiere. A este principio se une el principio de la utilidad práctica, de modo que cuando puede haber una pluralidad de sujetos, es posible actuar sólo contra uno de ellos (SSTS de 22 de febrero o 9 de marzo de 2007)[481].

---

478 Como señala GARCÍA-CHAMÓN CERVERA, E., "El litisconsorcio pasivo necesario...", *op. cit.*, págs. 1-2.

479 Señala este problema SOLER PASCUAL, L. A., "Cuestiones prácticas...", *op. cit.*, pág. 10.

480 SSTS 376/2006 de 18 abril [*Tol 948873*], 101/2007 de 31 enero [*Tol 1044180*], 1225/2007 de 15 noviembre [*Tol 1221215*] o 884/2010 de 21 diciembre [*Tol 2012628*].

481 Entre ellas, las SSTS 159/2007 de 22 febrero [*Tol 1050540*] o 275/2007 de 9 de marzo [*Tol 1049881*].

En concreto, en el ámbito de la edificación, tal como declara el Tribunal Supremo, la institución de litisconsorcio pasivo necesario no opera en las responsabilidades dimanantes de la construcción de edificios, pues no se requiere la llamada a todos los partícipes en el proceso edificatorio, dado el principio de la solidaridad, por no poderse concretar y depurar las diversas conductas y actividades concurrentes, y, además, ocasionaría la mutación o integración de las plurales obligaciones resarcitorias que son prioritarias, si se individualizan con específica atribución a cada uno de los actuantes en la ejecución de la obra; esta facultad solidaria faculta al perjudicado para dirigirse contra todos o alguno de los sujetos participantes y ello sin perjuicio de que, al permanecer preexistentes las relaciones internas, se pueden utilizar las acciones de repetición que, en su caso, procedan por los condenados respecto a los demás intervinientes de la obra (entre muchas, STS de 22 de marzo de 1997, 31 de marzo de 2005 y 27 de octubre de 2008)[482].

3.2. En cuanto a la interrupción de la prescripción

También es importante sin duda esta diferenciación en cuanto a la posible interrupción del plazo de prescripción cuando la reclamación se dirige a alguno de los agentes de la edificación, pero no a todos ellos[483].

Tal como dispone el párrafo primero del art. 1974 CC: "*La interrupción de la prescripción de acciones en las obligaciones solidarias aprovecha o perjudica por igual a todos los acreedores y deudores*". El citado precepto habla de "obligaciones solidarias", por lo que, el problema que se plantea es si dicha interrupción de la prescripción se produce por igual en la solidaridad propia e impropia.

---

482 Entre otras muchas, SSTS de 22 de marzo de 1997 [*Tol 5114486*], 208/2005 de 31 de marzo [*Tol 619475*] y 143/2008 de 27 febrero [*Tol 1297098*].

483 A estas diferencias alude también SOLER PASCUAL, L. A., "Cuestiones prácticas...", *op. cit.*, pág. 9, al señalar que, si la solidaridad nace de sentencia, la interrupción de la prescripción respecto de uno de los deudores no alcanza a los otros, ya que no era deudor solidario y solo lo es desde la sentencia que así lo declara, no antes.

Así, la jurisprudencia reciente tiene declarado que el promotor mantiene una responsabilidad por solidaridad "propia" con el resto de agentes respecto de los adquirentes de inmuebles y, por tanto, la reclamación dirigida frente a cualquiera de ellos interrumpe el plazo de ejercicio de la responsabilidad frente al promotor. Pero no ocurre lo mismo a la inversa, pues la reclamación dirigida contra el promotor no interrumpe la prescripción respecto del resto de agentes que intervienen en la edificación, cuya responsabilidad es por solidaridad "impropia"[484]. Sin embargo, esta cuestión no ha sido pacífica, dando lugar a diversas interpretaciones doctrinales y jurisprudenciales.

Hasta las SSTS de 23 junio de 1993[485] y 13 de octubre de 1994[486], se seguía el criterio según el cual el art. 1974 CC se aplicaba a la responsabilidad extracontractual cuando debía condenarse solidariamente a varios causantes por el mismo daño y, por tanto, se interrumpía la prescripción con la reclamación dirigida a cualquiera de ellos. Esta interpretación tradicional podía plantear obstáculos, pues la solidaridad no es conocida en el momento de llevarse a cabo los actos interruptivos (pues nace con la sentencia), de manera que el problema de la posible interrupción de la prescripción se está discutiendo cuando todavía no se ha dictado la sentencia que la declara[487].

Sin embargo, las sentencias referidas (SSTS de 23 de junio de 1993 y 13 de octubre de 1994) se apartan de la doctrina general anterior. En concreto, la STS de 23 de junio 1993[488] establece que la prescripción sólo juega individualmente respecto de cada uno de los demandados en el ámbito de la responsabilidad extracontractual y,

---

484 Como indica REY MUÑOZ, F. J., "La autonomía de la acción de repetición...", *op. cit.*, págs. 281-306, el fundamento de la solidaridad que se establece en la sentencia se extiende a supuestos de responsabilidad solidaria contemplada legalmente, por lo que se derivan consecuencias particulares y a veces contradictorias en cada régimen jurídico, debiendo de estar atento a las declaraciones jurisprudenciales en cada caso.

485 STS 673/1993 de 23 junio [*Tol 1663141*].

486 STS 903/1994 de 13 octubre [*Tol 1665589*].

487 DÍEZ-PICAZO PONCE LEON, L., *La prescripción extintiva: en el Código Civil y en la jurisprudencia del Tribunal Supremo*, Civitas, 2003, pág. 152. Y citando la anterior DOMÍNGUEZ LUELMO, A., "Doctrina jurisprudencial sobre la interrupción de la prescripción...", *op. cit.*, pág. 5.

488 STS 673/1993 de 23 de junio [*Tol 1663141*].

por tanto, no es aplicable el art. 1974.1 CC, aunque luego en la resolución judicial se acuerde el abono de la indemnización con carácter solidario, porque ello viene imperado por la doctrina jurisprudencial no por la preexistencia de una obligación con tal carácter, que siempre ha de constreñirse a las derivadas de las constituidas contractualmente, sino por la necesidad de establecer en la responsabilidad extracontractual, un mecanismo equilibrador en favor del tercero víctima del daño acaecido en aras de la seguridad social y pública.

No obstante, otras sentencias de la Sala Primera del Tribunal Supremo seguían admitiendo la interrupción de la prescripción. Por ello, reconociendo las discrepancias existentes, la cuestión se planteó de nuevo en la STS de 14 marzo de 2003[489], previa consulta a la Junta General de los Magistrados de la Sala Primera del Tribunal Supremo, celebrada el día 27 de marzo de 2003, que adoptó por amplia mayoría de votos el siguiente acuerdo: "*El párrafo primero del art. 1974 CC únicamente contempla efecto interruptivo en el supuesto de las obligaciones solidarias en sentido propio cuando tal carácter deriva de norma legal o pacto convencional, sin que pueda extenderse al ámbito de la solidaridad impropia, como es la derivada de responsabilidad extracontractual cuando son varios los condenados judicialmente*".

En su Fundamento de Derecho Primero la referida sentencia recoge el acuerdo referido y manifiesta: "*Entendemos que este acuerdo, se considera sin perjuicio de aquellos casos en los que, por razones de conexidad o dependencia, pueda presumirse el conocimiento previo del hecho de la interrupción, siempre que el sujeto en cuestión haya sido también demandado*".

Por tanto, la citada sentencia declara que a la solidaridad llamada "impropia" u obligaciones *in solidum*, que surge cuando no resulta posible individualizar las respectivas responsabilidades, no le no son aplicables todas las reglas prevenidas para la solidaridad propia y, en especial, no lo es el art. 1974 CC, en su párrafo primero[490].

---

489 STS 223/2003 de 14 marzo [*Tol 4928840*].

490 Así lo recoge también MILÁ RAFAEL, R., "Cinco cuestiones…", *op. cit.*, págs. 114-116; y MESA SÁNCHEZ DE CAPUCHINO, A., "Acción subrogatoria, acción de reembolso y acción de repetición. Solidaridad impropia. Prescripción: dies a quo", *Práctica de tribunales: Revista de Derecho Procesal Civil y Mercantil*, núm. 118, 2016, pág. 5. En concreto, para BLANCO MARTÍN, M. P., "Análisis de la interrupción de la prescripción en la solidaridad impropia…", *op. cit.*, págs. 7-8,

Cuestión que se adopta por mayoría, pero que cuenta en la propia sentencia con un voto particular del magistrado Xavier O´ Callaghan Muñoz que discrepa de tal interpretación, considerando que la obligación es solidaria desde que se produce el daño, y la sentencia solo declara la existencia de dicha solidaridad, pero no la constituye, debiendo aplicarse la interrupción de la prescripción en ambos casos por los siguientes motivos: en primer lugar, por entender que el art. 1974 CC no distingue si la solidaridad es propia e impropia, por tanto, debe aplicarse a ambas; en segundo lugar, porque dicha interpretación da un giro a la doctrina jurisprudencial, que, con un criterio progresista mantiene el principio *pro damnato*, en beneficio del perjudicado por acto dañoso, la parte más débil de una relación; y, en tercer lugar, porque implica un cambio injustificado de la doctrina jurisprudencial, que siempre había mantenido una interpretación restrictiva del instituto de la prescripción, como contrario a la justicia intrínseca[491].

Las dudas, sin embargo, persistían en la responsabilidad de los agentes de la edificación que la LOE regula, pues el hecho de que la norma determine dicha responsabilidad hace plantearse a la doctrina y jurisprudencia si dicha interpretación era aplicable a tales casos, debiendo delimitarse si se trata de una solidaridad propia o impropia, existiendo doctrina contradictoria entre las diferentes Audiencias Provinciales. Una parte de la jurisprudencia consideraba que la reclamación dirigida contra el promotor no interrumpe el plazo de prescripción en relación al resto de agentes de la edificación por tratarse de un supuesto de solidaridad impropia, a la que no aprovecha la interrupción de la prescripción que se efectúa con uno o más partícipes, debiendo serlo con todos (SAP de Segovia de 31 marzo

esta sentencia ha sido muy criticada por algún sector de la doctrina, en especial por ALBADALEJO GARCÍA, M., "Interrupción o no de la prescripción frente a todos los deudores solidarios por reclamación a uno solo. Comentario a la sentencia del Tribunal Supremo de 14 de marzo de 2003", *Revista de Derecho Privado*, núm. 4, 2003 (Acceso: 13/04/2023, disponible en https://vlex.es/vid/interrupcion-deudores-solidarios-reclamacion-193700).

491 Fundamento Jurídico Tercero del voto particular de la STS 223/2003 de 14 marzo [*Tol 4928840*].

2006[492], AP de A Coruña de 27 octubre 2009[493], AP de Murcia de 21 julio de 2011[494], AP de Toledo de 6 octubre 2011[495] o AP de Alicante de 28 diciembre 2013[496], entre otras). Mientras que otra gran mayoría consideraba, en ese momento, que la reclamación dirigida contra el promotor sí interrumpe el plazo de prescripción en relación al resto de agentes de la edificación (SAP de Alicante de 2 de abril 2008[497], AP de Sevilla de 12 de marzo 2020[498], AP de Valladolid de 2 de junio 2011[499], AP de Madrid de 7 de junio 2011[500], AP de Tarragona de 16 de septiembre 2011[501] o AP de Barcelona de 8 de junio 2011)[502].

Así, al introducir la LOE la solidaridad de los agentes de la edificación en el art. 17, aun con carácter subsidiario cuando no fuese posible la individualización, parte de la doctrina consideraba que ya no se trataba de una solidaridad impropia, sino de una solidaridad propia establecida en la Ley[503], pues es la norma la que establece que el promotor responde solidariamente con el resto de agentes de la edificación y, por tanto, la reclamación extrajudicial dirigida contra el promotor interrumpiría el plazo de prescripción establecido en el art. 18 LOE en relación con el resto de agentes que han intervenido en la edificación. Esta polémica se agrava en el caso de la LOE si tenemos en consideración que el plazo de reclamación de dos años (art. 18 LOE) es un plazo bastante breve, lo que provocará en muchos casos la prescripción de las acciones frente a los técnicos de la edificación pues, generalmente, los propietarios dirigirán su reclamación extrajudicial frente al promotor que es quien realiza la venta de los inmuebles. No obstante, si se considera que el plazo de prescripción

492 SAP de Segovia 70/2006 de 31 marzo [*Tol 6347417*].

493 SAP A Coruña 452/2009 de 27 octubre [*Tol 6869902*].

494 SAP de Murcia 385/2011 de 21 julio [*Tol 2224447*].

495 SAP de Toledo 243/2011 de 6 octubre [*Tol 2265387*].

496 SAP de Alicante 741/2012 de 28 diciembre [*Tol 3416039*].

497 SAP de Alicante 127/2008 de 2 abril [*Tol 4214085*].

498 SAP de Sevilla 118/2010 de 12 marzo [*Tol 1974386*].

499 SAP de Valladolid 193/2011 de 2 junio [*Tol 2188988*].

500 SAP de Madrid 295/2011 de 7 junio [*Tol 2220425*].

501 SAP de Tarragona 360/2011 de 16 septiembre [*Tol 2280276*].

502 SAP de Barcelona 284/2011 de 8 junio [*Tol 2206985*].

503 ÁLVAREZ OLALLA, P., "El Tribunal Supremo aclara su doctrina ...", *op. cit.*, pág. 146.

es demasiado breve lo que procedería sería la modificación del texto legal, como señala DOMÍNGUEZ LUELMO[504].

En este sentido, en una encuesta realizada en enero de 2012, todos los encuestados coincidían en que la reclamación dirigida contra el promotor sí interrumpiría el plazo de prescripción en relación con el resto de agentes[505].

Sin embargo, estas dudas quedaron zanjadas de manera definitiva por el Tribunal Supremo en posteriores Sentencias de 16 de enero[506] y 20 de mayo de 2015[507], manteniendo que la solidaridad no nace sino de la sentencia, que es la llamada solidaridad impropia, y, en tales casos, la interrupción de la prescripción respecto a uno de los deudores no alcanza a otro, ya que no era deudor solidario y sólo lo fue desde la sentencia que así lo declaró, no antes (SSTS de 5 de junio de 2003, 19 de octubre de 2007, 15 de julio y 16 de diciembre de 2008, 18 de julio de 2011, 16 de enero de 2015, 20 de mayo de 2015 y 3 de julio de 2018)[508]. Esto es, la reclamación dirigida frente al resto de agentes de la edificación interrumpe el plazo de prescripción del promotor, pero no a la inversa.

Lo mismo ocurrirá en los supuestos de solidaridad propia de los proyectistas y directores de obra cuando hayan sido contratados conjuntamente (art. 17.5 LOE), donde sí se interrumpe la prescripción ante cualquier reclamación dirigida a uno de ellos.

En definitiva, la jurisprudencia actual declara que "*se podrá sostener que la solidaridad ya no puede calificarse en estos casos de impropia puesto que con la LOE no tiene su origen en la sentencia, como decía la jurispruden-*

---

504 DOMÍNGUEZ LUELMO, A., "Doctrina jurisprudencial ...", *op. cit.*, pág. 10.

505 SEPÍN DERECHO INMOBILIARIO, "¿La reclamación extrajudicial contra el promotor interrumpe el plazo de prescripción establecido en el art. 18 LOE en relación con el resto de agentes que han intervenido en la construcción?", Encuesta Jurídica enero 2012, CARRERAS MARAÑA, J. M., Sepín (SP/DOCT/15915).

506 STS 761/2014 de 16 de enero [*Tol 4720057*].

507 STS 765/2014 de 20 de mayo [*Tol 5175621*].

508 Entre otras muchas, SSTS 534/2003 de 5 junio [*Tol 276088*], 1086/2007 de 19 octubre [*Tol 1221252*], 713/2008 de 15 julio [*Tol 1353304*], 1228/2008 de 16 diciembre [*Tol 1413601*], 545/2011 de 18 julio [*Tol 2234065*], 761/2014 de 16 de enero [*Tol 4720057*], 765/2014 de 20 de mayo [*Tol 5175621*] y 418/2018 de 3 julio [*Tol 6665949*].

cia, sino en la Ley. Lo que no es cuestionable es que se trata de una responsabilidad solidaria, no de una obligación solidaria en los términos del art. 1137 CC, con la repercusión consiguiente en orden a la interrupción de la prescripción" que se mantiene en la forma que ya venía establecida por Sentencia de 14 de marzo de 2003[509], con la precisión de que *"con la LOE esta doctrina se matiza en aquellos supuestos en los que establece una obligación solidaria inicial, como es el caso del promotor frente a los propietarios y los terceros adquirentes de los edificios o parte de los mismos, en el caso de que sean objeto de división, puesto que dirigida la acción contra cualquiera de los agentes de la edificación, se interrumpe el plazo de prescripción respecto del mismo, pero no a la inversa, o de aquellos otros en los que la acción se dirige contra el director de la obra o el proyectista contratado conjuntamente, respecto del otro director o proyectista, en los que también se interrumpe, pero no respecto del resto de los agentes, salvo del promotor que responde solidariamente con todos ellos* «en todo caso» *(art. 17.3 LOE) aun cuando estén perfectamente delimitadas las responsabilidades y la causa de los daños sea imputable a otro de los agentes del proceso constructivo"* (SSTS de 24 de mayo y 29 de noviembre de 2007, 19 de julio de 2010, 11 de abril de 2012, 16 de enero y 20 de mayo de 2014)[510].

---

509 STS 223/2003 de 14 marzo [*Tol 4928840*].

510 Así lo establecen las SSTS 617/2007 de 24 de mayo [*Tol 1079731*], 1268/2007 de 29 de noviembre [*Tol 1213891*], 517/2010 de 19 de julio [*Tol 1946599*], 241/2012 de 11 de abril [*Tol 2517976*] y, fundamentalmente, las STS 761/2014 de 16 enero [*Tol 4720057*] y 765/2014 de 20 mayo [*Tol 5175621*]. En palabras de MARTÍNEZ DEL TORO, S., "La reforma de la intervención provocada ...", *op. cit.*, pág. 6: "La solidaridad fijada tras la LOE entre los agentes de la construcción es propia por estar fijada por la ley, pero con dos matizaciones: por un lado la solidaridad del promotor lo es respecto del resto de los agentes, de forma que cualquier reclamación contra alguno de ellos interrumpe la prescripción respecto de la reclamación del promotor y de otro agente que tenga la misma obligación, como sería el supuesto de dos arquitectos o dos constructoras, pero no al revés y por otro lado, será solidaria entre todos los agentes solo en los supuestos que impone en el artículo 17 de la LOE, es decir, cuando no pudiera llevarse a cabo la individualización o llegara a probarse que en los defectos aparecidos existe una concurrencia de culpas de varios de los agentes que intervinieron en la edificación". También MILÁ RAFAEL, R., "Cinco cuestiones ...", *op. cit.*, pág. 116.

Esta doctrina se consolida con la STS de 27 de junio de 2017[511], en un supuesto de arrendamiento de obra en la que el tribunal considera que los burofaxes dirigidos a la promotora no tienen el efecto de interrumpir la prescripción frente al arquitecto técnico, contra el cual también deberían haberse interrumpido por alguno de los medios establecidos en el art. 1973 CC, pues la interrupción verificada al promotor no se extiende a los demás agentes de la edificación, al no existir una obligación solidaria entre ellos. Declarando además que, el hecho de que el promotor asegurase que iba a transmitir la reclamación a los técnicos no constituye prueba de que así lo hiciese, por lo que debemos insistir en la ausencia de interrupción de la prescripción de la acción ejercitada contra el arquitecto técnico.

Por todo ello, con la jurisprudencia actual podemos afirmar que la reclamación dirigida contra el promotor no interrumpe la prescripción respecto del resto de agentes de la edificación, al tratarse de una solidaridad impropia, aunque venga establecida por ley con carácter subsidiario. Sin embargo, la reclamación dirigida contra el resto de agentes sí interrumpe la prescripción respecto del promotor al tratarse de una solidaridad propia, siendo el promotor garante incondicional y "*en todo caso*".

Como decimos, esta solución puede parecer la más justa si se plantea que no existe una verdadera responsabilidad solidaria entre los agentes, Sin embargo, esto plantea no pocos problemas en el panorama actual[512], pues generalmente muchas de las reclamaciones extracontractuales planteadas, bien sea por los particulares, bien sea por las comunidades de propietarios, se han dirigido únicamente contra la promotora, no contra los técnicos. Por ello, en caso de concurso de la promotora debido a la reciente crisis inmobiliaria, la demanda

511 STS 411/2017 de 27 junio [*Tol 6205773*]. La citada sentencia es analizada también por DOMÍNGUEZ LUELMO, A., "Doctrina jurisprudencial sobre la interrupción de la prescripción…", *op. cit.*, págs. 1-13.

512 Para SÁNCHEZ GÁLVEZ, F., "Jurisprudencia sobre la solidaridad impropia…", *op. cit.*, págs. 19-20, esta inaplicabilidad del art. 1974 CC a los agentes que intervienen en el contrato de obra no se acomoda a la naturaleza de las cosas y a la realidad social del adquirente de un inmueble al que se pretende proteger frente a la aparición de daños en su vivienda o loca, pues no le basta con reclamar al promotor-vendedor, que es lo normal, sino que tendrá que extenderla a todos los agentes eventualmente implicados para evitar la prescripción.

planteada contra los demás agentes que intervienen en la edificación puede resultar desestimada con imposición de costas al declararse la prescripción de la acción.

Por todo ello podemos concluir la conveniencia actual de dirigir un burofax interruptivo de la prescripción contra todos los intervinientes en el proceso constructivo en el momento en que se plantee la posibilidad de reclamar por vicios o defectos pues, dado el tiempo que puede transcurrir hasta la presentación de la demanda, es la forma efectiva de evitar futuras prescripciones. Ello con independencia que la demanda posterior, una vez decididas las acciones a interponer y preparado el informe pericial, no tenga por qué dirigirse contra todos ellos, si no contra los verdaderos responsables si ya son conocidos, para evitar el riesgo de condena en costas.

3.3. ¿Cuándo se considera que hay conexión o dependencia para que se interrumpa la prescripción?

Tal como hemos expuesto, la STS de 14 de marzo de 2003[513], previa consulta a la Junta General de los Magistrados de la Sala Primera del Tribunal Supremo, celebrada el día 27 de marzo de 2003, introduce un importante cambio de criterio y declara que el párrafo primero del art. 1974 CC únicamente contempla efecto interruptivo en el supuesto de las obligaciones solidarias en sentido propio cuando tal carácter deriva de norma legal o pacto convencional, sin que pueda extenderse al ámbito de la solidaridad impropia, como es la derivada de responsabilidad extracontractual cuando son varios los condenados judicialmente. Con una salvedad: "*Sin perjuicio de aquellos casos en los que, por razones de conexidad o dependencia, pueda presumirse el conocimiento previo del hecho de la interrupción, siempre que el sujeto en cuestión haya sido también demandado*".

Se introduce pues una importante excepción, pues sí se interrumpe la prescripción en la solidaridad impropia, en aquellos casos en los que, por razones de conexidad o dependencia, pueda presumirse el conocimiento previo del hecho de la interrupción, siempre que el sujeto en cuestión haya sido también demandado.

---

513 STS 223/2003 de 14 marzo [*Tol 4928840*].

No obstante, esta "conexidad o dependencia" no puede declararse sin más, si no que debe acreditarse mediante prueba de este conocimiento previo, lo que trasladado al ámbito de la edificación implica que no basta la mera participación en el proceso de construcción para considerar que existe esta conexión entre los agentes de la edificación, como tiene declarado la doctrina[514] y jurisprudencia (entre ellas, SSTS de 20 de mayo de 2014, 17 de septiembre de 2015 y 3 de julio de 2018)[515], que reconoce que cuando no consta acreditado que se dirigiera individualmente ningún requerimiento o reclamación extrajudicial, no existe prueba de la conexión o dependencia interpersonal entre los agentes de la edificación. Pues no basta una simple presunción, ni remitirse a la relación derivada del contrato de obra, sino que exige "*dar por probado el conocimiento previo de los hechos*" (STS de 5 de junio de 2003)[516].

Como señala la doctrina se trata de una prueba negativa, pues establecida esta presunción, la prueba en contrario incumbe, por tanto, al demandado, tratándose de una prueba del no conocimiento, que sólo será posible por medios probatorios indirectos o indiciarios[517].

Tampoco se daría necesariamente esa conexidad en los casos de solidaridad impropia del art. 1903 CC de responsabilidad por hecho ajeno, pues a raíz de la citada STS de 14 de marzo de 2003[518] se rompe la doctrina clásica que consideraba que se consideraban ambos

---

514 BLANCO MARTÍN, M. P., "Análisis de la interrupción de la prescripción en la solidaridad impropia...", *op. cit.*, págs. 13-15; y DOMÍNGUEZ LUELMO, A., "Doctrina jurisprudencial sobre la interrupción de la prescripción...", *op. cit.*, pág. 12.

515 SSTS 765/2014, de 20 mayo [*Tol 5175621*] y 513/2015 de 17 septiembre [*Tol 5438263*]. También la STS 418/2018 de 3 julio [*Tol 6665809*]. En el mismo sentido la jurisprudencia menor, entre otras, SAP de Madrid 316/2019 de 25 septiembre [*Tol 7549428*].

516 La STS 534/2003 de 5 junio [*Tol 276088*], en cambio, considera que "*difícilmente podían encontrarse totalmente al margen de unas reclamaciones al propietario del edificio que la sentencia recurrida califica de numerosas y sucesivas desde que comenzaron a ejecutarse las obras de derribo hasta que se presentó la demanda, incluidas unas diligencias preliminares en que aquél facilitó a los perjudicados la identidad de los técnicos directores*" (FD 2°).

517 SÁNCHEZ GÁLVEZ, F., "Jurisprudencia sobre la solidaridad ...", *op. cit.*, pág. 10-35.

518 STS 223/2003 de 14 marzo [*Tol 4928840*].

obligados solidariamente frente al perjudicado (STS de 4 de junio de 2007)[519]. Ni concurre este requisito de conexidad o dependencia por el solo hecho de tratarse de compañías aseguradoras (STS de 18 de julio de 2011)[520].

3.4. ¿Para que opere el efecto interruptivo de la prescripción debe ser necesariamente demandado en el mismo proceso?

En la referida Sentencia de 14 de marzo de 2003[521], que introduce el cambio jurisprudencial analizado, se introduce en realidad un segundo presupuesto para que opere la salvedad de entender interrumpida la prescripción en el caso de obligaciones por solidaridad impropia, pues además de que el deudor solidario hubiera tenido conocimiento previo del hecho de la interrupción se exige que "*el sujeto en cuestión haya sido también demandado*".

La primera duda que se plantea es si debe ser demandado o no en el mismo proceso, pues, lógicamente, que sea demandado en uno u otro momento es evidente: si no la discusión teórica no tendría ninguna aplicación práctica. Si el deudor por solidaridad impropia no ha sido demandado, no puede extenderse al mismo el efecto interruptivo de la prescripción por haberse dirigido la reclamación del art. 1974 CC frente a otro de los codeudores. El problema es que la interpretación que realiza la sentencia del Tribunal Supremo parece referirse a que el codeudor debe ser demandado en el mismo proceso que el deudor solidario frente al cual se ha interrumpido la prescripción para que se extiendan sus efectos.

Por ejemplo, si se ha dirigido reclamación extrajudicial frente al constructor, dicha reclamación no interrumpe el plazo de prescripción frente al arquitecto, salvo que pueda acreditarse en pleito que el arquitecto ha tenido conocimiento de dicha reclamación y que

---

519 La STS 662/2007 de 4 junio [*Tol 1106757*], no apreció concurrencia de solidaridad entre los codemandados por su distinta calificación de la responsabilidad por lo que estimó prescripción (la interrupción sólo se había dado respecto al centro escolar y a su director) en el único demandado, causante del daño, cuya responsabilidad sí se aceptaba; por lo que absolvió a todos los codemandados.

520 STS 545/2011 de 18 julio [*Tol 2234065*].

521 STS 223/2003 de 14 marzo [*Tol 4928840*].

además resulte demandado en ese mismo proceso. Si ha sido parte demandada y tuvo conocimiento de las reclamaciones dirigidas frente al constructor, aunque haya pasado el plazo de prescripción frente a él, se entiende interrumpida la prescripción por el efecto expansivo. Pero si no puede acreditarse ese conocimiento previo, o no fue parte demandada en el proceso, la acción habría prescrito frente al arquitecto.

Sinceramente no entendemos el sentido de esta disposición. Si la prescripción se interrumpe por considerar que ha sido conocedor de las reclamaciones aun dirigidas contra otro agente de la edificación ¿por qué tiene que ser parte demandada en el mismo proceso? ¿no podría ser demandada en un proceso diferente o en una posterior acción de repetición? Podría ocurrir que existieran diferentes defectos constructivos y tras entablar acción por alguno de estos defectos contra el constructor, se decidiera entablar acción posterior por otros defectos atribuibles al arquitecto. No es inusual que las comunidades de propietarios en un momento inicial remitan reclamación extrajudicial al promotor o constructor con un listado de todas las deficiencias y, realizado informe pericial posterior, puedan individualizarse alguna de estas deficiencias. El principio de preclusión de alegaciones (art. 400 LEC) no obliga a demandar a constructor y arquitecto en un mismo pleito si se trata de vicios constructivos diferenciados e individualizados (SSTS de 25 de junio de 2009, 30 de marzo de 2011, 8 de octubre de 2014 o 21 de julio de 2016)[522], por lo que a nuestro juicio siempre que la comunidad se encuentre en plazo para reclamar (art. 17 LOE), podría iniciarse una acción u otra por diferentes vicios constructivos.

---

522 En las SSTS 436/2009 de 25 de junio [*Tol 1570769*], 189/2011 de 30 de marzo [*Tol 2117879*], 522/2014 de 8 de octubre [*Tol 4538482*] y 515/2016 de 21 de julio [*Tol 5784651*], entre otras, se establece que el art. 400 LEC no impide al demandante formular una nueva demanda si en ella se ejercita una acción distinta aunque se hubiera podido acumular en el primer pleito, por lo que relega la aplicación de la cosa juzgada a aquellos procesos en que se deduzca igual pretensión en ambas demandas. Por lo tanto, no cabe iniciar un segundo proceso para solicitar lo mismo con apoyo en distintos hechos o diferentes fundamentos jurídicos, pues en tal caso la LEC obliga a estimar la excepción de litispendencia (si el primer proceso se halla pendiente) o la de cosa juzgada (si en el mismo ha recaído sentencia firme).

Precisamente, la reciente STS de 17 de enero de 2022[523], al analizar la preclusión de alegaciones y los requisitos de aplicación del art. 400 LEC establece que la aparición de nuevas lesiones, distintas y no previsibles a las contempladas en un previo proceso, permite su ulterior reclamación. Se admite, en tales casos, la indemnización de resultados no previstos cuando, tras la sentencia condenatoria, son descubiertas consecuencias dañosas acaecidas en tiempo posterior, o incluso se produce la muerte (STS de 24 de septiembre 2002, 11 de septiembre de 2006 y 7 de noviembre de 2012, entre otras)[524]. En definitiva, las circunstancias ulteriores, que no pudieron ser alegadas en el anterior proceso, permiten válidamente fundar en ellas una nueva acción judicial, cuando constituyan un objeto procesal distinto, sin que le alcancen los efectos de la cosa juzgada, ni la preclusión de alegaciones del art. 400 LEC.

A nuestro juicio, no tiene sentido interpretar que pese a conseguir acreditar que tiene conocimiento el arquitecto del listado de deficiencias enviada al constructor solo aplique la interrupción de la prescripción si resulta demandado en el mismo proceso.

3.5. ¿Puede considerarse a estos efectos "demandado" al llamado por intervención provocada?

Por otra parte, se plantea otra interesante cuestión en relación a lo expuesto en la primera parte de nuestro estudio sobre la intervención provocada, pues ¿qué pasaría si el codeudor solidario ha sido llamado, no como parte, sino por intervención provocada? Tal como hemos analizado en el Capítulo II, de conformidad con la doctrina actual del Tribunal Supremo el llamado por intervención provocada no adquiere la consideración de parte en sentido material, solo en su posición formal (STS del Pleno de 20 de diciembre de 2011)[525]. Por tanto, el tercero cuya intervención ha sido acordada solo adquiere

---

523 En palabras de la STS 21/2022 de 17 de enero [*Tol 8765231*], el artículo 400 LEC persigue que el actor haga valer en el proceso todas las causas de pedir de la pretensión deducida.

524 SSTS 878/2002 de 24 septiembre [*Tol 4920164*], 858/2006 de 11 septiembre [*Tol 993278*] y 802/2011 de 7 noviembre [*Tol 2280742*].

525 STS de 20 diciembre de 2011 [*Tol 2384089*].

la cualidad de parte demandada si el demandante decide dirigir la demanda frente al mismo. Si el demandante no dirige expresamente una pretensión frente al tercero, la intervención del tercero no supone la ampliación del elemento pasivo del proceso, el tercero no será parte demandada y la sentencia que se dicte no podrá contener un pronunciamiento condenatorio ni absolutorio del tercero (SSTS de 25 de enero de 2012 y 28 de junio de 2012)[526].

Como también hemos analizado, serán muchos los casos en que el demandante no quiera ampliar su demanda para evitar complicaciones procesales o el riesgo de imposición de costas procesales. Por lo tanto, si el perjudicado no amplía su demanda contra el llamado por intervención provocada, no puede operar la interrupción de la prescripción[527].

Al igual que en el supuesto anterior, no compartimos esta interpretación del Tribunal Supremo de que necesariamente tenga que ser "demandado" para que aplique el efecto extensivo de interrupción de la prescripción, pues si el fundamento es que la prescripción se interrumpa por haber sido conocedor de la reclamación extrajudicial dirigida contra otro agente de la edificación, no es necesario que sea demandado en el mismo proceso que el agente que ha recibido la comunicación interruptiva de la prescripción.

Siguiendo el ejemplo anterior, si se ha dirigido reclamación extrajudicial frente al constructor, dicha reclamación no interrumpe el plazo de prescripción frente al arquitecto, salvo que pueda acreditarse en pleito que el arquitecto ha tenido conocimiento de dicha reclamación y que además resulte demandado en el mismo proceso. Si posteriormente la comunidad de propietarios demanda al constructor y éste decide llamar al arquitecto por intervención provocada al amparo de la DA 7.ª LOE, el arquitecto no debería poder alegar la prescripción de la acción por haber tenido conocimiento de la reclamación extrajudicial dirigida contra el constructor. Téngase presente que al tercero llamado por intervención provocada no le está vedado

---

526 SSTS 8/2012 de 25 de enero [*Tol 2406581*] y 423/2012 de 28 de junio [*Tol 2641218*].

527 Analiza esta interesante cuestión la autora BLANCO MARTÍN, M. P., "Análisis de la interrupción de la prescripción en la solidaridad impropia...", *op. cit.*, págs. 14-15.

alegar las excepciones que tenga por conveniente[528] y, por tanto, podría resultar absuelto si alegase la prescripción, lo cual evidentemente perjudicaría al constructor en el ejercicio de una posterior acción de repetición por la existencia de cosa juzgada.

Nuevamente consideramos que no tiene sentido que pese a conseguir acreditar que tiene conocimiento el arquitecto del listado de deficiencias enviada al constructor solo aplique la interrupción de la prescripción si resulta demandado en el mismo proceso y no si resulta parte como tercero llamado por intervención provocada (DA 7.ª LOE).

4. Responsabilidad por hecho ajeno

Por último, no podemos obviar que la acción de repetición puede servir tanto para reclamar al resto de codemandados cuando uno de ellos ha satisfecho las responsabilidades a que resultan condenados solidariamente en sentencia, como para reclamar a aquellos intervinientes en el proceso constructivo por los cuales se debe responder: responsabilidad por hecho ajeno o responsabilidad "vicaria", como la denomina la doctrina[529].

En este sentido, sabemos que el promotor, como garante incondicional, responderá "*en todo caso*", por lo que estará respondiendo por hecho ajeno incluso cuando no sea responsable directo de los daños y haya quedado acreditada la causa imputable a un tercero, pero la LOE regula otros supuestos de responsabilidad que tienen su funda-

---

528 Como dijimos en el Capítulo II si el tercero comparece en el proceso, podrá —como tiene reconocido el Tribunal Supremo— efectuar alegaciones, plantear excepciones, proponer prueba e incluso recurrir la sentencia que se dicte.

529 Sobre la responsabilidad por hecho ajeno, ÁLVAREZ OLALLA, M. P., "Sentencia de 11 de junio de 2002: Vicios en la construcción Acción de regreso contra la empresa constructora entablada por el promotor que resultó condenado en proceso previo promovido por varios adquirentes de las viviendas construidas. Acción de regreso contra la empresa constructora entablada por el promotor que resultó condenado en proceso previo promovido por varios adquirentes de las viviendas construidas", *Cuadernos Civitas de Jurisprudencia Civil*, núm. 61, 2003, págs. 111-118; y PÉREZ-CABALLERO ABAD, P., *La responsabilidad por hecho ajeno...*, *op. cit.*, pág. 20-22 que nos dice que el término "responsabilidad vicaria" deriva de inglés *vicarious liabily*, en cuyo sistema este modelo tiene su origen.

mento en la atribución de culpa *in eligendo* o *in vigilando,* similar a lo que se desprende del art. 1903 CC, a saber:

En primer lugar, la LOE regula la responsabilidad por hecho ajeno de los proyectistas que contraten los cálculos, estudios, dictámenes o informes de otros profesionales, pues serán directamente responsables de los daños que puedan derivarse de su insuficiencia, incorrección o inexactitud, "*sin perjuicio de la repetición que pudieran ejercer contra sus autores*" (art. 17.5 segundo párrafo LOE). El fundamento estaría en la culpa *in eligendo* al contratar los cálculos, estudios o dictámenes de otros profesionales que han resultado defectuosos, y en beneficio del perjudicado en virtud del principio *pro damnato,* pues los adquirentes de los inmuebles desconocerán si los informes han sido realizados por el proyectista o encargados a un tercero, pero la obligación del arrendamiento de obra determina una obligación de resultado[530].

Esta responsabilidad por hecho ajeno no impide que éste pueda repetir contra el verdadero responsable en la relación interna al amparo del art. 18.2 LOE, solicitando que se determinen e individualicen las responsabilidades que procedan, estableciendo la cuota de responsabilidad que corresponda a cada uno o, en su caso, el reintegro íntegro de las cantidades satisfechas. Responsabilidad que es diferente a la referida en el art. 17.5 LOE sobre la responsabilidad solidaria cuando actúan conjuntamente varios proyectistas, asumiendo, entre todos, la función de agente de la edificación, sin que se produzca una colaboración subalterna de ninguno de ellos[531].

En segundo lugar, el constructor responderá directamente de los daños materiales causados en el edificio por vicios o defectos "*derivados de la impericia, falta de capacidad profesional o técnica, negligencia o incumplimiento de las obligaciones atribuidas al jefe de obra y demás personas físicas o jurídicas que de él dependan*" (art. 17.6 LOE). En este caso la responsabilidad por actos de los dependientes encontraría el mismo amparo legal en al art. 1903 CC. Sin embargo, en este caso al tratarse

530 Esta responsabilidad por hecho ajeno es fruto de esa obligación de resultado como señala IÑIGO FUSTER, A., *La responsabilidad civil del arquitecto e ingeniero proyectistas...*, *op. cit.*, págs. 144-145; y GARCÍA LARAÑA, R., "La llamada en garantía...", *op. cit.*, pág. 26.

531 REY MUÑOZ, F. J., *La responsabilidad* contractual..., *op. cit.*, págs. 252-253.

de una responsabilidad objetiva ni siquiera podrá oponer válidamente que ha empleado toda la diligencia exigible para evitar el daño, salvo que acredite que los daños fueron ocasionados por caso fortuito, fuerza mayor, acto de tercero o por el propio perjudicado por el daño (art. 17.8 LOE)[532].

En tercer lugar, también responderá el constructor de los subcontratistas, sean personas físicas o jurídicas, siendo "*directamente responsable de los daños materiales por vicios o defectos de su ejecución, sin perjuicio de la repetición a que hubiere lugar*" (art. 17.6 segundo párrafo LOE). Efectivamente, el constructor, al ser quien asume el compromiso ante el promotor de ejecutar con medios humanos y materiales, propios o ajenos, las obras o parte de las mismas con sujeción al proyecto y al contrato, responderá por actos de sus auxiliares, tanto por los responsables en la obra con los que tenga relación laboral como por los subcontratistas que, como ya hemos visto, no pueden ser considerados "agentes de la edificación" para poder ser llamados por intervención provocada.

En cuarto lugar, asimismo, responderá el constructor directamente de los daños materiales causados en el edificio "*por las deficiencias de los productos de construcción adquiridos o aceptados por él, sin perjuicio de la repetición a que hubiere lugar*" (art. 17.6 tercer párrafo LOE). Como decimos, el constructor asume una obligación de resultado consistente en ejecutar la obra proyectada con sus medios materiales y humanos y, por tanto, al tratarse de una obligación de resultado responderá por hecho ajeno por las personas que ha seleccionado o contratado para la obra.

Lo que resulta curioso es que el art. 17.6 primer párrafo LOE no alude a la posibilidad de repetir del constructor frente al jefe de obra y demás personas físicas o jurídicas que de él dependan y, sin embargo, si recoja esta posibilidad de repetir en los párrafos segundo y tercero para que el constructor pueda dirigirse en ejercicio de la acción de repetición frente al subcontratista o el suministrador de productos ("*sin perjuicio de la repetición a que hubiere lugar*"). Por ello, la doctrina se muestra partida de interpretar que este "olvido" del

---

532 PÉREZ-CABALLERO ABAD, P., *La responsabilidad por hecho ajeno…*, *op. cit.*, pág. 163.

legislador no implica que el constructor no puede repetir contra el jefe de obra u otras personas dependientes, sino que por analogía del art. 17.6 LOE resultaría aplicable la misma posibilidad de repetición que ostenta frente al subcontratista y frente al suministrador de productos que hubieran resultados defectuosos[533].

Y, por último, quien acepte la dirección de una obra cuyo proyecto no haya elaborado él mismo, "*asumirá las responsabilidades derivadas de las omisiones, deficiencias o imperfecciones del proyecto, sin perjuicio de la repetición que pudiere corresponderle frente al proyectista*" (art. 17.7 segundo párrafo LOE).

En definitiva, resulta incomprensible que se permita ejercitar acción de repetición al amparo del art. 18.2 LOE frente a otros agentes, que no son agentes de la edificación, al menos no de los contenidos en el art. 9 a 16 LOE y, sin embargo, no se permita llamar a estos mismos agentes (subcontratistas, suministradores de productos, etc.) como terceros al pleito por medio del mecanismo de la intervención provocada de la DA 7.ª LOE[534]. Todo ello, refuerza nuestro criterio de ampliar el elenco de agentes de la edificación no solo a los estrictamente contenidos en los arts. 9 a 16 LOE bajo el epígrafe del capítulo III "Agentes de la edificación", sino a todos aquellos que han intervenido realmente en el proceso de construcción, tanto para la acción de repetición, como para la llamada por intervención provocada como planteábamos en nuestra propuesta de reforma de *lege ferenda.*

---

533 Para PÉREZ-CABALLERO ABAD, P., *La responsabilidad por hecho ajeno...op. cit.*, págs. 169-172, esta omisión de una acción de repetición específica no puede suponer una privación por analogía con las restantes acciones de repetición. También en este sentido, MARTÍNEZ ESCRIBANO, C., *Responsabilidades y garantías...op. cit.*, pág. 234-236.

534 Respecto del suministrador de productos se rechaza en SAP de Burgos 204/2012 de 10 mayo [*Tol 2580054*] o SAP de Zaragoza 1064/2021 de 23 septiembre [*Tol 8761944*]; y respecto al subcontratista, SAP de Asturias 475/2004 de 28 octubre [*Tol 520879*], SAP de Barcelona 799/2009 de 3 diciembre [*Tol 1794093*], SAP de Álava 523/2011 de 26 octubre [*Tol 2409922*], SAP de Burgos 204/2012 de 10 mayo [*Tol 2580054*], SAP de Cádiz 12/2012 de 11 enero [*Tol 2463558*] o SAP de Vizcaya 89/2014 de 29 abril [*Tol 4423975*], entre otras.

II. LA ACCIÓN DE REPETICIÓN EN LA LEY DE ORDENACIÓN DE LA EDIFICACIÓN

El segundo de los mecanismos que la LOE pone a disposición de los agentes de la edificación para resarcirse de las responsabilidades solidarias satisfechas por cualquiera de ellos es la acción de repetición (art. 18.2 LOE).

Sin embargo, tal como hemos expuesto en el Capítulo II dicha acción no sería necesaria si la llamada por intervención provocada al proceso anterior pudiera servir para dilucidar todas las responsabilidades en un mismo pleito. Efectivamente, si el tercero llamado al proceso pudiera ser considerado como parte (tercero-demandado) y resultar afectado por el fallo de la resolución judicial que se dicte, evitaríamos ulteriores procesos que, en muchos casos, resultan superfluos e innecesarios por estar afectado por los efectos derivados de la cosa juzgada.

En definitiva, con la reforma de *lege ferenda* que se propone se evitarían muchas acciones de repetición al haber quedado resuelta la responsabilidad de los agentes que intervienen en la edificación en un único proceso, lo que no significa que carezca de sentido la acción de repetición, pues ésta seguiría siendo muy útil cuando no ha existido llamada por intervención provocada en el proceso precedente o cuando el tercero llamado no comparece, siendo en éste último caso oponibles los efectos derivados de la sentencia anterior que se refieran al mismo.

1. *Naturaleza jurídica de la acción de repetición en la Ley de Ordenación de la Edificación*

La acción de repetición en el ámbito de la edificación la encontramos contenida en el art. 18.2 LOE, según el cual: "*2. La acción de repetición que pudiese corresponder a cualquiera de los agentes que intervienen en el proceso de edificación contra los demás, o a los aseguradores contra ellos, prescribirá en el plazo de dos años desde la firmeza de la resolución judicial que condene al responsable a indemnizar los daños, o a partir de la fecha en la que se hubiera procedido a la indemnización de forma extrajudicial*".

Tal como hemos visto, la responsabilidad del promotor como garante incondicional que responde frente a los adquirentes de viviendas, siempre y "*en todo caso*", significa que responderá aun cuando estén perfectamente delimitadas las responsabilidades y la causa de los daños sea imputable a otro de los agentes del proceso constructivo (STS de 2 de febrero de 2018)[535]. Por ello, en la posterior acción de repetición, lo que pretenderá el promotor será repetir lo que pagó al perjudicado íntegramente contra el agente que resulte verdadero responsable, no una nueva distribución de cuotas.

Como sostiene la doctrina, el fundamento de la acción de regreso entre codeudores solidarios se encuentra en el principio del enriquecimiento sin causa que experimentan los demás deudores que no han contribuido a la reparación del daño, y el correlativo empobrecimiento sufrido por el agente que ha satisfecho estas responsabilidades el cual estaría respondiendo por una cuota superior a la que le corresponde[536]. Si el deudor que ha pagado no puede dirigirse contra sus codeudores, estos últimos experimentarían indudablemente un enriquecimiento injusto (como resuelve tajante la SAP de Cáceres de 2 de junio de 2015)[537].

La jurisprudencia del Tribunal Supremo viene manteniendo (entre ellas STS de 16 de julio de 2001, con cita de las SSTS de 12 de julio de 1995 y 4 de enero de 1999, reproducida en la de 5 de mayo 2010 y 6 de marzo 2015)[538], que satisfecha la condena impuesta por solo uno o varios de todos los condenados solidariamente en un proceso anterior, el art. 1145 CC permite que aquel o aquellos que cumplieron con el total de la deuda puedan acudir a otro posterior en ejercicio de la acción de regreso para debatir la distribución del contenido de la obligación entre todos los intervinientes en el proceso constructivo, desapareciendo entonces la solidaridad que rige en las relaciones externas, frente al perjudicado acreedor, para pasar a regir en las internas (entre deudores solidarios) la mancomunidad.

---

535 Entre otras muchas, STS de 2 de febrero 2018 [*Tol 6498837*].

536 GARCÍA-CHAMÓN CERVERA, E., "El litisconsorcio pasivo necesario…", *op. cit.*, pág. 7; JORDANO BAREA, J. B., "Las obligaciones solidarias…", *op. cit.*, pág. 863; o REY MUÑOZ, F. J., "La autonomía de la acción de repetición…", *op. cit.*, pág. 287.

537 SAP de Cáceres 188/2015 de 2 junio [*Tol 5193335*].

538 Así lo señalan las SSTS 770/2001 de 16 julio [*Tol 4974606*], 705/1995 de 12 julio [*Tol 5123971*], 1231/1998 de 4 enero [*Tol 5120195*], 274/2010 de 5 mayo [*Tol 1877832*] y 129/2015 de 6 marzo [*Tol 4776881*].

La singularidad de la acción de repetición contenida en el art. 18.2 LOE viene dada por su especial configuración legal:

En primer lugar, el art. 18.2 LOE no parece regular el contenido de la acción de repetición, sino que se limita a establecer el plazo de prescripción de la misma. En este sentido, afirma la jurisprudencia que se trata de una norma especial que establece un plazo concreto de prescripción de la acción de repetición que tengan origen en reclamaciones derivadas de la aplicación de dicha Ley, esto es, las reclamaciones por vicios o defectos constructivos. Pero, en lo demás, no regula en sí misma "la acción de repetición"[539]. Por ello, en lo no previsto en la norma, debemos remitirnos a lo dispuesto con carácter general en el Código Civil para el ejercicio de la acción de repetición, lo que encontramos regulado en el párrafo segundo del art. 1145 CC que permite reclamar a los codeudores la parte que a cada uno corresponda con sus intereses.

No obstante, como señala la SAP de Cantabria de 16 de noviembre de 2021[540], aun cuando el precepto referido parece aludir únicamente al concreto plazo de prescripción de la acción de repetición, se trata de una acción especial con perfiles propios que la distinguen de la acción de repetición que nace de la solidaridad regulada en el art. 1145 CC, a saber:

Por una parte, porque la acción regulada en el Código Civil presupone, en efecto, una obligación solidaria que es cumplida por uno de los obligados, lo que precisamente extingue la solidaridad y permite al cumplidor reclamar de cada uno de los demás únicamente la parte que les corresponda individualmente. Sin embargo, en el caso de la acción contenida en la LOE, el fundamento no está en la previa declaración de solidaridad de la obligación, que puede concurrir o no, pues no nos hallamos ante una solidaridad convencional, ni

539 La doctrina mayoritaria señala que la acción de repetición del art. 18.2 LOE es la misma del art. 1145 CC con un régimen jurídico especial que instaura un plazo prescriptivo *ad hoc* que prevalece sobre el general. REY MUÑOZ, F. J., "La autonomía de la acción de repetición...", *op. cit.*, pág. 291; y MARTÍNEZ ESCRIBANO, C., *Análisis práctico de la responsabilidad civil por defectos de construcción*, Aranzadi, 2014, pág. 208.

540 Destaca en este sentido la SAP de Cantabria 449/2021 de 16 noviembre [*Tol 8677591*].

siquiera legal en el caso de la de los técnicos con el promotor (STS de 16 enero 2015)[541]. El derecho de repetición del agente que frente al perjudicado haya asumido responsabilidad por defectos constructivos es independiente de que otros agentes hayan sido o no condenados previa o simultáneamente, pues nace incluso en el caso de asunción voluntaria de la responsabilidad, sin necesidad de condena previa, tal como se desprende del tenor del art. 18. 2 LOE, que fija el comienzo del plazo de prescripción de la acción de repetición ya en el momento de firmeza de la condena al responsable, caso de que la hubiera, ya en el momento del pago cuando "*se hubiera procedido a la indemnización de forma extrajudicial*". Por consiguiente, ni la previa condena, ni la previa declaración de una pluralidad de responsables unidos por un vínculo de solidaridad, son presupuestos necesarios del derecho de repetición que nos ocupa.

Por otra parte, porque cuenta como decimos con un plazo de prescripción específico distinto al establecido en el art. 1145 CC, que será el de las acciones personales que no tengan señalado plazo especial (cinco años), y distinto del art. 18.1 LOE[542], que se relaciona con los plazos de garantía del art. 17 LOE, lo que no sucede en el caso del art. 18.2 LOE, que establece un plazo de dos años.

La especialidad de la acción de repetición (art. 18.2 LOE) ha sido reconocida por la STS de 28 de noviembre 2016[543], afirmando que

---

541 STS 761/2014 de 16 enero [*Tol 4720057*].

542 Como señalan las SAP de Cantabria 449/2021 de 16 noviembre [*Tol 8677591*] y la SAP de Granada 268/2022 de 4 octubre [*Tol 9374265*]: "*El derecho de repetición del art. 18.2 LOE que corresponde al agente condenado al pago, o que voluntariamente ha pagado el daño al perjudicado, no supone el ejercicio de la misma acción que la ley otorga a este, ni está condicionado por su ejercicio, por lo que tampoco puede verse afectado por la extinción de esa acción del perjudicado por su inacción frente a los demás agentes*" (FD 2º).

543 STS 712/2016 de 28 noviembre [*Tol 5903856*]. Y comentarios a la misma por parte de MILÁ RAFAEL, R., "Solidaridad entre agentes de la edificación responsables por vicios constructivos y distribución de los daños en las relaciones internas: el promotor, condenado en el primer pleito, no asume en el regreso una parte alícuota de la deuda si no intervino materialmente en la obra", *Cuadernos Civitas de Jurisprudencia Civil*, núm. 104, 2017 (BIB 2017/12576), reconociendo que, a pesar de que todos los corresponsables solidarios estuvieran en el primer procedimiento, la solidaridad establecida en aquél puede ser alterada en regreso, al no producir la primera sentencia efectos de cosa juzgada material negati-

"*no puede confundirse la responsabilidad solidaria de los agentes de la edificación frente a los adquirentes de la misma, en donde el promotor, por su condición, tiene una específica responsabilidad solidaria que le hace responder, en todo caso, de los daños ocasionados, aunque no hubiera participado en el proceso constructivo, con el funcionamiento del régimen de la solidaridad en las relaciones internas de los agentes que dan lugar a la acción de regreso del deudor que realizó el pago de la reparación de los daños ocasionados. Ambos planos de responsabilidad no son susceptibles de una asimilación automática, sin distinción o diferenciación alguna*"; y esa misma sentencia califica la acción de repetición como diferente de la acción que corresponde a los perjudicados *ex* art. 17 LOE, diciendo: "*El pago que realiza la constructora no comporta una subrogación en los derechos del acreedor cuya deuda ha sido satisfecha, sino un nuevo derecho de repetición o de regreso para reclamar al resto de los codeudores, o agentes intervinientes, la parte que le corresponda con arreglo a su cuota de participación en la producción del daño causado (SSTS de 16 de julio 2001 y 23 de octubre 2008)*[544]".

Por último, la especialidad de la acción de repetición se manifiesta también en materia probatoria, pues, como veremos, debe acreditarse la responsabilidad civil de aquel frente al cual se dirige la demanda, pues no traslada automáticamente la responsabilidad del agente, declarada por sentencia en un pleito anterior a quienes no fueron parte en el mismo, debiendo acreditarse su participación en la responsabilidad por los defectos reclamados. Se trata de conseguir el reintegro de lo que pagó, lo que impone a quien acciona, conforme a las reglas impuestas en el art. 217 LEC, acreditar fehacientemente la responsabilidad de quienes proyectaron, dirigieron o llevaron a cabo la ejecución material de la obra, sin que sea suficiente

---

va. Por todo ello, el promotor, condenado en el primer pleito, no debe asumir en el regreso una parte alícuota de la deuda si no intervino materialmente en la obra; y MAESO CABALLERO, J., "Exoneración a promotora de la reclamación promovida por la constructora en el ejercicio de una acción de repetición. Responsabilidad prevista en el artículo 1.591 del Código Civil por ser la obra anterior a la LOE: Sentencia Tribunal Supremo, Sala 1ª de lo Civil 712/2016, de 28 de noviembre de 2016", *Revista de Responsabilidad Civil, Circulación y Seguro*, núm. 5, 2017, págs. 29-31, que reconoce como posible la exoneración de la promotora que no participó en la construcción ni dio instrucciones sobre la misma.

544 Como reflejan las SSTS 770/2001 de 16 julio [*Tol 4974606*] y 979/2008 de 23 octubre [*Tol 1389666*].

el hecho de que se haya producido una condena al demandante por defectos de la construcción para repercutirla automáticamente sobre los demás agentes contratados por ella.

En segundo lugar, en relación a la naturaleza de la acción, no se trata como decimos de una subrogación, pues, aunque es cierto que el codeudor solidario que paga al acreedor la totalidad de su crédito extingue la obligación, no se subroga en la posición del acreedor contra los demás codeudores solidarios, sino que el crédito nace *ex novo*, es decir, nace a partir del pago un crédito distinto, propio del deudor que pagó, contra los otros deudores, y solo por la parte que a cada uno corresponda en la relación interna (SSTS de 16 de julio de 2001, 11 de marzo de 2002, 5 de mayo de 2010 o 20 de octubre de 2010)[545]. Pero precisamente por eso esta acción de regreso, cuyo fundamento legal es ciertamente el art. 1145 CC, aun con especialidades, puede entenderse comprendida dentro de las acciones de repetición, como de hecho entiende la jurisprudencia al calificar el derecho del deudor solidario que paga, frente a los codeudores solidarios, como derecho "*para repetir*", "*derecho de repetición*" (STS de 11 de marzo de 2002)[546], "*acción de repetición*" (STS de 22 de octubre de 2009)[547] o, en fin, "*derecho a repetir*" (STS de 5 de mayo de 2010)[548].

El derecho de regreso hace nacer un derecho de crédito surgido *ex novo* con el hecho del pago, de donde se deduce que no estamos ante una continuación del antiguo crédito ostentado por el acreedor. Por ello, el deudor que paga, titular de una acción de regreso, no es cesionario del acreedor pagado, ni tampoco un subrogado en el crédito[549].

---

545 Así lo declaran las SSTS 770/2001 de 16 julio [*Tol 4974606*], 227/2002 de 11 marzo [*Tol 4975368*], 274/2010 de 5 mayo [*Tol 1877832*] y 609/2010 de 20 octubre [*Tol 2001727*].

546 STS 227/2002 de 11 marzo [*Tol 4975368*].

547 STS 659/2009 de 22 octubre [*Tol 1726752*].

548 STS 274/2010 de 5 mayo [*Tol 1877832*], y también la SAP de Teruel 3/2013 de 15 enero [*Tol 3020170*].

549 Analiza también estas diferencias BEN GÓMEZ, C. B., "Acción de repetición, reembolso o regreso y subrogación", *Revista Aranzadi Doctrinal*, núm. 9, 2015, págs. 27-35.

En este sentido la STS de 5 de mayo de 2010[550] señala que debe descartarse que la acción del art. 1145 CC conlleve una subrogación en los derechos del acreedor cuya deuda haya sido satisfecha, siendo ejemplo de ello la STS de 16 de julio de 2001[551], que se refiere a la acción de regreso como "*distinta de la subrogación*", y la STS de 11 de marzo de 2002[552], declarando que cuando "*paga el total de lo adeudado uno solo de los deudores solidarios, no se produce una subrogación por éste, en el crédito, sino que se extingue el mismo, y para que no haya enriquecimiento indebido, el párrafo segundo del art. 1145 CC concede un derecho de repetición para reclamar a cada uno de los codeudores la parte que le corresponda y los intereses del anticipo*". La STS de 23 de octubre de 2008[553] también reconoce que mientras la acción de regreso supone el nacimiento de un nuevo crédito contra el deudor en virtud del pago realizado, el cual extingue la primera obligación, "*la subrogación transmite al tercero que paga el mismo crédito inicial, con todos sus derechos accesorios, privilegios y garantías de acuerdo con lo dispuesto en el art. 1212 CC*".

Como señala la STS de 3 de marzo de 2016[554], lo que ejercita la aseguradora del arquitecto técnico que ha pagado las deficiencias constructivas en una comunidad de vecinos en virtud de acuerdo extrajudicial contra los demás agentes, es la acción de repetición, no la subrogación en el crédito del acreedor perjudicado, pues lo que cabe es la repetición de quien, como agente de la edificación o como asegurador, hubiese procedido a la indemnización de forma extrajudicial, pero para ello habrá de ejercitar a la vez la acción de responsabilidad contra quien dirija aquella; para que así se decida si los agentes contra quienes se acciona son responsables y en qué medida. Acción de repetición que le asiste frente al resto de los causantes del daño, de lo que es reflejo el art. 1145 CC, regulador del pago hecho por deudores solidarios que les autoriza a reclamar luego de los demás la parte que les correspondiera.

---

550 STS 274/2010 de 5 mayo [*Tol 1877832*].

551 STS 770/2001 de 16 julio [*Tol 4974606*].

552 STS 227/2002 de 11 marzo [*Tol 4975368*].

553 En este sentido, la STS 979/2008 de 23 octubre [*Tol 1389666*] con cita de las SSTS 1098/2007 de 11 octubre, de 29 mayo 1984, de 13 febrero 1988 y de 15 noviembre 1990.

554 STS 121/2016 de 3 marzo [*Tol 5664342*].

En tercer lugar, tampoco se trata de una acción de reembolso que correspondería al obligado solidario cuando hay varios condenados en un mismo proceso y ha pagado todo uno de ellos, pudiendo dirigirse contra el resto para reclamar las cantidades satisfechas a las que ya han sido condenados. El promotor, el agente de la edificación o su asegurador que resulte condenado o haya satisfecho extrajudicialmente la indemnización por defectos constructivos, tiene derecho a repetir contra los restantes agentes en el plazo de dos años que establece el art. 18.2 LOE, pero cuando ya fueron condenados dichos agentes de manera solidaria en un mismo proceso, no se trata de repetir contra un agente no demandado en proceso anterior, sino de exigir el reembolso de las cantidades que a cada uno le correspondía afrontar en el mismo proceso. La justificación tanto de la acción de reembolso como de la acción de repetición es la misma, el enriquecimiento injustificado, sin embargo, ambas acciones se diferencian tanto en sus fundamentos, como en sus requisitos y contenido[555].

Como destaca la jurisprudencia (entre otras, SAP de Cáceres de 10 de diciembre de 2012, AP de Badajoz de 12 de abril de 2016 o AP de Madrid de 29 de mayo de 2012 y 4 abril de 2017)[556], lo que se dirime en estos casos (reembolso) no es una acción de repetición del art. 18.2 LOE, sino la acción de reembolso derivada del pago efectuado en virtud de una condena solidaria, pues caso contrario, se produciría un enriquecimiento injusto. Se ha soportado el pago por algunos de los obligados solidarios y sus aseguradoras, naciendo así un derecho de reembolso frente al codeudor obligado por la parte que a éste le correspondía afrontar y no atendió (art. 1145 CC); reembolso exigible incluso en supuestos al margen de las obligaciones solidarias (art. 1158 CC); por otro lado, si uno de los obligados abonó un importe, y otro obligado le resarce, se subroga frente al moroso en la posición de aquél (art. 1210.3º CC) hasta el límite de ese pago. Cons-

---

555 PRADO RODRÍGUEZ, J. C., "Fundamentos romanistas de la acción de repetición por enriquecimiento injustificado prevista en el art. 1158.3 del Código Civil Español" (Ejemplar dedicado a: Premios García Goyena XI Edición), *Revista Digital Facultad de Derecho*, núm. 5, 2012, págs. 9-11.

556 Entre otras, SAP de Cáceres 518/2012 de 10 diciembre [*Tol 2718718*], SAP de Badajoz 116/2016 de 12 abril [*Tol 5718178*] o SAP de Madrid 264/2012 de 29 mayo [*Tol 2603445*] y 165/2017 de 4 abril [*Tol 6189913*].

tituye, pues, la acción de reembolso, una acción estrictamente de reclamación de cantidad, ajena por completo a la LOE o norma que regule la relación primitiva subyacente de la que proviene la deuda que, al no contar con plazo especial de prescripción, se rige por el art. 1964 del Código Civil con lo que tiene también un plazo diferente de prescripción de cinco años.

Por tanto, la LOE regula un plazo especial para la acción de repetición contenida con carácter general en el art. 1145 CC, pero con sus especialidades, por lo que no supone una subrogación ni reembolso, sino una nueva acción contra quien no ha sido condenado que precisa de un nuevo juicio que dilucide su responsabilidad civil como interviniente en la edificación.

2. *Requisitos de procedibilidad en la acción de repetición*

Como hemos dicho, la acción de repetición es una acción de naturaleza civil que tiene un plazo especial contenido en la LOE, cuya finalidad es que los condenados solidariamente en un proceso anterior puedan acudir a otro posterior para debatir la distribución entre ellos del contenido de la obligación, siendo este un crédito ajeno por completo al que ostentaba el acreedor primigenio y desprovisto además de las garantías que tenía el crédito extinguido (SSTS de 12 de julio de 1995, 4 de enero de 1999, 16 de julio de 2001, 5 de mayo de 2010 o 6 de marzo de 2015)[557]. Sin embargo, la primera duda que se plantea es cuáles son los presupuestos o requisitos para el ejercicio de esta acción de repetición, sin perjuicio del plazo especial de su ejercicio, al que más adelante nos referiremos.

En este sentido, tal como estable la doctrina y jurisprudencia, de la caracterización de la figura se infiere que su aplicación requiere tanto de la regularidad del pago satisfecho, es decir, que se trate de un pago debido, válido y eficaz, dado que determina la extinción de la obligación, como de la determinación de la participación de cada

557 SSTS de 12 de julio de 1995 [*Tol 5123971*], 4 de enero de 1999 [*Tol 118005*], 770/2001 de 16 julio [*Tol 4974606*], 274/2010 de 5 mayo [*Tol 1877832*] o 129/2015 de 6 marzo [*Tol 4776881*].

codeudor en la obligación cumplida (STS de 29 de octubre de 2012, entre otras)[558].

2.1. Regularidad en el pago por quien ejerce la acción de repetición

El primero de los requisitos para el ejercicio de la acción de repetición sería la satisfacción en el pago al acreedor para poder dirigirse contra los codeudores solidarios. Sin embargo, el art. 18.2 LOE no exige para el ejercicio de la acción de repetición el presupuesto del previo pago del importe al que ascendieron los daños derivados de los vicios constructivos por parte del accionante, lo que ha llevado a la jurisprudencia a afirmar que el art. 18.2 LOE no regula, como hemos dicho, la acción de repetición más allá del especial plazo de prescripción establecido, por lo que, si acudimos al art. 1145 CC, sí se recoge como requisito ineludible para su ejercicio, conforme al aforismo *solve et repete*, el cumplimiento o pago previo por parte del reclamante (entre otras, SAP de Asturias de 17 junio de 2016)[559].

En nuestro caso, demandas por vicios constructivos, el promotor o el agente de la edificación que ejercita la acción de repetición debe haber ejecutado las reparaciones objeto de reclamación o bien haber abonado el importe de las mismas (como señala, entre otras, la STS de 20 de diciembre de 2007)[560]. En cualquier caso, sea por reparación o indemnización, la deuda que se reclama en la acción de repetición es una "deuda dineraria" pues, aunque hubiera consistido en una prestación de hacer, por ejemplo, el contratista que ejecutó las obras de reparación, lo que podrá reclamar contra los demás agentes es el importe de esas obras realizadas, no puede exigir que ejecuten

---

558 STS 619/2012 de 29 octubre [*Tol 3010983*].

559 Como declara la jurisprudencia menor, entre ellas, SAP de Asturias 270/2016 de 17 junio [*Tol 5816787*]. En este sentido, como indica MARTÍNEZ VELENCOSO, L. M., "La responsabilidad del empresario por los actos de sus dependientes", en *Derecho de daños*, CLEMENTE MEORO, *op. cit.*, pág. 641. para el ejercicio de la acción de repetición en general no basta con haber sido condenado al pago en virtud de una sentencia anterior, sino que efectivamente se debe haber pagado.

560 STS 1345/2007 de 20 diciembre [*Tol 1229939*].

la condena de hacer ya cumplida[561]. Por tanto, si ha existido reparación, lo que se reclamará será su equivalente pecuniario.

Como recoge la STS de 20 de diciembre de 2007[562], la acción de repetición tiene lugar cuando el demandante ha pagado el daño ocasionado, según se deduce de los arts. 1895 y 1904 CC y de la posición jurisprudencial sobre que, "*dada la solidaridad entre los responsables de la obra imperfecta, el que pagó adquiere el crédito frente a los obligados*" y que "*en el momento del pago es cuando nace ese derecho*" (STS de 29 de diciembre de 1998)[563], y, por consiguiente, quiebra cuando tal perjuicio no fue abonado.

En el mismo sentido se pronuncia la STS de 29 de octubre de 2012[564] al recordar que, el párrafo segundo del art. 1145 CC concede al deudor que realizó el pago la facultad de poder reclamar de sus codeudores la parte correspondiente a cada uno, con los intereses del anticipo. Facultad que doctrinalmente se denomina también "derecho de regreso" y que, en cualquier caso, su aplicación requiere la regularidad del pago satisfecho, es decir, que se trate de un pago debido, válido y eficaz, dado que determina la extinción de la obligación.

También la jurisprudencia menor reconoce que la acción de repetición nace, bien cuando se abona el importe de la cantidad reclamada al margen de cualquier resolución judicial, o bien cuando dictada ésta con declaración de responsabilidad de uno de los intervinientes en el proceso constructivo da cumplimiento a aquello que prescribe la propia resolución judicial y hasta el alcance de la misma; ya que su fundamento no es otro que el quebranto que padeció el reclamante, pues tuvo que abonar aquello a lo que su deudor habrá de estar obligado a entregarle; y, por tanto, solo cuando se ha llevado a cabo el cumplimiento por la reclamante —el cual ha de ser debidamente probado—, es posible predicar el nacimiento de la acción de repeti-

561 SEOANE SPIEGELBERG, J. L., "Problemática de la intervención de terceros en los procesos de responsabilidad civil", Artículo Monográfico octubre 2015, publicado en *La intervención provocada en procesos sobre vicios de la construcción*, Sepín (SP/DOCT/20130), pág. 10.

562 STS 1345/2007 de 20 diciembre [*Tol 1229939*].

563 STS 1221/1998 de 29 diciembre [*Tol 5119768*].

564 STS 619/2012 de 29 octubre [*Tol 3010983*].

ción como señala la jurisprudencia menor (SAP de Islas Baleares de 2 de diciembre 2010, AP de Pontevedra de 24 de marzo de 2014, AP de Asturias de 17 de junio de 2016 y AP de Lugo de 20 de abril de 2018)[565]. Y se rechaza el ejercicio de la acción de repetición cuando no se ha demostrado el abono de la indemnización cuyo reembolso se peticiona en el procedimiento (entre otras, SAP de Girona de 26 de marzo de 2014)[566].

Por tanto, podemos afirmar que el ejercicio de la acción de repetición previsto en el art. 18.2 LOE (si bien de manera indirecta a efectos del plazo de prescripción de la misma) requiere como presupuesto necesario el cumplimiento previo de la realización de las reparaciones o de la indemnización de los daños derivados de los vicios constructivos, y, no procede cuando no se ha asumido la reparación de deficiencias ni su coste (STS de 20 de diciembre de 2007)[567].

La regularidad en el pago por quien ejerce la acción de repetición como presupuesto necesario para el ejercicio de la acción de repetición plantea, sin embargo, una serie de cuestiones controvertidas que seguidamente pasaremos a analizar.

2.2.1. *¿Qué ocurre cuando se realiza el pago o reparación por cuenta de otro?*

No cabe duda de la legitimación para el ejercicio de la acción de repetición cuando el pago de la indemnización o la reparación de las deficiencias las realiza el propio reclamante. Sin embargo, ¿qué ocu-

---

565 En este sentido, SAP de Islas Baleares 411/2009 de 2 diciembre [*Tol 1778921*], SAP de Pontevedra 188/2014 de 24 marzo [*Tol 4487110*] o SAP de Asturias 270/2016 de 17 junio [*Tol 5816787*]. También la SAP de Lugo 156/2018 de 20 abril [*Tol 6631595*] declara que la entidad concursada no puede reclamar en ejercicio de la acción de repetición al arquitecto y aparejador sin haber pagado la cantidad que pretende cobrarse, pues "*a diferencia del dies a quo del plazo de prescripción que empezará a correr desde la fecha de la sentencia firme de condena, (pues debe entenderse que desde ese momento existe conocimiento completo de que ha de pagarse la deuda y por tanto ya existe la posibilidad de repetir, tras el pago correspondiente, frente a los responsables solidarios), la acción de repetición siempre exigirá al demandante, conforme al art. 1145 CC, el previo pago de la cantidad que pretende reclamar*" (FD 3º).

566 Como declara la SAP de Girona 101/2014 de 26 marzo [*Tol 4485759*].

567 STS 1345/2007 de 20 diciembre [*Tol 1229939*].

rre cuando la reparación la ejecuta un tercero a su costa o cuando el pago de la indemnización no consta a nombre del reclamante?

En este sentido, el art. 1158 CC admite el pago por tercero al disponer que "*puede hacer el pago cualquier persona, tenga o no interés en el cumplimiento de la obligación, ya lo conozca y lo apruebe, o ya lo ignore el deudor*". Por tanto, el pago realizado por tercero es válido, sin perjuicio de lo que éste a su vez pueda reclamar y, siendo válido el pago, nada impide que satisfecha la deuda pueda el agente de la edificación dirigirse contra los corresponsables en reclamación de la cuota que a éstos les corresponda en la obligación solidaria. Sobre todo, porque si se ejercita la acción de repetición, es porque el pago ha sido admitido y aprobado por el deudor como tal, por lo que se entenderá que el tercero que ha pagado actúa como mandatario del mismo.

Tal como dispone la SAP de Cáceres de 14 de enero de 2011[568], en un supuesto donde se plantea el problema de falta de legitimación, pues la demandante no había hecho el pago y, por tanto, a juicio del demandado no podía ejercitar la acción de repetición, dicho argumento se rechaza, pues si se trata de empresas del mismo grupo, con independencia de que las facturas correspondientes a la reparación de los defectos fueran pagadas por una u otra sociedad, el pago se hizo, incuestionablemente, por cuenta de la promotora, incluso como pago por un tercero contemplado y permitido por nuestra legislación civil en el art. 1158 CC; por lo que, sin perjuicio de las relaciones internas entre ambas sociedades, no cabe duda de que la entidad demandante es la única que puede ejercitar la acción de repetición, considerándose que, efectivamente, es la misma quien ha efectuado el pago de la reparación de los defectos de construcción, o, en otro caso, es la persona jurídica a cuenta de la cual se ha realizado el expresado pago. Así pues, fue la promotora quien asumió la obligación de subsanar los defectos de construcción existentes, de encargar su reparación a un tercero y, finalmente, de abonar el coste de la referida reparación, por lo que su legitimación activa no admite ningún tipo de tacha.

---

568 SAP de Cáceres 32/2011 de 14 enero [*Tol 2075852*].

2.2.2. *¿Es posible solicitar mediante la acción de repetición la condena de futuro?*

Las condenas de futuro están admitidas en nuestra legislación en lo relativo a las obligaciones condicionales, lo que plantea la incertidumbre sobre si la promotora, que en virtud de los contratos de ejecución de obras concertados se convertirá en responsable solidaria frente a los propietarios de los inmuebles construidos, si se produjere el evento, futuro e incierto, de que se dictase sentencia condenatoria contra la misma, puede anticiparse a las reclamaciones de los propietarios para solicitar la condena de otros agentes de la edificación mediante el ejercicio de la acción de repetición.

El Tribunal Supremo, en STS de 20 de diciembre de 2007[569], rechazaba la condena de futuro al abono de cantidades no generadas, al estar sometidas a litigios en tramitación, o ni siquiera iniciados, indicando que el que pagó adquiere el crédito frente a los obligados en el momento del pago, y no antes. En dicho proceso la parte recurrente alegaba que el supuesto litigioso estaba incluido entre los que, en nuestra legislación, se admite expresamente la procedencia de las condenas de futuro, es decir, los relativos a las obligaciones condicionales, y ello porque la promotora, en virtud de los contratos de ejecución de obras concertados con los demandados, se convertirá en responsable solidaria frente a los propietarios de los inmuebles construidos, si se produjere el evento, futuro e incierto, de que se dictase sentencia condenatoria contra la misma en los procedimientos abiertos a resultas de aquella edificación, o de que los propietarios no litigantes ejerciten posteriormente la acción derivada del art. 1591 CC contra ella, por lo que estaría facultada para promover las acciones entabladas en virtud del art. 1121 CC, que faculta al eventual acreedor a ejercitar, antes del cumplimiento de la condición, las acciones procedentes para la conservación de sus derechos.

Sin embargo, el Alto Tribunal rechaza esta posibilidad de ejercitar la acción de repetición con una "finalidad preventiva", pues aun admitiendo que en algunos casos se admite la acción y condena de futuro, tanto en función preventiva o de aseguramiento, caso del art. 1121 CC, como cuando, mirando al principio de economía procesal

---

569 STS 1345/2007 de 20 diciembre [*Tol 1229939*].

y con designio de evitar juicios reiterados, permite la condena sobre plazos no vencidos (art. 489 LEC) o cuando fija término para una obligación no vencida (art. 1128 CC), o por último cuando establece una acción para prevenir el despojo o la perturbación de la posesión, antes de que uno u otra se hayan producido (art. 1625 LEC), y reconociendo la existencia de jurisprudencia favorable, se rechaza por considerar que no es procedente la condena de futuro, debido a que la acción ejercitada se caracteriza por su indeterminación al depender de unas hipotéticas resoluciones judiciales venideras, pues, en verdad, en la demanda se ha interesado una condena al abono de ciertas cantidades no generadas, al estar sometidas a litigios en tramitación o ni siquiera entablados.

Evidentemente, a nuestro juicio, en el ejercicio de la acción de repetición resulta improcedente la condena de futuro, pues sería necesario el presupuesto del previo pago o reparación de las deficiencias. Lo importante es que el promotor se hiciese cargo externamente y frente a los adquirentes de una responsabilidad que, aunque no le correspondiera o le correspondiera parcialmente, pudiera repetir en el ámbito de la relación interna que les une a los demás intervinientes en el proceso de edificación. Así, para que nazca la acción de repetición no basta con que fuera simplemente condenada a pagar o reparar los daños ocasionados por los defectos de construcción, sino que deviene imprescindible que dicho pago hubiera sido ya satisfecho, por lo que debería esperar a que finalice el juicio, para en caso de resultar condenado, indemnizar y poder repetir contra el resto de agentes[570].

2.2.3. ¿Qué ocurre con la acción de repetición cuando en la demanda principal lo que se reclama es una obligación de hacer?

Si la acción de repetición requiere el pago de la indemnización, es evidente que la cantidad debe ser líquida y exigible, por lo que cabe rechazar el ejercicio de la acción de repetición cuando se aprecie la "iliquidez" de la deuda.

---

570 COLINA GAREA, R., "Comentarios a la Sentencia de 20 de diciembre de 2007...", *op. cit.*, págs. 977-1004.

El problema es que, en la práctica forense, en muchas demandas por defectos constructivos lo que se solicita es una obligación de hacer: la reparación de las deficiencias existentes. Y, en muchos casos, se ha llegado a considerar por los tribunales esta obligación de hacer como prioritaria, pues se ha considerado que la "reparación *in natura*" debe ser la regla general, constituyendo la reclamación directa de la indemnización la excepción, pese a que se mantiene la pretensión resarcitoria por equivalencia cuando el requerimiento previo de la reparación al deudor ha sido incumplido voluntariamente, optando en tal caso el demandante por reclamar una indemnización (en éste sentido, SSTS de 24 de septiembre de 2004, 27 de septiembre de 2005 y 20 de junio de 2007)[571].

Como señala la STS de 28 de septiembre de 2015[572] las formas de reparar el daño son la reparación específica o *in natura* y la indemnización por equivalencia. Dentro de la primera distingue la dogmática, en sede de responsabilidad contractual, entre la reparación *in natura* del daño y el cumplimiento *in natura* de la obligación incumplida. La reparación *in natura* consistirá en reintegrar la esfera jurídica que se ha lesionado a otra persona a su estado anterior a la causación del daño, colocando al damnificado en la situación en la que se encontraría si no se hubiese producido el evento dañoso. Por contra, la reparación por equivalencia, denominada también indemnización y resarcimiento, lo que persigue es que se compense o resarza el menoscabo patrimonial sufrido por el damnificado, a través normalmente de la entrega de una suma de dinero, que se traduce en la prestación del *id quod interest*.

---

571 En este sentido lo indican las SSTS 907/2004 de 24 septiembre [*Tol 509266*], 707/2005 de 27 septiembre [*Tol 715795*] y 720/2007 de 20 junio [*Tol 1106801*]. También la doctrina, entre ellos, GARCÍA CARACUEL, M., en *Estudios sobre Derecho de la Edificación*, CAÑIZARES LASO, A. (coord.), Civitas, 2010, págs. 205-207, llega a afirmar, siguiendo a CARRASCO, que pueden encontrarse hasta cuatro líneas jurisprudenciales distintas: las que afirman que solo es posible solicitar la reparación *in natura*; las que solamente otorgan preferencia a la reparación *in natura*, pero permite solicitar indemnización cuando presente inconvenientes que la hagan ineficiente económicamente; las que parten del principio de igualdad para solicitar reparación o indemnización; y la última, que admite la indemnización solo cuando se haya requerido la reparación y exista una situación que aconseje actuar con urgencia.

572 STS 525/2015 de 28 septiembre [*Tol 5503736*].

Como decimos, en un primer momento, la jurisprudencia se decantó como regla general por el cumplimiento en forma específica, otorgando prelación a la *restitutio in integrum* sobre la indemnización con entrega de suma de dinero, declarando que, en nuestro sistema, el cumplimiento de la obligación por equivalencia es subsidiario de la satisfacción del acreedor de forma específica (STS de 2 diciembre de 1994, 13 mayo de 1996 y 13 de junio 2005)[573]. Ahora bien, en atención a las circunstancias concurrentes esa doctrina legal ha evolucionado permitiendo al perjudicado postular una indemnización por equivalencia en vez de la posible reparación *in natura*, como consecuencia racional y lógica de que el fin de la indemnización es la reparación o compensación y trata de conseguir que el patrimonio del lesionado quede, por efecto de la indemnización y a costa del responsable del daño, en situación igual o al menos equivalente, a la que tenía antes de haber sufrido el daño, y que la solución indemnizatoria es más efectiva en atención a las complicaciones, dilaciones y conflictos que se pueden plantear en el trámite ejecutivo a resultas de una condena de hacer a costa de quien causó el daño (STS de 21 de diciembre 2010, 30 de octubre de 2014 o 5 de mayo de 2015, entre otras)[574].

En este sentido, la STS de 20 de junio 2007[575] reconoce que, es cierto que, en determinados supuestos se ha señalado la solución contraria, a saber: que la posibilidad de instar la reclamación directa de la indemnización pertinente es una excepción a la regla general de reparación *in natura*. Ahora bien, aun en estos casos, se ha mantenido la procedencia de la pretensión resarcitoria por equivalencia, por concurrir una serie de circunstancias, cuales son, el requerimiento previo de realización al deudor, que éste lo incumpla voluntariamente, y que el demandante prefiera la indemnización, dado el constatado incumplimiento del deudor, por depender el cumplimiento

---

573 Sobre la prevalencia de la reparación *in natura* se pronuncian las SSTS de 2 febrero 1994 [*Tol 1665853*], 391/1996 de 13 mayo [*Tol 5153135*], 601/2005 de 13 julio [*Tol 697624*] y 704/2005 de 10 octubre [*Tol 725259*].

574 Sobre la indemnización sustitutoria se pronuncian las SSTS 884/2010 de 21 diciembre [*Tol 2012628*], 601/2014 de 30 octubre [*Tol 4538499*] y de 5 mayo 2015 [*Tol 4952430*].

575 STS 720/2007 de 20 junio [*Tol 1106801*].

de una relación personal que se ha demostrado contraria a las reglas de conducta propias de las relaciones contractuales.

Ahora bien, aunque sea posible reclamar directamente una pretensión indemnizatoria, cuando lo que se reclama es una reparación *in natura* se plantean varios problemas: ¿cuándo se considera que se cumple el presupuesto de la "regularidad en el pago" si se trata de repetir por las reparaciones de los defectos constructivos contra el agente que se considere responsable?, ¿cuándo se produce la completa reparación para poder repetir?, ¿qué pasa si no se llegan a ejecutar las reparaciones a que resulta condenado el agente de la edificación?

En primer lugar, si finalmente se ejecutan las reparaciones el problema es determinar cuándo se considera que se ha producido la "reparación efectiva" y que está cumplida la obligación a satisfacción del acreedor y, por tanto, cuándo computa el plazo para ejercitar la acción de repetición por considerase cumplido el presupuesto de regularidad en el pago. Sobre este punto nos pronunciaremos al analizar el *dies a quo* del plazo de prescripción.

Y, en segundo lugar, qué ocurre cuando se reclama una reparación *in natura* y no se ejecutan las reparaciones, transformándose ésta en equivalente pecuniario ¿cuándo se cumple el presupuesto de la regularidad en el pago? En este sentido, si requerido el condenado a hacer alguna cosa no la ejecuta en plazo establecido por el tribunal (art. 705 LEC), el ejecutante podrá pedir que se le faculte para encargarlo a un tercero, a costa del ejecutado (art. 706.2 LEC), o reclamar el resarcimiento de daños y perjuicios (arts. 712 y ss. LEC). El trámite para alcanzar la cuantificación de la indemnización por equivalente es diferente en ambos casos. En el primero, si se acude a la dicción literal del artículo 706.2 LEC, el LAJ dictará decreto aprobando la cantidad por la que se haya valorado el coste del hacer que se encargue a un tercero. En cambio, si se acude a los trámites de los artículos 712 y ss. LEC para la liquidación de daños y perjuicios, el artículo 713 LEC prevé un plazo de diez días para que el ejecutado manifieste lo que a su derecho conviniere (en caso de disconformidad con la relación de daños y perjuicios aportada), y después el tribunal dictará, por medio de auto, la resolución que estime justa, fijando la cantidad que deba abonarse al acreedor como daños y perjuicios.

Por tanto, ¿cuándo se considera que se cumple con la regularidad en el pago para poder repetir? Evidentemente, no puede ser cuando se cuantifica por el juzgador, sino cuando se produce el pago efectivo. En este sentido, la SAP de Asturias de 17 de junio 2016[576] declara que la promotora carece de legitimación para ejercitar la acción de repetición frente a los demás intervinientes en el proceso constructivo, puesto que consta acreditado que no ha reparado ni abonado el importe de las reparaciones objeto de la reclamación y, además, la cuantía fijada al amparo del art. 706.2 LEC para determinar el equivalente pecuniario de las obligaciones de hacer cuando el ejecutante opta por encargar el hacer a un tercero, a costa del ejecutado, no es una cuantía definitiva a entregar al ejecutante para la realización de las obras de reparación, sino un anticipo o garantía de las obras necesarias para la ejecución, sometido a posterior control o liquidación judicial.

Por tanto, tratándose de obligaciones de hacer, la acción de repetición nacerá bien cuando se abona el importe de la cantidad establecido como equivalente pecuniario, o bien cuando se da cumplimiento a aquello que prescribe la propia resolución judicial y hasta el alcance de la misma; y, por tanto, solo cuando se ha llevado a cabo el cumplimiento por el agente de la edificación que pretende la repetición, cumplimiento que ha de ser debidamente probado, prosperará la citada acción de repetición.

2.2.4. *¿Podría reclamarse en el proceso posterior una cuantía diferente a la establecida en el pleito precedente?*

Se plantean también ciertos interrogantes sobre la posibilidad de reclamar una indemnización diferente en ejercicio de la acción de repetición, es decir, si el deudor solidario podría reclamar una indemnización adicional a la satisfecha contra los demás agentes de la edificación que resulten responsables. En este sentido la doctrina y jurisprudencia se muestran contrarias a la posibilidad de reclamar una indemnización diferente, pues la demanda en ejercicio de la acción de repetición deberá ser por el mismo perjuicio ya determinado

---

576 SAP de Asturias 270/2016 de 17 junio [*Tol 5816787*].

y satisfecho, más, en su caso, los intereses debidos (STS de 7 de marzo de 2013)[577].

Como señala la STS de 7 de marzo de 2013, en las obligaciones *in solidum* la condena a indemnizar impuesta a más de un agente tiene naturaleza solidaria y las circunstancias en que se produce la lesión afectan por igual a todos los causantes de la misma, por lo que estas obligaciones solo pueden ejecutarse una sola vez, es decir, no puede demandarse varias veces la misma indemnización, pues únicamente podría pedirse que se declarara al demandado responsable solidario respecto de la condena ya dictada. Y continúa afirmando que "*la concurrencia de varias personas a la reparación del daño y la obligación de resarcimiento total que sobre cada una gravita, no supone la posibilidad de que pueda hacerse efectiva la prestación sobre más de una, ni simultánea ni sucesivamente. Las obligaciones in solidum solo pueden ejecutarse una sola vez. El principio indemnizatorio se opone a que una persona que ha recibido la reparación íntegra de su perjuicio pueda, por segunda vez, obtener nueva reparación. Por tanto, la concurrencia de dos o más autores en la producción del daño, o de dos o más personas en el deber de atendimiento de su reparación, naturalmente no conlleva una multiplicación de reparaciones o un acrecentamiento del cuántum realmente satisfactorio, sino que lo único que sucede es que se multiplican o acrecientan las posibilidades del lesionado de cara a su íntegra satisfacción*".

En el caso referido, la demandante perjudicada se dirigió en un primer procedimiento, al amparo de lo dispuesto en el art. 1144 CC contra varios de los deudores solidarios y obtuvo una condena al pago de una indemnización de veinticuatro mil euros tras apreciarse la existencia de una lesión en sus derechos fundamentales al honor e intimidad, sin que pueda en un segundo procedimiento dirigirse contra otro de los sujetos causantes de la lesión y pretender así el cobro de una nueva indemnización, en este caso nueve mil euros. Solo podría en este segundo pleito pedir que se declarase al demandado responsable solidario respecto de la condena ya dictada, pues

---

577 STS 185/2013 de 7 marzo [*Tol 3536958*]. Como también señala el autor SEOANE SPIEGELBERG, J. L., "Problemática de la intervención de terceros…", *op. cit.*, pág. 9.

en otro caso se multiplicaría indebidamente la indemnización por los mismos hechos.

No podría tampoco reclamarse en la acción de repetición los gastos generados en el primer proceso por parte de la promotora condenada, puesto que proviene su responsabilidad de la relación de vendedor-deudor nacida de la misma venta[578]. Lo mismo cabría afirmar respecto del constructor que pretende repetir incluyendo los gastos judiciales del primer procedimiento[579]. En respuesta a consulta planteada sobre esta cuestión a Sepín Derecho Inmobiliario en diciembre de 2017, se afirma que la acción de repetición establecida en la LOE tiene como finalidad que el agente condenado por la existencia de vicios constructivos pueda entablar un proceso posterior contra aquél o aquellos agentes que no fueron demandados, para que se determine su posible responsabilidad y el deber de resarcir, ya sea parcialmente o de forma total, al agente demandante, pero siempre en relación con la cantidad fijada como indemnización para el comprador. El criterio mantenido es que en la acción de repetición solo podrá incluirse la cantidad a la que fue condenado a satisfacer al comprador, sin que quepa incluir los gastos judiciales que ese primer procedimiento causó a la constructora. Y ello con base en lo establecido en el art. 1158 CC, que determina que quien pagara por cuenta de otro, contra su expresa voluntad, solo podrá repercutir en aquello en que le hubiera sido útil el pago, sin que los gastos judiciales de la constructora, hayan reportado ninguna utilidad a la empresa subcontratada ni a la empresa suministradora, debiendo tener en cuenta, además, que la constructora estaba legitimada pasivamente para soportar la acción, al ser responsable conforme el art. 17.6 LOE y que fue suya la decisión de oponerse, en lugar de allanarse a la demanda, por lo que deberá asumir los costes que dicha decisión le hayan supuesto. Ahora bien, dicho lo anterior, entre la construc-

578 Consulta, enero 2019, Repetición de la promotora condenada por incumplimiento contractual contra otros agentes de la edificación. SEPÍN DERECHO INMOBILIARIO, *La acción de repetición…*, *op. cit.*, pág. 1.

579 Consulta, diciembre 2017, Acción de repetición del constructor contra la subcontratista y empresa suministradora de unos paneles y reclamación de los gastos judiciales del primer procedimiento. SEPÍN DERECHO INMOBILIARIO, *La acción de repetición…*, *op. cit.*, pág. 1.

tora y subcontratista existe un contrato de obra con suministro de materiales, por lo que, frente a la misma, podría ejercitarse conjuntamente con la acción de repetición, la correspondiente acción por incumplimiento contractual, en base a lo establecido en los artículos 1100 y ss. CC, en cuyo caso, una posibilidad sería el solicitar los gastos judiciales del anterior proceso como daños y perjuicios derivados de dicho incumplimiento.

Lo que sí procede, como precisa, entre otras, la STS de 26 junio de 2009[580], son los intereses moratorios y procesales de la cantidad adeudada, por el tiempo transcurrido entre la fecha de la sentencia de primera instancia y el momento en que ésta quedó firme, al haberse agotado todos los recursos contra la misma. En el mismo sentido, la STS de 5 de mayo de 2010[581] establece que el deudor solidario que paga o cumple en su totalidad con el acreedor extingue el vínculo obligatorio, adquiere por ministerio de la Ley un derecho a repetir en la esfera interna, exclusivamente contra el conjunto de obligados unidos por vínculos de solidaridad, y "*tan solo lo que pagó más los intereses del anticipo*".

Por último, respecto a las costas, el Tribunal Supremo precisa que habrá que decidir, en cada caso, en atención a "la conducta del codeudor que paga".

2.2. Determinación de la participación en la obligación

El segundo de los presupuestos de procedibilidad para el ejercicio de la acción de repetición es la determinación de la participación de cada codeudor en la obligación cumplida. Es decir, el pago realizado debe ser válido y eficaz, o, en su caso, reparación efectiva, pero, además debe acreditarse la participación en la obligación del agente de la edificación frente al cual se dirige la acción de regreso.

No se puede pretender, una aplicación *ipso iure* del derecho de regreso, sino que el pago debe encontrar justificación en el negocio

---

580 STS 453/2009 de 26 junio [*Tol 1597468*]; y DE VERDA Y BEAMONTE, J. R., "La solidaridad en las obligaciones: un estudio jurisprudencial", *IDIBE Instituto de Derecho Iberoamericano*, 2020 (Acceso: 03/05/2023, disponible en https://idibe.org/tribuna/la-solidaridad-las-obligaciones-estudio-jurisprudencial/).

581 STS 274/2010 de 5 mayo [*Tol 1877832*].

o causa que generó la obligación solidaria, pero tampoco una aplicación indiferenciada del mismo que no respete la correcta determinación de la participación de los deudores. Por ello, ateniendo a las reglas de la carga de la prueba[582], recogidas en el art. 217 LEC, el ejercicio del derecho de regreso exige una actividad probatoria, dentro de lo razonable y en función del objeto del proceso para determinar las responsabilidad o participación en la obligación de aquel frente al cual se dirige la acción.

Por ejemplo, no procederá la acción de regreso si la condena del anterior pleito son ausencias y defectos directamente imputables a la promotora, que solo a ella le son exigibles por su oferta contractual. Pues, como señala la STS de 29 de octubre de 2012[583], no cabe concluir, y, por ende, pretender que de la responsabilidad contemplada en el art. 17.7 LOE, sobre la veracidad y exactitud de lo suscrito en el certificado final de obra, se infiera automáticamente la responsabilidad solidaria del director de la obra y del director de la ejecución respecto de la condena indemnizatoria impuesta al promotor, sin que se hayan acreditado los presupuestos básicos de su resarcibilidad, esto es, su realidad, su imputación y su cuantía.

Tampoco procede trasladar automáticamente a la constructora la condena existente en un proceso anterior a la promotora, sino que habrá que probar la responsabilidad de ésta en los defectos que dieron lugar a la previa condena. En este sentido, la STS de 16 de julio de 2002[584] afirma que incumbe la carga de la prueba a quien pretende el reintegro, desestimando la acción de repetición de la promotora contra la constructora, pues es necesario que se acredite con claridad que fue la negligente actuación de quien de hecho llevó

582 En este sentido, SSTS 80/2012 de 5 marzo [*Tol 2493349*] y 580/2012 de 10 octubre [*Tol 2732102*].

583 STS 619/2012 de 29 octubre [*Tol 3010983*].

584 STS 564/2002 de 11 junio [*Tol 4975698*]. Y comentarios a la misma por parte de ÁLVAREZ OLALLA, P., "Sentencia de 11 de junio de 2002...", *op. cit.*, págs. 111-118. La autora afirma que resulta correcto que en las relaciones entre empresarios no se aplique la inversión de la carga de la prueba, que si sería aplicable en el pleito entre la promotora y los adquirentes en virtud del principio *pro damnato*, pues hay que diferenciar la esfera externa de la relación interna entre los obligados solidarios.

a cabo la ejecución material la causante de los perjuicios que deban ser indemnizados.

Asimismo, la STS de 3 de junio de 2016[585] establece que si en la sentencia dictada en el proceso no consta una distribución de responsabilidades entre los distintos intervinientes en la construcción, procediéndose en unos casos a la condena de la promotora por su condición de responsable solidario, y en otros, a la condena de la promotora y constructora, pero sin establecer distinción ni individualización alguna respecto de las funciones de cada uno de los agentes de la construcción, no puede ahora la promotora sin más estimar que todos los defectos son responsabilidad de la constructora, porque se trata de vicios propios de la construcción, pues con independencia de que algunos de ellos puede ser así, no es menos cierto que la sentencia de instancia no hace la individualización de responsabilidades, y en el procedimiento posterior tampoco se hace nada para acreditar la responsabilidad total de la constructora. Por ello, en el caso de la acción de regreso no puede, sin más, establecerse, con base en el art. 222 LEC, que la responsabilidad sea única de la constructora, pues no aparecen deslindadas las distintas responsabilidades de los intervinientes en el proceso constructivo, debiendo acudirse a la regla de la mancomunidad simple.

También en las SSTS de 22 de mayo de 2009 y 19 de febrero de 2016[586], se declara que cuando la promotora ejercita la acción de repetición contra el resto de los agentes de la edificación no puede trasladar automáticamente la condena, sino que ha de probar que los mismos son responsables de los defectos que dieron lugar a la previa condena.

Al igual que con el presupuesto anterior, surgen en este caso una serie de dudas que conviene resolver para determinar con claridad los requisitos de procedibilidad de la acción de repetición.

---

585 STS 376/2016 de 3 junio [*Tol 5747072*].

586 SSTS 376/2009 de 22 mayo [*Tol 1525366*] y 87/2016 de 19 febrero [*Tol 5662085*].

2.2.1. *¿Es necesario que exista un proceso judicial anterior donde se declare la responsabilidad solidaria para poder repetir?*

Tal como hemos dicho, la acción de repetición no implica una responsabilidad automática, pues debe probarse la responsabilidad en los defectos del demandado contra el cual se ejercita la acción de repetición. El problema que se plantea es ¿si resulta necesario que se declare la condena solidaria en un proceso anterior para poder repetir?

En este sentido el art. 1145 CC no establece como requisito para el ejercicio de la acción de repetición que haya recaído un previo pronunciamiento judicial condenatorio respecto de la parte de quien se pretende recuperar lo pagado, pues puede darse el caso de que quien haya abonado el importe de reparación de los daños lo haya hecho fuera de proceso alguno o que el entablado previamente no se haya dirigido contra el integrante del proceso constructivo luego demandado. De hecho, el art. 18.2 LOE determina que el plazo de la acción de repetición que pudiese corresponder a cualquiera de los agentes que intervienen en el proceso de edificación computa desde la firmeza de la resolución judicial que condene al responsable a indemnizar los daños, o "*a partir de la fecha en la que se hubiera procedido a la indemnización de forma extrajudicial*".

Por tanto, puede ejercitarse la acción de repetición sin necesidad de un previo proceso judicial, bien porque exista acuerdo extrajudicial entre las partes, bien porque simplemente se hayan satisfecho estas responsabilidades a requerimiento de un propietario individual o de una comunidad de propietarios (como señala la SAP de A Coruña de 10 de abril de 2017)[587].

Máxime en el caso del promotor que responde como garante solidario en la esfera interna con los adquirentes de viviendas, pues si es requerido para reparar o indemnizar podrá hacerlo sin que ello implique renuncia a reclamar en la esfera externa a los agentes de la edificación que resulten responsables de los concretos defectos constructivos. Pero, insistimos, en cualquier caso, ello no implica la posibilidad de obtener de forma automática de cualquier interviniente

---

[587] Como declara la SAP de A Coruña 114/2017 de 10 abril [*Tol 6106350*].

en el proceso constructivo el importe satisfecho, sino que precisa acreditar, conforme exige la carga de la prueba del art. 217 LEC, que los defectos le son imputables.

En cualquier caso, si no deriva de un proceso judicial anterior, es conveniente dejar constancia fehaciente de a qué responde el pago satisfecho, en caso de abono de una indemnización, o por qué se están realizando las reparaciones de defectos constructivos en caso de reparación *in natura* para poder luego efectivamente repetir contra otro u otros agentes. A tal efecto, la jurisprudencia viene declarando que, si existe acuerdo extrajudicial o acuerdo homologado judicialmente, habrá que atender a la literalidad del mismo. Así, lo declara la SAP de Madrid de 9 de marzo de 2016[588], al reconocer que si en el acuerdo extrajudicial no se refleja solidaridad alguna, "*limitándose a reflejar que el acuerdo alcanzado es el pago por parte iguales (Promotora, Constructora, Arquitectos Superiores y Arquitectos Técnicos)*", debe aceptarse el compromiso alcanzado como consecuencia de la transacción, pues "*no puede reputarse a la promotora deudora solidaria de la suma total antes citada y ese carácter solidario es el que debe tener la deuda para la aplicación del precepto en virtud del cual se acciona*". Y continúa afirmando que "*la transacción judicial tiene para las partes autoridad de cosa juzgada, de conformidad con lo prevenido en el art. 1816 CC, por lo que si entonces convinieron que la responsabilidad debía atribuirse, en cuanto al importe a que habría de ascender la reparación de los defectos reclamados, de forma mancomunada, la controversia surgida debe entenderse enteramente zanjada, máxime si la acción de repetición que se dice entablada lo es contra quien se considera responsable de los daños y ninguna prueba de ello se ha practicado*".

Por tanto, no es necesario que exista un proceso judicial anterior donde se declare la responsabilidad solidaria para poder ejercer la acción de repetición. No obstante, sí deberán cumplirse los presupuestos expuestos para poder reclamar contra el deudor solidario.

---

588 Así lo establece la SAP 88/2016 de 9 marzo [*Tol 5706781*].

2.2.2. *¿Es presupuesto ineludible que en el proceso anterior se hayan ejercitado acciones por responsabilidad derivada de la edificación?*

Otra de las cuestiones problemáticas que se plantea es si para el ejercicio de la acción de repetición del art. 18.2 LOE es necesario que en el proceso anterior se hayan ejercitado acciones por vicios o defectos constructivos derivadas del art. 17 LOE o, en su caso, del anterior art. 1591 CC.

En este sentido, la jurisprudencia ha declarado en ocasiones que no procede el ejercicio de la acción de repetición si en el proceso anterior se ha declarado la responsabilidad del agente que pretende repetir, no por defectos constructivos emanada del art. 17 LOE o art. 1591 CC, sino por haberse ejercitado acciones de responsabilidad contractual. Es el caso de la SAP de Navarra de 19 de febrero de 2016[589] que desestima la acción de repetición del promotor, pues la acción ejercitada contra éste, por la que fue condenado, fue la contractual, declarando que no cabe la posibilidad de apreciar responsabilidad solidaria de los agentes de la construcción y, consecuencia de ello, no cabe la posibilidad de ejercitar la acción de repetición del art. 1145 CC, o el caso de la posterior sentencia de 29 de junio de 2017[590], que desestima la acción de repetición del promotor, al haberse alcanzado la transacción en un proceso por responsabilidad contractual de la promotora, declarando que, por ello, ésta no puede repetir contra el resto de agentes en base a la LOE, sino que se deberá basar en el incumplimiento del contrato con dichos agentes. Afirma la citada sentencia que "*su reclamación no puede tener otro fundamento que la acción de incumplimiento contractual, esto es, la reclamación por razón de los defectos que sean consecuencia del incumplimiento de las obligaciones contractuales de cada uno de los agentes y respecto del promotor, que es sobre el que recae la carga de la prueba del defecto, su causa y ser imputable a uno y otro por razón de incumplimiento de sus obligaciones contractuales*".

---

589 SAP de Navarra 83/2016 de 19 febrero [*Tol 5764078*].

590 La SAP de Navarra 322/2017 de 29 junio [*Tol 6568521*], señala que no es posible apreciar la responsabilidad solidaria entre los demandados, únicamente podría serlo la de cada uno y por los daños de aquellos por los que el promotor respondió frente a la comunidad y que acredite su realidad y su causa, así como el ser atribuible al incumplimiento de sus obligaciones contractuales con el promotor.

En el mismo sentido se pronuncia la SAP de Pontevedra de 15 de junio de 2015[591], al afirmar que el derecho de repetición que el actor dice actuar en este procedimiento, ni puede estar fundado en una supuesta solidaridad, en la medida en que la sentencia dictada en anterior procedimiento condenaba a la constructora a la realización de las obras necesarias para reparar los defectos existentes en las obras ejecutadas, de forma individualizada y exclusivamente, ni se incluye en ninguno de los supuestos que consigna el referido art. 17 LOE.

Por nuestra parte, no podemos compartir tales argumentos, pues si la promotora puede ejercitar la acción de repetición tras haber satisfecho las responsabilidades incluso ante un simple requerimiento de los adquirentes de inmuebles, sin necesidad de que exista condena judicial y tras la indemnización extrajudicial, por qué va a depender el éxito de la acción de repetición de que se haya mencionado o no la responsabilidad por vicios constructivos del art. 17 LOE o, con anterioridad, la decenal del art. 1591 CC, en la demanda que da lugar a la posterior condena. Como hemos visto, el promotor es garante solidario frente a los adquirentes y la responsabilidad contractual que ostenta como vendedor por el incumplimiento de sus obligaciones es compatible con la responsabilidad por defectos constructivos (art. 1591 CC o art. 17 LOE), pues tal como dispone el art. 17.1 LOE responde el promotor de los daños materiales ocasionados en el edificio, "*sin perjuicio de sus responsabilidades contractuales*".

En definitiva, el éxito de la acción de repetición del promotor contra los demás intervinientes en el proceso constructivo no puede depender de la acción elegida por los perjudicados, pues éstos pueden ejercitar solo acciones contractuales contra el promotor, o bien acciones contractuales acumuladas a las acciones por defectos constructivos. Esta compatibilidad de acciones esta normativamente prevista en la LOE (art. 17.1 LOE), por lo que en modo alguno puede limitar el derecho de repetición previsto en la misma norma (art. 18.2 LOE), que no requiere para su ejercicio que se haya declarado en un proceso precedente la responsabilidad por daños en el edificio. Aunque, evidentemente, si en el primer proceso fue el único condenado por haberse ejercitado acciones contractuales, en el segundo

---

591 SAP de Pontevedra 274/2015 de 15 junio [*Tol 5198714*].

proceso en ejercicio de la acción de repetición deberá acreditarse la responsabilidad civil del demandado por vicios o defectos constructivos por los cuales ha satisfecho la indemnización y pretende repetir, pero ello no excluye ni limita la posibilidad de ejercitar la acción de repetición.

Por tanto, si la promotora ha sido condenada con base en el incumplimiento contractual sin declaración de solidaridad del resto de los agentes, tendría que acudir a la acción de repetición y demás articulado de la LOE, conjunto o separadamente con la normativa de incumplimiento contractual, y reclamar la responsabilidad del resto de agentes, pidiendo que se establezca la cuota de responsabilidad de cada agente, al tener legitimación activa para reclamar por ambos tipos de acciones[592]. Cosa distinta es que el promotor hubiera sido condenado en ejercicio de la acción contractual por una responsabilidad únicamente a éste imputable, sin que existan vicios o defectos constructivos reclamables ante otros agentes (por ejemplo, por haber ofertado calidades superiores a las ejecutadas en la obra, cuando esto no afecte al Proyecto ni a la elección de materiales por los técnicos, sino simplemente a la oferta vinculante de promotor con los adquirentes de los inmuebles). En tal caso no podrá repetir contra los demás agentes de la edificación, pero no por haberse ejercitado acciones contractuales en el primer proceso, sino porque realmente no existen vicios constructivos.

Por tanto, el promotor que ha satisfecho responsabilidades por vicios constructivos podrá accionar contra los demás agentes para exigir los costes abonados frente al responsable del daño con independencia, a nuestro juicio, de que en el proceso anterior no se haya ejercitado la acción específica de defectos constructivos siempre que se pueda derivar la existencia de los mismos en el pleito posterior[593].

---

592 Consulta, enero 2019, Repetición de la promotora condenada por incumplimiento contractual contra otros agentes de la edificación, SEPÍN DERECHO INMOBILIARIO, *La acción de repetición prevista en la Ley de Ordenación de la Edificación,* Editorial Jurídica Sepín, 2019. Con citas de las SAP de Jaén 184/2013 de 21 junio [*Tol 3922052*] y SAP de Zaragoza 55/2012 de 3 febrero [*Tol 2437810*].

593 Como señala CORDERO LOBATO, E., *Comentarios... op. cit.*, págs. 318-319.

2.2.3. *¿Qué ocurre si en el proceso posterior en ejercicio de la acción de repetición no se puede individualizar la responsabilidad de otros agentes?*

El ejercicio de la acción de repetición pretenderá imputar a otro u otros agentes la responsabilidad satisfecha en un anterior litigio donde existan varios responsables. En el caso del promotor, si ha satisfecho una indemnización como garante solidario, pero no se le pueden imputar responsabilidades concretas, tratará de resarcirse de este pago pretendiendo la condena total de los verdaderos responsables. No obstante, puede ocurrir que, existiendo varios agentes de la edificación responsables, no pueda individualizarse la responsabilidad en este proceso posterior. ¿Qué ocurre entonces?

La jurisprudencia viene afirmando que, ejercitada una acción de repetición contra varias personas en la que no se pueda individualizar la responsabilidad, no cabe acudir a la regla de la solidaridad, sino que, a falta de un criterio distinto, se deberá dividir la deuda por partes iguales. Así pues, la deuda de regreso es una deuda mancomunada parciaria[594], en virtud del art. 1138 CC, referente a la presunción *iuris tantum* de división igualitaria que este precepto impone, cuando las cuotas de los deudores solidarios no estuvieran predeterminadas o no fueran susceptibles de individualización en el ulterior juicio entre los obligados solidarios a modo de remedio residual ante la incertidumbre contributiva.

En este sentido, la jurisprudencia con carácter general viene a establecer que, declarada la responsabilidad solidaria, sin posibilidad de discernir cuotas, la división interna de la deuda debe ser por partes iguales (entre otras, SAP de A Coruña de 10 de abril de 2017)[595]. El art. 1138 CC debería actuar como última *ratio*, solo para los supuestos en que sea imposible averiguar el grado de participación de cada uno, puesto que, de lo contrario, no se estaría dando posibilidad a uno de los condenados a destruir la presunción del art. 1138 CC cuando en la acción de repetición intentase recuperar de

594 SEOANE SPIEGELBERG, J. L., "Problemática de la intervención...", *op. cit.*, pág. 11.

595 SAP A Coruña 114/2017 de 10 abril [*Tol 6106350*].

los demás lo que ha satisfecho de más a la víctima provocándose enriquecimiento injusto (STS de 1 de octubre de 2008)[596].

Por tanto, en el ejercicio de la acción de repetición no cabe la solidaridad, pues el art. 1137 CC define las obligaciones solidarias como aquellas que en las que se produce "*la concurrencia de dos o más acreedores o de dos o más deudores en una sola obligación*". Y en el ejercicio de una acción de repetición no existe pluralidad de deudores de una sola obligación, sino diversas obligaciones exigibles separadamente a cada uno de los deudores. Así lo expresa el art. 1145 CC cuando señala que "*el que hizo el pago solo pude reclamar de sus codeudores la parte que a cada uno corresponda*" (SAP de Baleares de 21 de julio 2016 y 15 de mayo de 2017)[597]. Consecuencia de lo anterior es que si no se pueden individualizar responsabilidades, no cabrá establecer la solidaridad, debiendo acudir a la regla de la presunción de mancomunidad, y por tanto, a falta de un criterio distinto, dividir la deuda a partes iguales, tal como prevé el art. 1138 CC.

En este sentido, dispone también la STS de 13 de abril de 2016[598] que satisfecha la condena impuesta a uno o varios de los condenados solidariamente en un proceso anterior, el art. 1145 CC permite que aquel o aquellos que cumplieron con el total de la deuda puedan acudir a otro posterior en ejercicio de la acción de reembolso o regreso para debatir la distribución del contenido de la obligación entre todos los intervinientes en el proceso constructivo, desapareciendo entonces la solidaridad que rige en las relaciones externas, frente al perjudicado acreedor, para pasar a regir en las internas (entre deudores solidarios) la mancomunidad.

---

596 STS 865/2008 de 1 octubre [*Tol 1384056*].

597 SAP de Islas Baleares 257/2016 de 21 julio [*Tol 5821660*] y 147/2017 de 15 mayo [*Tol 6189846*].

598 Así lo disponen, entre otras, las STS 248/2016 de 13 abril [*Tol 5694566*], con cita de otras anteriores como las SSTS 770/2001 de 16 julio y 274/2010 de 5 mayo.

2.2.4. *¿Es posible para el promotor repetir la responsabilidad íntegra en el ulterior proceso?*

Como hemos repetido la promotora es garante incondicional. Por tanto, lo lógico será que en la futura acción de repetición que ejercite no pretenda un reparto de cuotas de responsabilidad, sino la satisfacción íntegra del importe de la indemnización (o reparación realizada) contra el verdadero responsable de los defectos constructivos.

Por tanto, nada impide que la promotora declarada responsable por ser garante frente a los compradores, que no resulte responsable de los daños, en la relación interna con los demás agentes de la edificación pueda ejercer la acción de repetición por el total de lo pagado frente a los responsables según su cuota.

Como señala la SAP de Vizcaya 8 de octubre de 2015[599], de no aceptarse esto, se produciría el dislate de que como la responsabilidad del promotor es, en cualquier caso, solidaria con los otros agentes de la construcción, siempre tendría que responder de la cuarta parte del daño causado —dada la intervención obligada en una obra del contratista, aparejador y arquitecto—, lo que no es justo, cuando contrató con acreditados profesionales la construcción del edificio, siendo cada uno de ellos responsable de la infracción de las normas de la *lex artis*, que disciplinan su obligada intervención en el proceso constructivo; de manera tal que, de seguirse el criterio de la resolución apelada, quien no está cualificado para ello y además le está expresamente vedado asumir tales funciones, debe responder, siempre al menos en una cuarta parte en las relaciones internas, de los vicios o defectos del proyecto, de la dirección de la obra, de la dirección de la ejecución material de la misma y de los concretos vicios constructivos de los que adolezca el edificio levantado bajo su promoción. Y que no se nos diga que la promotora bien pudo y debió discutir su responsabilidad, en el previo proceso declarativo en el que se ejercitó la acción del art. 1591 CC, pues su solidaridad se impone, en todo caso, cuando una obra adolece de vicios, ya sean éstos de proyecto, dirección o estrictamente constructivos, respondiendo frente a los

---

599 En este sentido se pronuncia la SAP de Vizcaya 301/2015 de 8 octubre [*Tol 5586906*].

propietarios conjuntamente con los otros agentes de la construcción, sin perjuicio claro está de sus acciones de repetición. En definitiva, continúa afirmando, "*una cosa es que el promotor responda por mor del contrato celebrado con los adquirentes de las viviendas, locales o plazas de garaje del edificio, y otra, muy distinta, que deba asumir responsabilidades ajenas, y máxime cuando las relaciones internas de los deudores solidarios están formalizadas en los correspondientes contratos celebrados entre la promotora recurrente con los precitados agentes de la construcción*".

Por lo tanto, es perfectamente factible la acción de repetición que el promotor pueda entablar frente a los técnicos de la obra, que faltando a la diligencia exigida por la *lex artis*, que rige su saber profesional, hayan incurrido en negligencia en su prestación contractual, como igualmente defenderse frente a la acción de repetición del codeudor solidario que pagó, sosteniendo su ausencia de contribución concausal en la producción del daño resarcible objeto del proceso.

En el mismo sentido se pronuncia la jurisprudencia, permitiendo a la promotora repetir íntegramente la cantidad satisfecha a los adquirentes de inmuebles, cuando los defectos son responsabilidad total de la constructora u otro agente (SAP de Asturias de 25 de octubre de 2012 o AP de Baleares de 6 de mayo de 2015)[600], o cuando está respondiendo por hechos ajenos, no por actos propios, por lo

[600] Así lo declara la SAP de Asturias 396/2012 de 25 octubre [*Tol 2685119*] por responsabilidad de la constructora por la deficiencia de los materiales empleados, cuando señala que "*en lo que atañe al ámbito de externo de la responsabilidad de tales agentes frente a la comunidad de propietarios perjudicada cobra toda su fuerza la posición de garante que ostenta el promotor, conforme señala el art. 17.3 LOE, todo lo cual no impide que en el ámbito interno esa misma empresa promotora pueda acudir al ejercicio de la acción de repetición contemplada en el art. 18.2 LOE cuando haya asumido su responsabilidad por un hecho ajeno o por una actuación imputable a terceras personas, teniendo presente en este punto que la responsabilidad derivada de una impericia en las tareas propias de la ejecución de la obra o por la deficiencia de los materiales empleados en ella resulta imputada en exclusiva por el art. 17.6 LOE al constructor*". Y la SAP de Islas Baleares 132/2015 de 6 mayo [*Tol 5003389*] que considera que "*acreditado el pago por la promotora hoy actora y que la causa de las deficiencias que originaron dicho pago son imputables a la constructora del edificio por tener su origen en una deficiente ejecución de la impermeabilización de la cubierta del edificio, especialmente en el encuentro con los parámetros verticales y en el perímetro del voladizo de la cubierta, procederá la estimación integra de la demanda*" (FD 2º).

que tiene el derecho de repetición contra los agentes realmente responsables (SAP de Asturias de 28 de abril de 2014)[601].

También la STS de 2 febrero de 2018[602] reconoce la posibilidad del promotor cuando resulta condenado solidariamente como garante incondicional de repetir la totalidad de lo pagado, estableciendo que lo que se pretende en este caso no es una distribución de cuotas entre los condenados solidariamente, sino que se haga efectiva toda la condena del pleito anterior sobre el arquitecto en razón a que la promotora, fue condenada como garante del resultado final de la obra, conforme al inciso final del art. 17.3 LOE. Como reconoce la sentencia la responsabilidad de la promotora frente al propietario de la obra es solidaria con su aseguradora y con los demás agentes vinculados a una obra mal ejecutada en cuanto favorece la protección del perjudicado, pero esta solidaridad no impide a la aseguradora repetir lo que pagó al perjudicado por cuenta de su asegurado contra el arquitecto por defectos directamente imputables a dicho profesional y únicamente a él exigibles, lo que en nada afecta a quien fue parte actora en el anterior proceso ni posibilita el dictado de una sentencia que sea contradictoria con esta, pues "*lo que se discute en este pleito es un objeto procesal distinto entre partes también distintas a las que lo fueron en aquel proceso, ya que entre los allí demandados no existió relación jurídico-*

[601] En el mismo sentido, la SAP de Asturias 140/2014 de 28 abril [*Tol 4425045*] afirma que "*no se aprecia por tanto que en el caso presente la promotora hubiera asumido dicha condena por actos u omisiones propios, sino en aplicación de la responsabilidad por hechos ajenos, todo lo cual puede ser equiparado al supuesto de la garantía legal que debe asumir la figura del promotor conforme dispone el art. 17.3 LOE, con el consiguiente derecho de repetición a su favor establecido en el art. 18.2 LOE contra los demás agentes intervinientes*" (FD 3º).

[602] STS 56/2018 de 2 febrero [*Tol 6498837*], y comentario a la misma por parte de GONZÁLEZ BARRIOS, I., "Acción de repetición del promotor frente a los demás agentes de la edificación: Sentencia del Tribunal Supremo de 2.02.18. Ponente: Sr. Seijas Quintana", *Revista de Responsabilidad Civil, Circulación y Seguro*, núm. 4, 2018, págs. 42-43. Como señala el autor, la responsabilidad de la promotora frente al propietario de la obra es solidaria con su aseguradora y con los demás agentes vinculados a una obra mal ejecutada en cuanto favorece la protección del perjudicado, pero esta solidaridad no impide a la aseguradora repetir lo que pagó al perjudicado por cuenta de su asegurado contra el arquitecto por defectos directamente imputables a dicho profesional y únicamente a él exigibles, lo que en nada afecta a quien fue parte actora en el anterior proceso ni permite que se dicte una sentencia que sea contradictoria con ésta.

procesal alguna que pudiera ahora ser reiterada reproduciendo un proceso ya ventilado" (entre otras, SAP de León de 21 de mayo de 2014)[603].

Existen otros supuestos en que también será posible la repetición íntegra por haber actuado el agente como garante, por ejemplo, en el supuesto de responsabilidad por hecho ajeno (art. 17.6 LOE) o en los casos de actuación conjunta que responden por solidaridad propia (art. 17.5 LOE).

2.2.5. ¿La responsabilidad en la acción de repetición es por estirpes o por cabezas?

Queda claro, tal como hemos dicho, que la responsabilidad de la LOE es una responsabilidad personal e individualizada, pues como dispone el art. 17.2 LOE, "*la responsabilidad civil será exigible en forma personal e individualizada, tanto por actos u omisiones propios, como por actos u omisiones de personas por las que, con arreglo a esta Ley, se deba responder*". Por tanto, cuando no pueda acreditarse el grado de contribución de cada agente en la causación del daño, se impone la solidaridad, y si no pudiera individualizarse la cuota que corresponda a cada uno de ellos, la regla distributiva será la igualdad de cuotas por aplicación de la presunción establecida en el art. 1138 CC. En este punto es discutible si el reparto debe hacerse por cabezas, en atención al número de personas que hayan intervenido en la construcción, o por estirpes, es decir, por grupos profesionales para una sola función de trabajo.

La doctrina mayoritaria[604] considera que la distribución por partes iguales entre los causantes del daño no se determinará en atención

---

603 Tal como señala la SAP de León 125/2014 de 21 mayo [*Tol 4395270*], en un supuesto de responsabilidad de la constructora que instaló y suministró un latiguillo de baja calidad, que fue la causante de la inundación en la vivienda cuya reparación tuvo que abonar la promotora.

604 MARTÍNEZ ESCRIBANO, C., *Análisis práctico de la responsabilidad civil...op. cit.*, pág. 207. SEPÍN DERECHO INMOBILIARIO. "La responsabilidad solidaria en la construcción, ¿es por estirpes o individualmente por cabezas?", Encuesta Jurídica abril 2013, Sepín (SP/DOCT/17411), se pronuncian a favor de la responsabilidad por estirpes BAENA RUIZ, E., presidente Audiencia Provincial de Córdoba, reconociendo que no hay criterios uniformes en la doctrina de las Audiencias Provinciales; FERRER GUTIÉRREZ, A., magistrado de la Sala

al número de personas que intervinieron en el proceso edificatorio, sino por clases de agentes, de tal manera que si uno de estos agentes asume más funciones (por ejemplo, director de obra y proyectista) se le asignaran las cuotas con arreglo a las funciones ejercidas, de la misma manera si un agente está integrado por varias personas que actúan conjuntamente solo se le asigna una cuota. Criterio este, que parece más equitativo por atender al grupo específico al que pertenece cada agente como unitario, con arreglo a cómo se ha desenvuelto su actividad profesional en la obra mal ejecutada, y a fin de evitar la injusticia que se produciría cuando uno de los grupos está constituido por varias personas y los otros por una persona.

En este sentido, la STS de 14 de febrero de 1991[605] nos dice que en modo alguno puede mantenerse un criterio igualitario por personas, por cuanto será contrario a la justicia y equidad a la hora de fijar la relación interna entre todos los corresponsables, pues parece más adecuado atender a las funciones o estirpes constructivas que a las personas o cabeza, cuando hayan sido varios los que integrasen cada una de las funciones constructivas o técnicas. Criterio que también sostiene la jurisprudencia menor, al declarar que la distribución de responsabilidades entre los encargados de la reparación se realizara por grupos de responsabilidades o estirpes (SAP de Asturias de 3 de diciembre de 2009, AP de Valencia de 31 de octubre de 2006, AP de Sevilla de 25 de junio 2010 y 20 de febrero de 2017, AP de Pontevedra de 24 de enero de 2013, AP de Barcelona de 7 de febrero de 2013, AP de A Coruña de 13 de marzo de 2018, AP de Guipúzcoa de 29 de mayo de 2021 y AP de Madrid de 28 de enero de 2022)[606].

Civil y Penal del Tribunal Superior de Justicia de la Comunidad Valenciana, por considerar esta una solución más acorde al principio de justicia material y, en definitiva, a un criterio más equitativo de distribución; LÓPEZ GARCÍA DE LA SERRANA, J., Abogado y Secretario General de la Asociación Española de Abogados Especializados en Responsabilidad Civil y Seguro; y, MARTÍN DEL PESO, R., presidente de la sección séptima de la Audiencia Provincial de Asturias.

605 STS de 14 febrero de 1991 [*Tol 1728277*].

606 La SAP de Asturias 601/2009 de 3 diciembre [*Tol 1770765*] establece que la condena debe ser por estirpes, pues consta acreditado que los arquitectos actuaron conjuntamente formando un grupo profesional, pues ambos elaboraron y firmaron el proyecto, y ambos actuaron como directores de la obra. En el mismo sentido se pronuncia la SAP de Valencia 646/2006 de 31 octubre [*Tol 1022201*] en un supuesto en que los tres aparejadores, actuaron conjuntamente forman-

Esto afectaría a la acción de repetición, pues si se considera que la sentencia de la que trae la posterior repetición condenó a todos los demandados solidariamente, no con carácter personal, sino profesional, esto es, por estirpes, la acción de repetición que ejercita el deudor que ha pagado, debe respetar la condena por estirpes, sin que queda en este procedimiento entrar a subdividir las cuotas que, entre sí, corresponde a cada agente frente al otro[607].

No obstante, también existe jurisprudencia (entre ellas, SAP de Jaén de 26 de marzo de 2007 o AP Madrid de 12 de mayo de 2010)[608] y doctrina[609] discrepante que considera que la distribución de la responsabilidad es por cabezas, y no por estirpes.

---

do un grupo profesional, por lo que resulta procedente concluir que respondan de acuerdo con esa forma en que desenvolvieron su actividad profesional en la obra. También, las SAP de Sevilla 317/2010 de 25 junio [*Tol 1978213*], SAP de Pontevedra 40/2013 de 24 enero [*Tol 3260966*], con cita de las anteriores y la SAP de Barcelona 73/2013 de 7 febrero [*Tol 3413747*] que reconoce que "*lo usual y probablemente lo adecuado es que tanto los promotores como los arquitectos técnicos, (o arquitectos si fuera el caso) se computen como unidades colectivas de responsabilidad ("estirpes") cuando desarrollan conjuntamente una misma función*" (FD 5º). Y las más recientes SAP de Sevilla 61/2017 de 20 febrero [*Tol 6206343*], SAP de A Coruña 90/2018 de 13 marzo [*Tol 6659872*], SAP de Guipúzcoa 370/2020 de 29 mayo [*Tol 8349897*] y la SAP de Madrid 37/2022 de 28 enero [*Tol 8900711*] al declarar la responsabilidad por estirpes pues, la responsabilidad de los dos Arquitectos directores ha de ser contemplada como la de un solo deudor, en cuanto la responsabilidad se declara respecto del agente constructivo que asumió la elaboración del proyecto y dirección de obra, no de las personas que integraban ese agente constructivo.

607 Así, la SAP de Santa Cruz de Tenerife 90/2010 de 26 febrero [*Tol 2041030*], considera que, si la responsabilidad es solidaria, la acción de repetición ejercitada por la aseguradora debe respetar la condena por estirpes sin poder subdividir cuotas.

608 Como señala la SAP de Jaén 84/2007 de 26 marzo [*Tol 1112880*] o la SAP de Madrid 257/2010 de 12 mayo [*Tol 1887148*], que rechaza que el promotor sea condenado por estirpes en función de la doble esfera de responsabilidad como promotor y como constructor, pues considera que la individualización o concreción de cuotas de responsabilidad requiere la determinación, siquiera sea de modo aproximado o convencional de una cuota causal precisa en la contribución al resultado dañoso producido, abstracción hecha de cuál pueda ser su posición en el número o clase de los agentes intervinientes.

609 En la ENCUESTA JURÍDICA DE SEPÍN DERECHO INMOBILIARIO. "La responsabilidad solidaria en la construcción, ¿es por estirpes o individualmente por cabezas?", *Editorial Jurídica Sepín,* 2013, se pronuncian a favor de la respon-

A nuestro juicio, es evidente que en la esfera externa y frente a los adquirentes de los inmuebles la responsabilidad es solidaria y por estirpes, sin embargo, nada impide que, en la esfera interna, en una posterior acción de repetición, la responsabilidad se determine de manera individual pudiendo ser por cabezas o personas intervinientes, siempre que se acredite debidamente. En este sentido, es cierto que la LOE en el art. 17.5 establece que "*cuando el proyecto haya sido contratado conjuntamente con más de un proyectista, los mismos responderán solidariamente*", pero ello no implica una responsabilidad por estirpes en la esfera interna, pues alude a la contratación conjunta en la esfera externa y frente a la acción de reclamación que les puedan dirigir los adquirentes. Nada impide que en una posterior acción de repetición pueda acreditarse una cuota mayor de responsabilidad de uno de los proyectistas frente a los demás.

Refrendaría esta hipótesis el art. 17.7 último párrafo LOE que también prevé que cuando sean contratados varios directores de obra respondan solidariamente —entiéndase frente a los adquirentes—, para a continuación añadir: "*Sin perjuicio de la distribución que entre ellos corresponda*", lo que permitiría un reparto diferente en la esfera interna en esa posterior acción de repetición.

Así, la STS de 5 de mayo de 2010[610], en relación al ejercicio de la acción de repetición, señala que en el pleito posterior no tendrán las partes la presencia en la misma que en el proceso anterior, lo que supone la posibilidad de discutir en la acción de regreso la intervención de los deudores en la obra que determinó su condena, "*bien por estirpes, es decir, por grupos de profesionales para una sola función de trabajo, o bien por cabezas, dividiendo en el primer caso el importe de la condena en tres partes (arquitectos, aparejadores y constructores), y en cinco partes o cuotas iguales en el segundo puesto que fueron cinco los condenados en la*

sabilidad por cabezas CARRERAS MARAÑA, J. M., presidente de la Audiencia Provincial de Burgos reconoce que procede la individualización por cabezas siempre que sea posible, y solamente si no se puede fijar cuotas individualizadas y personales, todos responden por igual y de forma solidaria entre ellos dentro de su estirpe. Y SEOANE PRADO, J, declara que la responsabilidad es por cabezas, y solo en el caso de que los diferentes integrantes de cada grupo sean contratados conjuntamente, la responsabilidad será por estirpes o solidaria de todos ellos.

610 STS 274/2010 de 5 mayo [*Tol 1877832*].

sentencia de la que trae causa esta acción, al no haber sido objeto de discusión los diferentes grados de responsabilidad, ni ser posible una cuantificación particularizada, que tampoco resulta de la condena solidaria".

Por tanto, no niega el tribunal que pueda distribuirse la responsabilidad por cabezas en una posterior acción de repetición al individualizar las responsabilidades. Sin embargo, concluye que de la prueba practicada no es posible individualizar la responsabilidad de cada uno de los distintos intervinientes en el proceso constructivo dada la estrecha relación existente entre los defectos provenientes de la dirección y ejecución, lo que no significa que proceda exigir el pago por partes iguales a los codemandados, sino que por el contrario se considera más ajustado dadas las circunstancias del caso, condenarles por estirpes o grupos profesionales para una sola función de trabajo.

III. ASPECTOS PROCEDIMENTALES DE LA ACCIÓN DE REPETICIÓN

1. Legitimación

El art. 18.2 LOE determina que se encuentran legitimados, en el lado activo, para el ejercicio de la acción de repetición, "*cualquiera de los agentes que intervienen en el proceso de edificación*", así como "*los aseguradores*" y, en lado pasivo, la acción podrá dirigirse igualmente contra cualquiera de los citados agentes.

En primer lugar, en cuanto al promotor, como hemos visto en capítulos anteriores al analizar la legitimación activa en el proceso de edificación, éste estaba legitimado activamente para el ejercicio de la acción decenal del art. 1591 CC frente al contratista y técnicos intervinientes en el proceso constructivo no sólo para el caso de que continúe siendo propietario de la edificación, sino también cuando los posteriores adquirentes le hubieran reclamado de forma fehaciente la reparación de los daños sobrevenidos a la construcción o bien, se hubiera comprometido a abonarlos (entre otras, SSTS de 26 de noviembre de 1984, 9 de junio de 1989 y 21 de junio de 1999)[611],

[611] Así, las SSTS de 26 noviembre 1984 [*Tol 1737284*], 9 junio 1989 [*Tol 1730853*] y 552/1999, de 21 junio [*Tol 5120922*].

es decir, cuando existiese un perjuicio patrimonial real y efectivo. No obstante, con la LOE, el art. 17.1 circunscribe el conjunto de legitimados activamente para la exigencia de la responsabilidad instituida por el precepto a "*los propietarios y los terceros adquirentes de los edificios o parte de los mismos, en el caso de que sean objeto de división*", esta restricción del círculo de legitimados para la exigencia de la responsabilidad entraña la exclusión del promotor que ha enajenado la totalidad de la edificación, ya que por muy amplia que sea la interpretación de los términos "*propietarios*" y "*terceros adquirentes*", desbordaría el tenor literal de la norma la concesión de legitimación activa para reclamar la responsabilidad legal en ella prevista al promotor en quien no concurra asimismo la condición de propietario, al menos, de parte de lo edificado.

Sin embargo, el promotor enajenante de la totalidad del edificio, sigue ostentando legitimación para reclamar el cumplimiento del contrato frente al resto de agentes de la edificación, con base en las acciones de responsabilidad contractual de los arts. 1101 y 1124 CC, en los mismos términos en que podía hacerlo con anterioridad a la entrada en vigor de la LOE. Asimismo podrá reclamar en vía de regreso frente a los agentes de la edificación efectivamente responsables las reparaciones efectuadas en caso de reclamación judicial o extrajudicial de los adquirentes con fundamento en la condición de garante de los daños impuesta a aquél por el art. 17.3 LOE, acción de repetición contenida en el art. 18.2 de la LOE (si bien de manera indirecta a efectos del plazo de prescripción de la misma) siempre que se den los presupuestos necesarios para su nacimiento, esto es, el cumplimiento previo por el promotor de la realización de las reparaciones o la indemnización de los daños derivados de los vicios constructivos ante el requerimiento extrajudicial o la demanda judicial de los perjudicados.

En segundo lugar, en cuanto a quienes son los "*agentes que intervienen en el proceso de edificación*", nos remitimos al Capítulo II en el apartado 2.2 sobre agentes de la edificación y al estudio de la problemática planteada sobre si las entidades y los laboratorios de control de calidad de la edificación, los suministradores de productos o los subcontratistas, que no menciona como responsables el art. 17 LOE, pueden ser incluidos como agentes de la edificación para el ejercicio de la acción de repetición, tanto en la parte activa como pasiva. Lo que, como ya adelantábamos allí, entendemos que debería tener una respuesta negativa con la regulación actual pues los agentes de la edificación aparecen referidos en los arts. 9 a 16 LOE, y, por tanto, no implica que deba extenderse dicha legitimación a otras figuras no contenidas en la LOE, aun con cierto debate en la doctrina[612].

Sin embargo, la LOE sí permite repetir contra el verdadero responsable, cuando respondan por hecho ajeno, en el caso de los proyectistas y directores de obra por los trabajos realizados por otros profesionales cuando los daños deriven de la su insuficiencia, incorrección o inexactitud de los encargos realizados (art. 17.5 y 7 LOE); así como al constructor frente al subcontratista o el suministrador de productos (art. 17.6 LOE), a pesar de que éstos no son agentes de la edificación (SAP de Cáceres de 29 de enero de 2016)[613]. Como ya dijimos al hablar del constructor en la responsabilidad por hecho ajeno, la doctrina considera, incluso, que también podrá repetir contra el jefe de obra u otras personas dependientes, aunque no se mencione expresamente en este caso por analogía del art. 17.6 LOE.

Por ello, en nuestra propuesta de *lege ferenda* planteábamos su ampliación subjetiva para permitir tanto la acción de repetición como la llamada como tercero al proceso de estos agentes que también intervienen en la edificación y que no se mencionan expresamente (arts. 9 a 16 LOE). Máxime cuando el art. 18.2 LOE para el ejercicio de la acción de repetición alude a "*cualquiera*" de los agentes que intervienen en el proceso de edificación contra los demás.

En tercer lugar, no podemos olvidar que el precepto referido (art. 18.2 LOE) incluye también a las "*aseguradoras*" de estos agentes, por lo que la acción de repetición se contempla no sólo a favor de los agentes que intervienen en el proceso de edificación, sino también a favor de las aseguradoras que hubieran satisfecho las responsabilida-

612 SEPÍN DERECHO INMOBILIARIO. "A través de la Disposición Adicional Séptima de la Ley de Ordenación de la Edificación, ¿puede un demandado llamar al proceso a agentes distintos de los que la Ley menciona?", Encuesta Jurídica marzo 2009, en *La intervención provocada en procesos sobre vicios de la construcción*, Sepín (SP/DOCT/3985).

613 Como señala la SAP de Cáceres 49/2016 de 29 enero [*Tol 5649165*], la entidad demandada tiene la consideración de subcontratista, por lo que contra ella no puede ejercitarse la acción de repetición basada en el artículo 18.2 LOE.

des (entre otras, SAP de Santa Cruz de Tenerife de 13 de noviembre de 2018)[614].

En este sentido, en relación a las entidades aseguradoras, como hemos referido al analizar la naturaleza jurídica, no podemos confundir la acción de repetición con el derecho de subrogación o acción de reembolso. En la acción de repetición el crédito nace *ex novo*, sin continuidad con el antiguo crédito, nace a partir del pago un crédito distinto, propio del deudor que pagó, contra los otros deudores, y solo por la parte que a cada uno corresponda en la relación interna (SSTS de 16 de julio de 2001, 11 de marzo de 2002, 23 de octubre de 2008, 5 de mayo de 2010 o 20 de octubre de 2010)[615].

Así pues, las aseguradoras que han satisfecho responsabilidades solidarias pueden ejercitar acción de repetición contra los demás agentes responsables. Lo que no significa que los agentes de la edificación puedan dirigir sin más acción de repetición contra las aseguradoras —que no son agentes de la edificación, como hemos visto—, si éstas no han sido previamente declaradas deudoras solidarias en un anterior proceso. Por ello, el Tribunal Supremo, en STS de 5 mayo de 2010[616], rechazaba que el constructor pudiera dirigirse contra la aseguradora de los técnicos en ejercicio de la acción de repetición

614 SAP de Santa Cruz de Tenerife 461/2017 de 13 noviembre [*Tol 6582715*].

615 SSTS 770/2001 de 16 julio [*Tol 4974606*], 227/2002 de 11 marzo [*Tol 4975368*], 274/2010 de 5 mayo [*Tol 1877832*] y 609/2010 de 20 octubre [*Tol 2001727*]. Como dice la STS 979/2008 de 23 octubre [*Tol 1389666*], mientras la acción de regreso supone el nacimiento de un nuevo crédito contra el deudor en virtud del pago realizado, el cual extingue la primera obligación, la subrogación transmite al tercero que paga el mismo crédito inicial, con todos sus derechos accesorios, privilegios y garantías de acuerdo con lo dispuesto en el art. 1212 CC.

616 STS 274/2010 de 5 mayo [*Tol 1877832*], y comentario a la misma de NASARRE AZNAR, S., "SENTENCIA de 28 de junio de 2010: Responsabilidad por vicios constructivos. Efectos del pago del corresponsable solidario. Acción de reembolso o regreso de la parte que a los demás condenados corresponda, sin que pueda extenderse a otros que no fueron condenados frente al acreedor original damnificado. No permite la subrogación de quien pagó en la posición del acreedor originario damnificado. Tampoco permite dirigirse contra aseguradora de responsabilidad civil no condenada en dicho proceso inicial vía art. 76 LCS. Superación del brocardo «in illiquiedis non fit mora» y utilización del criterio de «oposición razonable»" para la imposición o no de los intereses de demora. Oposición razonable imposición solo desde la fecha de la sentencia de segunda instancia", *Cuadernos Civitas de Jurisprudencia Civil*, núm. 86, 2011, págs. 831-846.

del art. 1145 CC, dado que la aseguradora no fue demandada ni condenada como responsable solidaria y tampoco puede dirigir acción directa contra la misma al amparo del art. 76 LCS, pues tal acción corresponde a la víctima.

Por su parte, la STS de 6 de marzo de 2015[617], aun referida al ámbito sanitario, determina que la aseguradora que abonó la indemnización como responsable solidaria puede ejercitar la acción de repetición, pues de conformidad con la jurisprudencia (por todas, STS de 16 de julio de 2001, con cita de las SSTS de 12 de julio de 1995 y 5 de mayo 2010)[618] satisfecha la condena impuesta por solo uno o varios de todos los condenados solidariamente en un proceso anterior, el art. 1145 CC permite que aquel o aquellos que cumplieron con el total de la deuda puedan acudir a otro posterior en ejercicio de la acción de reembolso o regreso para debatir la distribución del contenido de la obligación entre todos los intervinientes en el proceso constructivo, desapareciendo entonces la solidaridad que rige en las relaciones externas, frente al perjudicado acreedor, para pasar a regir en las internas (entre deudores solidarios) la mancomunidad.

Una parte de la doctrina[619] diferencia en el caso de responsabilidad de los técnicos por vicios constructivos entre "derecho de repetición por subrogación", cuando el seguro atiende toda la deuda solidaria declarada en sentencia o una parte superior a la que corresponde a su asegurado, pudiendo —una vez subrogado— ejercitar acción de repetición contra el resto de intervinientes en el proceso constructivos también demandados y condenados solidariamente; y, "acción de repetición" propiamente dicha, con el fin de reclamar a

---

617 STS 129/2015 de 6 marzo [*Tol 4776881*]. Para ÁLVAREZ OLALLA, P., "Acción de repetición de aseguradora sanitaria contra los facultativos de su cuadro médico, por el importe íntegro de la indemnización satisfecha a la víctima, por mala praxis médica", *Aranzadi civil-mercantil. Revista* Doctrinal, núm. 5, 2015, págs. 8-9, resulta criticable que en vía de regreso sea procedente imponer los intereses del art. 20 LCS, pues en su caso, únicamente cabria imponer los intereses del anticipo a que se refiere el art. 1145 CC.

618 SSTS 770/2001 de 16 julio [*Tol 4974606*], 705/1995 de 12 julio [*Tol 5123971*] y 274/2010 de 5 mayo [*Tol 1877832*].

619 SANTAELLA SÁEZ, O., "La acción de repetición o de reembolso a ejercitar por las entidades aseguradoras de los profesionales de la arquitectura", *Diario La Ley*, núm. 9071, 2017 (LA LEY 14326/2017), edición digital, págs. 2-4.

quien hubiera sido responsable del daño inferido al perjudicado la indemnización por él satisfecha para evitar el enriquecimiento injusto.

Este segundo supuesto cabría incluso contra el propio asegurado que hubiera actuado dolosamente en virtud del art. 76 LCS, o bien contra otros corresponsables que no hayan sido demandados ni condenados. En tal caso, cuando la acción de repetición proceda contra quien no ha sido demandado ni condenado en proceso anterior como deudor solidario, tal como hemos dicho, requiere como presupuesto de procedibilidad la "determinación de la participación en la obligación", es decir, que el demandante acredite la responsabilidad del demandado fijando en este nuevo proceso su participación cuantitativa en la obligación indemnizatoria. Es lo que ocurre en el caso de las STS de 19 de febrero de 2016[620], donde se declara la procedencia de la acción de repetición ejercitada por la aseguradora del arquitecto que pagó la indemnización por vicios ruinógenos en virtud de transacción acordada en otro proceso, y que podrá repetir frente a otros agentes de la edificación que no intervinieron en el proceso anterior siempre que acredite que el vicio les es imputable y en qué medida. Y también la STS de 3 de marzo de 2016[621], donde ejercita la acción de repetición la aseguradora del arquitecto técnico que ha pagado las deficiencias constructivas en una comunidad de vecinos en virtud de acuerdo extrajudicial contra los demás agentes, afirmando que "*es la acción de repetición, no la subrogación en el crédito del acreedor perjudicado, pues lo que cabe es la repetición de quien, como agente de la edificación o como asegurador hubiese procedido a la indemnización de forma extrajudicial, pero para ello habrá de ejercitar a la vez la acción de responsabilidad contra quien dirija aquella; para que así se decida si los agentes contra quienes se acciona son responsables y en qué medida*".

Por tanto, para que exista legitimación para el ejercicio de la acción de repetición deben cumplirse los presupuestos antes expresados, no solo la determinación de la responsabilidad, sino también el pago, pues la legitimación corresponde a quien ha satisfecho previamente la indemnización o efectuado las reparaciones y no estará

620 STS 87/2016 de 19 febrero [*Tol 5662085*].

621 STS 121/2016 de 3 marzo [*Tol 5664342*].

legitimado quien no acredite el previo pago del daño causado (entre otras, STS de 20 de diciembre de 2007)[622].

2. *Plazo de prescripción*

La acción de repetición que corresponde a los agentes de la edificación en virtud de un nuevo juicio que dilucide su responsabilidad civil no está vinculada a que los daños se manifiesten dentro de los plazos de garantía que fija el art. 17 LOE (tal como señala, entre otras, la STS de 18 de febrero de 2016)[623], sino que establece un plazo específico de prescripción para las acciones de regreso o repetición entre tales agentes o de las aseguradoras contra ellos, a ejercitar en el plazo de dos años desde la firmeza de la resolución judicial que condene al responsable a indemnizar los daños, o a partir de la fecha en la que se hubiera procedido a la indemnización de forma extrajudicial. Por tanto, este plazo de prescripción del art. 18.2 LOE es independiente del plazo de prescripción de las acciones directas de los propietarios frente a los agentes de la edificación que establece el art. 17.1 en relación con el plazo de prescripción del art. 18.1 LOE[624].

También ha de recordarse que la prescripción de las acciones encuentra su fundamento actualmente en una doble consideración: de una parte, en una presunción de abandono o renuncia del titular a la pretensión que pudiera ejercitar a través de la acción, es el llamado fundamento subjetivo (SSTS de 31 de enero de 1972 o 14 de julio de 1982, entre otras)[625]; y, de otra, en la necesidad de dotar a las relaciones sociales de una mínima seguridad jurídica, impidiendo que se perpetúe en el tiempo la incertidumbre sobre los derechos, es el llamado fundamento objetivo, (entre otras, SSTS de 27 de febrero

---

622 En este sentido, la STS 1345/2007 de 20 diciembre [*Tol 1229939*], declara la falta de legitimación activa de la demandante para el ejercicio de la acción de repetición contra el arquitecto y el aparejador demandados, sin entrar al fondo del asunto, por no constar acreditado el pago realizado.

623 Como señala la STS 77/2016 de 18 febrero [*Tol 5650704*].

624 Tal como señala REY MUÑOZ, F. J., "La autonomía de la acción de repetición...", *op. cit.*, pág. 299, son argumentos en favor de esta posición, entre otros, el hecho de que el plazo de prescripción del art. 18.2 LOE no se condiciona legalmente a ningún requisito y funciona de modo autónomo.

625 SSTS de 31 enero de 1972 [*Tol 4262328*] o 14 de julio de 1982 [*Tol 1738967*].

de 1964 y 9 de diciembre de 1983)[626]. Con independencia de cuál sea el fundamento último de dicho instituto, nuestro Código Civil sienta claramente el principio de que la prescripción de las acciones se produce por el mero lapso de tiempo fijado por la Ley (art. 1961 CC), y aunque la jurisprudencia se alinea con una interpretación restrictiva de la prescripción, tal tendencia no autoriza, ni ampara, su derogación (como señalan las SSTS de 22 de febrero de 1991 o 30 de septiembre de 1992)[627], pues la nueva jurisprudencia en modo alguno ha derogado, por vía de interpretación, el instituto jurídico que nos ocupa (la prescripción); pues ello aparece prohibido por el ordenamiento jurídico, que también veda a los tribunales estimar interrumpida la prescripción cuando se carece de datos que así lo revelen.

El instituto de la prescripción, en la medida que supone privar de acción al que en principio la tenía por razón del tiempo transcurrido, no se acomoda a razones de justicia, sino al de seguridad jurídica, de ahí que merezca una interpretación restrictiva, más aún cuando se trata de plazos tan breves de prescripción (entre otras, STS de 23 de junio de 2020)[628].

2.1. Cómputo del plazo

Como hemos visto, la LOE no regula el contenido de la acción de regreso o repetición, aunque se configure con ciertas especialidades por lo que deberemos acudir a las normas del Código Civil contenidas con carácter general en el art. 1145 CC, pero lo que sí establece es un plazo especial para su ejercicio en el caso de los agentes que intervienen en la edificación.

En este sentido, el art. 18.2 LOE determina que dicha acción, cuando corresponda a cualquiera de los agentes que intervienen en el proceso de edificación contra los demás o a los aseguradores contra ellos, "*prescribirá en el plazo de dos años desde la firmeza de la resolución*

---

626 SSTS de 27 de febrero de 1964 [*Tol 4324957*] y 126/2002 de 19 de febrero [*Tol 4975294*].

627 SSTS de 22 febrero de 1991 [*Tol 1728299*] y 30 de septiembre de 1992 [*Tol 1662143*].

628 STS 339/2020 de 23 junio [*Tol 7995802*].

judicial que condene al responsable a indemnizar los daños, o a partir de la fecha en la que se hubiera procedido a la indemnización de forma extrajudicial".

El plazo de dos años que establece la LOE para el ejercicio de la acción de repetición, es un plazo de prescripción, no de caducidad, y, por tanto, susceptible de interrupción judicial o extrajudicial de conformidad con lo establecido en el art. 1973 CC, pues la reclamación fehaciente por medios no judiciales interrumpe el citado plazo (como señala la SAP de Valencia de 10 de junio de 2016)[629].

Además, dicha prescripción extintiva no es estimable de oficio, por lo que debe ser invocada como tal (o como acción), según reiterada jurisprudencia (entre otras, STS de 21 de febrero de 1997, 19 de marzo de 1999 o 22 de diciembre de 2000)[630], pues los principios de audiencia y contradicción imperantes en nuestro ordenamiento procesal civil exigen que las excepciones obstativas de manifestación facultativa, como es la prescripción, sean alegadas en los escritos rectores, en su caso, pues, por su esencia y naturaleza, son los que rigen y concretan, con alcance de preclusión, los términos en que el proceso ha quedado planteado, máxime al ser una excepción perentoria, plenamente renunciable y, por ello, no apreciable de oficio.

En cuanto a su alegación por las partes, existen diferentes posibilidades dependiendo de la existencia de un proceso judicial anterior, así como de la existencia de una condena dineraria o de una reparación *in natura* de las deficiencias, a saber: por una parte, en el caso de que exista una resolución judicial que condene al responsable a indemnizar los daños, el plazo prescribe a los dos años desde la firmeza de la citada resolución, con independencia de la fecha de pago, aunque dicho pago será requisito ineludible para que prospere la acción de repetición. En el mismo sentido, si se trata de otro tipo de resolución judicial, dicho plazo también contará desde la firmeza, por ejemplo, si se dicta una resolución que homologa un acuerdo indemnizatorio entre el agente de la edificación y los adquirentes

---

629 La reclamación extrajudicial es causa de interrupción de la prescripción como declara la SAP de Valencia 274/2016 de 10 junio [*Tol 6104057*].

630 SSTS 109/1997 de 21 febrero [*Tol 5114396*], 235/1999 de 19 marzo [*Tol 5120746*] o 1210/2000 de 22 diciembre [*Tol 4964557*].

de viviendas o si se dicta una resolución judicial que convierte una obligación de hacer en su equivalente pecuniario. Por otra parte, en el caso de que se proceda a la indemnización de los daños de forma extrajudicial, sin la existencia de un proceso judicial previo, la acción prescribe a los dos años desde que se hubiera procedido al abono de dicha indemnización por medios extrajudiciales.

No obstante, el cómputo de dicho plazo ha generado múltiples dudas por su deficiente técnica legislativa, tal como seguidamente procederemos a analizar.

2.1.1. Dies a quo

El *dies a quo* empezará a computar, bien desde la firmeza de la resolución judicial que condena a indemnizar los daños, en caso de que haya existido un proceso judicial anterior, bien desde que se hubiera procedido a indemnizar de forma extrajudicial (como señala la STS de 19 de febrero de 2016)[631], en caso de que no haya existido proceso judicial previo. Por tanto, si ha existido proceso judicial anterior el plazo computará desde la firmeza de la resolución judicial, con independencia del momento del pago, aunque sea este requisito preceptivo[632]. Entendiéndose por "firmeza" aquella resolución frente a la cual no cabe recurso alguno, bien por no preverlo la ley, bien porque, estando previsto, ha transcurrido el plazo legalmente fijado sin que ninguna de las partes lo haya presentado (art. 207.2 LEC). Y si no ha existido resolución judicial anterior, pero se hubiera procedido a indemnizar de forma extrajudicial, el plazo computa desde el pago de esta indemnización (como indica la reciente SAP de Córdoba de 2 de marzo de 2021)[633].

---

631 La SAP de La Rioja 233/2016 de 14 octubre [*Tol 5944086*] con cita de la STS 87/2016 de 19 febrero [*Tol 5662085*], señala que el art. 18.2 LOE prevé la acción de repetición no sólo en supuestos de resolución judicial sino también en los que se hubiera procedido a la indemnización de forma "extrajudicial".

632 MARTÍNEZ ESCRIBANO, C., *Análisis práctico de la responsabilidad civil ..., op. cit.*, pág. 209, critica que el plazo empiece a contar antes del pago.

633 En este sentido establece la SAP de Córdoba 220/2021 de 2 marzo [*Tol 8485445*], que no puede apreciarse la excepción de prescripción computando el plazo de dos años desde que ganó firmeza el pronunciamiento de condena a reparar o subsidiario de indemnizar, aunque el recurso se limitase tan solo a las costas de

Dicho precepto resulta a nuestro juicio bastante criticable por motivos que seguidamente expondremos y porque, además, como señala parte de la doctrina, el comienzo del plazo no es conciliable con el criterio *actio nata* del art. 1969 CC[634].

La primera crítica que merece el precepto es que alude solo a "*indemnización*", cuando, como ya hemos dicho, en muchos casos se considera que es preferente o preferible la "reparación *in natura*" de los daños, salvo que habiendo sido requerido con anterioridad el agente de la edificación se haya negado a reparar. Sin embargo, el art. 18.2 LOE no habla de reparación, solo de indemnización. Por tanto, ¿qué ocurre cuando la condena es una obligación de hacer, no una indemnización pecuniaria?; ¿el plazo cuenta desde la sentencia condenatoria o desde que se lleva a efecto la reparación? Y, si no se cumple voluntariamente la reparación, ¿el plazo cuenta desde la sentencia que condena a reparar o desde que se abona la indemnización derivada de la transformación de una obligación de hacer en su equivalente pecuniario?

La práctica forense nos enseña que las ejecuciones de obligaciones de hacer cuando se trata de reparar en demandas por defectos constructivos pueden, en muchas ocasiones, alargarse demasiado en el tiempo, por lo que en demasiados casos la obligación de reparar no se cumple en el plazo establecido por el juez, bien porque no se llega a acuerdos sobre la forma de ejecución o incluso porque el propio ejecutante obstaculiza la entrada para permitir que se efectúen las reparaciones, buscando su sustitución por el equivalente económico a pesar de que inicialmente pretendía la reparación. Una solución sencilla por la que optan algunos tribunales es fijar en sentencia el importe económico de la indemnización para el caso que no se cumpla con la obligación de reparar en plazo, pero ello no siempre es posible sin incurrir en incongruencia *extra petitum* y vulneración de los principios rogatorio y dispositivo del proceso. Por tanto, si no es posible la reparación de los defectos, habrá que iniciar, como hemos dicho antes, el procedimiento de conversión de obligación de ha-

---

los llamados a intervenir. Ha de estarse a la fecha en que ganó firmeza la resolución de primera instancia, no antes del dictado de la sentencia de segunda instancia o desde que se indemnizó de forma extrajudicial.

634 REY MUÑOZ, F. J., *La responsabilidad* contractual..., *op. cit.*, pág. 316.

cer en su equivalente pecuniario, mediante la liquidación de daños y perjuicios (arts. 712 y 713 LEC) o mediante la ejecución a costa del ejecutado (art. 706.2 LEC).

En tales casos, cuando se procede a reparar y no a indemnizar, el precepto no ofrece claridad sobre cuándo comienza a computar el plazo para la acción de repetición. Algunas resoluciones judiciales computan el plazo de dos años desde el auto que aprueba el acuerdo en el que la promotora se comprometía a reparar los vicios. Es el caso de la SAP de Murcia de 21 de noviembre de 2013[635], que declara prescrita la acción de repetición al haber transcurrido dos años desde que se dictó auto por el que se aprueba el acuerdo por el que se obligaba a ejecutar las obras de reparación, con independencia de cuando se ejecutaran las mismas. Sin embargo, en otros casos, se declara la legitimación para reclamar desde la total ejecución de las reparaciones en la forma convenida por las partes (SAP de Madrid de 10 de octubre de 2014)[636].

La segunda crítica que merece el precepto es que no se refiere a la "sentencia" condenatoria del proceso anterior, sino que habla de "*resolución judicial*", por tanto, no sabemos si se refiere a esa sentencia anterior condenatoria que permite ejercitar la acción de regreso o a una resolución judicial posterior que pudiera fijar la indemnización en caso de sustitución por equivalente. En cualquier caso, si vamos a una reparación *in natura* o al proceso de conversión en el equivalente pecuniario, es muy probable que se supere con creces el plazo de dos años desde la sentencia condenatoria. Por ello, no cabe otra interpretación que considerar que el precepto se refiere de manera consciente a la resolución judicial posterior que determine la indemnización, para el hipotético caso que la sentencia fuera una condena a reparar —no a indemnizar— y hubiera que cuantificarla posteriormente.

Desde luego la técnica legislativa en la redacción del precepto deja mucho que desear, pues el legislador es quien debió concretar estas cuestiones, no dejarlas a una interpretación abierta.

---

635 SAP de Murcia 695/2013 de 21 noviembre [*Tol 4039342*].

636 SAP de Madrid 471/2014 de 10 octubre [*Tol 4641255*].

Además, el precepto omite cuestiones esenciales, pues aún si consideramos que el mismo ha contemplado la posibilidad de incumplimiento de la reparación *in natura* y que, en tal caso, habría que esperar a la resolución judicial que determina su equivalente pecuniario en forma de indemnización de conformidad con los arts. 705 y ss. LEC, ¿qué pasa si realmente se lleva a cabo la reparación y no se sustituye por una indemnización? ¿Cuándo comienza el *dies a quo*?

En este caso, como el precepto no dice nada podríamos acudir al art. 1964 CC para computar el inicio del plazo "*desde que pueda exigirse el cumplimiento de la obligación*", pero dicho precepto se refiere a las acciones personales que no tengan plazo especial y, en este caso, precisamente la norma establece un plazo especial de dos años.

Aunque también establece lo mismo el art. 1969 CC al determinar que "*el tiempo para la prescripción de toda clase de acciones, cuando no haya disposición especial que otra cosa determine, se contará desde el día en que pudieron ejercitarse*". El problema sigue siendo determinar cuándo cabe estimar que "pudo ejercitarse" la reparación y, por ende, comienza el *dies a quo*. Evidentemente una reparación de defectos constructivos, sea por acuerdo extrajudicial o por sentencia condenatoria, puede durar mucho tiempo y dar lugar a múltiples controversias sobre la forma de ejecución. Motivo por el cual, el promotor o el agente de la edificación que este subsanando las deficiencias debe obtener prueba de su completa y correcta ejecución.

Tal vez el legislador, consciente de las dificultades que entraña determinar cuándo se ha realizado la reparación de manera completa, ha querido obviar esta cuestión en la norma, pero ello lo único que provoca es que se traslade la problemática del plazo de prescripción al momento de ejercitar la acción de repetición derivada de una reparación de defectos constructivos.

En nuestra opinión, el agente de la edificación que haya llevado a cabo la reparación de las deficiencias y pretenda repetir todo o parte de los gastos incurridos en subsanar los defectos, deberá asegurarse de poder acreditar, no solo que la reparación se ha realizado, si no que se ha realizado de manera completa y cuál es la fecha de su finalización. Así, si se trata de una reparación extrajudicial, deberá acreditar el agente que pretenda repetir: en primer lugar, que ha sido requerido para reparar la existencia de unas deficiencias derivadas de la edificación; en segundo lugar, que aporte prueba fehaciente del coste de la reparación efectuada; y, en tercer lugar, necesitaría acreditar la fecha de terminación de las obras, que será el *dies a quo* para el ejercicio de la acción de repetición, lo cual puede realizarse mediante la firma de un certificado o acta que acredite su recepción en un sentido similar al art. 6 LOE. Todo ello sin perjuicio de acreditar la responsabilidad del agente contra el que se dirige la posterior acción de repetición. En cambio, si se trata de una reparación llevada a cabo en el seno de un proceso de ejecución derivado de una condena a hacer, efectivamente habría que obtener una resolución judicial, diferente a la sentencia condenatoria, que determine el cumplimiento de esa obligación (como señala la SAP de Madrid de 27 de abril de 2017)[637]. Pues la fecha de cumplimiento determinaría el *dies a quo* para el inicio del plazo de dos años para la acción de repetición.

En definitiva, el art. 18.2 LOE establece un plazo especial para el ejercicio de la acción de repetición en el caso de agentes de la edificación, pero omite una cuestión tan importante como es la posibilidad de que las deficiencias sean reparadas, no indemnizadas, lo que hace necesaria una modificación legislativa del referido precepto, a la que más adelante nos referiremos.

Véase la propuesta de *lege ferenda.*

2.1.2. *Dies ad quem*

La finalización del plazo en el caso del ejercicio de la acción de repetición del art. 18.2 LOE es de dos años, el problema, como hemos visto, es fijar la fecha de inicio del referido cómputo. En cuanto al *dies ad quem* o último día del término de dicho plazo, debemos distinguir el plazo de dos años de la LOE para la acción de repetición de la responsabilidad solidaria de los agentes de la edificación de otras acciones con diferente plazo de prescripción.

---

637 Es el caso de la SAP de Madrid 154/2017 de 27 abril [*Tol 6189756*], que considera como fecha de inicio del plazo de prescripción para el ejercicio de la acción de repetición por la aseguradora Asemas, el acuerdo alcanzado en el seno del proceso de ejecución, "Acuerdo Transaccional de indemnización y finiquito", poniendo fin a la controversia sobre defectuosa ejecución de las obras de reparación.

En primer lugar, dicho plazo será de dos años siempre que resulte aplicable la LOE, es decir, siempre que la obra litigiosa sea posterior a la vigencia de la norma (6 de mayo de 2000). Cuando al litigio no le sea de aplicación la LOE, por no haber entrado en vigor al tiempo de solicitarse la licencia de obras, la normativa aplicable para resolver el conflicto por defectos y vicios constructivos será la contenida en el art. 1591 CC (como manifiestan las SAP de Barcelona de 3 de abril de 2014, AP de Castellón de 10 de marzo de 2015 o AP de Madrid de 13 de marzo de 2017)[638]. Por consiguiente, el art. 18.2 LOE que establece un plazo especial de dos años no será aplicable, lo será el plazo general de prescripción para las acciones personales de cinco años (art. 1964 CC).

Como tiene declarado el Tribunal Supremo (SSTS de 22 de marzo de 2010, seguida por las de 19 de abril de 2012 y 4 de octubre de 2013, entre otras)[639], en orden a la apreciación de las responsabilidades derivadas del hecho edificatorio o constructivo, desde la entrada en vigor de la LOE conviven una dualidad de regímenes legales que deben ser aplicados en su globalidad, sin que sea lícito fragmentar sus disposiciones dada la grave inseguridad jurídica que ello originaría. Por dicha razón, esas sentencias entienden que la acción del propietario contra los diversos agentes de la edificación fundada en el art. 1591 CC ha de sujetarse en todo a la regulación del Código Civil, lo que comprende desde luego la aplicación del plazo prescriptivo supletorio de cinco años (antes quince) a falta de un plazo de prescripción especial. Las referidas sentencias rechazan expresamente que para obras no sujetas a la LOE pueda considerarse "término especial de prescripción", a los efectos de eludir el art. 1964 CC, el prevenido en el artículo 18.1 LOE. Por las mismas razones de derecho *inter temporal*, hay que entender igualmente que para obras anteriores a la LOE la acción de regreso del art. 1145 CC ha de regirse por el plazo general de prescripción del art. 1964 CC y no por el plazo específico introducido por el art. 18.2 LOE, únicamente aplicable a las

---

638 Entre otras, SAP de Barcelona 183/2014 de 3 abril [*Tol 4278021*], SAP de Castellón 65/2015 de 10 marzo [*Tol 5007892*] y SAP de Madrid 101/2017 de 13 marzo [*Tol 6100101*].

639 SSTS 195/2010 de 22 marzo [*Tol 1818385*], 238/2012 de 19 abril [*Tol 2514615*] y 554/2013 de 4 octubre [*Tol 4000247*].

acciones de reembolso derivadas de responsabilidades edificatorias sujetas a la LOE.

En segundo lugar, no cabe confundir este plazo de dos años con el ejercicio de la acción por incumplimiento contractual cuyo plazo de ejercicio es de cinco años. Como declara la jurisprudencia menor, cuando no se ejercita acción de repetición, sino una pura acción de responsabilidad contractual, no resultan de aplicación los breves plazos establecidos en la LOE, que está prevista para supuestos diferentes a la responsabilidad contractual (SAP de Asturias de 6 de octubre de 2014, AP de Vizcaya de 8 de noviembre de 2016 o AP de Toledo de 1 de diciembre de 2017)[640]. En este sentido, establece la SAP de Valladolid de 13 de septiembre de 2016[641] que se trata de acciones distintas y compatibles, sujetas cada una de ellas a su propio régimen jurídico y plazo prescriptivo, entre las cuales puede optar el promotor. La acción por incumplimiento contractual vendrá sujeta al plazo prescriptivo general que contempla el art. 1964 CC o al que en su caso correspondiera conforme a la legislación común para las acciones derivadas del contrato concertado entre el promotor y el profesional, mientras que la acción de repetición estará sujeta al plazo prescriptivo de los dos años que contempla el art. 18.2 LOE. Puede, por tanto, suceder que hallándose prescritas las acciones por vicios constructivos y la de repetición contempladas en los arts. 17 y 18 LOE, subsistan, sin embargo, las comunes derivadas de los incumplimientos contractuales que pudieran ostentar tanto los adquirentes de las viviendas y locales contra el promotor-vendedor de las mismas, como las que éste pudiera ostentar frente al constructor y técnicos intervinientes en el proceso constructivo caso de haber atendido aquel en exclusiva la reparación de las deficiencias en virtud de la responsabilidad solidaria que junto a estos ostentare.

---

640 Así lo declaran las SAP de Asturias 238/2014 de 6 octubre [*Tol 4568889*], SAP de Vizcaya 299/2016 de 8 noviembre [*Tol 5938741*], o SAP de Toledo 662/2017 de 1 diciembre [*Tol 6505082*]. Como declara esta última sentencia la acción que compete al promotor para exigir esta responsabilidad es independiente y compatible con la acción de repetición que a favor del mismo puede nacer, conforme a lo dispuesto en el art. 18 LOE y del Código Civil.

641 SAP de Valladolid 243/2016 de 13 septiembre [*Tol 5844776*].

En tercer lugar, tampoco se debe confundir con el plazo de prescripción de la acción de reembolso, cuyo plazo de ejercicio es, igualmente, de cinco años. Cuando la acción ejercitada sea la de reembolso, al existir una condena solidaria en un anterior procedimiento y pagar uno de los condenados todas las cantidades, sería aplicable el plazo de prescripción de las acciones personales de cinco años del art. 1964 CC. Sin embargo, esta cuestión no ha sido pacífica como se desprende de la encuesta jurídica realizada en diciembre de 2017[642], sobre si existiendo una condena solidaria entre los distintos agentes de la construcción y habiendo pagado uno de ellos el total de la cantidad al perjudicado, ¿para reclamar al resto el pago de su parte, la acción a ejercitar sería de repetición del art. 18 LOE, con un plazo de prescripción de 2 años o la acción de reembolso del art. 1.145, con un plazo de prescripción de cinco años? Existiendo opiniones discrepantes en la doctrina.

Parece evidente que no se aprecia la existencia de prescripción cuando lo que se ejercita es una acción de reembolso, pues en tal caso, no resulta aplicable el plazo de prescripción de dos años del art. 18.2 LOE, sino el plazo general de las acciones personales que no tengan señalado plazo especial de cinco años. Sin embargo, resulta dudoso distinguir cuando estamos ante un supuesto general del art. 1145 CC y cuando del art. 18.2 LOE, como hemos visto al hablar de

---

642 SEPÍN DERECHO INMOBILIARIO, "Existiendo una condena solidaria entre los distintos agentes de la construcción y habiendo pagado uno de ellos el total de la cantidad al perjudicado, ¿para reclamar al resto el pago de su parte, la acción a ejercitar sería de repetición del art. 18 LOE, con un plazo de prescripción de 2 años o la acción de reembolso del art. 1.145, con un plazo de prescripción de cinco años?", Encuesta Jurídica diciembre 2017, CARRERAS MARAÑA, J. M., en *La acción de repetición prevista en la Ley de Ordenación de la Edificación*, Sepín (SP/DOCT/70925). Parte de la doctrina considera aplicable la acción de reembolso del art. 1145 CC con un plazo de prescripción de cinco años (Achón Bruñén, M. J., doctora en Derecho procesal; Manuel Daniel, D. D., magistrado del Juzgado de 1.ª Instancia n.º 15 de Zaragoza; Díez Núñez, J. J., magistrado de la Sección 6.ª de la Audiencia Provincial de Málaga; y Ortiz Aguirre, J. M., magistrado del Juzgado de 1.ª Instancia e Instrucción n.º 2 de Colmenar Viejo), mientras que otro sector (Gardeazabal del Río, F. J., Notario de Madrid; González Martín, L. A., magistrado del Juzgado de 1.ª Instancia n.º 29 de Madrid; Vendrell Santiveri, E., Abogado, presidente del Colegio de Administradores de Fincas de Barcelona y Lleida) considera aplicable la acción de repetición del art. 18.2 LOE con un plazo de prescripción de dos años.

la naturaleza de la acción. En este sentido se pronuncia la SAP de Madrid de 18 de septiembre de 2014[643] cuando razona que no es de aplicación a la acción de reembolso el art. 18.2 LOE, que recoge un plazo de dos años, y que contempla la acción de repetición que pudiere corresponder a cualquiera de los agentes que intervienen en el proceso de la edificación contra los demás, o a los aseguradores contra ellos. En tal sentido se comparten los argumentos de la SAP de Cáceres de 10 de diciembre de 2012[644], al considerar que dicho precepto se está refiriendo al supuesto de que uno sólo de los agentes que intervienen en el proceso de la edificación hubiera sido condenado o hubiera abonado la indemnización extrajudicialmente, pero no cuando lo que se ejercita es la acción de regreso o de reembolso regulada en el art. 1.145 CC (en el mismo sentido, SAP de Madrid de 29 de mayo de 2012, con cita de las STS de 12 de julio de 1995, 4 de enero de 1999, 16 de julio de 2001 y 5 de mayo de 2010)[645].

Por ello, en la STS de 24 de abril de 2007[646], en relación a una acción de reembolso se afirmaba que no se trata desde luego del ejercicio de una acción por culpa extracontractual sino de una acción entablada entre deudores solidarios para determinar la responsabilidad de la parte demandada en cuanto a la satisfacción de una deuda de tal carácter que nace de la propia ley, por lo que no resulta de aplicación el plazo de prescripción de un año establecido en el artículo 1968.2 CC y sí el de quince años (ahora cinco) propio de las acciones

---

643 Tal como recoge la SAP de Madrid 423/2014 de 18 septiembre [*Tol 4568920*].

644 Como señala la SAP de Cáceres 518/2012 de 10 diciembre [*Tol 2718718*], lo que sucede, por tanto, es que en dicho ámbito rige para la acción reembolso el plazo de prescripción de quince años del art. 1964 CC, y no el más corto de dos años del art. 18.2 LOE, previsto para los supuestos de condena a uno solo de los agentes que intervienen en el proceso de la edificación, más no cuando todos fueron condenados en la misma sentencia, y solamente uno de ellos abonó a los perjudicados, cual sucedió en el presente supuesto.

645 En este sentido, SAP de Madrid 264/2012 de 29 mayo [*Tol 2564086*].

646 Criterio que ya fue recogido en la precedente STS 1221/1998 de 29 diciembre [*Tol 5119768*], así como también en la núm. 437/2007, de 24 abril [*Tol 1072192*]; si bien, en este caso, por existir plazo especial previsto por la Ley para el supuesto concreto de que se trata, como contempla el propio art. 1964 CC, lo limita a un año, pero recogiendo la tesis sostenida con anterioridad de que para la acción reembolso, de no haber existido ese plazo especial, estaría sujeta al plazo de prescripción de cinco (antes quince) años.

personales para las que no se haya señalado un plazo especial (art. 1964 CC). En el mismo sentido, STS del Pleno de 12 de mayo de 2011[647], considerando que el plazo de prescripción aplicable es el de quince años (ahora cinco), a falta de previsión específica y especial, conforme a lo dispuesto en el art. 1964 CC.

En este momento, este parece ser el criterio definitivo asumido por el Tribunal Supremo en SSTS de 3 de marzo y 19 de febrero de 2016[648], aplicando el plazo de prescripción de dos años del art. 18.2 LOE cuando se trata del ejercicio de la acción de repetición frente a un agente no demandado en el pleito anterior o, en su caso, cuando se trata de una nueva distribución de cuotas entre los responsables del proceso constructivo. Pues cuando se trate de repetir la parte proporcional satisfecha en un primer proceso a los demandados en éste, estaremos ante una acción de reembolso. En tales casos, como afirma el Alto Tribunal, nos hallamos en presencia de una acción de repetición contra quien no ha sido condenado, que precisa de un nuevo juicio que dilucide su responsabilidad civil, como afirma la STS de 27 de febrero de 2004[649], que partiendo de que la acción originaria se había dirigido sólo contra la constructora, afirma que "*se habilita por ello una ulterior acción de repetición, la que corresponde a los responsables que resulten condenados respecto de los demás intervinientes en la obra*". Cuando así sucede y la responsabilidad se ventila entre los agentes de la edificación, en concreto entre quien pagó y el agente no demandado, la acción de aquél es la de repetición, precisando un nuevo juicio, para determinar la responsabilidad, esto es, si le es imputable el vicio o defecto y en qué medida, si tal responsabilidad es solidaria o individual y, de ser solidaria, determinar, *ad intra*, su grado de participación en el hecho dañoso.

---

647 STS 317/2011 de 12 mayo [*Tol 2167175*].

648 SSTS 121/2016 de 3 marzo [*Tol 5664342*] y 87/2016 de 19 febrero [*Tol 5662085*].

649 STS 106/2004 de 27 febrero [*Tol 350728*]. LÓPEZ RICHART, J., "Sentencia de 27 de febrero de 2004: Responsabilidad por ruina. Condena solidaria ante la imposibilidad de delimitar la responsabilidad individual de los causantes del daño. Acción de repetición del constructor condenado exclusivamente en un pleito promovido sólo contra él por vicios ruinógenos causados por todos los intervinientes en la ejecución de la obra. Extensión de los efectos de la cosa juzgada material", *Cuadernos Civitas de Jurisprudencia Civil*, núm. 66, 2004, págs. 1167-1180.

2.2. El supuesto de los daños continuados

Cabe también plantearse el problema de qué ocurre cuando se realizan varias reparaciones diferenciadas, pero realizadas dentro del mismo proceso constructivo afectantes a las mismas partidas de obra: ¿cómo computa el plazo de prescripción? ¿habría que esperar a la reparación total para iniciar el cómputo del plazo de prescripción?

Ciertamente, en algunas sentencias del Tribunal Supremo se matiza el inicio del cómputo de la prescripción en el caso del carácter continuado de los daños, difiriendo el inicio del cómputo a la definitiva consolidación del daño cuando no es posible fraccionar en etapas diferentes o hechos diferenciados la serie perseguida (SSTS de 24 de mayo de 1993, 21 de marzo de 2005, o la más reciente de 7 de noviembre de 2019)[650]. Como sostiene la SAP de A Coruña de 11 de junio de 2010[651], la doctrina de los daños continuados únicamente permite integrar en tal concepto aquellos daños que siendo imputables al demandado se produzcan en serie y de manera ininterrumpida durante el tiempo y por una misma causa.

En el caso de la SAP de Málaga de 15 de noviembre de 2017[652], se planteaba el plazo de prescripción de la acción de repetición al tratarse de daños continuados, remitiéndose a la jurisprudencia del Tribunal Supremo que distingue entre "daños permanentes" u originados por la subsistencia en su efecto de un acto instantáneo, con "daños continuados" en su precisa acepción: situaciones en que una serie de actos sucesivos provocan en su perjudicial progresión un resultado lesivo de nocividad más acusada que la simple suma de los repetidos agravios, y en la que se indica que en los casos de daños continuados o de producción sucesiva no se inicia el cómputo del plazo de prescripción hasta la producción del definitivo resultado, si bien matizando que esto es así "*cuando no es posible fraccionar en etapas diferentes o hechos diferenciados la serie proseguida*", y así se resuelve en

---

650 SSTS de 24 de mayo de 1993 [*Tol 5129902*], 173/2005 de 21 marzo [*Tol 633086*] o 596/2019 de 7 noviembre [*Tol 7580151*].

651 Como señala la SAP de Cáceres 188/2015 de 2 junio [*Tol 5193335*] con cita de SAP de A Coruña 275/2010 de 11 junio [*Tol 1945143*].

652 SAP de Málaga 1057/2017 de 15 noviembre [*Tol 6661479*].

la STS de 31 octubre 2014[653] expresamente, al decir que no estamos ante una situación de daños continuados, sino que la parte actora conocía la existencia de los mismos, pese a lo que interpuso la demanda después de los dos años establecidos en el art. 18 LOE.

En cualquier caso habrá que diferenciar entre daños continuados[654] y daños duraderos o permanentes (SSTS de 28 de octubre 2009 o 14 de julio de 2010, entre otras)[655], atendiendo a si el origen y causa de los mismos estaba determinada, pues cuando no provengan de una misma conducta u origen no estaremos ante daños continuados y, por tanto, no será de aplicación la doctrina que propugna que el día inicial para el cómputo del plazo de prescripción sería la fecha de la producción del definitivo resultado, sino que, siendo posible fraccionar en etapas diferentes o hechos diferenciados, cada una de esas reparaciones han de ser objeto de tratamiento diferenciado aplicando a cada una de ellas el plazo prescriptivo desde sus respectivos acaecimientos y reclamaciones. Además, continúa afirmando la citada sentencia que, partiendo de la equivalencia entre pago de la indemnización de forma extrajudicial y reparación de los daños, no procede que se fije el *dies a quo* para el computo del plazo de prescripción el día en que la constructora abonó o expidió la última factura de la obra pues, de admitirse tal tesis, quedaría a voluntad de la constructora acreedora la iniciación del plazo de prescripción, debiendo entenderse, como hace la sentencia recurrida, que el *dies a quo* coincide con la terminación de las obras de reparación, momento en el que es posible evaluar las consecuencias económicas de las mismas.

---

653 STS 624/2014 de 31 octubre [*Tol 4550989*].

654 Son aquellos daños que constituyen una prolongación de los daños actuales y producen una lesión o menoscabo del interés patrimonial afectado con proyección de futuro, que no sólo se mantienen, sino que se van agravando, como señala COBAS COBIELLA, M. E., en *Derecho de daños…*, *op. cit.*, pág. 285.

655 STS 672/2009 de 28 octubre [*Tol 1641341*] y 445/2010 de 14 julio [*Tol 1944661*].

IV. LA COSA JUZGADA DEL PROCESO ANTERIOR

1. *Los efectos de la cosa juzgada*

La extensión de los efectos de la cosa juzgada del primer proceso en la posterior acción de repetición plantea toda una serie de problemas que seguidamente analizaremos y trataremos de resolver, no sin antes volver a advertir que gran parte de estos problemas se evitarían con el primero de los mecanismos analizado: la intervención provocada, pues lógicamente si el tercero ha podido intervenir y alegar en este primer proceso se garantiza su derecho de defensa, pero si además interviene como tercero-demandado como propugnamos, ni siquiera sería necesario este segundo proceso, ni se plantearían los problemas de la extensión y efectos de la cosa juzgada.

Como es sabido la cosa juzgada de las sentencias firmes, sean estimatorias o desestimatorias, excluirá, conforme a la ley, un ulterior proceso cuyo objeto sea idéntico al del proceso en que aquella se produjo de conformidad con el art. 222.1 LEC, por lo que conviene analizar los efectos que la cosa juzgada de este primer proceso tendrá en el ejercicio de la acción de repetición en el proceso posterior.

La cosa juzgada formal es el efecto que despliegan las resoluciones firmes, consistente en la vinculación de su contenido, tanto para las partes como para el tribunal, dentro del mismo proceso o instancia en que se haya dictado dicha resolución e implica a su vez un doble efecto: uno negativo, en cuanto que las partes no pueden pedir ni el tribunal decidir en contra de lo ya resuelto; y otro, positivo, dado que las peticiones de las partes y las resoluciones del tribunal han de partir de lo ya decidido previamente (art. 207 LEC)[656]. Como señala la reciente STS de 20 de septiembre de 2022[657] al referirse a la autoridad de cosa juzgada formal regulada en el art. 207 LEC, esta eficacia afecta al propio tribunal que ha dictado la resolución, ya sea en su

---

656 DOMÍNGUEZ LUELMO, A., "Excepción de cosa juzgada material: los hechos y fundamentos jurídicos aducidos en un litigio se consideran los mismos que los alegados en otro juicio anterior si hubieran podido alegarse en éste. Comentario de la sentencia Tribunal Supremo de 13 de noviembre de 2018 (628/2018)", en *Comentarios a las Sentencias de Unificación de Doctrina: Civil y Mercantil*, YZQUIERDO TOLSADA, M. (dir.), Vol. 10, Dykinson, 2018, págs. 45-58.

657 STS 612/2022 de 20 septiembre [*Tol 9231927*].

efecto negativo, que impide que pueda ser recurrida (inimpugnabilidad), ya sea en su efecto positivo, pues dentro del mismo proceso no podrá dictarse en contra otra resolución que la contradiga y, además, todas las resoluciones posteriores deberán partir del presupuesto lógico de lo decidido en aquella (entre otras, también las SSTS de 8 de abril de 2013 o 15 de marzo de 2022)[658].

Por su parte, la cosa juzgada material es el efecto externo que desencadena una resolución judicial firme, que ha alcanzado, por lo tanto, el estado de cosa juzgada formal (art. 207.3 LEC) sobre los restantes órganos jurisdiccionales o sobre el mismo tribunal en un procedimiento distinto, consistente en una vinculación negativa o positiva, ambas reguladas en el art. 222 LEC. La primera impide un nuevo proceso sobre el mismo objeto ya juzgado; mientras que, conforme a la segunda, lo resuelto en un primer proceso debe tenerse en cuenta en el segundo cuando sea un antecedente lógico de lo que constituye su objeto (SSTS de 8 de enero de 2020, 22 de abril 2021, 13 de mayo de 2021, 21 de junio de 2021 o 27 de abril de 2022)[659].

Así, todas las resoluciones dictadas en un proceso adquieren, una vez firmes, fuerza de cosa juzgada formal, sin embargo, la cosa juzgada material no se predica de todas ellas, sino solo de las resoluciones judiciales que resuelvan sobre el fondo del asunto, sean estimatorias o desestimatorias de las pretensiones, lo que indudablemente tiene una incidencia que seguidamente analizaremos sobre la acción de repetición que es objeto de estudio.

1.1. Efecto negativo de la cosa juzgada

El efecto de cosa juzgada material de las sentencias firmes, en su aspecto negativo, "*excluirá, conforme a la ley, un ulterior proceso cuyo objeto sea idéntico al del proceso en que aquella se produjo*", como dispone el art. 222.1 LEC, y "*afectará a las partes del proceso en que se dicte y a sus herederos*

---

658 SSTS 215/2013 de 8 abril [*Tol 3836309*] y 209/2022 de 15 marzo [*Tol 8881184*].

659 SSTS 169/2014 de 8 de abril [*Tol 4259500*], 5/2020 de 8 de enero [*Tol 7673763*], 223/2022 de 22 de abril [*Tol 8416664*], 310/2021 de 13 de mayo [*Tol 8431344*], 411/2021 de 21 de junio [*Tol 8485246*], 21/2022 de 17 de enero [*Tol 8765231*] y 333/2022 de 27 abril [*Tol 8941287*].

y causahabientes", tal como recoge el art. 222.3 LEC (también la jurisprudencia, entre otras, la STS de 8 enero de 2020)[660].

La cosa juzgada material, en su efecto negativo o excluyente, exige la plena coincidencia entre los objetos de un primer proceso resuelto por sentencia firme, con respecto a un proceso ulterior en el que se invoca su eficacia excluyente; es decir, que se trate de los mismos sujetos, el mismo petitum (lo que se pide) y la misma *causa petendi* (fundamento fáctico y jurídico de lo solicitado), así se pronuncia la jurisprudencia del Tribunal Supremo (entre otras muchas, SSTS de 8 de enero 2020, 17 de junio 2020, 21 de junio 2021 o 17 de enero de 2022)[661]. De darse dichas identidades, la vigencia del principio *non bis in ídem* (no dos veces sobre lo mismo) determinaría la inutilidad e ineficacia del proceso ulterior con prevalencia de lo resuelto en el primer proceso o lo que es lo mismo de lo ya decidido.

Además, en virtud del principio de preclusión de alegaciones del art. 400 LEC, la cosa juzgada se extiende incluso a cuestiones no juzgadas en cuanto no deducidas expresamente en el proceso, pero que resultan cubiertas igualmente por la cosa juzgada impidiendo su reproducción en un pleito ulterior, como sucede con pretensiones complementarias de otra principal u otras cuestiones deducibles y no deducidas, siempre que, entre ellas y el objeto principal del pleito exista un profundo enlace (como señala la STS de 14 de junio de 2022)[662]. Se trata de evitar que se mantenga en el tiempo la incertidumbre litigiosa. Por ello, después de una demanda en la que el actor pudo objetiva y causalmente hacer valer todos sus pedimentos contra el demandado, no cabe un segundo pleito para lo mismo, ni permitir que el demandante corrija en este segundo pleito los errores cometidos en el primero. Su fundamento se encuentra en la seguridad jurídica evitando continuos procesos sobre la misma cuestión entre las mismas partes, no solo en función de lo que en el primer proceso se haya deducido sino, también, lo que se hubiera podido deducir.

---

660 STS 5/2020 de 8 enero [*Tol 7673763*].

661 SSTS 5/2020 de 8 enero [*Tol 7673763*], 313/2020 de 17 junio [*Tol 7995814*], 411/2021 de 21 junio [*Tol 8485246*] o 21/2022 de 17 enero [*Tol 8765231*].

662 STS 480/2022 de 14 junio [*Tol 9045459*].

En este sentido, para que prospere la excepción de la cosa juzgada material, según doctrina jurisprudencial constante, es preciso que se dé la identidad de ambos litigios, la cual se determinará en una triple vertiente de identidades, como son: a) la identidad de partes o identidad subjetiva, que, como ya decía SALAS CARCELLER, no exige que las partes ocupen las mismas posiciones procesales[663]; b) la identidad del objeto o identidad objetiva; y, c) la identidad de acciones o identidad en la causa de pedir (entre otras muchas, SSTS de 11 de diciembre de 2001 o 21 marzo 2011)[664].

Por lo que nos afecta, en materia de responsabilidad derivada de vicios constructivos, no cabe, pues, que los demandados, después de haber recaído sentencia desestimatoria en el primer litigio, puedan plantear la misma solicitud en el segundo pleito mediante la acción de repetición dirigida frente al mismo sujeto, pero con unos fundamentos jurídicos diferentes. Esta posibilidad también le está vedada al perjudicado en función de la eficacia negativa o excluyente de la cosa juzgada material, que impide plantear otro proceso sobre un asunto ya decidido con anterioridad, como destaca el art. 222.1 LEC.

Sin embargo, esta eficacia negativa de la cosa juzgada no es la que se produce en el ejercicio de la acción de repetición, porque generalmente no concurrirá la triple identidad. Como señala la doctrina[665], no se considera viable la posibilidad de la apreciación de la cosa juzgada material negativa en el sentido de que no quepa discutir en un ulterior litigio las relaciones internas entre los codeudores solidarios por incertidumbre causal, pues dejando al margen los supuestos en que no fueran interpelados todos los responsables, dado que la soli-

---

663 SALAS CARCELLER, A., "La litispendencia y sus relaciones con la cosa juzgada...", *op. cit.*, págs. 81-112. Como reconoce el autor la identidad de sujetos procesales exige la identidad física —la misma persona— y la identidad jurídica —la calidad en que se actúa—. Por ello no deberá estimarse la identidad de personas, cuando el individuo interviene en ambos procesos relacionados, cuando lo hace en un caso como persona física y en otro como sociedad, ni tampoco existiría dicha identidad cuando se cambia la posición procesal.

664 Entre otras, SSTS 1171/2001 de 11 diciembre [*Tol 4974964*] o 164/2011 de 21 marzo [*Tol 2068274*].

665 SEOANE SPIEGELBERG, J. L., "Problemática de la intervención de terceros...", *op. cit.*, pág. 11; y BLANCO MARTÍN, M. P., "Tres problemas esenciales que origina la solidaridad impropia...", *op. cit.*, pág. 297.

daridad impropia excluye, como es bien sabido, el litisconsorcio pasivo necesario, no se dan los requisitos exigidos para la operatividad de aquel instituto, en tanto en cuanto no hay identidad entre causa *petendi* y *petitum* (art. 222.1 LEC). En el primer proceso se ejercitaría la acción por vicios o defectos constructivos (art. 17 LOE o 1591 CC), mientras que en el segundo proceso se ejercita la acción de repetición con fundamento en el art. 18.2 LOE. Las pretensiones y el fundamento o causa de pedir son distintas en uno y otro proceso.

No existe, por lo tanto, riesgo alguno de contradicción, sino, por el contrario, de plena compatibilidad jurídica, pues el segundo proceso —el de la acción de repetición— parte precisamente de la solidaridad proclamada frente al perjudicado, dejando sin juzgar las relaciones internas entre los deudores solidarios, por lo que no se da el efecto negativo sino el positivo que analizamos a continuación.

1.2. Efectos positivos de la cosa juzgada

Sí se daría en este segundo proceso en ejercicio de la acción de repetición la cosa juzgada material, en su vertiente positiva, que supone la necesidad de partir de lo ya juzgado en el anterior proceso, como punto de partida del proceso ulterior, siempre que aquel pronunciamiento sea el presupuesto lógico jurídico de éste.

El art. 222.4 LEC se refiere a este efecto diciendo que lo resuelto con fuerza de cosa juzgada en la sentencia firme que haya puesto fin a un proceso vinculará al tribunal de un proceso posterior cuando en éste aparezca como antecedente lógico de lo que sea su objeto, siempre que los litigantes de ambos procesos sean los mismos o la cosa juzgada se extienda a ellos por disposición legal. La finalidad perseguida es evitar pronunciamientos contradictorios incompatibles con el principio de seguridad jurídica y, en consecuencia, con el derecho a la tutela efectiva, cuando se está ante una sentencia firme que afecte a materias indisolublemente conexas con las que son objeto de un pleito posterior.

La apreciación de la cosa juzgada material en sentido positivo no exige identidades objetivas, sino que el objeto del ulterior recurso sea parcialmente idéntico, ya que si se produjese la identidad de objeto plena estaríamos ante el efecto excluyente y, por otra parte, la causa de pedir no puede exigirse desde el momento que ésta es presupuesto del objeto del proceso. Sin embargo, es exigible la identidad subjetiva que se dará, aunque en este segundo pleito las partes no mantengan la misma posición o postura procesal o no intervengan todos los litigantes que lo hicieron en el primer proceso en este segundo proceso.

Como reconoce la jurisprudencia del Tribunal Supremo, el denominado efecto positivo o prejudicial de la cosa juzgada derivada de la sentencia firme dictada en un proceso anterior que afecta a materias indisolublemente conexas con las que integran el pleito ulterior tiene como función, al igual que el de la cosa juzgada negativa, evitar pronunciamientos contradictorios en las resoluciones judiciales, lo que es incompatible con el principio de seguridad jurídica y con el derecho a la tutela judicial efectiva que reconoce el art. 24 CE. La función positiva de la cosa juzgada consiste en que el tribunal que deba pronunciarse sobre una determinada relación jurídica que es dependiente de otra, ya resuelta, ha de atenerse al contenido de la sentencia allí pronunciada; o, lo que es lo mismo, queda vinculado por aquel juicio anterior sin poder contradecir lo ya decidido. Es el efecto al que se refiere el art. 222.4 LEC sin exigir que concurran las tres identidades que integran el efecto negativo o preclusivo de la cosa juzgada, pues basta con la identidad subjetiva en ambos procesos, cualesquiera que sean las posiciones que se ocupen en cada uno de ellos y con que lo que se haya decidido en el primero constituya un antecedente lógico de lo que sea objeto del posterior (entre otras, SSTS de 17 de junio de 2011, 26 de enero de 2012, 2 de abril de 2014, 30 de noviembre de 2015 o 10 de octubre 2019)[666].

En definitiva, la eficacia negativa de la cosa juzgada impide iniciar un nuevo proceso al darse la triple identidad, mientras que la eficacia positiva, que será la que concurra en la acción de repetición del art. 18.2 LOE, no impide la existencia de un segundo proceso porque no hay coincidencia del objeto ni las pretensiones (si lo habrá de la identidad subjetiva aunque las partes ocupen diferentes posiciones procesales), y la sentencia del pleito anterior vinculará determinados as-

---

666 Como señalan las SSTS 473/2011 de 17 junio [*Tol 3018645*], 23/2012 de 26 enero [*Tol 2441115*], 194/2014 de 2 abril [*Tol 4217865*], 662/2015 de 30 noviembre [*Tol 5589663*] y 529/2019 de 10 octubre [*Tol 7536785*].

pectos del proceso posterior, pero solo de forma limitada y en cuanto venga impuesto por la seguridad jurídica, tal como tiene establecido el Alto Tribunal (entre ellas, STS de 24 de mayo de 2012)[667], pues la jurisprudencia admite que la sentencia firme, con independencia de la cosa juzgada, produzca efectos indirectos.

Efectos indirectos que seguidamente procedemos a analizar.

1.2.1. El efecto positivo prejudicial

Como decimos, para algunos autores no existiría problema con la cosa juzgada formal en el ejercicio de la acción de repetición frente a otros agentes que no han intervenido en el proceso anterior pues implica que no se da la identidad subjetiva. Sin embargo, sí plantea problemas la cosa juzgada material positiva a la que se refiere el art. 222.4 LEC, pues lo resuelto en el proceso anterior se constituye como antecedente lógico de lo que sea su objeto.

Como tiene declarado el Tribunal Supremo (STS de 29 de diciembre de 2006, 25 de mayo de 2010, 24 de mayo de 2012 o 18 de julio de 2019, entre otras)[668], la sentencia firme tiene también un efecto positivo o prejudicial, que impide que en un proceso ulterior se resuelva un concreto tema o punto litigioso de manera distinta a lo decidido en un proceso anterior entre las mismas partes. El hecho de que los objetos de dos procesos difieran o no sean plenamente coincidentes no es óbice para extender al segundo pleito lo resuelto en el primero respecto a cuestiones o puntos concretos controvertidos que constan como debatidos, aunque tan sólo con carácter prejudicial, y no impide que el órgano judicial del segundo pleito decida sin sujeción en todo lo restante que constituye la litis.

El efecto prejudicial de la cosa juzgada se vincula al fallo, pero también a los razonamientos de la sentencia cuando constituyan la razón decisoria.

---

667 STS 308/2012 de 24 mayo [*Tol 2565601*].

668 Así, SSTS 1364/2006 de 29 diciembre [*Tol 1040228*], 307/2010 de 25 mayo [*Tol 1884298*], 308/2012 de 24 mayo [*Tol 2565601*] o 445/2019 de 18 julio [*Tol 7419536*].

1.2.2. El uso como medio de prueba

Como ya decía la STS de 3 de noviembre de 1993[669], siguiendo lo declarado por otra de 18 de marzo de 1987[670], toda sentencia firme, con independencia de tales efectos de cosa juzgada, produce otros accesorios e indirectos, entre los cuales debe destacarse el de constituir en un ulterior proceso un medio de prueba de los hechos en ella contemplados y valorados y que fueron determinantes de su parte dispositiva, medio de prueba cualificado, aun cuando deba ponderarse en unión de los demás elementos de convicción aportados al juicio (STS 13 de septiembre de 2007)[671].

Este criterio se funda en que la existencia de pronunciamientos contradictorios en las resoluciones judiciales de los que resulte que unos mismos hechos ocurrieron o no ocurrieron es incompatible con el principio de seguridad jurídica y con el derecho a una tutela judicial efectiva que reconoce el art. 24.1 CE (SSTS de 27 de mayo de 2003 o 13 de septiembre de 2007)[672].

Lo actuado en ese primer proceso y lo que en él se resolvió puede tomarse como un elemento más de prueba, especialmente en lo relativo a los hechos históricos, no a los juicios de valor. Pero en todo caso corresponde al accionante la carga de la prueba en este proceso de los daños y de la responsabilidad afirmada en la demanda de cada uno de los demandados conforme a las reglas generales del art. 217 LEC, sin que pueda beneficiarse de la inversión de la carga de la prueba que la doctrina legal reconoce a favor de los perjudicados y para el caso de ejercicio por éstos de la acción en reclamación de los defectos constructivos, no para la acción de repetición.

1.2.3. El principio de igualdad: antecedente lógico

Por último, lo decidido en el primer proceso constituye antecedente lógico del segundo proceso. Así, respecto de los vicios o defectos constructivos, la declaración de solidaridad entre los agentes de

---

669 STS 1011/1993 de 3 noviembre [*Tol 1655807*].

670 STS de 18 de marzo de 1987 [*Tol 1736370*].

671 STS 958/2007 de 13 septiembre [*Tol 1150967*].

672 Tal como lo declara la STC 34/2003 de 25 febrero [*Tol 246499*].

la edificación demandados del primer proceso constituye el antecedente lógico para el ejercicio posterior de la acción de repetición.

En este sentido, el propio art. 222.4 LEC establece que "*lo resuelto con fuerza de cosa juzgada en la sentencia firme que haya puesto fin a un proceso vinculará al tribunal de un proceso posterior cuando en éste aparezca como antecedente lógico de lo que sea su objeto, siempre que los litigantes de ambos procesos sean los mismos o la cosa juzgada se extienda a ellos por disposición legal*".

La jurisprudencia ha venido admitiendo el efecto prejudicial aunque la identidad sea parcial, siempre que lo resuelto en el anterior proceso aparezca como un antecedente lógico de lo que sea objeto del posterior, por cuanto se trata de evitar que lo resuelto de un modo en un proceso sea desconocido o resuelto de forma diferente en otro posterior, así lo imponen los principios de igualdad jurídica y de legalidad en materia procesal salvaguardando "*la eficacia de una resolución judicial que, habiendo adquirido firmeza, ha conformado la realidad jurídica de una forma cualificada la cual no puede desconocerse por otros órganos juzgadores sin reducir a la nada la propia eficacia de aquella*" (SSTS de 31 de diciembre de 2002, 25 de mayo de 2010, 26 de septiembre de 2011, 24 de mayo de 2012 o 2 de abril de 2014)[673].

2. *La excepción de cosa juzgada en la acción de repetición*

Todo lo anteriormente expuesto resulta relevante, puesto que, el ejercicio de la acción de repetición parte, generalmente, de la existencia de un proceso anterior, en el cual el promotor u otro agente de la edificación que ha resultado condenado a reparar o satisfacer responsabilidad por los defectos constructivos se dirige en un nuevo proceso frente a quien resulta el verdadero responsable o frente a otros responsables al objeto de delimitar sus respectivas responsabilidades. Decimos generalmente, pues, como ya hemos explicado, no siempre existirá un proceso judicial anterior, cabe la posibilidad de repetir incluso cuando se haya reparado o indemnizado en virtud de

---

673 Así, SSTS 1306/2002 de 31 diciembre [*Tol 4927481*], 307/2010 de 25 mayo [*Tol 1884298*], 682/2011 de 26 septiembre [*Tol 2258943*], 308/2012 de 24 mayo [*Tol 2565601*] y 194/2014 de 2 abril [*Tol 4217865*].

acuerdo extrajudicial o ante la simple reclamación de los adquirentes de los inmuebles.

En estos casos, en los que ha existido un proceso judicial previo, es donde el demandado en la acción de repetición suele plantear la excepción de cosa juzgada en relación a lo resuelto con anterioridad en dicho proceso, por lo que conviene distinguir los diferentes supuestos que pueden plantearse.

2.1. Cuando el agente de la edificación frente al cual se dirige la acción de repetición no ha sido parte en el proceso anterior

Si la responsabilidad se ventila entre los agentes de la edificación, en concreto entre quien pagó y el agente no demandado, la acción de repetición precisa un nuevo juicio, para determinar la responsabilidad del demandado, esto es, si le es imputable el vicio o defecto y en qué medida, si tal responsabilidad es solidaria o individual y, en tal caso, su grado de participación en el hecho dañoso (como señala la SAP de A Coruña de 10 de abril de 2017)[674].

Por tanto, si el agente de la edificación frente al cual se dirige ahora la acción de repetición no fue parte en el proceso anterior no puede operar la cosa juzgada. Como tiene declarado la jurisprudencia, en los casos en que no hay una condena previa a todos o algunos de los agentes, esto es, respeto de los intervinientes en el proceso constructivo que no fueron parte en el proceso en que se condenó al promotor u otros responsables, no opera la cosa juzgada en ninguna

---

[674] Como distingue la SAP de A Coruña 114/2017 de 10 abril [*Tol 6106350*], "*Por lo que se distingue: (a) Si la responsabilidad se ventila entre los agentes de la edificación, en concreto entre quien pagó y el agente no demandado, la acción de aquél es la de repetición, precisando un nuevo juicio, para determinar la responsabilidad, esto es, si le es imputable el vicio o defecto y en qué medida, si tal responsabilidad es solidaria o individual y, de ser solidaria, determinar, ad intra, su grado de participación en el hecho dañoso. (b) Si se ha promovido un procedimiento judicial contra todos o algunos de los deudores solidarios y se produce una sentencia condenatoria con dicho carácter de solidaridad, de ella se ha de partir y únicamente quedará por fijar la participación cuantitativa del obligado en la acción de repetición. Pero, si como sucede en este caso, no existe una previa condena solidaria de los demandados, entonces el demandante tiene que acreditar en primer lugar la responsabilidad solidaria del demandado y después fijar su participación cuantitativa en tal obligación...*" (FD 3°).

de sus modalidades, lo que es algo que no solo deriva directamente del art. 24 CE, sino también de lo dispuesto en el art. 222.3 LEC (como señala, entre otras, la SAP de Cantabria de 16 de noviembre de 2021)[675].

En primer lugar, porque es evidente que no se da en este caso la triple identidad. No existe identidad subjetiva por no haber sido parte en el proceso anterior, no se plantea el mismo objeto de debate y, además, la acción ejercitada en uno y otro caso es distinta: reclamación por vicios constructivos del art. 17 LOE y acción de repetición del art. 18.2 LOE. Algún autor defiende que en estos casos en que no existe siquiera identidad subjetiva, no podemos hablar de cosa juzgada positiva o prejudicial, si no de efectos reflejos de la sentencia frente a terceros, debiendo admitirse necesariamente una prejudicialidad distinta de la cosa juzgada positiva[676]. En estos casos, el tercero no puede estar irremisiblemente vinculado por una decisión en la que no ha tomado parte y, por tanto, tiene plena legitimidad para discutir todos los elementos de su situación jurídica.

En segundo lugar, porque en las relaciones internas entre los agentes de la edificación no resulta aplicable el art. 17 LOE, ni la responsabilidad solidaria que puede derivar del mismo. En este segundo proceso, no se ejercita acción alguna fundada en el art. 17 LOE o 1591 CC, que puede fijar la responsabilidad solidaria por sentencia a favor de los perjudicados, se ejercita una nueva acción en la que el obligado solidario que pagó o reparó tiene el indiscutible derecho de promover un litigio entre deudores solidarios, a los efectos de fijar, en su relaciones internas, la contribución de cada uno de ellos en la producción del daño y, en consecuencia, en la proporción que judicialmente se determine atender al resarcimiento del perjuicio causado.

Esta responsabilidad solidaria, sea propia o impropia, de los agentes de la edificación en el primer proceso solo se da en favor de los adquirentes de vivienda, pues en el ámbito de nuestro derecho de

---

675 SAP de Cantabria 449/2021 de 16 noviembre [*Tol 8677591*].

676 Distingue entre eficacia directa y refleja frente a terceros el autor ROSENDE VILLAR, C., "Eficacia directa y refleja de la sentencia", *Revista Chilena de Derecho*, Vol. 28, núm. 3, 2001, págs. 495-500.

daños se consolida la jurisprudencia inspirada sin duda en el principio *pro damnato*, a los efectos de reforzar su posición resarcitoria con respecto al perjuicio patrimonial, corporal o moral sufrido (SSTS 8 de junio de 1998, 24 de septiembre de 2003, 30 de enero de 2008 o 5 de mayo de 2010)[677]. Sin embargo, dicha solidaridad —como ya dijimos— no restringe las acciones de repetición posteriores entre las partes.

Y, en tercer lugar, porque en la acción de repetición no rige la responsabilidad objetiva, sino que rigen las normas sobre carga de la prueba del art. 217 LEC, debiendo acreditarse su participación en el daño como requisito de procedibilidad de la acción, como antes hemos expuesto. Si ha existido una condena anterior que declara la solidaridad ha de partirse de la misma, y, únicamente, quedará por fijar las cuotas de responsabilidad, en su caso, en la acción de repetición. Pero si no ha existido condena anterior, esa declaración de responsabilidad civil del demandado, que deberá ventilarse en el segundo litigio, es requisito necesario para que pueda prosperar la acción de repetición, pues si no ha existido una previa condena solidaria el demandante deberá acreditar la responsabilidad del demandado y su participación cuantitativa en la obligación.

Como señala la STS de 22 de mayo de 2009[678] no es posible trasladar "automáticamente" la responsabilidad de la promotora declarada en sentencia en un pleito anterior a quienes no fueron parte en el mismo, pues son de aplicación al nuevo proceso las reglas sobre la carga de la prueba del art. 216 LEC, y no la objetivización de responsabilidad que ahora resulta del art. 17.8 LOE, y antes del art. 1591, en la interpretación que del mismo venía haciendo la jurisprudencia, en garantía de la parte más desfavorecida, como es la víctima del daño, a cuyo cargo se pone la obligación de acreditar que existe un daño vinculado a la actuación de los agentes y que éste ha aparecido antes del transcurso del periodo de garantía, para trasladar a los agentes la prueba de que aquellos fueron ocasionados por caso fortuito, fuerza mayor, acto de tercero o por el propio perjudicado por el daño.

---

677 Como manifestación de lo expuesto, las STS de 8 junio 1998 [*Tol 5120048*], 858/2003 de 24 septiembre [*Tol 4920228*], 72/2008 de 30 enero [*Tol 1256798*] o 274/2010 de 5 mayo [*Tol 1877832*].

678 STS 376/2009 de 22 mayo [*Tol 1525366*].

Quien acciona en este segundo pleito lo hace frente a quienes no fueron parte en el primero. No se trata, por tanto, de que se individualice lo que fue considerado solidario en el primer procedimiento, se trata de conseguir el reintegro de lo que pagó (o al menos una parte), lo que impone a quien acciona, conforme a las reglas impuestas en el art. 217 LEC, acreditar fehacientemente la responsabilidad de quienes proyectaron, dirigieron o llevaron a cabo la ejecución material de la obra, sin que sea suficiente el hecho de que se haya producido una condena anterior de la promotora (u otro agente) por defectos de la construcción, para repercutirla automáticamente sobre los demás agentes.

De dicha sentencia se sigue que traspasar automáticamente la condena del promotor en el primer proceso a los demás agentes no condenados supone vulnerar el derecho de defensa de éstos, su derecho a un juicio justo y la tutela judicial efectiva (art. 24 CE y, también el art. 217 LEC que impone a quien reclama el deber de probar, lo que supone acreditar la conducta del demandado que le hace responsable de los vicios y defectos constructivos.

2.2. Cuando el agente de la edificación frente al cual se dirige la acción de repetición ha sido llamado por intervención provocada al proceso anterior

En estos casos, con la legislación actual, hemos visto que el tercero llamado por "intervención provocada" no tiene la consideración de parte, al menos en el sentido material, aunque sí procesal. Por tanto, al no ser parte demandada con todos los efectos en el proceso anterior tampoco podríamos afirmar que se da la triple identidad requerida para la cosa juzgada, aunque sí los efectos directos o reflejos de ese primer proceso.

Efectivamente, si como hemos visto, la doctrina y jurisprudencia admiten que la acción de repetición se dirija contra el agente no demandado en el proceso anterior, igualmente cabría dirigirla contra el tercero llamado al proceso anterior en virtud de la DA 7.ª LOE, sin perjuicio de su consideración de parte procesal o material en el proceso, pues se considera que la llamada es facultativa para el agente demandado, no constituye un presupuesto indispensable para el ejercicio ulterior de la acción de repetición[679].

El mecanismo de la intervención provocada hemos visto que resulta útil porque permitirá que el demandado introduzca en el proceso a otro u otros agentes de la edificación que considere responsable de los vicios o defectos constructivos, con la consecuencia de que la sentencia que se dicte le sea "*oponible*" (DA 7.ª LOE), de forma que, si se declara su responsabilidad, en la posterior acción de repetición no podrá discutir su condición de deudor solidario, quedando afectado por la cosa juzgada positiva del anterior proceso[680]. Es deseable como afirma la doctrina[681], que esta llamada en garantía favorezca la individualización de responsabilidad, con la consiguiente reducción del número de condenas solidarias, dado que el demandado puede recurrir a ella precisamente para tratar de individualizar correctamente la responsabilidad de cada uno de los agentes.

Otra cuestión que se plantea como controvertida es si podría oponerse por el demandado —si ninguna intervención tuvo en el proceso anterior—, en la posterior acción de repetición la necesidad de haber recurrido el demandante a la llamada en garantía o intervención provocada de la DA 7.ª LOE. Es decir, ¿es necesario su previa llamada al proceso por medio de la intervención provocada para el ejercicio posterior de la acción de repetición?

Como plantea la doctrina[682], desde el punto de vista procesal podría afirmarse que ha agotado su oportunidad de hacer extensivo el objeto del proceso judicial a otros intervinientes en el proceso constructivo (art. 400 LEC sobre preclusión de alegaciones en relación con el art. 14.2 LEC o DA 7.ª LOE), no obstante, el carácter no imperativo del precepto ("*podrá*") aconseja no llegar a esa conclusión.

---

679 REY MUÑOZ, F. J., "La autonomía de la acción de repetición...", *op. cit.*, pág. 295.

680 Como señala SÁNCHEZ GÁLVEZ, F., "Jurisprudencia sobre la solidaridad impropia...", *op. cit.*, págs. 30-31, habrá de estarse al efecto positivo de la cosa juzgada, de acuerdo con lo establecido en la DA 7.ª LOE, según la cual la sentencia es oponible a los llamados.

681 LÓPEZ RICHART, J., "Sentencia de 27 de febrero de 2004...", *op. cit.*, págs. 1178.

682 SANTAELLA SÁEZ, O., "La acción de repetición...", *op. cit.* págs. 2-4.

En el mismo sentido, la jurisprudencia se muestra partidaria de permitir el ejercicio de la acción de repetición para reclamar a los agentes a quienes sean imputables los vicios, sin que sea necesario que los hubiera llamado mediante intervención provocada en el anterior proceso. Como declara la SAP de Pontevedra de 2 de marzo de 2015[683], tras la entrada de la LOE tampoco hay ni debe haber obstáculo alguno para afirmar la legitimación activa del promotor para exigir responsabilidad *ex contractu* a los técnicos que resulten ser causantes de los daños materiales por deficiencias en el desempeño de sus funciones técnicas respectivas, por las que la promotora ha sido condenada a reparar o puede ser demandada con tal fin. Y, para ello, no es necesario que haya hecho uso del mecanismo previsto en la DA 7.ª LOE relativo a la solicitud de notificación de la demanda a otros agentes, pues ésta se concibe como una facultad de la demandada, y no como carga procesal, como claramente hay que entenderlo si el legislador hace uso del término "*podrá*" para referirse a esa llamada del tercero al proceso por vía de intervención provocada.

Estos problemas se evitarían con la propuesta de *lege ferenda* que planteamos, pues la consideración del llamado como tercero-demandado implicaría que: si el tercero comparece en el proceso, dispondrá de todas las armas procesales de un demandado, debiendo ser considerado parte a todos los efectos; y, si el tercero no comparece, no podrá alegar en un segundo proceso negligencia procesal, ni mala gestión en la defensa efectuada por el demandado, viéndose afectado por los hechos probados que se hayan dictado en dicho proceso. Es decir, aunque la sentencia que se dicte no absuelva o condene al tercero en el fallo —si no comparece— sí puede realizar pronunciamientos respecto al mismo y, por ello, dicha sentencia será oponible en un proceso posterior.

2.3. Cuando el agente de la edificación frente al cual se dirige la acción de repetición ha sido parte en el proceso anterior

Más problemas plantea la cosa juzgada cuando el agente de la edificación frente al cual se dirige la acción de repetición sí ha sido par-

---

683 SAP de Pontevedra 87/2015 de 2 marzo [*Tol 4800622*].

te en el proceso anterior, pues si se ha promovido un procedimiento judicial contra todos o algunos de los deudores solidarios y se produce una sentencia condenatoria con dicho carácter de solidaridad, de ella se ha de partir y únicamente quedará por fijar la participación cuantitativa del obligado en la posterior acción de repetición.

En este caso sí se daría la identidad subjetiva, aunque las partes ocupen diferentes posturas procesales como demandantes o demandados. Se plantea pues la duda sobre si la acción de repetición que pueda promover uno de los deudores solidarios frente a los demás se ve afectada por la sentencia dictada en el proceso anterior cuando el demandado fue también parte en este último; y, sobre todo, si cabe o no individualizar la cuota solidaria que correspondería a cada uno de estos demandados en la esfera externa frente al perjudicado, para pasar a regir la mancomunidad en la relación interna entre los agentes de la edificación.

Seguidamente trataremos de dar respuesta a las cuestiones controvertidas que la existencia de la cosa juzgada material plantea en este segundo proceso en ejercicio de la acción de repetición cuando el demandado ha sido parte en el anterior proceso.

2.3.1. *¿Puede volver a discutirse en este segundo proceso la existencia o inexistencia de responsabilidad de los agentes de la edificación?*

La jurisprudencia mayoritaria (entre las más significativas, SAP de Vizcaya de 26 febrero de 2015 y 8 de octubre de 2015 o AP de Barcelona de 19 febrero de 2013)[684], considera que en este segundo proceso no puede volver a discutirse la existencia o inexistencia de responsabilidad, pues la misma quedó definitivamente enjuiciada y la controversia que en verdad se plantea es la de si puede volver a discutirse la cuota que corresponda a cada uno de los distintos deudores solidariamente condenados[685].

---

[684] Así lo sintetizan las SAP de Vizcaya 58/2015 de 26 febrero [*Tol 4822164*] y 8 de octubre de 2015 [*Tol 5586906*], con cita de la SAP de Barcelona 81/2013 de 19 febrero [*Tol 3537200*].

[685] BEN GÓMEZ, C. B., "Acción de repetición, reembolso o regreso…", *op. cit.*, pág. 7.

Así pues, no podrán revisarse en el juicio entre codeudores solidarios los pronunciamientos del primer proceso, esto es la bondad de su fallo condenatorio, basado en la aplicación de la doctrina de la responsabilidad solidaria, en el caso de la indeterminación de la aportación concausal de los distintos agentes de la construcción, sino las relaciones entre éstos, incluso susceptibles de derivar de pactos internos, vinculando únicamente la sentencia que proclama la solidaridad impropia como presupuesto condicionante de la acción de regreso, que es una acción distinta, nacida del derecho de que quien pagó a repercutir contra los otros obligados en razón del vínculo de solidaridad impropia proclamado, por *mor* de una sentencia firme, que opera de esta forma como cosa juzgada positiva, pero no negativa o excluyente, que impida dirimir la contribución interna entre los codeudores condenados.

Por tanto, en principio, los agentes de la edificación que resultaron absueltos en este primer proceso no pueden ser condenados en un segundo pleito en ejercicio de la acción de repetición. Como declara la STS de 27 de febrero de 2004[686], debe respetarse en este segundo proceso lo resuelto o declarado en el primer proceso en una suerte de efecto prejudicial evitatorio de la posible contradicción en las resoluciones judiciales. Por ello, no puede ejercitarse la acción de repetición frente al arquitecto autor del proyecto que resultó absuelto en el primero por no haber intervenido en el proceso de construcción.

Como señala la doctrina[687], la referida sentencia se refiere a tres supuestos diferenciados, tomando siempre como necesaria referencia el contenido del primer procedimiento judicial:

---

686 Como declara la STS 106/2004 de 27 febrero [*Tol 350728*], "*la eventual repetición habrá de respetar lo así resuelto o declarado, en una suerte de efecto prejudicial evitatorio de la posible contradicción en las resoluciones o hasta vulneración del «non bis in idem». Quiere subrayarse, pues, que lo que está enjuiciado o valorado en anterior proceso, ha de vincular, en concreto en el siguiente contenido en la pretensión de repetición*" (FD 4º).

687 MACÍAS CASTILLO, A., "Acción de repetición del condenado en procedimiento anterior por vicios ruinógenos contra los intervinientes en la ejecución de la obra", *Actualidad Civil*, núm. 13, 2004, págs. 1581-1586 (LA LEY 1520/2004), edición digital.

i) Determinar y encauzar *ex novo* la antedicha responsabilidad, en el supuesto que en el previo procedimiento al que da lugar la acción de repetición dichas cuestiones no hubieran quedado resueltas. Se trataría de supuestos en los que, habiendo adelantado el total de la deuda indemnizatoria uno de los intervinientes, genéricamente se estableciera el derecho a ejercitar la acción de regreso contra los restantes intervinientes, pero sin especificar quienes son éstos.

ii) Un segundo supuesto similar al anterior, en el que se hiciese mención al resto de los intervinientes en la causación del daño y contra los que se ejercita la acción de repetición, pero en el que no hubiera quedado determinado el concreto porcentaje con el que cada uno de ellos deba responder. Básicamente, este segundo procedimiento estaría destinado a establecer la participación en términos de responsabilidad y, por tanto, de cara a su cuantificación, respecto de la totalidad de la cantidad adelantada.

iii) Existirían todavía un tercer grupo de supuestos en los que la discusión se centraría en una especie de revisión acerca de la intervención lícita o no de algunos de los intervinientes del grupo en el daño que da lugar al crédito. Este tercer grupo de casos son los que, con corrección de algún pronunciamiento anterior, el Tribunal Supremo rechaza en el presente procedimiento, en el sentido de consolidar la obligación procesal de respetar la cosa juzgada en el anterior procedimiento, en evitación de sentencias contradictorias que enjuicien hechos idénticos.

Por tanto, no cabe en este segundo proceso volver a discutir la existencia o inexistencia de responsabilidad de los agentes de la edificación.

2.3.2. *¿Es posible individualizar la responsabilidad solidaria en una responsabilidad por cuotas en este segundo proceso?*

En segundo lugar, lo que sí cabe es individualizar la cuota que correspondería a cada uno de estos demandados, desapareciendo la solidaridad del proceso anterior que rige en las relaciones externas frente al perjudicado, para pasar a regir la mancomunidad en la relación interna entre los agentes de la edificación. La acción de repetición sería por la cuota mancomunada, presumiéndose la división en partes iguales si no se puede individualizar la cuota de conformidad con el art. 1138 CC[688].

La jurisprudencia mayoritaria ofrece una respuesta favorable a la posibilidad de discutir en este segundo proceso en ejercicio de la acción de repetición la cuota que correspondería a cada uno de los deudores solidarios. Así lo señala la jurisprudencia del Tribunal Supremo que ha venido tradicionalmente señalando, en materia de vicios de la construcción, que la solidaridad de los demandados cuando no puede distribuirse en cuotas concretas su participación en la causa de los daños, ni entraña litisconsorcio pasivo necesario, ni restringe las acciones de repetición posteriores en que las partes, con distinta postura procesal, pueden de nuevo plantear litigio en torno a delimitar sus respectivas responsabilidades, es decir, no existe condicionamiento entre la sentencia que fijó la solidaridad y la ulterior entre deudores solidarios (ya lo indicaba así la STS de 9 de junio de 1989)[689].

Tal doctrina se reitera en la STS de 6 de octubre de 1992[690], al afirmar que la condena solidaria del art. 1591 CC no impide que los condenados —cualquiera que sea el grado de dificultad que comporte— puedan tratar de resolver en un nuevo litigio los problemas de la determinación, cuantificación o, incluso, la exención de responsabilidad, pues entre los codemandados ni hubo anteriormente litisconsorcio pasivo necesario, ni después de la sentencia hay cosa juzgada. Criterio que se mantiene en la STS de 24 de septiembre de 2003[691], y también en la STS de 29 de diciembre de 2006[692] en la que se declaraba: "*a) La producción completa de los efectos de la cosa juzgada*

---

688 BLANCO MARTÍN, M. P., "Tres problemas esenciales que origina la solidaridad impropia...", *op. cit.*, pág. 292.

689 La STS de 9 junio de 1989 [*Tol 1732581*] señala: "*En relación con el art. 1591, que impone la solidaridad de los demandados cuando no puede distribuirse en cuotas concretas su participación en la causa de los daños, cuida muy bien de declarar que dicha solidaridad ni entraña litisconsorcio pasivo necesario ni restringe las acciones de repetición posteriores en que las partes, con distinta postura procesal, pueden de nuevo plantear litigio en torno a delimitar sus respectivas responsabilidades derivadas del art. 1591 CC*" (FD 5°).

690 STS 833/1992 de 6 octubre [*Tol 1660023*].

691 STS 858/2003 de 24 septiembre [*Tol 4920228*].

692 ST 1364/2006 de 29 diciembre [*Tol 1040228*].

material, del art. 1252 CC, no se da formalmente entre los dos procesos traídos a examen, pues en uno se ejercita la acción de la responsabilidad por ruina, en el contrato de ejecución de obra, conforme al art. 1591 CC, y se resuelve conforme a ella, y en el actual se hace, entre codeudores solidarios, de la acción de repetición del art. 1145 CC, y además, en aquel proceso intervino como parte el colectivo de adquirentes de elementos divididos de la propiedad de la obra (cosa), que no intervienen en el actual; b) No obstante lo anterior, no cabe duda de que los efectos de la prejudicialidad positiva entre ambos procesos, que forma parte de la cosa juzgada, aunque ello exigiría que fueran unidos a otros elementos de identidad, como se ha dicho, sí se dan en el presente caso, pues el actual, de mero reparto de responsabilidades, depende en alto grado de la declaración de éstas, declaración correspondiente a aquél proceso, y en cuanto en él se practicaron pruebas relativas a si procedía o no tal declaración por cuotas, y lo allí valorado debe ser también aquí tenido en cuenta. c) A pesar de ello, no cabe duda de que la declaración del primer proceso, que afecta a una responsabilidad in solidum o no propia, derivada de los vicios atribuibles a los responsables de la construcción, está hecha para conseguir el resarcimiento (como fin social y práctico) de los compradores, ajenos a tal distribución en sí, y aunque aquéllas deban ser tenidas en cuenta en el proceso seguido para su reparto, si la solución en él obtenida no es total ni por lo tanto definitiva, es claro que en el nuevo juicio puede completarse la prueba conseguir el resultado procedente que es lo que aquí ha ocurrido".

En definitiva, la jurisprudencia mayoritaria reconoce a los deudores solidarios la posibilidad de replantear en un proceso posterior cuál es la cuota de responsabilidad que a cada uno de ellos corresponde cuando fueron todos condenados en forma solidaria, precisamente porque en el juicio anterior no pudo concretarse la misma con plenitud de garantías.

No obstante, dicha jurisprudencia no ha sido pacífica existiendo voces discrepantes, tanto en la jurisprudencia del propio Tribunal Supremo (por ejemplo, en la STS de 13 de marzo de 2007)[693], como en la jurisprudencia menor de los tribunales (caso de la SAP de Murcia de 22 de octubre de 2012)[694].

---

693 En sentido contrario a la jurisprudencia anterior, STS 277/2007 de 13 marzo [*Tol 1053716*].

694 Y en la jurisprudencia menor, la SAP de Murcia 375/2012 de 22 octubre [*Tol 2684435*], con cita de la anterior Sentencia Tribunal Supremo, rechaza la po-

Así, la STS de 13 de marzo de 2007[695], en la que fue ponente ALMAGRO NOSETE se mantenía una opinión contraria al señalar que "*los condenados, solidariamente entre sí, no pueden emprender un nuevo pleito entre ellos por sí, o por entidad subrogada en sus derechos, puesto que tal cuestión quedó ventilada en el pleito anterior y, en virtud, de ello se estableció la solidaridad. Lo contrario supondría una revisión encubierta de la cosa juzgada. El derecho de regreso que regula el art. 1144 CC, no puede tener como alcance las cuotas establecidas sino simplemente el de hacer valer el reintegro de las cantidades que a cada uno le corresponde (en el caso, partes iguales) a causa del desembolso realizado por el total de la cantidad adeudada*", lo cual a nuestro juicio sería una acción de reembolso, no de repetición.

Sin embargo, esta novedosa doctrina no consta que haya tenido continuidad y además cuenta con un voto particular que contra la misma formuló SALAS CARCELLER invocando la doctrina tradicional de la Sala de que no concurrían los requisitos del art. 1252 CC (hoy artículo 222 LEC) pues "*la relación jurídica sobre la que se planteó el litigio anterior y la pretensión sostenida en el mismo son distintas, como lo son las partes en uno y otro proceso, pues si en aquél el dueño de la obra reclamaba en virtud de lo dispuesto por el art. 1591 CC frente a constructores y técnicos intervinientes en la edificación por los daños aparecidos en la dando lugar a la condena solidaria de todos ellos que ahora no se discute, en el presente pleito es la aseguradora de una de las partes condenadas solidariamente quien, por subrogación, se dirige contra el resto de los condenados solidarios para discutir en la relación ad intra que vincula a los deudores solidarios la parte de responsabilidad que a cada uno de ellos corresponde en consideración a su intervención en el proceso constructivo, lo que en nada afecta a quien fue parte actora en el anterior proceso ni posibilita el dictado de una sentencia que sea contradictoria con la anterior (Sentencia de 24 de junio de 2002), discutiéndose ahora sobre un objeto procesal distinto entre partes distintas a las que lo fueron en aquel proceso ya que entre los allí demandados no existió*

---

sibilidad de acudir a un segundo pleito en ejercicio de la acción de repetición para determinar una cuota distinta, pues esta cuestión tenía que haber sido discutida en el procedimiento del que trae causa la responsabilidad: "*Siendo que quien pagó la deuda solidaria puede reclamar, o no, de los demás deudores solidarios la parte correspondiente sin que necesariamente deba de hacerlo en el mismo procedimiento, ya que se trata de reclamar una cuota ya establecida en procedimiento anterior*" (FD 2º).

695 STS 277/2007 de 13 marzo [*Tol 1053716*].

relación jurídico-procesal alguna que pudiera ahora ser reiterado produciendo un proceso ya ventilado".

De nuevo vuelve a la posición tradicional la STS de 21 de septiembre de 2010[696], de 5 de mayo de 2010[697], y la más reciente STS de 2 de febrero de 2018[698], reconociendo que la anterior Sentencia de 13 de marzo de 2007 se trata de una sentencia aislada contraria a una reiterada jurisprudencia de esta sala. También la doctrina se muestra partidaria de permitir el reparto de cuotas en el segundo proceso en ejercicio de la acción de repetición[699].

En la encuesta jurídica realizada por Sepín Derecho Inmobiliario en marzo de 2010[700] se planteaba si se podrían establecer cuotas de responsabilidad entre los condenados en un juicio previo, siendo la respuesta afirmativa, pero diferenciando, una parte de la doctrina, según si en el proceso anterior habían sido o no todos demandados[701], otra parte de la doctrina, según si se trataba de una responsabilidad propia o impropia para admitir la posibilidad de individualización

---

696 STS 559/2010 de 21 septiembre [*Tol 1954098*].

697 La STS 274/2010 de 5 mayo [*Tol 1877832*], proclama con respecto al derecho del deudor solidario que es éste un crédito ajeno por completo al que ostentaba el acreedor primigenio y desprovisto además de las garantías que tenía el crédito extinguido.

698 STS 56/2018 de 2 febrero [*Tol 6498837*].

699 Como señala BLANCO MARTÍN, M. P., "Tres problemas esenciales que origina la solidaridad impropia...", *op. cit.*, págs. 293-296, fueron muchas las opiniones contrarias a la sentencia al considerar que no existe infracción de la cosa juzgada por no darse las tres identidades exigidas; también a favor del voto particular se muestra BLASCO GASCÓ, F. de P., *Cuestiones de responsabilidad civil ...*", *op. cit.*, págs. 51-61; y GÓMEZ LIGÜERRE, C., "Sobre la posibilidad de un segundo pleito entre condenados solidarios para determinar la distribución de las cuotas de responsabilidad", *Indret: Revista para el Análisis del Derecho*, núm. 4, 2007, págs. 10-14 (Acceso: 01/05/2023, disponible en https://indret.com/sobre-la-posibilidad-de-un-segundo-pleito-entre-condenados-solidarios-para-determinar-la-distribucion-de-las-cuotas-de-responsabilidad/).

700 SEPÍN DERECHO INMOBILIARIO, "Cosa juzgada en la acción de repetición de la Ley de Ordenación de la Edificación (artículo 18): ¿Sería posible conseguir la absolución de alguno de los condenados en el juicio previo? ¿Se podrían establecer cuotas de responsabilidad entre todos ellos?", Encuesta Jurídica marzo 2010, Sepín (SP/DOCT/4443).

701 MAGRO SERVET, V., presidente de la Audiencia Provincial de Alicante y CARRERAS MARAÑA, J. M, presidente de la Audiencia Provincial de Burgos.

en ambos casos[702], y una última doctrina, que diferenciaba dependiendo si hubo solidaridad en garantía en el anterior procedimiento, para concluir que no hay inconveniente para la fijación de cuotas de responsabilidad en el seno del juicio en el que se ejercita la acción de repetición, cuando en el primer pleito la insuficiencia probatoria haya imposibilitado cumplir con el objetivo preferente (art. 17.2 LOE) de individualizar las respectivas responsabilidades. Esta pretensión podría ejercerse tanto respecto de quienes no fueron parte en el primer proceso, como en relación con quienes sí lo fueron, siempre, en este caso, que en aquél no se llegaran a fijar las cuotas, porque si no fuera así, la institución de la cosa juzgada impediría revisar lo ya resuelto[703].

En definitiva, siendo posible la individualización de la cuota que correspondería a cada uno de los agentes de la edificación que han intervenido en el proceso anterior, cabe diferenciar:

i) Si en el primer proceso se han determinado ya las cuotas de responsabilidad que corresponden a cada uno de los agentes de la edificación, aunque sea negativamente excluyendo de la participación en determinados defectos a alguno de los demandados (por ejemplo, en el caso de la STS de 27 de febrero de 2004)[704], será aplicable la cosa juzgada material, pues lo resuelto aplica como antecedente lógico, por lo que no resulta posible una nueva fijación de cuotas, dado que el segundo proceso no puede modificar las cuotas, ni condenar al absuelto ni absolver al condenado, pues esto sería contrario a la seguridad jurídica del art. 9 CE, a la unidad de respuesta de los tribunales como manifestación de la jurisdicción única del art. 117 CE

---

702 MARTÍN DEL PESO, R., presidente de la Sección 7.ª de la Audiencia Provincial de Asturias.

703 DÍEZ NOVAL, P., magistrado del Juzgado de 1.ª Instancia n.º 3 de Bilbao.

704 En el caso de la STS 106/2004 de 27 febrero [*Tol 350728*] se desestima la acción de repetición ejercitada frente al arquitecto autor del proyecto por considerar que debe estarse a lo declarado en la Sentencia del primer proceso, en la que se excluye de responsabilidad solidaria al arquitecto proyectista por no haber intervenido en el proceso de construcción: "*Quiere subrayarse, pues, que lo que está enjuiciado o valorado en anterior proceso, ha de vincular, en concreto en el siguiente contenido en la pretensión de repetición*" (FD 4º).

y se actuaría en contra del concepto de antecedente lógico del art. 222.4 LEC[705].

ii) Pero, si en el primer proceso no se han determinado las cuotas de responsabilidad estableciendo una condena solidaria frente a los adquirentes de los inmuebles, cabe acción de repetición para individualizar la cuota que correspondería a cada uno de estos demandados, desapareciendo la solidaridad del proceso anterior que rige en las relaciones externas frente al perjudicado, para pasar a regir la mancomunidad en la relación interna.

2.3.3. *¿El demandado en la acción de repetición podrá oponer cualquier tipo de excepción?*

Tal como dispone el art. 1148 CC: "*El deudor solidario podrá utilizar, contra las reclamaciones del acreedor, todas las excepciones que se deriven de la naturaleza de la obligación y las que le sean personales. De las que personalmente correspondan a los demás sólo podrá servirse en la parte de deuda de que éstos fueren responsables*".

Por tanto, el deudor solidario podrá alegar tres tipos de excepciones: las que derivan de la naturaleza de la obligación, las que son personales del propio deudor y las que personalmente corresponden a los demás deudores solidarios, éstas últimas solo podrá alegarlas en relación a la parte de la deuda correspondiente a aquél que pertenece la excepción.

Evidentemente si se acude a la figura de la intervención provocada —como defendemos que sería conveniente— el agente de la edificación llamado como tercero al proceso podrá alegar todas las excepciones en el mismo pleito, como hemos visto en el Capítulo II, lo que no podrá es alegar en una posterior acción de repetición aquellos medios de defensa que pudo oponer y no lo hizo o resultaron desestimados. Esta intervención provocada en el proceso elimina los obstáculos que pudieran plantearse por la excepción de la cosa juzgada y facilita al demandado su posterior acción de repetición,

---

705 SEPÍN DERECHO INMOBILIARIO, "Cosa juzgada en la acción de repetición de la Ley de Ordenación de la Edificación (artículo 18) ...", *op. cit.*, Encuesta Jurídica marzo 2010, Sepín (SP/DOCT/4443).

más si cabe, si como defendemos en la propuesta de *lege ferenda*, esta intervención lo fuera en calidad de tercero-demandado, pues en tal caso se evitaría incluso el segundo proceso.

El problema se plantea cuando el agente de la edificación no ha sido llamado al primer proceso (por ejemplo, entre los propietarios y el promotor) y las excepciones las plantea en este segundo proceso en ejercicio de la acción de repetición, se cuestiona entonces: ¿puede el deudor solidario plantear en la acción de repetición posterior cualquier excepción, incluso las personales que ostenta frente al acreedor?, ¿aplican las mismas excepciones en la relación externa con el acreedor que en las relaciones internas entre los agentes de la edificación?

El codeudor reclamado en regreso, escribe CARRASCO PERERA[706], puede oponer las excepciones objetivas y subjetivas, incluso personales de otro codeudor, derivadas de la deuda común, que el *solvens* omitió oponer. En teoría incluso las que opuso éste y le fueron desestimadas, pues aquel no está comprendido en la cosa juzgada que vincula al solvens con el acreedor común. Sin embargo, entiende, que procede aplicar el art. 1840 CC, por analogía, y el codeudor en regreso no puede oponer las excepciones que aquél opuso de buena fe y las que no opuso porque no fue instruido de ello cuando notificó a los codeudores la existencia del proceso. Sin embargo, no habría derecho a repetir cuando se pagó una deuda extinguida o se renuncia a la prescripción ganada pues, en el primer caso, el cumplimiento no será un pago válido y eficaz, y por tanto, no habrá derecho a repetir, y en el segundo, la no oposición de una excepción supondrá una renuncia de derechos que no puede perjudicar a terceros (art. 6 CC)[707].

---

706 CARRASCO PERERA, A., *Comentarios al Código Civil*, BERCOVITZ RODRÍGUEZ-CANO, R. (coord.), Aranzadi, 2013, pág. 8416.

707 Como señala SEOANE SPIEGELBERG, J. L., "Problemática de la intervención...", *op. cit.*, pág. 9; y CAFFARENA LAPORTA, J., *La solidaridad de deudores. Excepciones oponibles por el deudor solidario y modos de extinción de la obligación en la solidaridad pasiva*, Editoriales de Derecho Reunidas, Revista de Derecho Privado, 1980, págs. 54-56.

Por su parte CAFFARENA[708] ya señalaba las excepciones oponibles por el deudor solidario: excepciones derivadas de la naturaleza de la obligación oponibles por todos los deudores solidarios (por ejemplo, la nulidad del contrato por defecto de forma, ilicitud o falta de causa); excepciones personales alegables por el deudor y los codeudores respecto de la parte o cuota que a éste corresponda en la deuda (por ejemplo, la remisión parcial de la deuda es una excepción personal de la que podrían servirse los demás deudores en la parte de la deuda de que aquélla fuera internamente responsable)[709]; y, excepciones personalísimas alegables solo por el deudor (por ejemplo, la incapacitación o la minoría de edad).

Por tanto, en la posterior acción de repetición el demandado podrá alegar todas las excepciones que se deriven de la naturaleza de la obligación y las que le sean personales, pero no se extiende la cosa juzgada a aquellas excepciones puramente personales del demandante en la acción de repetición respecto de aquellos segundos que no fueron parte en el primer proceso (STS 1 de febrero de 1991, entre otras)[710]. Aquellas excepciones que fueron planteadas en el primer proceso y hubieran sido desestimadas estarán afectadas por los efectos de la cosa juzgada, sin embargo, no se verán afectadas por la cosa juzgada aquellas excepciones comunes que pudiendo haber sido alegadas por el deudor demandado en el primer proceso no lo

---

708 CAFFARENA LAPORTA, J., *La solidaridad de deudores…*, *op. cit.*, págs. 51-69. Señala el autor que no hay extensión de los efectos de la cosa juzgada en todo lo referente a las excepciones puramente personales, bien pertenezcan al que litigó en primer lugar, bien se aleguen por otro deudor en un juicio posterior. Sí se producirá este extensión de los efectos de la cosa juzgada en lo referente a las excepciones comunes y a las denominadas "excepciones personales" (que no personalísimas), si bien, teniendo en cuenta aquí "si pueden o no ser declaradas de oficio por el juez para no exigir o si, respectivamente, el que hayan sido opuestas por el deudor solidario que fue parte en el primer juicio, reconociendo además para las excepciones personales las distintas consecuencias que el art. 1148 CC establece para los distintos deudores".

709 JORDANO BAREA, J. B., "Las obligaciones solidarias…", *op. cit.*, págs. 865-867.

710 STS 1 de febrero de 1991 [*Tol 1727543*], señalando esta última que "*existe jurídicamente identidad de personas, aunque no sean físicamente las mismas las que litiguen en los pleitos, cuando la que litiga en el segundo ejercita la misma acción, invoca iguales fundamentos y se apoya en los mismos títulos que en el primero, pues ello implica la solidaridad jurídica entre los demandantes a que se refiere el art. 1252*" (FD 5°).

fueron, pues su renuncia no puede perjudicar al resto de agentes de la edificación, que podrán alegarlas en la posterior acción de repetición.

2.3.4. *¿Sería posible la condena del deudor solidario absuelto en el proceso anterior por motivos procesales o de forma?*

Esta última cuestión no tiene respuesta uniforme en la doctrina ni en la jurisprudencia.

Como hemos dicho, *a priori*, en virtud de la cosa juzgada material no parece razonable que, en el proceso posterior, en el que se ejercita la acción de repetición, pueda obtenerse la condena del deudor solidario que hubiera resultado absuelto en el proceso precedente, pues debe respetarse en este segundo proceso lo resuelto o declarado en el primer proceso en una suerte de efecto prejudicial evitatorio de la posible contradicción en las resoluciones judiciales. Así lo declara el Alto Tribunal en STS de 27 de febrero de 2004[711] que rechaza la procedencia de la acción de regreso ejercitada frente al arquitecto autor del proyecto, al estar vinculado el segundo proceso por lo declarado en la sentencia del primero, en la que se excluye de la responsabilidad solidaria al arquitecto proyectista por no haber intervenido en el proceso de construcción. La citada resolución afirma que se habilita una ulterior acción de repetición a los responsables que resulten condenados respecto a los demás intervinientes en la obra cuando éstos no han sido demandados ni, en su caso, valorada su intervención en el primitivo proceso, pero no cuando en ese anterior proceso hubieran quedado resueltas las responsabilidades derivadas de esa intervención, pues no cabe si alguno o algunos de los entonces demandados quedaron juzgados en lo concerniente a su responsabilidad o incluso, sin serlo, se calificó o apreció su conducta o intervención en citado ilícito.

En el mismo sentido se pronuncia también la jurisprudencia menor. Así, la SAP de Segovia de 23 de febrero de 2009[712] declara que no puede el arquitecto en ejercicio de la acción de repetición solicitar

---

[711] STS 106/2004 de 27 febrero [*Tol 350728*].

[712] SAP de Segovia 29/2009 de 23 febrero [*Tol 1490157*].

la condena del arquitecto técnico que resultó absuelto en el proceso anterior, pues aun cuando no concurran todos los requisitos que con arreglo al art. 222 LEC conforman la cosa juzgada, no se puede desconocer que ambos procesos resultan interconexionados, debatiéndose diversas cuestiones que ya han sido objeto de resolución en el precedente; entre ellas, la existencia de responsabilidad del arquitecto superior y la falta de responsabilidad del arquitecto técnico. De forma que, aún si se prescinde de cualquier efecto directo o indirecto del valor de cosa juzgada, de lo que se dijo en el primero, sí constituye en este segundo elemento fundamental para resolver de la misma forma desde la idea de que no existen razones para que se dicten dos resoluciones contradictorias alterando la prueba de los hechos en ella contemplados y valorados y que fueron determinantes de su parte dispositiva.

No obstante, pese a lo anterior, se plantean dudas cuando esta absolución no ha sido por motivos de fondo si no por motivos procesales o de forma pues en tales casos existe una importante disparidad de criterios.

En este sentido, la autora BLANCO MARTÍN[713] plantea un interesante debate sobre si sería posible ejercitar con éxito la acción de

---

713 BLANCO MARTÍN, M. P., "Análisis de la interrupción de la prescripción en la solidaridad impropia...", *op. cit.*, pág. 27. Como declara la autora: "A falta de norma expresa que así contemple lo anteriormente indicado, sería deseable una interpretación jurisprudencial en ese sentido. Las razones que apoyan el derecho de repetición frente al codemandado absuelto por prescripción son: razones de equidad y justicia; el propio fundamento y principios que rigen la institución de la solidaridad pasiva #entre los cuales se encuentra el de justa reciprocidad que debe regir la relación de los deudores solidarios#; el art. 1146 CC anteriormente citado, así como el artículo 3 CC sobre la interpretación de las normas; y finalmente, los Principios de Derecho Europeo de los Contratos # Principles of European Contract Law # (en adelante, PECL). De *lege ferenda*, convendría que las propuestas de modificación del Código Civil tuvieran en cuenta esta cuestión para darle una solución normativa que podría ser similar a la ya recogida en el artículo 10:110 de los PECL o a la establecida en el art. 521 del Código Civil portugués, es decir, establecer un precepto que disponga que la prescripción de la acción del acreedor para reclamar el cumplimiento frente a un deudor solidario no afecta al derecho de repetición entre los deudores solidarios. Pudiendo añadir como excepción al derecho de repetición el supuesto de que el deudor que pretende repetir no haya invocado, pudiendo haberlo hecho, la prescripción de la acción del perjudicado por el daño frente a él".

repetición contra el deudor solidario absuelto en el primer proceso por aplicación del instituto de la prescripción al no existir un pronunciamiento sobre el fondo que determine la existencia de cosa juzgada, aludiendo a la falta de normativa expresa sobre la cuestión. Y propone una modificación legal al no aparecer regulación sobre la posibilidad de alegar o no la prescripción ganada frente al damnificado en la relación externa, cuando se ejercita la acción de repetición en la relación interna de los agentes de la edificación. Si la reclamación extrajudicial dirigida contra el promotor no suspende el plazo de prescripción contra los demás agentes de la edificación, podría ocurrir que en el proceso donde se dirima la responsabilidad por defectos constructivos (art. 17 LOE) resultare condenado el promotor y absueltos los técnicos o el constructor, al no haberse dirigido reclamación contra los mismos.

En tal caso, la absolución no sería por motivos de fondo, por lo que se plantea que sí podría solicitar su condena en una posterior acción de repetición. En el mismo sentido se pronuncia REY MUÑOZ[714] al establecer que el ejercicio de la acción de repetición no debe verse limitado por la sentencia dictada en el primer proceso, si la causa de exoneración de responsabilidad es exclusivamente la prescripción.

En este sentido, la jurisprudencia reciente ha entendido que la prescripción declarada con carácter firme en el proceso anterior respecto de la responsabilidad por defectos constructivos de determinados agentes en base al art. 17 LOE está sometida al plazo de prescripción del art. 18.1 LOE, por lo que no produce ningún efecto respecto de la acción de repetición posterior que está sometida al plazo de prescripción del art. 18.2 LOE. Por tanto, no podría hacerse valer la prescripción ganada frente a los perjudicados o adquirentes,

---

714 REY MUÑOZ, F. J., "La autonomía de la acción de repetición…", *op. cit.*, págs. 296-297. El autor señala que, en este sentido, la STS 64/2012, de 27 febrero [*Tol 2459508*], en otros supuestos ha considerado que la absolución de los codemandados por otro motivo distinto no constituye obstáculo para el ejercicio de la acción de repetición, como en el caso de la que admite el ejercicio de la acción de repetición contra dos sentencias que fueron absueltas en el primer proceso, porque la principal acción ejercitada era de carácter contractual. También en REY MUÑOZ, F. J., *La responsabilidad* contractual…, *op. cit.*, págs. 324-326.

en el supuesto de responsabilidad en las relaciones internas (SAP Castellón de 22 de julio de 2019, SAP Cantabria de 16 de noviembre de 2021 o SAP Barcelona de 17 de julio de 2023)[715].

Como señala la reciente SAP Barcelona de 17 de julio de 2023 la acción ejercitada en el anterior procedimiento y la ejercitada en la presente demanda son de naturaleza distinta. La acción ejercitada en el anterior juicio ordinario está prevista en el art. 17.3 LOE cuya legitimación corresponde a los propietarios y terceros adquirentes, está dirigida contra el promotor de la obra el cual responde "en todo caso", considerándose por tanto al promotor como un garante de la obra; sin perjuicio de que esta, una vez pague o responda, pueda resarcirse frente a los demás agentes a través de la acción de repetición. En dicho caso el plazo de prescripción está previsto en el art. 18.1 de la LOE (dos años a contar desde que se produzcan los daños dimanantes de los vicios o defectos). En la acción de repetición prevista en el art. 18.2 LOE contra los demás agentes de la construcción, el plazo de prescripción es de dos años desde la firmeza de la resolución judicial que condene al responsable a indemnizar los daños. Se trata, por tanto, de dos acciones distintas con plazos de prescripción distintos, pues como hemos dicho el *dies a quo* de cada una de ellas es diferente.

En contra de las anteriores sentencias citadas, la SAP de Madrid de 27 de septiembre de 2018[716] resuelve un supuesto donde se pretende por la aseguradora del arquitecto a través de la acción de repetición conseguir la condena del arquitecto técnico que fue absuelto en el proceso anterior por prescripción de la acción, al considerar que se trata de otra relación diferente (efecto interno) y, por tanto, no resultaría apreciable el efecto prejudicial de la sentencia a la prescripción de la acción declara frente al arquitecto técnico en el pleito

---

715 Como indican las SAP de Castellón 366/2019 de 22 julio [*Tol 7611295*], SAP de Cantabria 449/2021 de 16 noviembre [*Tol 8677591*] o SAP de Barcelona 410/2023 de 17 julio [*Tol 9700501*]. Señala la primera de ellas que "*supeditar el mero examen —ya no el éxito— de la acción de repetición ejercitada no solo a la constatación de la responsabilidad de los agentes de la edificación demandados sino, además, al plazo prescriptivo de la propia acción de responsabilidad supone someter la de repetición a un doble régimen legal que no está previsto en la ley y que, además, hace sumamente difícil el éxito de la de repetición, si no la vacía de contenido*".

716 SAP de Madrid 351/2018 de 27 septiembre [*Tol 6970471*].

precedente. Argumento que resulta desestimado al considerar que el hecho de que los objetos de dos procesos difieran o no sean plenamente coincidentes no es óbice para extender al segundo pleito lo resuelto en el primero respecto a cuestiones o puntos concretos controvertidos que constan como debatidos, aunque tan sólo con carácter prejudicial, y no impide que el órgano judicial del segundo pleito decida sin sujeción en todo lo restante que constituye la litis (entre otras, SSTS de 1 de diciembre de 1997 y 12 de junio de 2008)[717]. Continúa afirmando la resolución que en relación con los efectos positivos de la cosa juzgada es necesario recordar que no afectan en exclusiva a los hechos, como al parecer sostiene la apelante, sino que conciernen igualmente a los razonamientos y valoraciones jurídicas, por lo que aplica igualmente a la exención de responsabilidad del arquitecto técnico declarada en sentencia, pues resulta incuestionable que en el procedimiento anterior éste resultó absuelto de cualquier responsabilidad (art. 17 LOE). Por consiguiente, no resulta codeudor solidario, y la exención de responsabilidad así declarada constituye un antecedente lógico de la cuestión enjuiciada en proceso posterior, cuya finalidad no es otra que la determinación de la cuota que le correspondería abonar al distribuir el grado de responsabilidad entre todos los obligados solidarios, en base precisamente a esa responsabilidad del art. 17 LOE.

En el mismo sentido se pronuncia la SAP de Valladolid de 28 mayo 2019[718] al considerar que no pueden ser discutidas en un pleito posterior en ejercicio de la acción de repetición, las declaraciones contenidas en la sentencia firme del anterior proceso en el que se declaró la prescripción de la acción respecto a los agentes de la edi-

717 STS 1069/1997 de 1 diciembre [*Tol 1773365*] o 569/2008 de 12 junio [*Tol 1347125*].

718 SAP de Valladolid 226/2019 de 28 mayo [*Tol 7358823*]. En comentarios a esta sentencia declara BLANCO MARTÍN, M. P., "Tres problemas esenciales que origina la solidaridad impropia…", *op. cit.*, págs. 290-291, que el criterio mantenido resulta gravemente perjudicial para el agente frente a quien se interrumpió la prescripción, indemnizó la totalidad del daño y se ve imposibilitado de repetir la parte abonada en exceso de su cuota por circunstancias ajenas a su voluntad, pues el perjudicado no interrumpió la prescripción frente al resto. Se propone por ello una reforma del precepto legal para evitar este tipo de situaciones.

ficación llamados por intervención provocada, cuando ni siquiera habían intervenido como demandados en el proceso.

Pese a todo, insistimos se trata de una cuestión controvertida tanto en la doctrina como en la jurisprudencia sobre la cual no existe un pronunciamiento del Tribunal Supremo en unificación de doctrina.

Por nuestra parte compartimos esta última posición pues, aunque parte de la doctrina considera que se trataría en este caso de una excepción personal oponible solo en la relación entre el deudor y el acreedor primigenio, como hemos dicho antes, consideramos que el deudor podrá alegar cualquier excepción de tipo personal en la posterior acción de repetición. Por tanto, si la interrupción de la prescripción no se propaga a los restantes agentes obligados solidarios, el agente que hubiera resultado absuelto por prescripción de la acción podrá alegar esta excepción como causa de exoneración de su responsabilidad, tanto en la esfera externa frente al perjudicado, como en la esfera interna frente a los demás agentes de la edificación en ejercicio de la acción de repetición. Y no solo por el efecto prejudicial de la cosa juzgada al haber resultado absuelto en el pleito anterior (pues puede darse el caso de que se dirija acción de repetición frente al mismo pese a no haber sido demandado en el proceso anterior y también entendemos que debería poder alegar las excepciones procesales que beneficien su derecho), sino precisamente por el fundamento de la prescripción que radica en la seguridad del tráfico jurídico-civil, concretamente en la necesidad de dar fijeza a las relaciones jurídicas, ya que no es conveniente para la paz social que los derechos puedan ejercitarse transcurrido un dilatado lapso de tiempo por la incertidumbre jurídica que genera. Por ello, el legislador ha entendido que es exigible una actividad diligente del titular del derecho a la hora de su ejercicio pues en otro caso cabe presumir su abandono (como ha destacado el Tribunal Supremo en SSTS de 14 de marzo de 1989, 26 de diciembre de 1995 o 29 de octubre de 2003, entre otras)[719].

A nuestro juicio, aunque se trate de acciones diferentes, en la posterior acción de repetición, el deudor que haya obtenido la prescrip-

---

[719] SSTS de 14 de marzo de 1989 [*Tol 11797*], 1121/1995 de 26 diciembre [*Tol 1667809*] o 993/2003 de 29 octubre [*Tol 324658*].

ción ganada podrá oponerla frente a los demás, pues la prescripción como modo de extinción implica su liberación de la deuda, por lo que su cuota de responsabilidad frente al acreedor deberá ser soportada por el resto sin posibilidad de repetir[720]. Como decimos, si el fundamento de la prescripción radica en que a nuestro ordenamiento jurídico le interesa que los derechos subjetivos sean ejercitados en plazo concreto, si el acreedor no ha dirigido ninguna reclamación contra el agente de la edificación y ello extingue su responsabilidad civil por transcurso del tiempo, tampoco tiene sentido que luego resulte responsable en una eventual acción de repetición.

Todo ello nos lleva a concluir que, en la mayoría de los casos, será el promotor quien responda frente a los adquirentes de los inmuebles, pues será frente a quien se dirijan las reclamaciones extrajudiciales y la mayoría de las demandas, y verá cercenada su posibilidad de repetir frente a otros agentes al haber prescrito la responsabilidad de éstos por el transcurso de tiempo, pues cuando el promotor haya reparado o abonado la indemnización por los defectos y pretenda repetir habrá transcurrido demasiado tiempo y los plazos de la LOE son escasos.

La solución frente a ello la encontramos en la llamada por intervención provocada que el promotor puede realizar a otros agentes al amparo de la DA 7.ª LOE y la importancia que adquiere esta figura, no solo para resolver todas las cuestiones de la obra en un mismo litigio, sino también para interrumpir la prescripción de la acción por responsabilidad del art. 17 LOE frente a los demás intervinientes en la edificación.

Sin embargo, si cuando se demanda al promotor y éste solicita la intervención provocada la acción esta prescrita frente al resto de agentes lo que tendría el promotor es su derecho a reclamar al constructor y los técnicos que intervienen en la edificación en base al incumplimientos derivados de los contratos de obra suscritos, en plazo de cinco años (art. 1124 y 1964 CC), pero según nuestro parecer

---

720 Como señala CAFFARENA LAPORTA, J., *La solidaridad de deudores…, op. cit.*, págs. 82-85, de los arts. 1140 y 1158 CC cabe deducir que la prescripción es una excepción de las llamadas personales, pero no de las puramente personales, por lo que nada impide que sea alegada tanto frente al acreedor como en una posterior acción de repetición.

no podría dirigir acción de repetición en plazo de dos años desde la reparación o indemnización de los daños al estar afectada por la cosa juzgada la prescripción de las acciones dirigidas contra estos agentes por vicios o defectos constructivos. En este sentido también se pronuncia la SAP de Girona de 3 de mayo de 2016[721] al declarar que al haberse absuelto a los técnicos por prescripción de la acción por vicios constructivos (pues únicamente se habría interrumpido la prescripción frente al promotor), el promotor puede repetir contra los técnicos en su totalidad, incluso aunque hubieran sido absueltos como en este caso por prescripción o no hubieran sido demandados, pero eso sí, tal reclamación deberá fundamentarse en su relaciones contractuales, es decir, ya no podría basar su reclamación en las acciones de la LOE, sino en el contrato y en la normativa del Código Civil.

V. PROPUESTA DE *LEGE FERENDA*

En este caso, nuestra propuesta de *lege ferenda* para su futura modificación legislativa trata de solucionar la problemática generada en torno a los requisitos de procedibilidad y el cómputo del plazo de prescripción que hemos expuesto a lo largo del estudio, pues como decimos con la regulación actual resulta difícil determinar cuándo se produce el correcto cumplimiento de la obligación de reparar, por lo que será el juez, en cada caso, quien deba determinar si la acción de repetición ha sido ejercida en plazo o esta prescrita.

La redacción actual del art. 18.2 LOE establece:

---

721 Como declara la SAP de Girona 101/2016 de 3 mayo [*Tol 5796068*]: "*La responsabilidad del promotor existe siempre, obviamente, si se demuestra que existe un defecto constructivo, el cual incluso pude repetir contra los técnicos de las construcción en su totalidad, incluso aunque hubieran sido absueltos como en este caso por prescripción o no hubieran sido demandados, pero eso sí, tal reclamación deberá fundamentarse en su relaciones contractuales, es decir, ya no podría basar su reclamación en las acciones de la LOE, sino en el contrato y en la normativa del Código civil*" (FD 5º).

Artículo 18. Plazos de prescripción de las acciones.

2. La acción de repetición que pudiese corresponder a cualquiera de los agentes que intervienen en el proceso de edificación contra los demás, o a los aseguradores contra ellos, prescribirá en el plazo de dos años desde la firmeza de la resolución judicial que condene al responsable a indemnizar los daños, o a partir de la fecha en la que se hubiera procedido a la indemnización de forma extrajudicial.

Por ello, la nueva redacción del precepto quedaría de la siguiente forma, haciendo alusión a la posibilidad de que la sentencia condene a la reparación *in natura* o que se produzca la reparación extrajudicial de las deficiencias por uno de los agentes de la edificación, permitiendo así que, tras la reparación, ejercite su derecho de repetición frente a aquellos que resulten responsables de los vicios o defectos constructivos. Ello no excluye que deban acreditarse en esta posterior acción de repetición los requisitos expresados: el pago o el coste efectivo de la reparación realizada; y, la responsabilidad o determinación en la participación en la obligación del demandado.

Asimismo, en caso de que existan discrepancias sobre si la reparación ha sido o no correcta o completamente ejecutada el plazo de dos años computará desde que se establezca por el juzgador su equivalente pecuniario. Evidentemente, no podemos hablar de "discrepancias" cuando lo que sucede es que se ha incumplido la obligación de hacer y no se ha procedido a reparar. Por tanto, en caso de incumplimiento de su obligación de hacer: si está determinada la cuantía el plazo computará desde la condena a reparar, sin embargo, si se incumple la obligación de hacer, pero no está cuantificado el coste de la reparación, habrá que determinar igualmente su equivalente pecuniario comenzando a computar el plazo para repetir desde la resolución judicial que lo indique.

Artículo 18. Plazos de prescripción de las acciones.

2. La acción de repetición que pudiese corresponder a cualquiera de los agentes que intervienen en el proceso de edificación contra los demás, o a los aseguradores contra ellos, prescribirá en el plazo de dos años desde la firmeza de **la sentencia** o resolución judicial que condene al responsable **a reparar** o indemnizar los daños, o a partir de la fecha en la que se hubiera procedido a la indemnización **o a la completa reparación** de forma extrajudicial.

En caso de que existan discrepancias sobre la forma de reparación o no conste ésta cuantificada, el plazo de dos años computará desde la resolución que establezca su equivalente pecuniario.

REFERENCIAS BIBLIOGRÁFICAS

ALBADALEJO GARCÍA, M., "Interrupción o no de la prescripción frente a todos los deudores solidarios por reclamación a uno solo. Comentario a la sentencia del Tribunal Supremo de 14 de marzo de 2003", *Revista de Derecho Privado*, núm. 4, 2003, págs. 543-556 (Acceso: 13/04/2023, disponible en https://vlex.es/vid/interrupcion-deudores-solidarios-reclamacion-193700).

ALMAGRO NOSETE, J., "Algunas cuestiones procesales", en Derecho de la Edificación, GARCÍA VARELA, R. (coord.), Bosch, 2006, págs. 503-516.

ALMAGRO NOSETE, J., "Sobre la intervención provocada que admite la disposición adicional séptima de la Ley de Ordenación de la Edificación", *Diario La Ley*, núm. 7982, 2012 (LA LEY 18697/2012), edición digital.

ÁLVAREZ OLALLA, P., "Sentencia de 11 de junio de 2002: Vicios en la construcción Acción de regreso contra la empresa constructora entablada por el promotor que resultó condenado en proceso previo promovido por varios adquirentes de las viviendas construidas. Acción de regreso contra la empresa constructora entablada por el promotor que resultó condenado en proceso previo promovido por varios adquirentes de las viviendas construidas", *Cuadernos Civitas de Jurisprudencia Civil*, núm. 61, 2003, págs. 111-118.

ÁLVAREZ OLALLA, P., "El Tribunal Supremo aclara su doctrina relativa a la inaplicación del artículo 1974 CC en el caso de la responsabilidad solidaria de los agentes de la edificación", *Aranzadi civil-mercantil. Revista Doctrinal*, Vol. 2, núm. 11, 2015, págs. 145-152.

ÁLVAREZ OLALLA, P., "Acción de repetición de aseguradora sanitaria contra los facultativos de su cuadro médico, por el importe íntegro de la indemnización satisfecha a la víctima, por mala praxis médica", *Aranzadi civil-mercantil. Revista Doctrinal*, Vol.2, núm. 5, 2015, págs. 143-151.

ÁLVAREZ OLALLA, M. P., "La intervención provocada como remedio a los problemas de las obligaciones «in solidum»", *Revista de Responsabilidad Civil, Circulación y Seguro*, núm. 5, 2019, págs. 6-26.

ARIJA SOUTULLO, C, "El principio de no presunción de solidaridad en las obligaciones con pluralidad de deudores", *Revista Aranzadi de Derecho Patrimonial*, núm. 43, 2017, págs. 31-59.

BAENA RUIZ, E., "Intervención provocada en los supuestos de responsabilidad civil solidaria: evolución y situación actual de la jurisprudencia", Artículo Monográfico noviembre 2014, publicado en *La Intervención provocada en procesos sobre vicios de la construcción*, Sepín (SP/DOCT/18921).

BAQUERO SORIANO, A., "Excepción de litispendencia y cuestión prejudicial civil en la ley 1/2000", *Revista de Derecho Procesal*, núm.1-3, 2002, págs. 99-110.

BEN GÓMEZ, C. B., "Acción de repetición, reembolso o regreso y subrogación", *Revista Aranzadi Doctrinal*, núm. 9, 2015, págs. 27-35.

BERMÚDEZ PRIETO, J. M., "La L.O.E. (Ley de Ordenación de la Edificación) y sus consecuencias en el mercado", *Revista del Sector Inmobiliario*, núm. 21, 2001, págs. 83-85.

BLANCO MARTÍN, M. P., "Análisis de la interrupción de la prescripción en la solidaridad impropia y su efecto en la eventual acción de repetición", *Aranzadi Civil-Mercantil. Revista Doctrinal*, núm. 9, 2018, págs. 25-56.

BLANCO MARTÍN, M. P., *La responsabilidad solidaria de los agentes de la edificación. Sus efectos en la prescripción, la intervención provocada y el derecho de repetición*, Pilar Blanco Martín, 2020.

BLANCO MARTÍN, M. P., "Tres problemas esenciales que origina la solidaridad impropia", *Revista de Derecho Civil*, Vol. 8, núm. 2, 2021, págs. 271-306.

BLASCO GASCÓ, F. de P., *Cuestiones de responsabilidad civil en la edificación*, Tirant lo Blanch, 2013.

BLASCO GASCÓ, F. de P., "Contrato de ejecución de obra. Solidaridad. Intervención provocada. Nulidad del pronunciamiento de condena: Comentario de la sentencia del Tribunal Supremo de 9 de septiembre de 2014 (4381/2014)", en *Comentarios a las Sentencias de Unificación de Doctrina: Civil y Mercantil*, YZQUIERDO TOLSADA, M. (dir.), Vol. 6, Dykinson, 2016 (2013-2014), págs. 274-288.

BLASCO GASCÓ, F. de P., "Comentario de la Sentencia del Tribunal Supremo de 28 de julio de 2020 (459/2020) Legitimación del tercero interviniente no demandado (intervención provocada) para interponer recurso de apelación", en *Comentarios a las Sentencias de Unificación de Doctrina: Civil y Mercantil*, YZQUIERDO TOLSADA, M. (dir.), Vol. 12, Dykinson, 2020.

BURGOS LADRÓN DE GUEVARA, J., "La sucesión procesal", *Diario la Ley*, núm. 6299, 2005, págs. 1336-1342.

CABREJAS GUIJARRO, M. M., "Llamada en garantía, vicios ruinógenos", *CEFLegal: Revista Práctica de Derecho*, núm. 34, 2003, págs. 133-134.

CAFFARENA LAPORTA, J., *La solidaridad de deudores. Excepciones oponibles por el deudor solidario y modos de extinción de la obligación en la solidaridad pasiva*, Editoriales de Derecho Reunidas, Revista de Derecho Privado, 1980.

CAÑIZARES LASO, A. (coord.), *Estudios sobre Derecho de la Edificación*, Civitas, 2010.

CARRASCO PERERA, A., *Comentarios al Código Civil*, BERCOVITZ RODRÍGUEZ-CANO, R. (coord.), Aranzadi, 2013, págs. 8416-8420.

CARRASCO PERERA, A., CORDERO LOBATO, E., y GONZÁLEZ CARRASCO, M. C., *Comentarios a la Ley de Ordenación de la Edificación*, Aranzadi, 2011.

CLEMENTE MEORO, M. (dir.) y COBAS COBIELLA, M. E. (dir.), *Derecho de daños*, Tirant lo Blanch, 2021.

COLINA GAREA, R., "Comentarios a la Sentencia de 20 de diciembre de 2007", *Cuadernos Civitas de Jurisprudencia Civil*, núm. 77, 2008, págs. 977-1004.

CORDÓN MORENO, F., "Un apunte sobre el requisito de la identidad subjetiva en la cosa juzgada material", Gómez-Acebo & Pombo (Acceso: 20/08/2022, disponible en https://ga-p.com/publicaciones/un-apunte-sobre-el-requisito-de-la-identidad-subjetiva-en-la-cosa-juzgada-material//).

DE VERDA Y BEAMONTE, J. R., "La solidaridad en las obligaciones: un estudio jurisprudencial", *IDIBE Instituto de Derecho Iberoamericano,* 2020 (Acceso: 03/05/2023, disponible en https://idibe.org/tribuna/la-solidaridad-las-obligaciones-estudio-jurisprudencial/).

DÍEZ-PICAZO PONCE LEON, L., *La prescripción extintiva: en el Código Civil y en la jurisprudencia del Tribunal Supremo,* Civitas, 2003.

DOMÍNGUEZ LUELMO, A., "Doctrina jurisprudencial sobre la interrupción de la prescripción en los supuestos de responsabilidad solidaria subsidiaria de los agentes que intervienen en el proceso de edificación. Comentario a la STS de 27 junio 2017 (RJ 2017, 3197)", *Cuadernos Civitas de Jurisprudencia Civil,* núm. 105, 2017, págs. 609-628.

DOMÍNGUEZ LUELMO, A., "Excepción de cosa juzgada material: los hechos y fundamentos jurídicos aducidos en un litigio se consideran los mismos que los alegados en otro juicio anterior si hubieran podido alegarse en éste. Comentario de la sentencia del Tribunal Supremo de 13 de noviembre de 2018 (628/2018)", en *Comentarios a las Sentencias de Unificación de Doctrina: Civil y Mercantil,* YZQUIERDO TOLSADA, M. (dir.), Vol. 10, Dykinson, 2018, págs. 45-58.

ESTRUCH ESTRUCH, J., *Las responsabilidades en la construcción: regímenes jurídicos y jurisprudencia,* Civitas, 2011.

ESTRUCH ESTRUCH, J., "SENTENCIA de 28 de febrero de 2011. Legitimación activa ex artículo 1591 CC del promotor frente al contratista y técnicos intervinientes en el proceso constructivo cuando el promotor ya ha transmitido a terceros la totalidad de la edificación", *Cuadernos Civitas de Jurisprudencia Civil,* núm. 88, 2012, págs. 309-326.

ESTRUCH ESTRUCH, J., "Las responsabilidades de los agentes de la edificación en la LOE", en *Derecho de daños,* CLEMENTE MEORO, M. (dir.) y COBAS COBIELLA, M. E. (dir.), Tirant lo Blanch, 2021, págs. 951-1007.

FUENTES-LOJO RIUS, A., SALAS CARCELLER, A., MAGRO SERVET, y otros, "La responsabilidad del subcontratista en la LOE", *Actualidad Civil,* núm. 9, 2023 (LA LEY 9162/2023), edición digital.

GARCÍA CARACUEL, M., *Estudios sobre Derecho de la Edificación,* CAÑIZARES LASO, A. (coord.), Civitas, 2010.

GARCÍA DE LEONARDO, M. T, *La figura del Promotor en la Ley de Ordenación de la Edificación,* Aranzadi, 2002.

GARCÍA GONZÁLEZ, C., "La intervención provocada: propuestas de lege ferenda", *CEFlegal: Revista Práctica de Derecho,* núm. 253, 2022, págs. 43-80.

GARCÍA LARAÑA, R., "La llamada en garantía y la acción de repetición en la Ley de la Edificación", *Consultor inmobiliario: Revista Mensual de Actualidad para Profesionales,* núm. 7, 2000, págs. 24-31.

GARCÍA MUÑOZ, O., "Exoneración de responsabilidad de los agentes de la construcción por vicios del suelo previsibles. Comentario a la STS, 1ª, 21.2.2003", *Indret: Revista para el Análisis del Derecho,* núm. 3, 2022 (Acceso: 15/08/2022, disponible en https://indret.com/exoneracion-de-responsabilidad-de-los-agentes-de-la-construccion-por-vicios-del-suelo-previsibles/).

GARCÍA SEDANO, T., "La intervención provocada, una visión jurisprudencial", *Práctica de Tribunales: Revista de Derecho Procesal Civil y Mercantil*, núm. 113, 2015 (LA LEY 1496/2015), edición digital.

GARCÍA VARELA, R. (coord.), *Derecho de la Edificación*, Bosch, 2006.

GARCÍA-CHAMÓN CERVERA, E., "El litisconsorcio pasivo necesario en el proceso sobre responsabilidad por daños en la edificación", *Práctica de Tribunales: Revista de Derecho Procesal Civil y Mercantil*, núm. 83, 2011 (LA LEY 11460/2011), edición digital.

GARCÍA-VARELA IGLESIAS, R., "Mecanismos procesales, efectos y jurisprudencia sobre la intervención de terceros inicialmente no demandados en el Proceso Civil", *Diario La Ley*, núm. 9945, 2021 (LA LEY 11167/2021) edición digital.

GARNICA MARTÍN, J.F., "Las partes en la nueva Ley de Enjuiciamiento Civil: novedades más significativas" (Ejemplar dedicado a: Estudios sobre la ley 1/2000 de enjuiciamiento civil), *Studia iuridica*, núm. 19, 2003, págs. 17-77.

GÓMEZ DE LA ESCALERA, C. R., *La responsabilidad civil de los promotores, constructores y técnicos por los defectos de construcción (estudio del artículo 1591 del Código Civil y su problemática actual)*, Bosch, 1990.

GÓMEZ LIGÜERRE, C., "Sobre la posibilidad de un segundo pleito entre condenados solidarios para determinar la distribución de las cuotas de responsabilidad", *Indret: Revista para el Análisis del Derecho*, núm. 4, 2007 (Acceso: 01/05/2023, disponible en https://indret.com/sobre-la-posibilidad-de-un-segundo-pleito-entre-condenados-solidarios-para-determinar-la-distribucion-de-las-cuotas-de-responsabilidad/).

GÓMEZ PERALS, M., *Responsabilidad del promotor por daños en la edificación*, Dykinson, 2004.

GONZÁLEZ BARRIOS, I., "Acción de repetición del promotor frente a los demás agentes de la edificación: Sentencia del Tribunal Supremo de 2.02.18. Ponente: Sr. Seijas Quintana", *Revista de Responsabilidad Civil, Circulación y Seguro*, núm. 4, 2018, pág. 42.

GONZÁLEZ BARRIOS, I., "Alcance de la intervención provocada de un agente constructivo por un demandado inicial. Responsabilidad del arquitecto técnico por falta de supervisión en la ejecución de la obra: STS 17/06/2021", *Revista de Responsabilidad Civil, Circulación y Seguro*, núm.1, 2022, págs. 39-40.

GONZÁLEZ PILLADO, E. y GRANDE SEARA, P., "Comentarios prácticos a la LEC: arts. 13, 14 y 15", *Indret: Revista para el Análisis del Derecho*, núm. 1, 2005 (Acceso: 13/05/2022, disponible en https://indret.com/comentarios-practicos-a-la-lec-4/).

GONZÁLEZ PILLADO, E., *La intervención voluntaria de terceros en el proceso civil*, Tirant lo Blanch, 2006.

GONZÁLEZ PILLADO, E., "La tutela judicial efectiva de los terceros en el proceso civil declarativo. La intervención procesal", *Nuevas Políticas Públicas: Anuario multidisciplinar para la modernización de las Administraciones Públicas*, núm. 5, 2009, págs. 195-220.

GONZÁLEZ PILLADO, E., *La intervención de terceros en los procesos civiles especiales*, Tirant lo Blanch, 2014.

GONZÁLEZ TAUSZ, R., "El nuevo régimen jurídico del promotor inmobiliario tras la Ley de Ordenación de la edificación", *Revista Crítica de Derecho Inmobiliario*, núm. 76, 2000, págs. 1691-2726.

GUDÍN RODRÍGUEZ-MAGARIÑOS, A. E., "La condena en costas en los supuestos de intervención provocada", *Diario La Ley*, núm. 7396, 2010 (LA LEY 2278/2010), edición digital.

GUERRA PEREZ, M., *Guía práctica de los recursos en la Ley de Enjuiciamiento Civil*, Sepín, 2018.

GUTIÉRREZ ALONSO, D., "La intervención provocada", *Revista de Ilustre Colegi de Advocats de Lleida, Lo Canyeret*, núm. 59, 2008, págs. 6-11.

ILLESCAS RUS, A., "La intervención provocada en los procesos por vicios constructivos (La STS, Sala Primera, núm. 538/2012, de 26 de septiembre)", *Revista Española de Seguros*, 2013, págs. 399-478.

IÑIGO FUSTER, A., *La responsabilidad civil del arquitecto e ingeniero proyectistas en la edificación*, Bosch, 2007.

JORDANO BAREA, J. B., "Las obligaciones solidarias", *Anuario de Derecho Civil*, núm. 3, 1992, págs. 847-874.

LARROSA AMANTE, M. A., "Problemas específicos de la intervención provocada del artículo 14 de la Ley de Enjuiciamiento Civil", *Práctica de Tribunales: Revista de Derecho Procesal Civil y Mercantil*, núm. 83, 2011 (LA LEY 11461/2011), edición digital.

LÓPEZ RICHART, J., *Responsabilidad personal e individualizada y responsabilidad solidaria en la Ley de ordenación de la edificación*, Dykinson, 2003.

LÓPEZ RICHART, J., "Sentencia de 27 de febrero de 2004: Responsabilidad por ruina. Condena solidaria ante la imposibilidad de delimitar la responsabilidad individual de los causantes del daño. Acción de repetición del constructor condenado exclusivamente en un pleito promovido sólo contra él por vicios ruinógenos causados por todos los intervinientes en la ejecución de la obra. Extensión de los efectos de la cosa juzgada material", *Cuadernos Civitas de Jurisprudencia Civil*, núm. 66, 2004, págs. 1167-1180.

LÓPEZ-DÁVILA AGÜEROS, F., "La intervención provocada en los procesos sobre vicios constructivos regulada en la D.A. 7 LOE", Sepín, 2022 (Acceso: 12/05/2022, disponible en https://blog.sepin.es/2022/01/intervencion-provocada-procesos-vicios-constructivos/).

LÓPEZ-FRAGOSO ÁLVAREZ, T. V., "La intervención coactiva por orden del juez o intervención iussu iudicis en la doctrina procesal italiana", *Revista Universitaria de Derecho Procesal*, núm. 6, 1992, págs. 143-177.

LÓPEZ-FRAGOSO ÁLVAREZ, T. V., "Intervención provocada (art. 9 del borrador de una nueva LEC)", *Revista Vasca de Derecho Procesal y Arbitraje*, núm. 3, 1998, págs. 521-534.

LÓPEZ-FRAGOSO ÁLVAREZ, T. V., "De la pluralidad de partes (artículos 12 a 15 bis)", en *Proceso Civil Práctico: [comentarios a la Ley 1/2000, de 7 de enero, de*

Enjuiciamiento Civil], GIMENEZ SENDRA, J. V. (dir.), Vol. 1, Tomo 1, Aranzadi, 2018, págs. 259-340.

MACÍAS CASTILLO, A., "Acción de repetición del condenado en procedimiento anterior por vicios ruinógenos contra los intervinientes en la ejecución de la obra", *Actualidad Civil*, núm. 13, 2004 (LA LEY 1520/2004), edición digital.

MAESO CABALLERO, J., "Las entidades de control de calidad en la edificación y los organismos de control técnico, intervención provocada de los últimos en los procedimientos judiciales", *Revista de Responsabilidad Civil, Circulación y Seguros*, núm. 3, 2006, págs. 16-19.

MAESO CABALLERO, J., "Exoneración a promotora de la reclamación promovida por la constructora en el ejercicio de una acción de repetición. Responsabilidad prevista en el artículo 1.591 del Código Civil por ser la obra anterior a la LOE: Sentencia del Tribunal Supremo, Sala 1ª de lo Civil 712/2016, de 28 de noviembre de 2016", *Revista de Responsabilidad Civil, Circulación y Seguro*, núm. 5, 2017, págs. 29-31.

MAGRO SERVET, V., "La nueva regla 5ª del art. 14.2 LEC, la intervención provocada y la exigencia de resolver en sentencia sobre el llamado al litigio", *Revista de Jurisprudencia*, núm.1, 2011 (Acceso: 01/06/2022, disponible en https://elderecho.com/la-nueva-regla-5a-del-art-142-lec-la-intervencion-provocada-y-la-exigencia-de-resolver-en-sentencia-sobre-el-tercero-llamado-al-litigio

MAGRO SERVET, V., "La sucesión en los casos de intervención provocada", *Práctica de Tribunales: Revista de Derecho Procesal Civil y Mercantil*, núm. 91, 2012 (LA LEY 2033/2012), edición digital.

MAGRO SERVET, V., "La posición del tercero llamado al proceso a instancia de la parte demandada", *Práctica de Tribunales: Revista de Derecho Procesal Civil y Mercantil*, núm. 113, 2015 (LA LEY 1499/2015), edición digital.

MAGRO SERVET, V., *Guía práctica de la Ley de Enjuiciamiento Civil*, La Ley, 2018.

MARTÍ FERRER, M., "La Ley de Ordenación de la Edificación: El punto de vista del promotor", *Revista de Derecho Urbanístico y Medio Ambiente*, núm. 34, 2000, págs. 67-98.

MARTÍNEZ VELENCOSO, L. M., "La responsabilidad del empresario por los actos de sus dependientes", en *Derecho de daños*, CLEMENTE MEORO, M. (dir.) y COBAS COBIELLA, M. E. (dir.), Tirant lo Blanch, 2021, págs. 609-652.

MARTÍNEZ DEL TORO, S., "La reforma de la intervención provocada en el artículo 14.2 LEC por Ley 42/2015", *Práctica de Tribunales: Revista de Derecho Procesal Civil y Mercantil*, núm. 120, 2016, pág. 6.

MARTÍNEZ ESCRIBANO, C., *Responsabilidades y garantías de los agentes de la edificación*, Lex-Nova, 2007.

MARTÍNEZ ESCRIBANO, C., *Análisis práctico de la responsabilidad civil por defectos de construcción*, Aranzadi, 2014.

MESA SÁNCHEZ DE CAPUCHINO, A., "Acción subrogatoria, acción de reembolso y acción de repetición. Solidaridad impropia. Prescripción: *dies a quo*",

Práctica de Tribunales: Revista de Derecho Procesal Civil y Mercantil, núm. 118, 2016, págs. 1-8.

MIGUEL ROMERO, R., "La intervención del tercero en juicio", *Revista General de Legislación y Jurisprudencia*, núm. 80, 1931, págs. 250-259.

MILÁ RAFAEL, R., "Cinco cuestiones sobre el régimen de responsabilidad por vicios constructivos de la ley de ordenación de la edificación decididas por el Tribunal Supremo en el bienio 2013-2105", *Revista CESCO De Derecho De Consumo*, núm. 16, 2015, págs. 110-118.

MILÁ RAFAEL, R., "Intervención provocada, costas procesales y relevancia de la actitud procesal de la parte actora en los procesos sobre responsabilidad por vicios constructivos", *Revista CESCO De Derecho De Consumo*, núm. 10, 2014, págs. 84-91.

MILÁ RAFAEL, R., "Solidaridad entre agentes de la edificación responsables por vicios constructivos y distribución de los daños en las relaciones internas: el promotor, condenado en el primer pleito, no asume en el regreso una parte alícuota de la deuda si no intervino materialmente en la obra", *Cuadernos Civitas de Jurisprudencia Civil*, núm. 104, 2017 (BIB 2017/12576).

MILÁ RAFAEL, R., "Irretroactividad del plazo de prescripción del artículo 18.1 LOE. Comentario a la STS, 1ª, 22.3.2010", *Indret: Revista para el Análisis del Derecho*, núm. 3, 2019 (Acceso: 15/07/2022, disponible en https://www.raco.cat/index.php/InDret/article/download/225407/306720/).

MONTESINOS GARCÍA, A., "Sentencia de 26 de septiembre de 2008: Alcance de la litispendencia. Cosa juzgada del laudo arbitral", *Cuadernos Civitas de Jurisprudencia Civil*, 2009, págs. 655-676.

NASARRE AZNAR, S., "SENTENCIA de 28 de junio de 2010: Responsabilidad por vicios constructivos. Efectos del pago del corresponsable solidario. Acción de reembolso o regreso de la parte que a los demás condenados corresponda, sin que pueda extenderse a otros que no fueron condenados frente al acreedor original damnificado. No permite la subrogación de quien pagó en la posición del acreedor originario damnificado. Tampoco permite dirigirse contra aseguradora de responsabilidad civil no condenada en dicho proceso inicial vía art. 76 LCS. Superación del brocardo «in illiquiedis non fit mora» y utilización del criterio de «oposición razonable»" para la imposición o no de los intereses de demora. Oposición razonable imposición solo desde la fecha de la sentencia de segunda instancia", *Cuadernos Civitas de Jurisprudencia Civil*, núm. 86, 2011, págs. 831-846.

ORMAZÁBAL SÁNCHEZ, G., "Intervención adhesiva y cosa juzgada", *Revista Aranzadi Doctrinal*, núm. 10, 2013, págs. 213-234.

PÉREZ-CABALLERO ABAD, P., *La responsabilidad por hecho ajeno en la Ley de Ordenación de la Edificación*, Tirant lo Blanch, 2020.

PRADO RODRÍGUEZ, J. C., "Fundamentos romanistas de la acción de repetición por enriquecimiento injustificado prevista en el art. 1158.3 del Código Civil Español" (Ejemplar dedicado a: Premios García Goyena XI Edición), *Revista Digital Facultad de Derecho*, núm. 5, 2012, págs. 1-35.

REY MUÑOZ, F. J., "La autonomía de la acción de repetición y su plazo de prescripción en la Ley de Ordenación de la Edificación", *Revista General de Legislación y Jurisprudencia,* núm. 2, 2019, págs. 281-306.

REY MUÑOZ, F. J., *La responsabilidad contractual por defectos de la edificación,* Aranzadi, 2019.

REY MUÑOZ, F. J., *La responsabilidad legal y contractual por defectos constructivos,* tesis doctoral, Universidad de Córdoba, 2019.

REY MUÑOZ, F. J., "El principio de relatividad de los contratos y la tutela de los segundos adquirentes: A propósito de la STS de 22 de junio de 2022", *Actualidad Civil,* núm. 12, 2022 (LA LEY 11420/2022), edición digital.

REYNAL QUEROL, N., "La extensión a terceros de la cosa juzgada positiva de la resolución prejudicial civil", *Indret: Revista para el Análisis del Derecho,* núm. 2, 2022, págs. 301-319.

RIVAS VELASCO, M. J., "Intervención provocada de la Ley de Ordenación de la Edificación", *Aranzadi Doctrinal,* núm. 7, 2016, págs. 57-74.

ROSENDE VILLAR, C., "Eficacia directa y refleja de la sentencia", *Revista Chilena de Derecho,* Vol. 28, núm. 3, 2001, págs. 489-507.

ROVIRA TORRES, O., "Pluralidad de partes y sucesión procesal. La intervención provocada III", *Iuris: Actualidad y Práctica del derecho,* núm. 37, 2004, págs. 37- 38.

RUIZ JIMÉNEZ, J., "El promotor como garante en el proceso constructivo", *Revista Crítica de Derecho Inmobiliario,* núm. 82, 2006, págs. 1222-1225.

SALAS CARCELLER, A., "La litispendencia y sus relaciones con la cosa juzgada", *Revista General de Derecho,* 1997, págs. 81-112.

SALAS CARCELLER, A., "Los efectos de la intervención voluntaria de un tercero en el proceso civil (Comentario sobre la sentencia dictada por el Pleno de la Sala Primera del Tribunal Supremo de fecha 20 de diciembre de 2021)", *Revista Aranzadi Doctrinal,* núm. 11, 2012, págs. 9-13.

SALAS CARCELLER, A., "La prescripción de la acción de responsabilidad frente a los agentes de la edificación en relación con los vínculos de solidaridad", *Revista Aranzadi Doctrinal,* núm. 10, 2015, págs. 87-93.

SALGADO CARRERO, C., "La tutela de los terceros en el proceso civil: la intervención procesal, la intervención adhesiva" (Ejemplar dedicado a: Jurisdicción, competencia y partes en el proceso civil / Fernando Fernández Martín (dir.)), *Cuadernos de Derecho Judicial,* núm. 13, 1996, págs. 363-447.

SALINERO ROMÁN, F., *Aplicación de la Ley de Enjuiciamiento Civil y de la Ley de Ordenación de la Edificación,* Consejo General del Poder Judicial, núm. 47, 2003.

SAMANES ARA, C, "Seguro voluntario: llamada de la Compañía aseguradora al proceso: Intervención adhesiva o llamada en garantía (Comentario a la sentencia del Tribunal Supremo de 26 de junio de 1993)", *Anuario de Derecho Civil,* núm. 1, 1995, págs. 429-446.

SÁNCHEZ GÁLVEZ, F., "Jurisprudencia sobre la solidaridad impropia en la responsabilidad civil extracontractual", *Acta Judicial,* núm. 5, 2020, págs. 10-35.

SANTAELLA SÁEZ, O., "La acción de repetición o de reembolso a ejercitar por las entidades aseguradoras de los profesionales de la arquitectura", *Diario La Ley*, núm. 9071, 2017 (LA LEY 14326/2017), edición digital.

SANTANA NAVARRO, F., "La coordinación entre la LOE y otras normas del ordenamiento jurídico privado", *Anuario de Derecho Civil*, núm. 2, Vol. 72, 2019, págs. 355-418.

SEIJAS QUINTANA, J. A., "La responsabilidad en la LOE: criterios de imputación", *Estudios de Derecho Judicial*, (Ejemplar dedicado a: Estudio sobre la nueva Ley de Ordenación de la Edificación / Rafael Fernández Valverde (dir.), José Díez Delgado (dir.)), núm. 27, 2000 págs. 89-140.

SEIJAS QUINTANA, J. A., "Responsabilidad civil. Construcción y proceso", Artículo Monográfico abril 2015, publicado en *La intervención provocada en procesos sobre vicios de la construcción*, Sepín (SP/DOCT/19053).

SEOANE SPIEGELBERG, J. L., "Problemática de la intervención de terceros en los procesos de responsabilidad civil", Artículo Monográfico octubre 2015, publicado en *La intervención provocada en procesos sobre vicios de la construcción*, Sepín (SP/DOCT/20130).

SEPÍN DERECHO INMOBILIARIO. "A través de la Disposición Adicional Séptima de la Ley de Ordenación de la Edificación, ¿puede un demandado llamar al proceso a agentes distintos de los que la Ley menciona?", Encuesta Jurídica marzo 2009, en *La intervención provocada en procesos sobre vicios de la construcción*, Sepín (SP/DOCT/3985).

SEPÍN DERECHO INMOBILIARIO, "Dice el art. 17.3 LOE que el promotor responderá solidariamente con los demás agentes intervinientes ante posibles adquirentes de los daños materiales en el edificio ocasionados por vicios o defectos de construcción. ¿Ello supone que en la reclamación que formulan los adquirentes de pisos responde siempre el promotor, al margen de que la responsabilidad pueda imputarse a los demás agentes, o responde solo en la relación de contrato?", Encuesta Jurídica septiembre 2009, Sepín (SP/DOCT/4192).

SEPÍN DERECHO INMOBILIARIO, "Cosa juzgada en la acción de repetición de la Ley de Ordenación de la Edificación (artículo 18): ¿Sería posible conseguir la absolución de alguno de los condenados en el juicio previo? ¿Se podrían establecer cuotas de responsabilidad entre todos ellos?", Encuesta Jurídica marzo 2010, Sepín (SP/DOCT/4443).

SEPÍN DERECHO INMOBILIARIO, "En acumulación de acciones de la LOE y de responsabilidad contractual y/o extracontractual, ¿la intervención provocada sólo afectaría a LOE?", Encuesta Jurídica julio 2010, en *La intervención provocada en procesos sobre vicios de la construcción*, Sepín (SP/DOCT/5384).

SEPÍN DERECHO INMOBILIARIO, "¿La reclamación extrajudicial contra el promotor interrumpe el plazo de prescripción establecido en el art. 18 LOE en relación con el resto de agentes que han intervenido en la construcción?", Encuesta Jurídica enero 2012, CARRERAS MARAÑA, J. M., Sepín (SP/DOCT/15915).

SEPÍN DERECHO INMOBILIARIO. "La responsabilidad solidaria en la construcción, ¿es por estirpes o individualmente por cabezas?", Encuesta Jurídica abril 2013, Sepín (SP/DOCT/17411).

SEPÍN DERECHO INMOBILIARIO, *La intervención provocada en procesos sobre vicios de la construcción,* Sepín, 2016.

SEPÍN DERECHO INMOBILIARIO, "Existiendo una condena solidaria entre los distintos agentes de la construcción y habiendo pagado uno de ellos el total de la cantidad al perjudicado, ¿para reclamar al resto el pago de su parte, la acción a ejercitar sería de repetición del art. 18 LOE, con un plazo de prescripción de 2 años o la acción de reembolso del art. 1.145, con un plazo de prescripción de cinco años?", Encuesta Jurídica diciembre 2017, CARRERAS MARAÑA, J. M., en *La acción de repetición prevista en la Ley de Ordenación de la Edificación,* Sepín (SP/DOCT/70925).

SEPÍN DERECHO INMOBILIARIO, *La acción de repetición prevista en la Ley de Ordenación de la Edificación,* Sepín, 2019.

SERRA DOMÍNGUEZ, M., "Intervención litisconsorcial provocada en los procesos sobre vicios de la construcción", en *Principios y Garantías Procesales:* «Liber Amicorum» *en homenaje a la profesora Mª Victoria Berzosa Francos,* PICÓ I JUNOY, J. (dir.), Bosch, 2013, págs. 135-146.

SOLER PASCUAL, L.A., "Cuestiones prácticas de pluralidad de partes en procesos relacionados con la Ley de Ordenación de la Edificación", *Práctica de Tribunales: Revista de Derecho Procesal Civil y Mercantil,* núm. 113, 2015 (LA LEY 1505/2015), edición digital.

VARGAS BENJUMEA, I., "La responsabilidad del promotor en el proceso de edificación", *Revista Mensual de Actualidad para Profesionales,* núm. 76, 2007, págs. 3-40.

VIGUER SOLER, P. L., "La intervención provocada: especial referencia a la llamada de agentes de la construcción no demandados en la Disposición Adicional Séptima de la Ley 38/1999, de Ordenación de la Edificación", Artículo Monográfico noviembre 2006, publicado en *La intervención provocada en procesos sobre vicios de la construcción,* Sepín (SP/DOCT/3180).

YÁÑEZ VELASCO, R., "Pluralidad de partes en el proceso civil (I): en particular: la intervención provocada a iniciativa de demandado", *Economist & Jurist,* Vol. 14, núm. 105, 2006 (Acceso: 10/05/2022, disponible en https://www.economistjurist.es/articulos-juridicos-destacados/pluralidad-de-partes-en-el-proceso-civil-en-particular-la-intervencion-provocada-a-iniciativa-del-demandado-ii/).

YZQUIERDO TOLSADA, M., "Ley de Ordenación de la Edificación y artículo 1591 del Código Civil. Breve análisis comparativo de regímenes", Artículo Monográfico junio 2007, Sepín (SP/DOCT/3385).